出土文獻與中國古代文明研究叢書　　李學勤　主編

出土文獻與《曾子》十篇比較研究

劉光勝／著

上海古籍出版社

教育部哲學社會科學研究重大攻關項目"出土簡帛與古史再建"（09JZD0042）

國家社科基金重大項目"清華簡《繫年》與古史新探"（10&ZD091）

國家社科基金青年項目"出土文獻與《曾子》十篇比較研究"（11CZS006）

叢 書 前 言

　　"出土文獻"是與"傳世文獻"相對的概念，包括甲骨文、金文、戰國文字、簡牘帛書等。出土文獻的整理研究始於漢代，至今已有兩千多年的歷史了。

　　在這兩千多年裏，出土文獻層見疊出，研究工作不斷走向深入。孔壁中經、汲冢竹書、商周金文、殷墟甲骨……每一次重大的發現，都不同程度地影響到那個時代的學術生態。

　　1925年，清華研究院的王國維先生在《古史新證》中首倡"二重證據法"，他說："吾輩生於今日，幸於紙上之材料外，更得地下之新材料。由此種材料，我輩固得據以補正紙上之材料，亦得證明古書之某部分全爲實録，即百家不雅馴之言，亦不無表示一面之事實。此二重證據法，惟在今日始得爲之。"他所謂的"紙上之材料"即傳世文獻，"地下之材料"就是出土文獻。通過出土文獻來印證補正傳世文獻，開闢研究中國古史的新途徑，是王國維"二重證據法"的真諦。"二重證據法"是研究方法上的一次重大革新，對近代學術的影響至爲深遠。

　　2008年7月，清華大學從境外搶救入藏了一批戰國時期的竹簡，總數約2 500枚，其中有多種經、史典籍，非常珍貴，其重要性堪與孔壁中經、汲冢竹書相媲美。9月，清華大學成立了出土文獻研究與保護中心。中心的定位是：通過開展自然科學與人文科學的交叉性和合作性研究，深入探討出土文獻的保護、整理、研究的前沿課題，把中心建設成爲具有世界領先水準的出土文獻研究和保護中心。當前，中心的主要工作是對清華簡進行保護、整理與研究，同時開展其他出土文獻的保護和研究工作。中心自成立以來，已經取得了一系列成果，特別是在清華簡的保護、整理和研究方面所做的工作受到了領導的肯定和學術界及社會各方面的廣泛關注。

2011 年 4 月,在清華百年校慶前夕,中心領銜申報的"出土文獻與中國古代文明研究中心"獲批爲教育部人文社會科學重點研究基地。

2012 年 5 月,爲回應教育部 2011 計劃,中心聯合國內 11 家兄弟單位組織籌建"出土文獻與中國古代文明研究協同創新中心",2013 年 1 月 5 日,正式揭牌成立。

在短短的五年内,清華大學出土文獻研究與保護中心經歷了跨越式的發展,在領導的關懷支持和同人的集體努力下,做出了一些工作成果,然而不足之處仍然是明顯的。我們的學識經驗都很有限,面對任務的要求,時時感到自己存在的缺憾。我們深切期待着各方面的幫助和指教。

不管中心如何發展,我們始終圍繞着"出土文獻與中國古代文明"這個主旋律。

爲了集中展示近年來出土文獻研究的最新成果,推進出土文獻的研究工作,清華大學出土文獻研究與保護中心編輯了這套"出土文獻與中國古代文明研究叢書"。叢書將陸續推出,作者包括中心和其他單位人員,都是活躍於一綫的中青年學者,所涉及的出土文獻時間跨度很大,所涉及的學科領域相當寬廣,都有自己獨到的見解,在一定程度上能够反映當今出土文獻研究的主流面貌,相信廣大讀者能從中得到有益的啓示。

這套叢書的編輯,得到了各位作者的積極回應,更有幸得到上海古籍出版社的大力支持,在此表示由衷的謝意。

李學勤
2013 年 10 月

目　録

緒　論 ……………………………………………………………… 1

第一節　研究目的 ………………………………………………… 1

第二節　《曾子》十篇研究綜述 ………………………………… 4

一、《大戴禮記》"曾子十篇"與《曾子》十八篇 ………… 4

二、《曾子》十篇真僞及成書問題 ……………………… 5

三、《曾子》十篇的輯本與傳流 ………………………… 7

四、《曾子》十篇與曾子思想 …………………………… 10

五、港臺及海外《曾子》十篇研究 ……………………… 13

第三節　研究方法 ………………………………………………… 17

一、二重證據法與古史再現 ……………………………… 18

二、"顧頡剛難題"質疑下的"古書證真" ……………… 22

三、對層累説的再認識 …………………………………… 25

四、歷史文本的延續與變型 ……………………………… 28

第四節　本書的研究思路與基本框架 ………………………… 32

一、研究思路 ……………………………………………… 32

二、基本内容 ……………………………………………… 33

上　編

第一章　《曾子》十篇校釋 ……………………………………… 39

第一節　對歷代《曾子》十篇注釋情況的簡要回顧 ………… 39

第二節　上博簡《内禮》校釋與編連 ………………………… 41

一、上博簡《内禮》文字校釋 …………………………… 41

二、上博簡《内禮》簡序新編 …………………………………… 51

附：上博簡《内禮》、《昔者君老》簡序新編 ………………… 58

第三節　《曾子》十篇校釋 …………………………………………… 58

一、《曾子立孝》校釋 ……………………………………………… 59

二、《曾子事父母》校釋 …………………………………………… 68

三、《曾子本孝》校釋 ……………………………………………… 74

四、《曾子大孝》校釋 ……………………………………………… 78

五、《曾子立事》校釋 ……………………………………………… 82

六、《曾子制言上》校釋 …………………………………………… 94

七、《曾子制言中》校釋 …………………………………………… 98

八、《曾子制言下》校釋 …………………………………………… 100

第二章　《曾子》十篇成書的相關問題 ……………………………… 105

第一節　學界對《曾子》十篇成書問題研究的進展 ………………… 105

第二節　《曾子》十篇應分爲甲、乙、丙三組 ……………………… 108

一、《曾子》十篇内在的思想矛盾 ………………………………… 108

二、《曾子》十篇思想矛盾形成的原因 …………………………… 114

第三節　從上博簡《内禮》看《曾子》十篇文本的定型 …………… 117

一、《曾子》十篇文字、語句、篇卷的改編 ……………………… 119

二、《曾子》十篇在一定程度上仍保留着先秦古書原貌 ………… 121

第四節　《曾子立事》篇名考 ………………………………………… 123

一、立事者的地位及出土材料中“立事”的内涵 ………………… 123

二、《曾子立事》篇名新探 ………………………………………… 128

三、《曾子立事》與《修身》可能有着共同的來源 ……………… 132

第三章　《曾子》十篇思想研究 ……………………………………… 137

第一節　學界以往研究《曾子》十篇思想的理路 …………………… 137

第二節　《曾子》甲組的修身論 ……………………………………… 140

一、以仁爲尊 ………………………………………………………… 140

二、内省修己 ………………………………………………………… 143

第三節　《曾子》乙組的孝道觀 ……………………………………… 147

一、上博簡《内禮》與《曾子》乙組 ……………………………… 147

二、郭店儒簡與《曾子》乙組 ································· 148

第四節　《曾子》丙組(《曾子天圓》)的天人觀 ············· 153

第四章　《曾子》十篇與早期儒學 ·························· 160

第一節　子思與曾子師承關係新證 ························ 160

一、曾子與子思學術思想比較 ························· 161

二、荀子批判思孟五行的内在根源 ···················· 167

三、曾子與子思師承關係再審視 ······················ 177

第二節　由《曾子》十篇看《大學》的成書與作者 ··········· 182

一、《大學》的作者及成書問題 ······················· 183

二、由《曾子》十篇看《大學》與曾子的關係 ············ 187

三、《大學》成書時間蠡測 ··························· 195

四、朱熹等學者否定《曾子》十篇真實性的内在思想根源 ···· 198

下　編

第一章　郭店儒簡的研究困境及其學術思想的重新定位 ······· 205

第一節　郭店儒簡學派研究的困境 ························ 205

第二節　由《曾子》十篇的思想歧異看郭店儒簡與子思的關聯 ··· 208

第三節　郭店儒簡學術思想定位的重新審視 ················ 213

第二章　郭店儒簡與《曾子》十篇心性論比較 ··············· 218

第一節　郭店儒簡與《曾子》十篇心性論内容異同 ··········· 218

一、郭店儒簡與《曾子》十篇主要差異在人性論 ·········· 219

二、郭店儒簡與《曾子》十篇理論連接在心論 ············ 220

第二節　《性自命出》人性論的兩重境界 ·················· 225

一、《性自命出》的内在矛盾 ························· 226

二、何爲人性善惡? ······························· 227

三、《禮記·樂記》、郭店簡《語叢》對《性自命出》的參照 ·· 234

四、《性自命出》與子思學派的關聯 ··················· 237

第三節　《中庸》並非先天性善論 ······················ 240

第四節　"格物致知"新解 ··························· 241

第三章 郭店儒簡與《曾子》十篇修身論比較……………………… 248
　第一節 孔子之後仁學繼續發展 ……………………………………… 248
　　一、對仁的理解寬窄不同 ………………………………………… 248
　　二、仁與其他德目的聯用 ………………………………………… 251
　　三、孔孟之間的仁學連接 ………………………………………… 255
　第二節 義理論地位的上升 …………………………………………… 260
　　一、郭店儒簡與《曾子》十篇對義的相似理解 ………………… 260
　　二、郭店簡與《曾子》十篇對義的不同闡發 …………………… 262
　　三、由仁禮到仁義：孔孟之間仁學範式的轉進 ………………… 263
　第三節 忠信含義的變遷 ……………………………………………… 266
　第四節 對孝道的不同理論建構 ……………………………………… 269
　　一、郭店儒簡與《曾子》十篇孝道的相同之處 ………………… 269
　　二、郭店儒簡與《曾子》十篇孝道的不同之處 ………………… 272
　第五節 郭店簡與《曾子》十篇教學內容比較 ……………………… 275

第四章 郭店儒簡與《曾子》十篇德治思想比較………………… 279
　第一節 君臣之道 ……………………………………………………… 279
　　一、郭店簡與《曾子》十篇君臣理論的相同點 ………………… 279
　　二、郭店簡與《曾子》十篇對君臣關係的不同理解 …………… 281
　　三、孔孟之間君臣關係的演變 …………………………………… 284
　第二節 教化與治國 …………………………………………………… 287
　　一、郭店簡與《曾子》十篇對教化的不同理解 ………………… 287
　　二、郭店簡對孔子教化論的汲取與創新 ………………………… 291
　第三節 尊賢與早期儒家社會理想的構建 …………………………… 296
　　一、郭店簡與《曾子》十篇對賢人的重視 ……………………… 296
　　二、郭店儒簡與《曾子》十篇尊賢理論的不同建構 …………… 297
　　三、禪讓政治理想的興起與轉型 ………………………………… 298

第五章 郭店簡與《曾子》十篇天人觀比較…………………………… 302
　第一節 郭店儒簡與《曾子》十篇天人觀的相同之處……………… 303
　　一、上天創生萬物，人的價值最為可貴 ………………………… 303
　　二、天道為人間道德倫理的依據與來源 ………………………… 303

　　三、聖人爲天道與人道貫通的重要環節 ……………………… 304

　第二節　郭店簡與《曾子》十篇天人觀的不同之處 ……………… 305

　　一、天人關係分合不同 …………………………………………… 305

　　二、萬物生成的媒介不同 ………………………………………… 306

　　三、陰陽色彩的過濾與道德色彩的彰顯 ………………………… 306

　　四、人道的挺立 …………………………………………………… 307

　　五、由天道單向度下行向知天、效天的轉進 …………………… 309

　第三節　孔孟之間的天人理論銜接 ……………………………… 310

第六章　孔孟之間儒學發展的基本特徵 ……………………………… 314

　第一節　連續性 …………………………………………………… 314

　第二節　創新性 …………………………………………………… 317

　第三節　差異性 …………………………………………………… 320

　　一、"儒分爲八"研究的困難 ……………………………………… 321

　　二、對儒家共同特徵的不同理解 ………………………………… 322

　　三、"儒分爲八"的深層解讀 ……………………………………… 330

　第四節　複雜性 …………………………………………………… 334

　第五節　融合性 …………………………………………………… 337

結　論 ……………………………………………………………………… 343

附録一　《曾子》十篇與上博簡、郭店簡内容對照表 ………………… 351

附録二　先秦典籍徵引《曾子》十篇表 ………………………………… 357

參考文獻 ………………………………………………………………… 361

後　記 ……………………………………………………………………… 367

上蔡謝氏曰："諸子之學，皆出於聖人，其後愈遠而愈失其真。獨曾子之學，專用心於內，故傳之無弊，觀於子思、孟子可見矣。惜乎！其嘉言善行，不盡傳於世也。其幸存而未泯者，學者其可不盡心乎？"

緒　論

第一節　研究目的

　　孔子殁後，曾子成爲早期儒家學說的主要傳播者。他設教武城，弟子多達七十多人，培養出子思、樂正子春等杰出弟子，被後世尊稱爲宗聖。崔述說："蓋曾子於孔門，年最少而學最純，故孔子既没，後學多宗曾子者。聖道之顯，多由子貢；聖學之傳，多由曾子。子貢之功在當時，曾子之功在後世。"[①]曾子躬行孝道，崇尚仁義，注重内省，深研天道。作爲思孟學派與孝道派的開啓者，他在中國儒學史上的影響極爲深遠。

　　阮元《曾子十篇注釋序》説："從事孔子之學者，當自《曾子》始。"[②]他認爲《曾子》十篇切於人倫日用，不尚玄遠，其價值與《論語》同，是學者研習儒學的入門書。《漢書·藝文志》著有"《曾子》十八篇"，但其書大約在南北朝時期已經殘缺，後世輯佚的《曾子》書均以《大戴禮記·曾子》十篇（以下簡稱《曾子》十篇）爲基礎，因此《曾子》十篇無疑是研究曾子思想的主要文本。

　　《大戴禮記》與《小戴禮記》最初並行傳流，但鄭玄僅爲《小戴禮記》作注，而没爲《大戴禮記》作注，致使《大戴禮記》長期備受冷落。《曾子》十篇作爲《大戴禮記》的一部分，受此影響，明清以前注釋《曾子》十篇者極少。有清一代，樸學大盛，研究《曾子》十篇的名家輩出，孔廣森、汪照、汪中、王念孫、阮元、王聘珍等學者校勘版本，精研文句，使《曾子》十篇的文本研究進入了鼎盛時期。

　　民國以來，由於學者懷疑《曾子》十篇爲僞書，《曾子》十篇的研究重趨衰弱，《曾子》十篇的注疏水平和清人相比，也相去甚遠。李啓謙、王式倫

---

① 崔述《崔東壁遺書·洙泗考信餘録》，上海古籍出版社，1983 年，373 頁。
② 阮元《揅經室集》，商務印書館，1937 年，40 頁。

《孔子弟子資料彙編》(山東友誼書社 1989 年)、賈慶超《曾子校釋》(山東大學出版社 1993 年)、《山東省志·諸子名家志》編纂委員會編《曾子志》(山東人民出版社 2001 年)、沈效敏《曾子與〈孝經〉》(山東文藝出版社 2004 年)只是簡單地將散佚的曾子資料彙集在一起,對《曾子》十篇注釋箋證創新不多。高明《大戴禮記今注今譯》(臺灣商務印書館 1984 年),在體例上有所創新,但在注解上也多沿襲清人之説。祁玉章《曾子集斠》以《大戴禮記解詁》爲底本,仿照阮元的體例,分篇對有疑難的部分語句進行了校釋①,其校勘的依據仍是清人所用的《論語》、《禮記》、《群書治要·曾子》等材料,沒有新材料的補入,所以難以取得突破性進展。

黄懷信《大戴禮記彙校集注》(三秦出版社 2005 年)、方向東《大戴禮記匯校集解》(中華書局 2008 年)彙集孔廣森《大戴禮記補注》、汪照《大戴禮記注補》、汪中《大戴禮記正誤》、王聘珍《大戴禮記解詁》、俞樾《大戴禮記平議》、王樹枬《校正孔氏大戴禮記補注》、孫詒讓《大戴禮記校補》、戴禮《大戴禮記集注》、阮元《曾子注釋》等衆多研究成果,是新近出版的集釋《曾子》十篇的重要著作。上博簡《内禮》(以下或簡稱《内禮》)與《曾子立孝》、《曾子事父母》明顯有着密切的關聯,是校勘《曾子》十篇的絶好版本,郭店簡也有一些與《曾子》十篇相同或相似的語句,但兩書並未吸收這些出土文獻的研究成果,令學界深以爲憾。我們在前人研究的基礎上,以上博簡《内禮》爲主,同時吸收郭店簡等相關出土資料,對《曾子》十篇相關語句進行校釋,以期填補這一學術空白。

上博簡《内禮》出土以後,《曾子》十篇不偽已成爲學界共識。學者對《曾子》十篇的成書、思想研究可謂創見頗多,但仍存在明顯不足之處:一是從孔子至孟子,其間相隔一百多年,《曾子》十篇和郭店儒簡同處孔孟之間,是先後相承的兩個學術樞紐,學者只注重郭店簡與《曾子》十篇相同之處的比較,卻忽視了它們之間不同之處的比較②。二是從材料上看,學者只注重郭店簡、上博簡《内禮》與《曾子》十篇的比較,卻忽略了金文、陶文中與《曾子立事》有關的材料。三是出土文獻也是文獻,很多以古書證古書的局限在出土文獻研究中同樣存在。很多學者依然從文字、術語、文體特點或思想綫索上,判斷上博簡《内禮》與今本《曾子立事》的先後,替古人著書作"凡例"。四是學

---

① 祁玉章《曾子集斠(上)》,《孔孟學報》第 45 期,1983 年,272～285 頁。
② 參拙作《由〈曾子〉十篇看〈性自命出〉的成書及理路——兼談宋儒對先秦儒學的誤讀》,《史林》2009 年第 2 期,100～106 頁。

界以孝道統率諸德,構建曾子學説的思想體系,卻忽視了《曾子》十篇不同篇章之間思想上的内在矛盾,對《曾子》十篇的成書問題認識不足。五是以上博簡《内禮》爲據,學界採信了《曾子》十篇不僞的看法。宋儒指出《曾子》十篇與《論語》、《大學》思想内容、文體風格有很大差異,是不爭的事實,但他們懷疑《曾子》十篇是僞書,爲何是錯誤的呢? 學者對此並没有認真檢討①。

　　歷史上,對曾子思想的價值重要發現有兩次。第一次是在漢代,儒家未獨尊,孝悌已入室。漢代以孝治天下,自惠帝始,漢代皇帝的謚號前都加“孝”字。漢文帝設立《孝經》博士,漢宣帝派人專門向皇太子講授《孝經》,把孝道作爲選拔官吏的標準,這是先秦所没有的,以後歷代也很少見。伴隨着漢代對孝道的推崇,曾子的地位也日漸提高,但漢代推崇的是《孝經》,而不是《曾子》十篇。

　　第二次發現是在宋代。程子云:“孔子之道,得其傳者,曾子而已矣。”(《二程粹言》卷下) 朱熹説曾子受孔子之學,而“獨得其宗”(《大學章句序》)。宋儒將《論語》、《大學》、《中庸》、《孟子》合稱“四書”,置於五經之上,認爲孔子、曾子、子思、孟子爲道統一脉相傳。宋儒論定《大學》爲曾子所作,他們推崇曾子,借助的是《大學》,而不是《曾子》十篇。鑒於《曾子》十篇與《大學》思想内容、語言風格相差很遠,宋儒甚至懷疑《曾子》十篇出於僞託。

　　雖不斷有學者論《孝經》、《大學》爲曾子所作,但卻屢遭反詰,難成定讞。上博簡《内禮》與《曾子立孝》、《曾子事父母》有着密切的關聯,證明《曾子》十篇確爲曾子語録。研究曾子思想,應從《曾子》十篇始。宋代汪晫《曾子全書》以《孝經》、《大學》爲内篇,而以《曾子》十篇爲外篇。元代吴澄以《論語》、《孟子》所記曾子語録及《禮記·大學》爲内篇②,而把《大戴禮記》所剩其他九篇作爲外篇(《吴文正集》卷二十)。這些做法都是對曾子學派文獻的嚴重誤讀。

　　以出土文獻爲支撐,以《曾子》十篇爲研究曾子思想的核心文本,剥落歷史附着於曾子思想的神秘色彩與虚假外衣,還原曾子的真思想、真精神,即曾子學説價值的第三次發現,在今天已經到來③。上博簡《内禮》與《曾子》

---

① 以上幾點,詳見緒論第二節“《曾子》十篇研究綜述”。
② 《大戴禮記·曾子大孝》篇因同時爲《禮記》所收録,也附於内篇。
③ 陳桐生先生提出漢代、宋代兩次“發現説”,我們吸收了他的意見並有所修正。參陳桐生《曾子·子思子》,中華書局,2009 年,序言 1～4 頁。

十篇是曾子學派文獻流傳中出現的不同傳本，郭店簡有些語句可與《曾子》十篇對照，新泰戰國立事銘文與《曾子立事》爲同一時期的材料。我們的國學功底雖遠不如清人，但上博簡《内禮》、郭店簡、新泰戰國立事銘文等材料出土於地下，爲清人所未見。借鑒這些出土文獻的研究成果，進一步推進《曾子》十篇校釋、成書及相關問題的研究，已成爲可能。希望我們的研究能拋磚引玉，引起更多學者對《曾子》十篇的注意，使《曾子》十篇研究的高潮早日到來。

第二節　《曾子》十篇研究綜述

孔子去世後，曾子的地位日益凸顯。但長期以來，人們拘泥於《曾子》十篇晚出的説法，對曾子的研究，只是依靠《論語》、《孟子》、《禮記》等文獻記載，造成了對曾子思想的嚴重誤讀。上博簡《内禮》的出土，證明《曾子》十篇晚出的説法不能成立，因此將《曾子》十篇和出土文獻結合起來，重新審視曾子的學術思想，糾正學界研究的偏頗，是當前一項非常緊迫的任務。現將學界相關研究成果彙集於此，以供參考。

一、《大戴禮記》“曾子十篇”與《曾子》十八篇

《漢書·藝文志》儒家類文獻有“《曾子》十八篇”，並注“名參，孔子弟子”，這是目前所見《曾子》一書的最早著録。梁阮孝緒《七録》、《隋書·經籍志》録有“《曾子》二卷，《目》一卷”。新舊《唐書》、《崇文總目》、《郡齋讀書志》、《文獻通考》、《宋史》、《山堂考索》等著録“《曾子》二卷”，亡“目一卷”。《直齋書録解題》載《曾子》楊簡注二卷。鄭樵《通志》卷六十六云：“《曾子》二卷，《目》一卷。”可能未見原書，只是襲用前人成説。《明史》、《清史稿》的《藝文志》已不再提及《曾子》一書，可證《曾子》十八篇早已殘缺。

宋晁公武《郡齋讀書志》卷三曰：“今世傳《曾子》二卷，十篇本也。有題曰‘傳紹述本’，豈樊宗師歟？視隋亡《目》一篇，考其書已見於《大戴禮》。”他見到的《曾子》二卷本是唐本，具體篇數是十篇，和《大戴禮記》同。高似孫《子略》卷一説：“凡十篇，自《修身》至《天圓》，已見於《大戴禮》，篇爲四十九，爲五十八，他又雜見於《小戴禮》，略無少異。”他具體説明了十篇篇名

及其在《大戴禮記》中的篇第,可知他見到的宋本《曾子》,已不出《大戴禮記》"曾子十篇"的範圍。陳振孫《直齋書録解題》、王應麟《漢書藝文志考證》都認爲《曾子》十篇出於《大戴禮記》。

蔣伯潛梳理了唐宋時期《曾子》的文本,認爲魏徵《群書治要》中之《曾子》,見引於馬總《意林》者,均與《大戴記》合,似《大戴記》之十篇原在《曾子》十八篇中。自唐至宋之二卷十篇本,亦皆與《大戴記》之十篇同。殆《漢志》所録之十八篇,亡其八篇,僅存十篇,而此十篇即爲大戴録入記中者也①。馬總《意林》根據庾仲容《子鈔》增損而成,而庾仲容爲梁朝人,南朝、隋代之際出現的兩卷本《曾子》和《大戴禮記》"曾子十篇"已基本無異,這説明《曾子》十八篇很可能在南北朝時期已經殘缺。

《大戴禮記》保留了"曾子"的篇名,説明《曾子》十篇並不是《大戴禮記》所本有。那麼,《大戴禮記》"曾子十篇"源自何處呢?王聘珍《大戴禮記解詁·目録》説:"蓋曾子之後學者,論撰其先師平日所言立身孝行之要,天地萬物之理,同在《古文記》二百四篇之中,並出於孔氏壁中者也。"②他認爲《曾子》十篇出自孔壁。孔廣森認爲《曾子》十篇取自《曾子》書(《大戴禮記補注·序録》)。《曾子》十八篇在南北朝時已殘缺,《曾子》十篇是《曾子》十八篇的遺存,後世的《曾子》書靠《大戴禮記》得以保存下來。戴震、王鳴盛、阮元、馬國翰、皮錫瑞都贊成這種説法。

二、《曾子》十篇真僞及成書問題

《曾子》十篇爲曾參所作,在宋代以前學者並没有異議。自宋代始,學者開始懷疑《曾子》十篇晚出,一是認爲《曾子》十篇和《論語》、《孟子》等書所記曾子不同。朱熹《晦庵集》卷八十一説:"世傳《曾子》書者,乃獨取《大戴禮》之十篇以充之,其言語氣象,視《論》、《孟》、《檀弓》等篇所載相去遠甚。"《周氏涉筆》説:"《曾子》一書,議道褊迫又過於荀卿,蓋戰國時爲其學者所論也。孔子言七十而從心所欲不踰矩,正指聖境妙處,此書遽謂七十而未壞,雖有後過亦可以免。七十而壞與否,已不置論,而何以爲過?何以爲免?聖門家法無此語也。"

二是認爲語言淺薄,與道家相似。黄震《黄氏日抄》卷五十五認爲,《曾

① 蔣伯潛《諸子通考》,正中書局,1948 年,330～331 頁。
② 王聘珍《大戴禮記解詁》,中華書局,1983 年,目録 3 頁。

子》皆世俗委曲之言，曾子說"良賈深藏如虛"，近於老子之學，進而推論"不知誰所依倣而爲之"？明方孝孺《遜志齋集》卷四説："意者出於門人弟子所傳聞，而成於漢儒之手者也，故其説間有不純。"清王定安《宗聖志》卷六認爲："其言曰：至禮不讓而天下治，至賞不費而天下之士悦，至樂無聲而天下之民和，頗混於老氏清淨之旨。"近代梁啓超也認爲："《大戴》所載十篇，文字淺薄，不似春秋末的曾子所作，反似漢初。"①1939 年，張心澂編著《僞書通考》，把《曾子》十篇定爲僞書②。

也有學者持相反意見，力辯《曾子》一書不僞。明代宋濂《諸子辯》説："（《曾子》）'七十而從心'，進學之序；'七十免過'，勉人之辭：其立言迥然不同也。周氏不察而譏之，過矣！'君子愛日'，誨學者也；'一日三省'，自治功也：語有詳略，事有不同也。高氏以辭費誚之，亦何可哉！"清人錢大昕認爲，《曾子》十篇皆古書僅存者（《潛研堂集》卷二十七）。盧文弨認爲《曾子》是《大戴禮記》中最精粹的篇章，他説："余嘗謂此書之極精粹者，《曾子》數篇而已，而《立事》一篇，尤學者所當日三復也。'博學而孱守之'，余素服膺斯言。自爲棘人，每誦'君子思其不可復者而先施焉'數語，輒不禁淚之盈睫也。"（《抱經堂文集》卷八《新刻大戴禮跋》）阮元《曾子十篇注釋序》認爲《曾子》的價值與《論語》同，學習儒學應從研習《曾子》十篇開始③。

關於《曾子》十篇的成書，王鐵從文體、語言、文獻引述等方面考察了《曾子》十篇，認爲它成書於公元前 400 年前後的數十年間④。鍾肇鵬檢索歷史上引用《曾子》的情況，推測《曾子》是由曾子第二、三代弟子綴輯他的遺言、遺文而成，時間在戰國前期⑤。董治安也贊成這種説法⑥。黃開國認爲《曾子》十篇是由曾子後學不同的學派編訂的，《本孝》、《立孝》、《大孝》、《事父母》四篇，出自孝道派弟子之手，《立事》、《制言》、《疾病》、《天圓》四篇，與孝道派没有關聯⑦。

古書的成書每每有一個長期的過程，以古書證古書，一個很大的問題是

---

① 梁啓超《古書真僞及其年代》，中華書局，1936 年，40 頁。
② 張心澂編著《僞書通考》，商務印書館，1939 年，618～619 頁。
③ 阮元《揅經室集》，40 頁。
④ 王鐵《〈曾子〉著作時代考》，《中國哲學史研究》1987 年第 1 期，45～51 頁。
⑤ 鍾肇鵬《曾子學派的孝治思想》，《孔子研究》1987 年第 2 期，50～59 頁。
⑥ 董治安《論曾子——關於歷史上的曾子和曾子的歷史評價》，《文史哲》1993 年第 1 期，27～34 頁。
⑦ 黃開國《論儒家的孝道學派——兼論儒家孝道派與孝治派的區別》，《哲學研究》2003 年第 3 期，46～52 頁。

不好確定古書的先後順序。如我們以《荀子》引用《曾子》十篇,證明《曾子》十篇不偽,但學者也可反過來説《曾子》十篇引用《荀子》,津田左右吉就認爲《曾子》是以《荀子·大略》爲素材而構成的,從而斷定《曾子》十篇成書在漢代①。出土文獻有明確的時間下限,可以和古書相印證,這就爲古書辨偽帶來了新的契機。

羅新慧比較了《曾子》十篇和郭店簡,她認爲從用辭、内容方面看,《曾子》十篇成書年代和郭店簡大致相當②。劉建國《先秦偽書辨正》認爲《曾子》十篇體例爲問答體,歷代《藝文志》或《經籍志》都有著録,結合上博簡中有和《曾子立孝》有關的内容,他認爲《曾子》十篇反映了曾子以孝爲先的思想體系和當時的社會背景,並非偽書③。張磊將上博簡《内禮》和《曾子》十篇作以對比,認爲《曾子》十篇已經比較接近曾子及其門人生活的年代④。

宋儒認爲《論語》、《大學》、《中庸》、《孟子》,與孔、曾、思、孟一一對應,其中有自己推想的成分,但四書思想理路前後貫通,是没有問題的。而另外一些學者,如宋濂、盧文弨、阮元等人,從語言風格、思想内容出發,反駁朱熹等人的觀點,言辭雖然激烈,但證據的説服力明顯不足。

論證《曾子》十篇不偽,最有力的證據是學者對《曾子》引文的檢索,尤其是運用《吕氏春秋》三次引用《曾子》十篇的證據,非常具有説服力。因爲即使是疑古派的學者,也很少有人質疑《吕氏春秋》的真偽及成書年代。由於上博簡《内禮》與《曾子立孝》、《曾子事父母》在内容和思想上存在着密切的關聯,《曾子》十篇並非偽書,已是目前學界公認的結論。但宋儒懷疑《曾子》十篇爲偽書的思想根源,學界並未深入挖掘。

三、《曾子》十篇的輯本與傳流

《禮記》、《大戴禮記》成書之後,《禮記》被奉爲禮學重典,成爲十三經之一,但《大戴禮記》卻長期被人冷落,以致殘缺過半。《曾子》十篇受《大戴禮記》牽連,在很長時間内無人研究。現存最早的《曾子》注本是北周盧辯注,注解雖然簡略,卻使《曾子》已大體可讀,清代孔廣森説

---

① ［日］津田左右吉《論語と孔子の思想》,(東京)岩波書店,1946 年,65 頁。
② 羅新慧《郭店楚簡與〈曾子〉》,《管子學刊》1999 年第 3 期,64～68 頁。
③ 劉建國《先秦偽書辨正》,陝西人民出版社,2004 年,222 頁。
④ 張磊《上海博物館竹書〈内豊〉與〈大戴禮記〉"曾子十篇"》,《管子學刊》2007 年第 1 期,107～110 頁。

“(盧辯注)起漢氏之墜學,紹涿郡之家緒”(《大戴禮記補注·序録》),甚爲允當。

唐代魏徵《群書治要》節録《曾子》四篇,馬總《意林》摘録《曾子》二卷,是校勘《曾子》版本的重要依據。宋元時期,學者主要的工作是以《曾子》十篇爲底本,雜採他書,以期恢復《曾子》書的原貌。晁公武深感《曾子》文字“回舛謬誤”,以家藏《曾子》與温公所藏《大戴》參校,頗有是正。《直齋書録解題》記載《曾子》楊簡注二卷,今已不存。劉清之輯《曾子》分爲内、外、雜七篇,徐達左編《傳道四子書》,其中《曾子》兩卷,分内、外十四篇,周邊編《古曾子》十篇,皆見於吳澄《吳文正集》。王圻《續文獻通考》著録章樵《集曾子》十八篇、戴良齊《曾子遺書》二卷,焦竑《國史經籍志》著録趙汝騰《曾子》二卷,可惜這些書今天大都亡佚。目前保存下來最早的輯本是汪晫《曾子全書》,汪晫以《孝經》、《大學》爲内篇,把先秦兩漢典籍中與曾子有關的事迹、傳説彙集起來,加以選擇,定爲外篇。缺點在於別爲標目、割裂經文,致使文義乖隔(《四庫提要》語)。朱熹《儀禮經傳通解》卷三有對《曾子事父母》的單篇注解。

明清時期,《曾子》十篇受到空前的重視。陶宗儀《節録曾子》前有晁公武《志》語及十篇篇目,後節録原文20餘條。吳世濟刪節《大戴禮記》,編訂《曾子》六篇,任兆麟《述記》著録《曾子章句》一卷,《諸子文粹續編》收録李寶淦《曾子文粹》,都是對《曾子》書的摘録。馮雲鵷編《聖門十六子書》,内有《曾子書》八卷,《傳》一卷,賀瑞麟《西京清麓叢書續編·養正叢編》著録雷柱《曾子點注》兩卷,《四庫全書總目》存目收録曾承業《曾子全書》三卷、毛奇齡《曾子問講録》四卷,魏源《古微堂集》内有《曾子章句》一卷,《古佚書輯本目録附考證》著録顧觀光《曾子逸文》。這些著作除收録《曾子》十篇外,兼涉曾子遺文、逸事的彙集整理。王定安《曾子家語》廣採先秦至漢魏古書,按序排列曾子文獻資料。蔣伯潛評價説“其搜輯之廣,採録之慎,遠在汪晫之上”。在《曾子十二篇讀本》基礎上,嚴式誨收集材料,編訂《重輯曾子遺書》十四卷,後收入《中國叢書綜録》第一册,並有嚴氏孝義家塾刻本《曾子四種》刊行。

徐乾學《傳是樓書目》著録宋鳴梧《曾子》,晁瑮《晁氏寶文堂書目》著録《續曾子》,錢謙益《絳雲樓書目》卷四著録《曾子》,顧宗伊《曲臺四書輯注》收録《曾子古本輯注》五卷。阮元説這些傳本多是雜採他書,以意編集,非曾子原文。《曾子立事》説:“來者不豫,往者不慎也。”盧辯注曰:“來者不猶豫,往者無所慎。"①句意仍然艱澀難通。阮元《曾子注釋》指出此句與《禮記·儒行》"往者不悔,來者不豫"意思一致,句意豁然開朗。阮元《曾子注釋》四卷,依據盧辯注,參照盧文弨、戴震、孔廣森等人的校本,採群書,訪友人,商榷疑義,擇善而從,"正諸家之得失,辨文字之異同",爲注解《曾子》十篇的經典書目。邵懿辰《半巖廬所著書》收有《曾子大孝編注》一卷,李寶淦《諸子文粹續編》著錄《曾子文粹》,《道古堂集》收錄梅文鼎《曾子天圓篇注》一卷,唐文治著《曾子疾病篇講義》,多爲對《曾子》單篇的注釋。

　　學者爲《大戴禮記》作注,自然也涉及對《曾子》十篇的箋釋校勘。清人姜兆錫《大戴禮記删翼》因《曾子大孝》注在《禮記》,故多有删省,《立事》、《本孝》、《制言》、《天圓》舊本無注,故詳加箋注,其目的在於删其繁冗,彰顯儒學精義。王聘珍不擅改經文,恪守漢法,發蒙解惑,成績斐然。《曾子立孝》:"君子之孝也,忠愛以敬。"王聘珍《大戴禮記解詁》説"忠愛,謂中心之愛",並引鄭注《孝經》"敬者,禮之本也",注解簡潔準確。此外注釋《曾子》的還有孔廣森《大戴禮記補注》、汪中《大戴禮記正誤》、孫詒讓《大戴禮記斠補》、汪照《大戴禮記注補》、王樹枏《校正孔氏大戴禮記補注》等。

　　唐文治、葉長青將歷代文獻中《曾子》的佚文按時間先後彙集在一起,非常方便學者研究使用②。李啓謙、王式倫《孔子弟子資料彙編》(山東友誼書社 1989 年)、《山東省志·諸子名家志》編纂委員會編《曾子志》(山東人民出版社 2001 年)、賈慶超《曾子校釋》(山東大學出版社 1993 年)將散佚的曾子資料彙集一起,並附有簡單的校釋。周洪才細緻考辨了《曾子》十八篇源流,並對《曾子書》、《曾子十二篇讀本》作了簡要介紹③。賈繼海《〈曾子〉訓釋》(中國廣播電視出版社 2005 年)以王聘珍《大戴禮記解詁》爲底本,對《曾子十篇》進行了簡要校釋。吕思勉借助《禮記·祭義》篇,指出《曾子大孝》有兩節文字係脱簡錯入④。李居平《〈曾子〉文獻流傳略考》、劉紅霞《〈曾子〉傳本考》考察了歷代《曾子》文本的流傳情況,並對書目著錄有誤處進行了訂正⑤。黄懷信《大戴禮記彙校集注》、方向東《大戴禮記匯校集解》博採衆長,集歷代重要注説於一書,是目前最新的彙校力作,缺點在於未能

① 盧辯注,孔廣森補《大戴禮記補注》,商務印書館,1939 年,46 頁。
② 唐文治、葉長青《曾子輯佚》,《國專月刊》1937 年第 2～5 期,43～49 頁。
③ 周洪才《孔子故里著述考》,齊魯書社,2004 年,313～316 頁。
④ 吕思勉《吕思勉讀史札記》,上海古籍出版社,2005 年,482 頁。
⑤ 參李居平《〈曾子〉文獻流傳略考》,《湛江師範學院學報》2001 年第 2 期,76～81 頁;劉紅霞《〈曾子〉傳本考》,《管子學刊》2007 年第 4 期,114～117 頁。

吸收出土文獻研究的最新成果。

四、《曾子》十篇與曾子思想

民國時期,孔子受到空前重視,曾子研究是當時孔子研究中的重要組成部分,但學者受疑古思潮影響,視《曾子》十篇爲僞書,使《曾子》十篇研究出現了嚴重的偏頗。劉通認爲,曾子性善説遠比性無善無惡與性惡説精當,使孔子思想圓密精微者,非曾子莫屬①。胡適説曾子的著作已蕩然無存,只好從《禮記》、《孝經》裏面採取一些勉强可用的材料②。胡理兹《孔門弟子的思想》研究曾子的思想,亦不用《曾子》十篇作爲材料③。

1949 年以後,《曾子》十篇僞書説仍是學界的主流觀點。侯外廬《中國思想通史》、任繼愈《中國哲學發展史》、李啓謙《孔門弟子研究》、王鈞林《中國儒學史(先秦卷)》等研究曾子不依據《曾子》十篇,只靠《論語》、《孟子》、《禮記》中的曾子記載,造成了對曾子思想的嚴重誤讀。王鐵、黃開國、劉建國等奮起糾正這一偏頗,由於没有堅實的文獻證據,並未引起人們足夠的重視。20 世紀 90 年代以來,郭店簡、上博簡相繼出土,從根本上糾正了《曾子》十篇晚出的錯誤認識,《曾子》十篇研究重新焕發了生機。

對於"仁"和"孝"的關係,周予同認爲曾子一派之所以把孝泛化,使它的概念外延與仁相等,是爲了克服"仁孝關係原理"上的矛盾④。李炳海强調曾子把孝歸結爲形全身安,在理論上的自相矛盾是無法克服的⑤。柳詒徵認爲曾子對於"仁"、"禮"進行了重新思考,是爲了讓儘量多的人能够理解和實行⑥。羅新慧、張倩也有類似看法⑦。李雲光極力彌合《曾子》十篇仁、孝之間的緊張,他説孝弟爲仁之本,欲爲仁而成君子,必先盡孝而成爲孝子,孔子就其全體大用而言,故曰仁,曾子就其實踐本務言,故曰孝。盡孝即

① 劉通《曾子序》,《國專月刊》1937 年第 6 期,78～85 頁。
② 胡適《中國哲學史大綱》,商務印書館,1919 年,142～143 頁。
③ 胡理兹《孔門弟子的思想》,《説文月刊》1941 年第 3 卷第 2、3 期,31～35 頁。
④ 周予同《"孝"與"生殖器崇拜"》,顧頡剛編著《古史辨》第二册,上海古籍出版社,1982 年,184～185 頁。
⑤ 李炳海《身病而神清的孔門師徒———孔子、曾子患病時的理性精神和生命意識》,《孔子研究》2006 年第 2 期,94～100 頁。
⑥ 柳詒徵《中國文化史》,東方出版社,2008 年,246～247 頁。
⑦ 參羅新慧《試論曾子對於儒家倫理思想的發展及其意義》,《陝西師範大學學報(哲學社會科學版)》1999 年第 3 期,115～121 頁;張倩《試論曾子對孔子學説的闡發》,《燕山大學學報(哲學社會科學版)》2007 年第 2 期,25～28 頁。

爲仁也①。學者注意到曾子仁孝思想之間存在矛盾，卻很少注意到《曾子》十篇不同篇章之間存在的思想歧異。對於這些思想歧異的具體内容及産生的原因，學界尚未仔細梳理。

學界從不同層面對曾子孝道思想進行了深入探究。羅新慧指出，曾子將忠君與孝道融匯的理論，適應了家族勢力和個體小農家庭上升的社會趨勢②。姜廣輝强調曾子身體力行孝道，將孝道分爲以敬孝親、竭力養親、愛身孝親、從道微諫、遵守父道、慎終追遠等具體層面，曾子的孝道哲學是他對諸子批評的回應③。何元國認爲，《曾子大孝》對孝作了教條的、片面的泛化，完全背離了孔子孝道的精神，露出了"愚孝"的苗頭④。徐傳武主張《莊子》、《戰國策》、《韓非子》的曾子記載有些不可信，是講述者爲闡述自己的觀點，借古人以自重，讓曾子穿上了講述者編織的外衣⑤。曾振宇《曾子思想體系論綱》⑥、李啓謙《曾子研究》⑦、李文玲《論曾子的孝道觀》⑧、張踐《先秦孝道觀的發展》⑨、鍾肇鵬《求是齋叢稿》（巴蜀書社 2001 年）、賈繼海《曾子對孔子孝道觀的繼承》⑩、臨沂市政協文史和學習委員會等編《宗聖曾子》（齊魯書社 2000 年）、賈慶超《曾子校釋》（山東大學出版社 1993 年）、王長坤《先秦儒家孝道研究》（巴蜀書社 2007 年）等將曾子孝道觀分爲以敬孝親、竭力養親、愛身孝親、從道微諫、遵守父道、慎終追遠等具體層面，認爲曾子緣情以成德，即德而顯功，從孝的自然情感出發，引導人們樹立君子道德品質，是對孔子孝道思想的一次重要發展。

羅新慧《曾子研究——附〈大戴禮記〉"曾子"十篇注釋》（商務印書館 2013 年）、朱曉徵《爲什麽他能够"優入聖域"？——孔子弟子曾參思想研究》（清華大學 2003 年碩士論文）從士的階層出發，結合當時的社會背景，認爲今天研究曾子，不僅要研究他的"移孝作忠"，也要研究他的"孝道下移"

①　李雲光《曾子學案》，《師大國文研究所集刊》1960 年第 4 期，29 頁。
②　羅新慧《曾子與〈孝經〉——儒家孝道理論的歷史變遷》，《史學月刊》1996 年第 5 期，6～11 頁。
③　姜廣輝《中國經學思想史》第一卷，中國社會科學出版社，2003 年，706～707 頁。
④　何元國《〈曾子〉泛化孝再評價》，《湖北大學學報（哲學社會科學版）》2006 年第 1 期，8～11 頁。
⑤　徐傳武《古代文學與古代文化》，天津古籍出版社，1997 年，1235～1236 頁。
⑥　曾振宇《曾子思想體系論綱》，《遼寧師範大學學報（社會科學版）》1994 年第 3 期，66～71 頁。
⑦　李啓謙《曾子研究》，《烟臺大學學報（哲學社會科學版）》1995 年第 4 期，12～19 頁。
⑧　李文玲《論曾子的孝道觀》，《管子學刊》2000 年第 4 期，91～94 頁。
⑨　張踐《先秦孝道觀的發展》，《中國哲學》第二十二輯，遼寧教育出版社，2000 年，193～210 頁。
⑩　賈繼海《曾子對孔子孝道觀的繼承》，《山東理工大學學報（社會科學版）》2005 年第 2 期，71～73 頁。

和"道德上浮"。只有這樣,才能領會曾子的思想意味着儒學的一種真正進步。王菊英《曾子述論》(湖北人民出版社 2009 年)側重從儒家哲學的角度,來構建曾子的道德論、修養論、天道觀的思想體系。王春《孔門弟子思想分化研究》(山東大學 2005 年博士論文)、劉紅霞《曾子及其學派研究》(山東大學 2008 年博士論文)則注重在先秦儒家思想發展的背景下,從學派的角度來研究曾子承前啓後的樞紐作用。

此外,谷樹新《中國傳統孝道的確立》(陝西師範大學 2006 年碩士論文)、徐向群《曾子孝道思想研究》(南京大學 2007 年博士論文)、周作福《先秦儒家孝道思想初探》(山東大學 2007 年碩士論文)、李福光《曾子孝道觀研究》(東北師範大學 2007 年碩士論文)、陳睿瑜《曾子倫理思想初探》(湖南師範大學 2009 年碩士論文)等從大孝、中孝、小孝三個層面論述曾子的孝道思想,内容多有重複而創新不足,這啓發我們探討曾子思想,必須尋找新的切入角度。

吕思勉把《曾子天圓》篇的主旨歸結爲"論萬有皆成於陰陽二力,萬法皆本於陰陽"[1]。楊寬指出,曾子的陰陽學説是有來源的,是進一步修正醫和等人的説法而成,曾子以陰陽二氣爲"仁義禮樂之祖",後經子思、孟子進一步發展,成爲荀子所批判的五行思想[2]。相關研究還有周海生《〈曾子天圓〉與曾子的自然觀》、劉信芳《〈太一生水〉與〈曾子天圓〉的宇宙論問題》、張宏軒《〈曾子天圓〉的"品物之本"論及其思想淵源》等[3]。金德建指出,《曾子天圓》篇立論的根據在《易經》,其内容"沾染於易學頗深",其許多論述與《易》之《説卦》、《文言》、《繫辭》、《象傳》等有關[4]。羅新慧强調《易傳》中陰陽思想源自曾子一派儒家[5],曾子是一位善《易》者,他的陰陽學説是易學發展的里程碑[6]。高新民注意到《曾子》十篇和《易傳》文體上有相似性,推斷《象傳》爲曾子所作[7]。

---

[1] 吕思勉《經子解題》,華東師範大學出版社,1995 年,60 頁。

[2] 楊寬《戰國史》,上海人民出版社,2003 年,490～491 頁。

[3] 參周海生《〈曾子天圓〉與曾子的自然觀》,黃懷信等編《儒家文獻研究》,齊魯書社,2004 年,283～293 頁;劉信芳《〈太一生水〉與〈曾子天圓〉的宇宙論問題》,《中華文史論叢》第七十七輯,132～153 頁;張宏軒《〈曾子天圓〉的"品物之本"論及其思想淵源》,《管子學刊》2005 年第 4 期,87～90 頁。

[4] 金德建《〈曾子天圓〉的述作考》,《中國哲學史研究》1986 年第 3 期,109～111 頁。

[5] 羅新慧《論儒家思想的發展與〈易傳〉的關係》,《河北學刊》2000 年第 2 期,100～104 頁。

[6] 羅新慧《曾子思想與陰陽學》,《管子學刊》1996 年第 3 期,68～73 頁。

[7] 高新民《〈周易·象傳〉與曾子》,《青海師專學報(教育科學版)》2004 年第 6 期,18～22 頁。

　　學者們依靠《易傳》"君子以思不出其位"一句，來論證曾子和《易傳》的關係，甚至推論曾子爲《象傳》的作者，文獻證據不够有力。如果没有新材料出現，曾子和《易傳》的關係在短時間内很難出現轉機。天人貫通包括天道下行和盡性知天兩個方面，《曾子天圓》只有天道下行，並没有實現真正的天人貫通。從《論語》看，孔子對天人關係闡發不多，而郭店簡的天人觀已經非常發達，上述學者對《曾子天圓》的宇宙生成論已有較爲全面的論述，今後應把《曾子天圓》放在《論語》到郭店儒簡之間，《曾子天圓》天人觀的樞紐價值才會被真正認識。

　　出土文獻和傳世文獻的激活是雙向的，由上博簡《内禮》和《曾子立孝》、《曾子事父母》的相似性，可證《曾子》十篇並非晚出。反過來，也可據《曾子》十篇加深對上博簡《内禮》句意的理解。廖名春將《曾子立孝》和上博簡《内禮》進行了比照，他認爲《内禮》所説的愛與禮，不是下對上單向的，而是下與上雙向的、相對待的互愛互敬①。梁濤認爲"内禮"作爲篇題，是説孝既要有内心的忠愛之情，還要有外在的禮節形式，它實際是對該篇首句"君子之立孝，愛是用，禮是貴"的概括和總結②。很多學者從文字、術語、文體特點或思想綫索上，判斷上博簡《内禮》與今本《曾子立事》的先後，羅新慧對此持否定意見，她認爲竹簡《内禮》與《曾子立孝》中列出的三對人倫關係的次序，尚不足以作爲判定兩種文獻編訂孰早孰晚的證據③。相關成果可參看楊朝明先生《新出簡帛文獻注釋論説》④、王巧生《上博藏戰國楚竹書（四）〈内豊〉篇集釋》⑤等。可以肯定地説，《曾子》十篇和出土文獻相結合，將是今後曾子研究的重要趨向。

五、港臺及海外《曾子》十篇研究

　　《曾子》十篇的真僞問題在港臺曾子研究中同樣存在。羅聯絡《曾子之實學》、黄得時《孝道之本義與行孝之步驟》、羅光《儒家的生命哲學》在論述曾子的孝道思想時，依據《禮記》、《孝經》，而不依據《曾子》十篇⑥。陳榮捷

① 廖名春《楚竹書〈内禮〉、〈曾子立孝〉首章的對比研究》，葉國良等編《出土文獻研究方法論文集初集》，臺北臺大出版中心，2005 年，265～287 頁。
② 梁濤《郭店竹簡與思孟學派》，中國人民大學出版社，2008 年，474 頁。
③ 羅新慧《上博楚簡〈内禮〉與〈曾子〉十篇》，《齊魯學刊》2009 年第 4 期，16～21 頁。
④ 楊朝明、宋立林等《新出簡帛文獻注釋論説》，臺灣書房，2008 年，286～298 頁。
⑤ 王巧生《上博藏戰國楚竹書（四）〈内豊〉篇集釋》，《平頂山學院學報》2008 年第 6 期，72～77 頁。
⑥ 參羅聯絡《曾子之實學》，《建設》1962 年第 11 期；黄得時《孝道之本義與行孝之步驟》，熊公哲等著《國學研究論集》，臺北黎明文化事業公司，1983 年，253～257 頁；羅光《儒家的生命哲學》，《孔孟月刊》第 17 卷第 11 期，1979 年 7 月。

《初期儒家》主張《曾子》十篇講各種道德如敬孝、慈惠、仁義、智忠，是《論語》的本色，但《天圓篇》説到天圓地方，更説幽明、陰陽、神明、龍鳳龜火，和第二代儒家的言論絶不相同，恐怕是後起的資料①。徐復觀不相信《禮記》中的曾子材料，認爲只有《論語》、《孟子》中的曾子語録可靠②。楊鴻銘認爲"吾聞之曾子，曾子聞諸夫子"屬於輾轉援引，目的在於增强《曾子》十篇的真實性③。

　　另有一些學者持相反意見，如李雲光説："書中諸語未必係爲曾子之意，而其思想淵源必由曾子也。"④熊公哲認爲《曾子》十篇之文，與《論語》、《孟子》、《檀弓》等篇所載相去遠甚，但十篇記樂正子春下堂傷足之事，樂正子春是曾子弟子，據此《曾子》十篇應是曾子之意，樂正子春門徒所傳⑤。

　　港臺地區研究《曾子》傳流或作箋注的並不多，李雲光《曾子學案》以學案的體例，分文獻記載、輯本的種類、真偽考證三個方面，對《曾子》進行了詳細考訂⑥。楊家駱對明清時期《曾子》十篇的各種輯本加以考辨，涉及劉宗周、梅文鼎、阮元等數家，可惜有所疏漏⑦。祁玉章《曾子集斠》以《大戴禮記解詁》爲底本，仿照阮元的體例，博採衆説，參證互校，分篇對有疑難的部分語句進行了校釋，創獲頗多⑧。高明《大戴禮記今注今譯》前有題解，後有譯文，具有一定的參考價值⑨。

　　在思想方面，港臺地區側重對曾子孝道思想及歷史貢獻的研究。曾立仁結合《曾子》十篇等材料，從孝、忠恕、修省三個方面論述了曾子的思想，條理井然，但在運用《孝經》作論證材料時不夠謹慎⑩。曾彩垂《曾子踐仁之規模》認爲曾子對仁德踐履，基本是遵循孔子的指示途徑的，雖然規模小於孔子，但卻便於操作和踐履⑪。王甦《曾子踐仁的功夫》分至誠、孝悌、忠恕、義理、弘毅、友生六個方面闡述了曾子仁的内涵⑫。曾憲禕《曾子行孝以傳道》

①　陳榮捷《初期儒家》，《史語所集刊》第 47 本第 4 分，1976 年，730 頁。
②　徐復觀《中國思想史論集》，上海書店，2004 年，142 頁。
③　楊鴻銘《大戴禮記曾子大孝等文真實論》，《孔孟月刊》第 34 卷第 8 期，1996 年 4 月。
④　李雲光《曾子學案》，《師大國文研究所集刊》第 4 期，1960 年。
⑤　熊公哲《曾子在孔門》，《孔孟學報》第 14 期，1967 年 9 月。
⑥　李雲光《曾子學案》，《師大國文研究所集刊》第 4 期，1960 年。
⑦　楊家駱《清儒禮大戴記著述考》，《大陸雜誌》第 28 卷第 4 期，1964 年 2 月。
⑧　祁玉章《曾子集斠》，《孔孟學報》第 45、46 期，1983 年 4 月、9 月。
⑨　高明《大戴禮記今注今譯》，臺灣商務印書館，1984 年，138～213 頁。
⑩　曾立仁《曾子學述》，《華國》1958 年第 2 期。
⑪　曾彩垂《曾子踐仁之規模》，《人生》1961 年第 10 期。
⑫　王甦《曾子踐仁的功夫》，《孔孟月刊》第 13 卷第 11 期，1975 年 7 月。

説曾子大孝，只知有父，不知有己，不曾思及陷父於不義①。姚振黎從孝道
之實踐與發揚、志節與大勇、守約與全歸、忠恕與權變四個方面探討了曾子
的孝道思想，强調曾子學主躬行，持之以弘毅，功夫切實，已臻成己成物、立
人達人之境②。卓秀嚴主張曾子之忠敬是發於内心之至誠，禮爲形諸外貌
之恭敬，内外兼修，是曾子之孝的特點③。

　　陳立夫《宗聖曾子對於宏揚聖學的貢獻》注重曾子在孔門之地位及其在
儒學傳承中的功績，將《論語》、《孟子》、《孝經》、《曾子》十篇均作爲研究曾
子的材料④。華仲麟指出曾子是孔門孝道的典型，駕乎閔子之上，而且標舉
出忠恕，獨傳孔子一貫之道⑤。周何認爲孝涵蓋了仁、義、忠、信、强等美德，
孝親才能進德，達於"尊親"、"不匱"的最高領域⑥。

　　郭店簡、上博簡出版以後，臺灣學者迅速作出反應。郭梨華《曾子與郭
店儒簡的身體哲學探究》將曾子和郭店儒簡作者的身體觀作以對比，指出孔
子、曾子是先秦儒家身體觀的奠基者⑦。葉國良從傳世古籍入手，考證曾
子、子思存在傳承關係，再從思想、用詞、内容等方面確定郭店儒簡均屬曾
子、子思一系的篇章⑧。林素清結合《曾子》十篇，對《内禮》編連和"匱"字
的釋讀提出了自己的看法⑨。

　　在國外漢學界，《曾子》十篇晚出是主流的説法。王安國（Jeffrey
Riegel）指出，《曾子》十篇不可能是在《曾子》亡佚之前被借用的，《大戴禮
記》中許多與曾子有關的篇章可以證明是採自其他文獻資料，其餘的可能是
漢代僞造的⑩。津田左右吉認爲《曾子》成書在漢代，是以《荀子·大略》爲
素材而構成的⑪。武内義雄反駁説，《曾子》十篇記有樂正子，可證《曾子》十
篇爲樂正氏之徒所傳，《吕氏春秋》引曾子語有五段，三段與《曾子》十篇符

①　曾憲祎《曾子行孝以傳道》，《孔孟月刊》第16卷第1期，1977年9月。
②　姚振黎《曾子志行考述》，《孔孟月刊》第22卷第10期，1984年6月。
③　卓秀嚴《曾子論孝》，《成功大學學報》第22卷，1987年。
④　陳立夫《宗聖曾子對於宏揚聖學的貢獻》，《孔孟月刊》第16卷第1期，1977年9月。
⑤　華仲麟《孔門道統之傳——顏、曾、思、孟、荀》，《儒家思想研究論集》，臺北黎明文化事業公司，
　　1983年，6～7頁。
⑥　周何《曾子大孝〈大戴禮記〉篇闡義》，《國文天地》第14卷第12期，1999年5月。
⑦　郭梨華《曾子與郭店儒簡的身體哲學探究》，《政大中文學報》第3期，2005年。
⑧　葉國良《郭店儒家著作的學術譜系問題》，《臺大中文學報》第13期，2000年12月，轉載於《中
　　國哲學》第二十四輯，遼寧教育出版社，2002年，226～250頁。
⑨　林素清《釋"匱"——兼及〈内禮〉新釋與重編》，《慶祝錢存訓教授九五華誕學術論文集》編輯委
　　員會編《南山論學集》，北京圖書館出版社，2006年，18～23頁。
⑩　［英］魯惟一編《中國古代典籍導讀》，遼寧教育出版社，1997年，485頁。
⑪　［日］津田左右吉《論語と孔子の思想》，65頁。

合,可知《大戴禮》"曾子十篇"是漢十八篇的一部分,爲研究曾子最有力的資料①。

以上博簡《内禮》爲證,末永高康《〈曾子〉十篇考》強調《曾子》十篇的成書早於《荀子》,《論語》在漢代已經成書,如果《曾子》晚成,它爲何不收集《論語》中的材料呢?《内禮》證明今本《曾子》不一定傳達着原來的《曾子語録》的面貌,《内禮》不採取對話形式,《事父母》變成對話形式,這是後人加工的結果②。

在日本,孔廣森《大戴禮記補注》較爲流行,猪飼彦博《校孔廣森曾子補注》、小島知足《曾子孔校補正》都對孔注有所補正。仁科干《曾子校刊》、田邊匡敕《曾子補注》、淺見安正《曾子訓點》側重結合先秦兩漢史料對《曾子》進行校勘。上博簡《内禮》公布後,日本學者紛紛轉向用《曾子》十篇校勘《内禮》的研究。淺野裕一認爲採取"無資格不可批評他人"形式的《曾子立孝》b,其論述邏輯遠比採取迂迴説法的《内禮》B明快得多,這種露骨的論述邏輯,忌諱適用於父、兄、君等上位者,《曾子立孝》可能是故意省略了有關父、兄、君三者的記述③。

福田哲之指出上博簡《内禮(一)》是《曾子立孝》的原型,但存在兩種可能性: 在《曾子立孝》原始本子的編撰階段,以《内禮(一)》這樣的正文爲素材而加以改變,第二種可能性是《曾子立孝》成型後在流傳過程中被人加以改變,形成現在的《曾子立孝》正文④。井上亘主張上博簡《内禮》接近《曾子》的原形,今本《曾子》並非有意改變,是由於在傳寫過程中發生了文字異同、脱編、錯簡、誤寫等,遂使文句不通,不得已改編了語句⑤。

在思想方面,日本注重曾子孝道及其形而上意義的探究。宇野哲人認爲曾子的孝可以分爲服從、養志、愛敬、幾諫等四個方面,曾子致力於忠和孝的溝通,強調忠、信、敬等皆是孝的表徵,其形而上的意義比孔子明顯增強了⑥。武内義雄主張曾子的孝不爲時間和空間限制,是遍布宇宙的原理。

① ［日］武内義雄《曾子考》,江俠庵編譯《先秦經籍考》,商務印書館,1931 年,226～234 頁。
② ［日］末永高康《〈曾子〉十篇考》,"先秦兩漢古籍國際學術研討會"論文,香港中文大學,2009 年。
③ ［日］淺野裕一《新出土資料と諸子百家研究》,《中國研究集刊》第 38 號,2005 年。
④ ［日］福田哲之《上博簡〈内禮〉的文獻性質——以與〈大戴禮記〉之〈曾子立孝〉、〈曾子事父母〉比較爲中心》,《簡帛》第一輯,上海古籍出版社,2006 年,162～163 頁。
⑤ ［日］井上亘《上博楚簡〈内禮〉與孟子思想》,《儒林》第三輯,山東大學出版社,2006 年,331～338 頁。
⑥ ［日］宇野哲人《支那哲學の研究》,(東京)大同館書店,1920 年,126～130 頁。

曾子所説的孝,與孝弟並稱的"孝"不同,實是近於孔子的仁,行孝的方法,主觀上從忠,客觀上從禮,這和《論語》中仁的方法——教以忠恕與復禮很相似①。加地伸行《論儒教》以《曾子大孝》樂正子春傷足爲例,認爲自己的身體是父母的遺體,父母的身體也是祖父母的遺體,如果追溯上去,就意味着自己肩負着過去的一切,主張從生命論的角度對曾子的孝道進行考察②。池澤優《"孝"思想の宗教學的研究》指出,父子之間的愛和順從的倫理,是人情的自然,曾子理論的意義在於使父子之間的倫理通往普遍的倫理③。

　　總之,借助上博簡《内禮》,《曾子》十篇不僞已成爲學界的共識。學者對《曾子》十篇的校勘、成書及思想研究可謂碩果累累,但也存在明顯偏頗:一是只注重郭店簡、上博簡《内禮》與《曾子》十篇的比較,而没有注意到金文、陶文中與《曾子立事》有關的材料;只注重郭店簡與《曾子》十篇相同之處的比較,卻忽視了它們之間不同之處的比較。二是由於上博簡《内禮》的出土,學界採信了《曾子》十篇不僞的看法。宋儒指出《曾子》十篇與《論語》、《中庸》相去甚遠,我們雖然不能因信《曾子》十篇而懷疑《大學》,但同爲曾子學派的作品,爲何學術走向迥然不同? 其中原因學界尚未作深入探討。三是學界以孝道爲核心構建曾子思想的體系,卻很少注意到《曾子》十篇不同篇章之間思想上的内在矛盾,對《曾子》十篇的成書問題認識不足。這是我們今後着力研究的方向所在。

第三節　研究方法

　　1925 年,王國維先生在清華國學研究院講課時,提出傳世文獻和出土文獻互證的二重證據法。他説:"吾輩生於今日,幸於紙上之材料外,更得地下之新材料。由此種材料,我輩固得據以補正紙上之材料,亦得證明古書之某部分全爲實録,即百家不雅馴之言亦不無表示一面之事實。此二重證據法,惟在今日始得爲之。雖古書之未得證明者,不能加以否定;而其已得證明者,不能不加以肯定,可以斷言矣。"④王國維先生主張歷史學應和考古學

①　[日]武内義雄《中國哲學思想史》,臺北仰哲出版社,1982 年,26～31 頁。
②　[日]加地伸行《論儒教》,齊魯書社,1993 年,44～45 頁。
③　[日]池澤優《"孝"思想的宗教學的研究》,(東京)東京大學出版會,2002 年,294～295 頁。
④　王國維《古史新證——王國維最後的講義》,清華大學出版社,1994 年,2～3 頁。

結合起來,借助地下新出土材料,來考辨古書的真僞,不可輕易懷疑、否定古書,明顯對顧頡剛疑古的學術趨向持否定態度。

顧頡剛先生對王國維的説法並不服氣,他説:"今人恒謂某書上某點已證明其爲事實,以此本書別點縱未得證明,亦可由此一點而推知其爲事實,言下好像只要有一點真便可證爲全部真。其實,任何謬妄之書亦必有幾點是事實。《封神榜》,背謬史實之處佔百分之九十九,然其中商王紂、微子、箕子、比干、周文、武等人物與其結果亦皆與史相合。《今本竹書紀年》,僞書也,而其搜輯《古本紀年》亦略備,豈可因一部之真而證實其爲全部真耶!"①顧頡剛指出,古書造僞,必然有一定的原始材料作依據,僅憑古書零星内容與出土文獻相合,並不能判定某書全部内容皆爲真實可信。

張京華先生把顧頡剛的上述回應稱爲"顧頡剛難題",他認爲"顧頡剛難題"包含兩點内容:一是考古學能否提供第一時間的原始記録來印證古書的年代? 二是提供的原始記録從數量上能否印證古書的全部内容? 他説:"上古實物特別是文字與文獻的遺失,使得'以全部之真證全部皆真'爲不可能,使得古史重建'拿證據來'爲不可能,使得疑古'永遠有理'。"②堯舜禹時代,是史料極匱乏的原史時期,系統性的文字是否存在尚存疑問。我們雖然堅決否認"禹爲動物,出於九鼎"的説法,但如何從學術角度,回應顧先生對古史、古書的質疑呢?

一、二重證據法與古史再現

顧頡剛先生否認堯舜禹時期原始記録的存在,他説:"三皇五帝,我敢豫言到將來考古學十分發達的時候也尋不出這種人的痕迹來。"③李揚眉認爲,傳世文獻中的東周、夏商以至於更爲古遠的歷史,是拿不出可靠的"證據"——"直接的史料"來的;既無法"拿證據來","三皇五帝"的上古舊説無疑也隨之喪失了它們的"信史"及"史實"地位④。2003 年山西襄汾縣陶寺遺址被發掘,出土大量陶器、玉器和手工業作坊遺迹,還有少量扁壺朱書文

---

① 顧頡剛《顧頡剛讀書筆記》,臺灣聯經出版事業公司,1990 年,2340～2341 頁。
② 張京華《顧頡剛難題》,《中國圖書評論》2008 年第 2 期,24～29 頁。
③ 顧頡剛編著《古史辨》第二册,自序 5 頁。
④ 李揚眉《"疑古"學説"破壞"意義的再估量——"東周以上無史"論平議》,《文史哲》2006 年第 5 期,55～69 頁。

字。陶寺遺址經碳十四年代測定，距今約爲 4 600 年至 4 000 年左右，和古史傳説中的堯舜禹時期相當。陶寺遺址面積約爲 280 萬平方米，爲目前發現的當時中原地區最大的城市遺址，它與東漢應劭、鄭玄所説的"堯都平陽"地址相合。顧先生"堯舜禹時期原始記録不存在"的預言，不攻自破①。

顧頡剛先生説夏代史只是傳説的堆積②，楊寬先生認爲夏以前的古史傳説全部來自殷周時代的神話，它們只可用作殷周時代的史料，不能用來解釋殷商以前的歷史③。1983 年偃師商城發現後，學者將鄭州商城、偃師商城和偃師二里頭遺址加以比較，證明二里頭遺址爲夏都斟尋所在地④。我們認爲，斟尋是否是夏都雖然可以再討論，但豫西登封王城崗遺址、禹縣瓦店遺址與禹、啓着着密切的關聯，豫西偃師二里頭遺址、晉南夏縣東下馮遺址、鄭州大師姑文化遺址使夏文化得到了考古學上的時間定位，夏代存在是無可置疑的。

其實顧頡剛晚年已承認夏代的存在，只是不承認夏有文字記録⑤，他説："所恨者，夏代史迹無文字可證明耳。"⑥甲骨文的構字方法已很成熟，説明在商代中期以前，漢字有一個長期的發展過程。迄今爲止，發現陶器符號的商代以前的遺址有山東章丘城子崖、大汶口、陝西西安半坡、臨潼姜寨、青海樂都柳灣、河南新鄭裴李崗等。雖然這些陶符是否是文字尚可討論，但如此多的遺址大量陶符的出現，而且有的符號多次出現，如"斤"、"戌"、"奉"、"炅"等字，已經出現 9 種⑦，證明在夏代或更早時期，文字已經發明是很有可能的。

歷史的産生與文字記載是兩回事，二者的對接需要一個過程，並非夏代只要一有歷史，就立刻能在文字上反映出來。夏、商、周作爲三個原始居民部落，它們最初興起的時間是非常接近的。《尚書·多士》周公説"惟殷先人有册有典"，説明只有商的先祖使用過簡册、文字。夏人或許没有創製或

---

① 堯本人的文化是找不到的，即使找到，我們也分辨不出來，所以我們對堯文化的界定較爲寬泛。即在堯生活的那個時代，那個地方，産生了高度的文明，不管是堯本人，亦或是堯的部族與後裔，我們皆稱之爲堯文化。
② 顧頡剛《顧頡剛古史論文集》第二册，中華書局，1988 年，140 頁。
③ 楊寬《先秦史十講》，復旦大學出版社，2006 年，2 頁。
④ 李伯謙《追尋從未間斷的中國文化——新中國考古學的發展和貢獻》，《人民日報（理論版）》，2009 年 8 月 7 日。
⑤ 顧頡剛晚年撰《〈尚書·甘誓〉校釋譯論》，結合考古資料考證夏的地理位置，證明他肯定夏代的存在。參詹子慶《夏史與夏代文明》，上海科學技術文獻出版社，2007 年，5 頁。
⑥ 李民《〈尚書〉與古史研究》，河南人民出版社，1981 年，99 頁。
⑦ 李學勤《論新出大汶口文化陶器符號》，《文物》1987 年第 12 期，24～29 頁。

使用過文字①,但卻不能因此否定夏代歷史的存在。

英國學者柏克萊説:"任何物體,只要不被知覺,就是不存在的。"②他把事物與知覺等同起來,認爲事物就是"知覺的組合",在心靈和能知覺事物的思維之外,没有任何事物存在,人類認知的範圍局限在現象界,而不能弄清客觀世界的本原。王學典先生認爲,之所以能核查牛頓對宏觀天體運動的描述,是因爲除了《自然科學的數學原理》之外,像行星那樣的"宏觀天體"仍然在"天空"中"實在"着並"運動"着。"歷史實在"既然不"在"了,後人又如何案驗那些自詡"敘述"了"如實在發生一樣的歷史"③?

殷墟卜骨坐實了《史記》所記的商代世系,由二里頭文化上溯龍山文化、仰韶文化,中國古代文明的總體進程已經得到了考古學上的印證。四川地區的三星堆文化、金沙文化,東北遼河流域的紅山文化,西北地區的大地灣文化,長江中游的大溪文化、屈家嶺文化,長江下游的河姆渡文化、良渚文化、仙人洞文化,可以説,從石器時代到青銅時代,中國上古時期已經形成了可信的文化序列。我們認爲,完全復原歷史世界是不可能的,但殘存的文物遺迹能使古代歷史事實的真相得以部分再現,客觀世界是能夠被人感知的。嚴格地講,今天運動着的宇宙天體已不再是牛頓見到的樣子。既然今天運動着的天體,能證明牛頓的力學定律,爲何殘存至今的文物古迹,不能證明已逝的歷史世界?

文物遺迹使古代城址、墓葬、器物等得以真實再現,卻很難反映古人的宗教巫術、道德信仰、風俗傳説等精神世界的內容。要想了解更多的古代文明,必須借助二重證據法,將傳世文獻激活。顧頡剛先生説《尚書·吕刑》最早記載了禹,便推定"禹是西周中期起來的"④。王國維據秦公敦銘文"鼏宅禹迹"和齊侯鎛鐘銘文"處禹之堵",斷定"春秋之世,東西二大國,無不信禹爲古之帝王,且先湯而有天下也"⑤。秦公敦和齊侯鎛鐘屬於春秋晚期,尚不能有力否定顧先生的説法⑥。近年來發現的燹公盨銘文,記載了大禹治

① 許多二里頭遺址出土的陶器上有刻畫符號,它們是否是文字,學界尚有不同的説法,但没有記載歷史事實是無疑的。
② [英]柏克萊著,關文運譯《人類知識原理(修訂本)》,商務印書館,1958年,39頁。
③ 王學典、李揚眉《"層累地造成的中國古史"——一個帶有普遍意義的知識論命題》,《史學月刊》2003年第11期,101~108頁。
④ 顧頡剛《討論古史答劉胡二先生》,顧頡剛編著《古史辨》第一册,133頁。
⑤ 王國維《古史新證——王國維最後的講義》,6頁。
⑥ 顧頡剛先生據這兩篇銘文,説春秋時期人"都不言堯舜","最古的人王只有禹",自己的説法依然成立。參顧頡剛編著《古史辨》第一册,264~267頁。

水的事迹。大禹治水在西周中期時被刻入燹公盨銘文，説明它"已經是相當古老的被人們當作歷史的一個傳説了"①。

燹公盨銘文中有"天命禹"，意爲大禹治水是出於天命，帶有一定神話色彩，而《尚書·舜典》、上博簡《容成氏》説禹治水是出於舜帝的命令，而不是出於天意。顧頡剛説先秦典籍中存在禹由神走向人的過程，是真實可信的。《詩經·大雅·文王》："有周不顯，帝命不時。文王陟降，在帝左右。"文王奠定了西周的基業，在周人的眼中，文王爲神，侍奉在上帝的左右。《合集》27656："弜桒于伊尹，亡雨？"《合集》27658："于伊尹桒，乙雨？"伊尹輔湯有功，去世後被奉爲神靈，所以商人向伊尹卜問天氣。同樣，爲了紀念大禹治水的功勳，他去世後也被人奉爲天神。夏商周時代祖先崇拜、巫鬼宗教思想盛行，禹由人變爲神。春秋戰國時期人文理念升騰，禹由神變爲人。禹"人—神—人"的形象變化，實際是古代思想世界變遷的縮影。顧先生只注重傳世文獻中禹由神至人的變化，卻忽略在此之前禹由人至神的變化，因此他懷疑禹作爲人的原型並不存在，是錯誤的。

顧頡剛先生認爲禪讓説起源於墨家②。上博簡《子羔》説："堯見舜之德賢，故讓之。"上博簡《容成氏》："舜有子七人，不以其子爲後，見禹之賢也，而欲以爲後。"郭店簡《唐虞之道》："唐虞之道，禪而不傳。"這些竹書都在荀子之前成書，甚至早於孟子，可見不僅墨家主張禪讓，儒家也鼓吹禪讓。禪讓説是戰國早期普遍的社會思潮，並非某家專有③。

顧頡剛"墨家禪讓説"，其失誤之處在於以孟子、荀子對禪讓的態度，代表了戰國時代整個儒家的態度，並且認爲儒家著作中完全肯定禪讓的内容，都只能出自荀子之後受墨家影響的儒家之手④。戰國時期，學派間相互攻訐，墨家、儒家都認可堯、舜、禹禪讓，可見禪讓説當有一定的歷史事實作依據，並非墨家或其他學派完全憑空杜撰出來的。

顧頡剛等主張《易經》是周王室的一位太卜或筮人所作⑤，郭沫若認爲

①　裘錫圭《中國出土古文獻十講》，復旦大學出版社，2004 年，22 頁。
②　顧頡剛《顧頡剛古史論文集》第一册，295～369 頁。
③　李存山《讀楚簡〈忠信之道〉及其他》，《中國哲學》第二十輯，遼寧教育出版社，1999 年，270 頁。
④　裘錫圭《中國出土古文獻十講》，34 頁。
⑤　余永梁、李鏡池、楊天宇等也主此説。參顧頡剛《〈周易〉卦爻辭中的故事》，顧頡剛編著《古史辨》第三册，3～4 頁；余永梁《易卦爻辭的時代及其作者》，顧頡剛編著《古史辨》第三册，169頁；李鏡池《關於周易的性質和它的哲學思想》，《周易探源》，中華書局，1978 年，153 頁；楊天宇《談〈易經〉的成書時代與作者》，《史學月刊》1988 年第 4 期，11～17 頁。

《易經》爲馯臂子弓所作①,陳夢家在《〈周易〉哲學時代及其性質》中指出,《易經》是殷亡後的遺民所寫的②,宋祚胤强調《周易》成書於周厲王時期③。他們研究結論的實質,就是否認文王與《周易》的關係。曹定雲以安陽小屯南地出土卜甲中的五組數字即"易卦"爲基礎立論,肯定"文王演周易"確有其事④。扶風齊家村和房山鎮江營出土的西周卜骨上,都有筮數出現,特别是長安西仁村陶窑遺址出土的陶拍子上,有《師》、《比》、《小畜》、《履》四個卦,其順序與《易經》的卦序相同,證明西周時期,《易經》卦序已經定型⑤。清華簡《保訓》爲文王臨終前的遺訓,"中"是《保訓》的核心概念,與《易經》尚中思想契合,明顯拉近了文王與《易經》的距離⑥,文王和《易經》的關係不能輕易否定⑦。

　　當然,考古發現並非總和顧頡剛先生的説法背道而馳。在新石器時代,已經發現了仰韶、龍山、紅山、仙人洞、裴李崗、大汶口、河姆渡等文化遺址,證明中華文明起源是多元的,是"滿天星斗"式的,這與顧先生打破民族向來一統的觀點非常契合。但是我們必須知道,顧先生結論的正確性,也是靠文物考古證明的。

二、"顧頡剛難題"質疑下的"古書證真"

　　20 世紀 70 年代以來,大量簡帛文獻出土,多可與傳世文獻互證,大大增加了古書的可信性。李學勤先生主張走出疑古時代,對古書辨僞中的冤假錯案要予以平反⑧,而裘錫圭、林澐等先生認爲,出土的簡帛佚籍往往和傳世文獻差異頗多,古書辨僞的成績應當肯定,顧頡剛對歷史資料審查的方法應當堅持,不必走出疑古⑨。先秦諸子之書大多經過後世大規模的整理,這

① 郭沫若《青銅時代》,人民出版社,1954 年,72 頁。
② 轉引自胡道静、戚文等編著《周易十日談》,上海書店,1992 年,15 頁。
③ 宋祚胤《論〈周易〉的成書時代、思想内容和研究方法》,《湖南師範大學社會科學學報》1994 年第 1 期,48~52 頁。
④ 曹定雲《論安陽殷墟發現的"易卦"卜甲》,《殷都學刊》1993 年第 4 期,17~24 頁。
⑤ 李學勤《周易溯源》,巴蜀書社,2006 年,234~242 頁。
⑥ 參拙作《〈保訓〉之"中"何解——兼談清華簡〈保訓〉與〈易經〉的形成》,《光明日報》2009 年 5 月 18 日。
⑦ 出於論證的考慮,我們這裏談出土文獻較多。客觀地講,《周易·繫辭》才是文王與《易經》關係最爲堅實的證據。
⑧ 李學勤《走出疑古時代》,長春出版社,2007 年,221 頁。
⑨ 裘錫圭、曹峰《"古史辨"派、"二重證據法"及其相關問題——裘錫圭先生訪談録》,《文史哲》2007 年第 4 期,6~16 頁;林澐《真該走出疑古時代嗎?——對當前中國古典學取向的看法》,《史學集刊》2007 年第 3 期,3~8 頁。

些文獻的原貌已不得而知，簡帛文獻是未經改動的文本，爲研究當時思想變遷提供了可信的原始參照。但出土文獻和傳世文獻僅部分相同，歧異很多，能否以這"一部分之真"證明全部古書皆真？

張心澂《僞書通考》："凡一書之全部份或一部份爲僞造及發生僞造之疑問者，均列入。凡書本非僞，因誤認撰人及時代，照所誤認之撰人及時代論，即成僞書者，故亦列入。"①《僞書通考》以一部分爲僞則全書皆僞，致使1 000多部古書誤被打入僞書行列。今天我們如何站在現代學術的立場上，證明古書的真實可信，以回應"顧頡剛難題"的質疑？

古史辨派質疑的先秦古書很多，限於文章篇幅，我們以《曾子》十篇爲例，談一下我們的看法。自宋代始，學者開始懷疑《曾子》十篇晚出②，如何證明它的真實可信呢？上博簡《内禮》首段説："君子之立孝，愛是用，禮是貴。……與弟言，言承兄。反此亂也。"《曾子立孝》篇作"曾子曰：君子立孝，其忠之用，禮之貴。……君子之孝也，忠愛以敬；反是亂也"，兩者内容基本相同。上博簡《内禮》"亡私樂，亡私憂，父母所樂樂之，父母所憂憂之"，《曾子事父母》作"孝子無私樂，父母所憂憂之，父母所樂樂之"，内容一致，僅少"無私憂"一句。上博簡《内禮》爲戰國時期楚簡，《曾子立孝》、《曾子事父母》和它在文本上能直接對應，證明《曾子》十篇並非晚出。

"立事"一詞起源較早，《尚書·立政》："繼自今我其立政。立事、準人、牧夫，我其克灼知厥若，丕乃俾亂；相我受民，和我庶獄庶慎。"孔穎達疏："我王其與立政謂大臣也，其與立事謂小臣也。"王引之《經義述聞》："立政，謂建立長官也，立事，謂建立群職也。"③"立事"作爲銘文辭例，戰國時期齊國、趙國多見。如國差蟾、公孫造壺、陳喜壺、子禾子釜、陳純釜、陳璋壺、公孫潮子鐘、相邦春平侯鈹等。戰國古璽有"立事歲"、"再立事歲"、"三立事歲"等印文④，《古陶文彙編》3.18："陳得立事歲。"《古陶文彙編》3.3："陳道立

---

① 張心澂編著《僞書通考》，例言1頁。
② 自宋代始，學者始懷疑《曾子》十篇晚出，黄震《黄氏日抄》卷五十五認爲，《曾子》皆世俗委曲之言，曾子説"良賈深藏如虚"，近於老子之學，進而推論"不知誰所依仿而爲之？"明方孝孺《遜志齋集》卷四説："意者出於門人弟子所傳聞而成於漢儒之手者也，故其説間有不純。"清王定安《宗聖志》卷六認爲："其言曰：至禮不讓而天下治，至賞不費而天下之士悦，至樂無聲而天下之民和，頗混於老氏清淨之旨。"梁啓超認爲：《大戴》所載十篇，文字淺薄，不似春秋末之曾子所作，反似漢初。"1939年張心澂編著《僞書通考》把《曾子》十篇定爲僞書。參梁啓超《古書真僞及其年代》，40頁；張心澂編著《僞書通考》，618～619頁。
③ 王引之《經義述聞》，江蘇古籍出版社，2000年，86頁。
④ 例如：陳寏立事歲，安邑亳釜（《璽彙》0289）；陳栦三立事歲，右廩釜（《璽彙》0290）。

事。"證明"立事"是戰國時期頗爲流行的術語,意指任職執政。

今本《曾子》十篇有《曾子立事》一篇,主要講如何培養人才。曾子主張弟子通過道德行爲的踐履,成爲一名合格官吏,其涵義與戰國時期的金文、陶文基本相同。《群書治要》成書於隋唐時期,引《曾子》作《修身》,而《大戴禮記·曾子立事》與《群書治要》所引篇名不同,而與戰國金文、陶文同,本身就證明《曾子立事》確有較早的來源。

我們以上博簡《内禮》、戰國銘文"立事"與《曾子》十篇比較,證明了《曾子》十篇部分内容爲真。顧頡剛説不能"以一部分之真證全部皆真",我們如何證明《曾子》十篇其他部分呢? 我們對《曾子》十篇的引用情況作了統計:《禮記·中庸》引用《曾子》兩次,一見於《曾子立事》,一見於《曾子本孝》;《禮記·緇衣》引用《曾子》三次。《孟子》引用曾子語九次,其中兩處與《曾子》十篇同,均見於《曾子大孝》。《荀子》引用曾子語較多,有九處内容和《曾子》十篇相同或近似,分別見於《曾子立事》、《曾子本孝》、《曾子制言中》、《曾子制言下》、《曾子天圓》。《吕氏春秋》引用曾子語六處,其中四處見於《曾子大孝》篇。《淮南子》兩引《曾子》十篇,一見於《曾子大孝》,一見於《曾子天圓》。總體來説,這些引文除個別詞語差異外,内容均與《曾子》十篇相同。

《孟子》、《荀子》、《淮南子》等先秦兩漢典籍,疑古學派亦認爲它們不僞,《曾子》十篇每篇都有段落被它們徵引過(詳見附錄二)。我們從簡帛、青銅器銘文和古籍徵引《曾子》三個不同的視角,反復印證,可知《曾子》十篇確爲先秦典籍。雖然其中難免經過改編而摻雜了後儒的思想①,但總體上仍能反映曾子學派的思想面貌。當然,我們不能用考古資料來印證《曾子》十篇中的所有内容,實際操作中,傳世文獻與出土文獻能相互印證的畢竟只佔全部内容的一小部分。那麽我們該怎樣考察古書的真僞呢?

李學勤先生説,史料不是只用真假來判斷,而是有可信性高低的問題。我們能證明一部古代文獻中有一點爲真,那麽各點的可信性就會增加。如果我們證明三點爲真,就比那一點爲真的可信性又大大地增加了②。李先生的意見是非常正確的。筆者認爲,單純依靠出土文獻證明古書畢竟有限,應把出土文獻與傳世文獻的互證及傳世文獻之間的互證結合起來,用出土

① 《曾子立孝》和上博簡《内禮》相比,缺少"爲人君"、"爲人父"、"爲人兄"三句,證明《曾子》十篇在流傳中,確實經過後儒改編。
② 李學勤《中國學術的源起——兼談孔子之"集大成"》,《光明日報》2008 年 6 月 30 日。

材料和真實可信的古書與未經證明的古書比照,擴大古書可信度考察的範圍,這樣才能得出近真的結論。

三、對層累説的再認識

受胡適《中國哲學史大綱》"截斷衆流"的影響,顧頡剛先生懷疑堯舜禹的存在,我們舉出陶寺遺址,證明原史時期唐堯部落文化的遺迹尚存①。顧先生懷疑古書晚出,我們將古書和出土材料對照,對古書的淵源進行考究。但這只是古史、古書的"立",並没有從"破"的角度,對顧頡剛的層累説進行深入分析。

顧頡剛先生説:"《封神榜》,背謬史實之處佔百分之九十九,然其中商王紂、微子、箕子、比干、周文、武等人物與其結果亦皆與史相合。"②用大盂鼎、逨盤、師克盨銘文可以證明文王存在,但顧先生也不反對文王的存在。《封神榜》中的文王原型和我們所説的一樣,我們憑什麽肯定二重證據法,而否定層累説呢? 我們所説的文王和《封神榜》中的原型一樣,《封神榜》的謬誤在於誇大或歪曲了歷史事實。顧頡剛層累説最初史實的素地,和我們没有區別,但顧先生和我們的不同之處在於,他認爲歷史是層累形成的。"時代愈後,傳説中的中心人物愈放愈大",戰國時代的人物形象,是後人根據當時形勢放大出來的。例如,顧頡剛説:"推原所以有文王爲紂臣之説的緣故,實由於春秋後期以至戰國初期的時局的引導。……故主不振作,該得由大臣來'易位'。湯和文武滅了故主,無損其爲聖王。"③顧頡剛認爲,商末周初,文王和商紂之間並無君臣關係,春秋戰國時期,由於時局的引導,有篡奪野心的卿相編造出了文王爲商紂之臣。

古書的形成有一個長期的過程,其形成的時間下限是不好確定的,但出土材料有明確的時間下限,爲我們比較不同時間段人物的歷史形象提供了絶好的材料。上博簡《容成氏》:"文王聞之,曰:'唯(雖)君亡道,臣敢勿事乎? 唯(雖)父亡道,子敢勿事乎? 執天子而可反?'受(紂)聞之,乃出文王於夏臺之下而問焉:'九邦者其可來乎?'文王曰:'可'。"《容成氏》爲戰國中期偏晚,明確肯定文王爲商紂之臣。《甲編》436:"令周侯,今夕亡禍。"商人

---

① 我們這裏所説的堯是從廣義上講的,是指堯生活的時代及他統領的部族。陶寺遺址屬於堯舜禹時期,作爲唐堯部族文化的重要組成部分,是没有疑問的。
② 顧頡剛《顧頡剛讀書筆記》,2340～2341 頁。
③ 顧頡剛《討論古史答劉胡二先生》,顧頡剛編著《古史辨》第一册,149 頁。

稱"周侯",商王對周人的吉凶非常關心。周原甲骨 H11：84："貞：王其棄，侑大甲，晉周方伯。"《花東》H3：330 左甲橋辭："周入四。"從"周侯"、"令周"、册命周方伯和周人進貢卜甲四片來看，周人已接受商王室的封爵，臣服於商，可見文王爲商紂之臣，是歷史事實，並不是因戰國時代的社會環境而編造出來的。從西周到戰國，文王的形象也沒有經歷從"不是紂之臣"到"是紂之臣"的人爲放大。

　　燹公盨記載禹是受天命治水，齊侯鎛鐘也説禹奉天命治水，從西周中期到春秋，禹受天命治水的形象並沒有改變。在一段時間内，傳説的中心人物有的被放大，有的相對穩定。顧頡剛只抓住放大的史例，而忽視了相對穩定、甚至是形象縮小的例證。

　　古史是怎樣形成的？"層累説"認爲古史是不斷拉長、逐層添加起來的。層累説的失誤之處在於只強調添加，而忽視史學剝蝕。葛兆光先生注意到歷史記録中既有增加的史實，又有一些風俗、知識、思想和觀念，如"物官"、"太平道"、"塗炭齋"等，被歷史學家人爲"減去"了①。陳家大山楚墓帛畫《龍鳳人物圖》、子彈庫楚墓《御龍圖》、馬王堆帛書《二三子》、《春秋事語》等，它們都在流傳過程中消失了，走出了歷史的視野。實際上，顧頡剛先生已經注意到歷史記載闕失的情況。他在《虬江市隱雜記》中説："賈誼《過秦論》中所舉六國之士，如徐尚、杜赫、齊明、召滑、翟景、帶佗等謀臣良將，當時必有故事流傳，徒以史遷不爲表章，遂致泯滅，惜哉！"②顧頡剛先生層累説的積極意義，在於將歷史人物的失傳、史料的剝蝕和史家編史的主觀意願結合起來，認識到主觀因素會影響到歷史信息的增減，這是應當充分肯定的。

　　顧頡剛先生説："我對於古史的主要觀點，不在它的真相，而在它的變化。"③顧先生強調歷史記録在流傳過程中，由於史家的主觀選擇，史料會有增減變化，人們的主觀詮釋會將歷史事實過濾或着色。但是我們必須知道，歷史記録的層累與剝蝕，是史學發展中常見的現象。既有主觀的意願，又有客觀的原因，有非人力所及的因素，是非常複雜的。郭店簡《性自命出》、馬王堆帛書《二三子》沒有被《漢書·藝文志》著録，這很明顯就不是班固的主觀意願。不能因強調史家主觀因素的作用，就忽視歷史信息自然衰減的客

---

① 葛兆光《思想史研究中的加法和減法》，許紀霖、劉擎編《麗娃河畔論思想：華東師範大學思與文講座演講録》，華東師範大學出版社，2004 年，158～161 頁。

② 顧頡剛《虬江市隱雜記》，《顧頡剛讀書筆記》，2573 頁。

③ 顧頡剛《答李玄伯先生》，顧頡剛編著《古史辨》第一册，273 頁。

觀因素。

　　顧頡剛先生說："最高的原理原是藏在上帝的櫃子裏,永不會公布給人類瞧的。"①層累說發展到極致,認爲歷史本體是不能感知的,因此顧頡剛主張擱置本體,研究歷史傳說的前後變化,着重處理"傳說或故事版本的翻新變易,而非故事或傳說本身所著錄、附着或反映的原始事實"②。由於時間的不可逆,往昔的歷史世界已不可能完全復原。任何歷史記錄在編寫的時候,總會烙有編寫者的思想印迹,爲何二重證據法能揭示客觀歷史的本真呢? 傳世文獻與出土文獻內容契合,如果它們屬於同一個作者,證明傳世文獻成書較早,後儒對其改編極爲有限;如果它們分屬不同的作者,各自獨立來源的材料指向同一個事物,它們是出於不同的獨立觀察而形成的史料,彼此並無輾轉抄襲的關係,同樣其所反映的史實可信度較高③。

　　歷史包含兩層涵義,一是客觀歷史本身,即曾經發生過的事實及影響;二是史學,指與歷史事實相關的記錄與規律闡釋。史學既有客觀真實的影像,又有主觀能動的選擇,貌似客觀的歷史記錄,其實潛藏着主觀的着色和過濾。西方科學主義追求歷史像幾何學那樣的精確,後現代主義認爲歷史的本體不可感知,其實客觀事實與主觀詮釋是史學一枚硬幣的兩面。例如孔子,借助二重證據法,春秋末期孔子的形象大體上是可以弄清楚的,這是客觀事實,同樣,漢唐對孔子形象的放大也是存在的。後世思想的變遷,會影響到我們對歷史真實的理解、估價,這是層累說應當充分肯定的一面。

　　今天的史學研究中有把王國維和顧頡剛刻意對立起來的傾向,其實他們活着的時候也不是這樣。現在二重證據法已發展成爲多重證據法④,但

① 顧頡剛編著《古史辨》第一册,自序第 33 頁。
② 許冠三《新史學九十年》,岳麓書社,2003 年,170 頁。
③ 參劉秀俊《"疑古"與"走出疑古"的第一次正面交鋒——〈古史辨〉第一册出版八十周年國際學術研討會綜述》,《文史哲》2007 年第 1 期,164～166 頁;沃興華《論王國維二重證據法》,袁英光主編《王國維學術研究論集(二)》,華東師範大學出版社,1987 年,266～267 頁。
④ 饒宗頤在"二重證據法"的基礎上,提出"三重證據法",增加考古資料一重證據。李學勤先生主張多學科交叉推進古代文明研究。楊向奎說:"民族學材料,更可以補文獻、考古之不足,所以古史研究中的三重證代替了過去的雙重證。"江林昌認爲"三重證據法"指的是"二重證據法"再加史學理論。邢文先生提出"四重證據法",將國際漢學研究成果作爲"第四重證據"。曾憲通主張用"多重證據法"代替"二重證據法",綜合運用考古實物、出土文獻、傳世典籍和民族、民俗史材料(異邦的同時、同類資料在內)。參沈建華編《饒宗頤新出土文獻論證》,上海古籍出版社,2005 年,67～68 頁;李學勤《中國古代文明十講》,復旦大學出版社,2003 年,230～237 頁;楊向奎《宗周社會與禮樂文明》,人民出版社,1997 年,1 頁;邢文《帛書周易研究》,人民出版社,1997 年,10 頁;江林昌《中國上古文明考論》,上海教育出版社,2005 年,37～38 頁;曾憲通《古文字資料的發現與多重證據法的綜合運用——兼談饒宗頤先生的"三重證據法"》,《古文字研究》第二十六輯,中華書局,2006 年,426～429 頁。

學者囿於二重證據法與層累説衝突的成見,卻很少想到二者互補的一面。筆者認爲,二重證據法和層累説應當結合起來,用二重證據法探討古史的真相,用層累説積極的一面,研究歷史傳説的演變、人物形象的放大與縮小,那麼我們的古史研究,又會是一番新的景象。

顧頡剛先生認爲,客觀史料被主觀編寫,用帶有後世思想烙印的史料,無法感知前世的歷史真實。但在《古史辨》第一册自序中,顧先生又承認"歷史事實"獨立於"經驗"之外,是真實存在過的。顧頡剛認識論和本體論存在着矛盾,但和西方完全否認歷史本體存在的後現代主義還是有區別的,其史學思想搖擺在經驗主義與唯物史觀之間。

四、歷史文本的延續與變型

在出土文獻的刺激下,層累説當前又有新的變型:一是熊鐵基先生的"漢代改造説",一是夏含夷先生的"古代文獻不斷重寫"。熊先生稱自己受古史辨"漢人僞造説"的啓發,提出了"漢代改造説"。他認爲今天的"傳世文獻",主要是在漢代定型的,漢人對典籍的改造是全面的,"改造"典籍時會打上漢人時代與思想的烙印[1]。

顧頡剛先生認爲《毛詩》、《古文尚書》、《逸禮》和《左傳》,都是劉歆僞造的。他説:"其實所謂古學何嘗是真的古學,只不過是王莽所需要之學,劉歆所認爲應行提倡之學而已。"[2]錢穆認爲劉歆僞造説是不能成立的,他説如果劉歆遍僞諸經在劉向去世之前,劉向爲何不知道呢? 劉向去世時,距劉歆領校五經未過數月,劉歆沒有作案時間。如果劉歆一人作僞,竹簡太重,無法完成,如果衆人作僞,與劉歆同校五經的尹咸父子、蘇竟等人,都是有名的經學家,爲何無人檢舉?[3] 錢穆先生強調,"從漢武到王莽,從董仲舒到劉歆,也只是一綫的演進和生長",並非如今文家所説,"有一番盛大的僞造和突異的改換"[4],但顧頡剛没有採納錢穆的意見。

先秦諸子學説,最初口耳相傳,難免變形走樣。書諸竹帛之後,也會隨着文字、語言等因素發生時代變遷,這種自然成僞是漸進式的。顧頡剛認爲,歷史文本和政治環境有着密切的關聯,統治者可以利用自己手中的權利

---

[1]　熊鐵基《再談漢人改造先秦典籍——方法論問題》,《光明日報》2009 年 8 月 4 日。
[2]　顧頡剛《五德終始説下的政治和歷史》,顧頡剛編著《古史辨》第五册,525～538 頁。
[3]　錢穆《劉向歆父子年譜》,《燕京學報》1930 年第 7 期。
[4]　錢穆《評顧頡剛〈五德終始説下的政治和歷史〉》,顧頡剛編著《古史辨》第五册,621 頁。

篡改歷史文本，這是他對古書成書的卓識。但他没有認真考證，就輕信今文學家劉歆僞造群經的説法，把若干世代篇章的分合、文句的修改、詞語的羼入，歸咎於劉歆一人一時之手，把漸進式自然成僞説成突變式爲政治目的造僞，不採信錢穆所説的對自己理論不利的證據，使層累説存有天生的理論缺陷。

戰國時期，文本在傳抄過程中，文字、簡序往往會發生變化，郭店簡《性自命出》下篇以14、15、16三章爲首，而上博簡《性情論》卻把這三章放在篇末。和郭店簡相比，上博簡《性情論》有多處闕文，最明顯的例子是缺"喜斯陶……温之終也"一段。戰國時期，不同的傳本並存，簡本《五行》屬於戰國中期，而帛書《五行》成書不晚於漢初，郭店簡《五行》以仁義禮智聖爲序，馬王堆帛書以仁智義禮聖爲序，更明顯的區別是帛書《五行》將"不聰不明，不聖不智"後置，造成了簡本《五行》"聖智"綫索的迷失①。

那麽漢代以後呢？上博簡孔子語録和定州本《論語》不見"也已矣"連用的情況，而敦煌本《論語》證明唐朝寫本裏"也已矣"連用現象已比較流行②，可見從先秦到唐代，《論語》的語詞在不斷地被調整。《漢志》記載《曾子》十八篇，到隋代剩《曾子》十篇、《目》一卷，到宋代《目》一卷亡佚，只剩《曾子》十篇。明清時期，輯佚《曾子》的著作有陶宗儀《節録曾子》、宋鳴梧《曾子》、晁瑮《續曾子》、劉宗周《曾子章句》、錢謙益《曾子》、阮元《曾子注釋》、邵懿辰《曾子大孝編注》、梅文鼎《曾子天圓篇注》等，其篇卷、內容不盡相同。不僅《論語》、《曾子》這樣，翻檢歷代的《藝文志》、《經籍志》，先秦古書的篇卷分合、內容增删是經常發生的現象。筆者認爲，熊鐵基先生指出古籍在漢代經歷了大規模的改編是正確的，但從先秦到明清時期，古書一直處於變化之中，甚至現代人爲古書加句讀，都會造成對古書的不同理解。隨着時代的發展，古書將來一定還要發生變化。熊先生把古書的歷代改編局限在有漢一代，這和顧頡剛先生把若干學者的改編歸結於劉歆一人，有何區別？

美國夏含夷先生説在中國古代，文本還没有固定下來的情況下，抄寫者

① 邢文先生認爲這並非錯簡，而是子思後學有意改編。參邢文《〈孟子·萬章〉與楚簡〈五行〉》，《中國哲學》第二十輯，228～240頁。
② 對於這種現象的原因，曹銀晶先生並未分析，古人在竹簡上用墨點或墨鈎斷句，到雕版印刷或刊刻石經時，墨鈎等符號不再使用，只能增加句中語氣副詞，於是就出現了"也已矣"連用的狀況。參[韓]曹銀晶《談〈論語〉句末語氣詞"也已矣"早期的面貌》，《簡帛》第五輯，上海古籍出版社，2010年，195～208頁。

對經文會有自己的解釋，他按照自己的家法來抄寫，就可以影響經文的面貌，提出"古代文獻不斷重寫"的説法①。他借用俞樾《古書疑義舉例》，舉了一個生動的比喻：如果以爲我們現在看到的古書都是古代真實的文本，那就等於聽説竹筍很好吃，回家就把席子煮來吃一樣。我們同意夏先生關於先秦典籍不斷被後人整理的説法，但"席子"和"竹筍"有着明顯的區别，我們這裏要追問的是，能用這些穿着後世服裝的古代典籍，來研究先秦諸子的思想面貌嗎？

　　能不能反映先秦諸子的思想，關鍵在於傳世文獻被後世改編的程度。出土文獻有明確的成書下限，而且没有被改動過，將傳世文獻和出土文獻對照，就可知道傳世文獻被改編的程度。我們將清華簡《尚書》和古文《尚書》的篇題及内容比較，如果差别很大，那麽古文《尚書》就是僞書。《曾子事父母》和上博簡《内禮》相比，只是"爲人君"、"爲人父"、"爲人兄"三句被删除了，其他基本相同，可知後世對《曾子》十篇改編是非常有限的。我們把《曾子》十篇被删去的内容重新添加，語句歧異的地方重新加以考訂，曾子思想的全貌雖不可盡得，但借助《曾子》十篇和《内禮》，至少可以重現曾子思想的部分真相。

　　夏含夷先生"文獻不斷變動"的説法，來自他對郭店簡《緇衣》的研究。他認爲今本《緇衣》在整理的時候，郭店簡、上博簡《緇衣》都已亡佚，整理者只能根據自己對上下文的理解來安排竹簡的次序。在一定程度上，今本《緇衣》和郭店簡《緇衣》不是同一篇經典，所以要對先秦文獻保留一種懷疑的態度②。今本《緇衣》已經散亂，又没有其他順序可以參考，整理者按照自己的理解對《緇衣》重新編連，實在是當時迫不得已的選擇。雖然不同的次序反映編連者不同的理解，但這和篡改作僞的性質截然不同。

　　夏含夷先生説："劉向開始編寫中國古代文獻的時候，在國家圖書館裏找到的資料，有的很多重複，有的是矛盾的。無論是劉向還是劉歆，他們有一個共同的做法：重複的就扔掉，有的他們認爲是矛盾的，有的説法是 A，有的説法是 B，有時他們認爲 A 和 B 都不對，自己再確定一個 C。"③劉向校

---

① 黄曉峰《美國芝加哥大學夏含夷先生談古代文獻的不斷重寫》，《東方早報》2009 年 7 月 24 日。夏含夷先生在《〈重寫中國古代文獻〉結論》中亦有類似表述。參〔美〕夏含夷《〈重寫中國古代文獻〉結論》，《簡帛》第二輯，上海古籍出版社，2007 年，509～514 頁。

② 〔美〕夏含夷《古史異觀》，上海古籍出版社，2005 年，359～360 頁。

③ 黄曉峰《美國芝加哥大學夏含夷先生談古代文獻的不斷重寫》，《東方早報》2009 年 7 月 24 日。

書,參加的任宏、尹咸等人,他們學識淵博,不同特長的人校勘不同的書籍,各展其專業所長。《漢書·藝文志》說:"劉向以中古文校歐陽、大、小夏侯三家經文,《酒誥》脱簡一、《召誥》脱簡二。"劉向之所以知道《酒誥》、《召誥》有脱簡,是因爲他以中古文《尚書》作依據。他"確定一個 C"時,雖然是主觀判斷,但是有版本依據,並非任意發揮。

夏含夷先生說,李零、范毓周、李學勤等學者對上博簡《詩論》,都有各自編連的次序,不一樣到什麼程度呢? 這二十九枚簡,沒有任何兩枚簡的編連,是得到大家一致同意的,現代人整理的《詩論》與先秦的原本恐怕有相當大的差別①。夏先生認爲上博簡《詩論》各個版本的編連都不一樣,彼此之間差距很大,這是一個事實,但從另一方面講,不管誰編連,都是二十九支簡,都改變不了《詩論》的客觀內容。當今學者編連《詩論》,都是力圖恢復《詩論》的原貌,在主觀上並沒有作僞的故意。

意大利學者克羅齊說:"一切真歷史都是當代史。"②柯林伍德說歷史研究的並非是一個死了的過去,而是一個活在現在的過去③。歷史學家在編纂歷史記錄時,無不注入自己的史學思想,而歷史的編寫者,總要受自己時代的影響,而編寫者的時代是不斷向前發展的,因此歷史不斷地被改寫。夏含夷先生說在中國古代,文本還沒有固定下來的情況下,抄寫者對經文會有自己的解釋,他按照自己的家法來抄寫,就可以影響經文的面貌。不難看出,在夏先生"文獻不斷改寫說"的背後,明顯烙有西方史學思想的印迹。

實際上,史學全部影像與絕對真理是我們永遠不可能抵達的彼岸存在,任何詮釋都是歷史文本的延續和改編者思想融入的合一。在這種融合中,存在着兩種不同的取向,一種是以回歸歷史真實和文本本義爲目的的"我注六經",一種是回應現實矛盾與需要的"六經注我"④。古代抄寫者按照自己的家法來抄寫,今天學者對出土竹簡重新編連,明顯都屬於前者。我們認爲,夏先生指出文本不斷變化的事實是正確的,但他片面誇大了改編者的能動性,忽視了家法、文本內容等客觀因素對改編者的制約⑤,容易造成任何

---

① 黄曉峰《美國芝加哥大學夏含夷先生談古代文獻的不斷重寫》,《東方早報》2009 年 7 月 24 日。
② ［意］克羅齊《歷史學的理論與實際》,商務印書館,1982 年,2 頁。
③ ［英］R. G. Collingwood, *An Autobiography*, Oxford: Oxford University Press, 1919, pp. 97~98.
④ 劉笑敢、梁濤《老子·經典詮釋與二十一世紀的中國哲學》,梁濤主編《中國思想史前沿——經典、詮釋、方法》,陝西師範大學出版社,2008 年,161 頁。
⑤ 朱熹《晦庵集》卷六十九說:"漢之諸儒,所以專門名家,各守師說,而不敢輕有變焉者也。"可參證。

解讀都是誤讀的錯誤傾向。

近代以來,古代黃金世界的光環隕落於地,經典被平移到學術研究的平臺,在傳統學術到現代學術的轉型中,顧頡剛先生起了舉足輕重的作用。對任何史料不盲目相信,都要嚴格審查,是受顧頡剛疑古風氣影響;而夏、商、周世系爲信史,古書整體可信,則是王國維二重證據法的功勛。嚴格審查史料,多重證據並舉,避免絕對主觀和絕對客觀的偏頗,是今後史學研究的康莊大道。從這種意義上說,顧頡剛結束了一個時代,而王國維則開闢了一個時代。

總之,二重證據法是本論文研究的根本方法,但二重證據法的天然缺陷在於出土文獻的有限性,即使出土文獻大量涌現,也不可能讓傳世文獻一一得到印證。在今天古史研究中,不僅要重視出土文獻與傳世文獻的互證,同時也要注意用出土材料已經證明真實可信的古書,與尚未證明的古書之間的對照,這樣才能使二重證據法的作用得到充分發揮。本書第一章和第二章注重的,就是將傳世文獻與《曾子》十篇的互證和出土文獻與《曾子》十篇的互證結合起來,避免强調一個層面而忽視另一個層面的偏頗。學者囿於二重證據法與層累說衝突的成見,很少想到二者互補的一面。我們認爲應將二重證據法和層累說結合起來,用二重證據法探討古史真相,用層累說積極的一面,研究傳說演變。這不僅是古史研究的方法,而且也是本書研究思想史、儒學史的基本方法。第三章《曾子》十篇思想研究和第四章《曾子》十篇與早期儒學,都是採用的這種方法。

第四節　本書的研究思路與基本框架

《曾子》十篇與郭店儒簡比較有兩個指向,上編比較以《曾子》十篇爲中心,搜集出土文獻和傳世文獻中的材料,對《曾子》十篇文本校釋,探討其成書問題及思想意蘊。下編比較以郭店儒簡爲中心,同時上參《論語》,下連《孟子》,以期揭示孔孟之間儒家理論發展的脉絡,展現早期儒學變遷的基本規律與特點。

一、研究思路

1. 用出土文獻校勘《曾子》十篇。詳盡搜集出土文獻中與《曾子》十篇相同或相似的語句、詞語,對《曾子》十篇文本進行校釋。

2.《曾子》十篇分組研究。細緻梳理《曾子》十篇不同篇章之間的思想歧異,合理分組,研究其成書問題及思想特色。

3. 對郭店儒簡學術思想的重新定位,審慎考察郭店儒簡與子思學派之間的關係。

4.《曾子》十篇與郭店儒簡比較。分修身、德治論、人性論及天人之學等方面。

5. 考察孔孟之間學術發展理路。細緻考察孔子、《曾子》十篇、郭店儒簡、孟子對仁、孝、聖人、人性、天人關係等内容的不同理解,梳理早期儒學不斷深化、窄化的理路。

二、基本内容

上編研究的對象是《曾子》十篇文句校釋、成書及思想等相關問題。第一章是對《曾子》十篇的校釋。第一節我們準備首先回顧一下歷代注釋《曾子》十篇的情況,特別是清人的研究成果。清人校勘《曾子》十篇的文獻依據的是《論語》、《孟子》、《禮記·祭義》、《群書治要·曾子》等傳世文獻,我們想補入新出土文獻的内容,用出土文獻校釋《曾子》十篇,必須首先對出土文獻有準確的解讀,上博簡《内禮》是校釋《曾子》十篇的絶好版本,因此第二節我們對上博簡《内禮》文本進行校釋和編連。在第二節基礎上,第三節我們將上博簡《内禮》、郭店儒簡中與《曾子》十篇相同或相似的語句找出來,分篇對《曾子》十篇的相關語句進行校釋。

第二章是《曾子》十篇成書問題研究。第一節我們首先梳理學界《曾子》十篇研究的歷程,對學者研究的得與失進行簡要回顧。目前學界研究《曾子》十篇的不足之處主要有以下幾點:一是學界以孝道作爲曾子思想的核心,統率諸德,而忽視了《曾子》十篇不同篇章之間内在的思想矛盾,對《曾子》十篇成書問題探究不夠深入;二是出土文獻也是文獻,很多以古書證古書的局限在出土文獻研究中同樣存在,很多學者依然從文字、術語、文體特點或思想綫索上,判斷《内禮》與今本《曾子立事》的先後,替古人著書作"凡例";三是學界只注重郭店簡、上博簡《内禮》與《曾子》十篇的比較,而忽略了金文、陶文中與《曾子立事》有關的材料。

針對上述存在的問題,我們第二章分三節對《曾子》十篇的成書問題進行探討。第二節我們準備細緻梳理《曾子》十篇不同篇章之間的思想矛盾,探討造成這一現象的原因何在。第三節結合上博簡、郭店簡有關材料,從文字、語句、篇卷三個方面對《曾子》十篇的成書問題進行重新審視。卜辭、金文、陶文中"立事"材料吉光片羽,彌足珍貴,第四節我們準備將這些材料與《大戴禮記·曾子立事》、《群書治要·曾子》結合起來,對《曾子立事》、《修身》兩個不同篇名形成的順序進行探討。

第三章是《曾子》十篇思想研究。筆者把《曾子》十篇定位在《論語》與郭店儒簡之間,以郭店儒簡爲主要參照,反觀《曾子》十篇的思想特點,以期揭示《曾子》十篇所代表的曾子思想在早期儒學進程中的樞紐作用。《曾子》十篇不同篇章的主旨是不相同的,我們將《曾子》十篇劃分爲甲、乙、丙三組,第二節研究《曾子》甲組的德治觀,第三節研究《曾子》乙組的孝道觀,第四節研究《曾子》丙組的天人觀,避免以前學者把不同思想傾向的篇章糾纏在一起、統而論之的混亂狀態。

第四章《曾子》十篇與早期儒學研究。孔子去世後,他的學說繼續向前發展,由曾子而子思,由子思之門人而孟子,注重向内求索,創造性地發展了儒家的心性學說。孔、孟、思、曾的學術傳承是道統說的核心內容,由於子思與曾子的師承關係史書沒有記載,學界一直存在不同的說法。上博簡《内禮》證明《曾子》十篇是曾子思想的集中體現,第一節我們通過將《曾子》十篇與子思學派的著作進行比較,力圖爲重新審視曾子與子思的師承關係提供一個新的研究視角。

《大學》原爲《禮記》中的一篇,是儒家闡述内聖外王政治理想最全面、最系統的篇章。宋儒爲樹立道統說而不斷抬高《大學》的地位,將《大學》列爲四書之首,而《曾子》十篇卻被視爲"駁雜不純",甚至是出於僞託。上博簡《内禮》的出土,證明《曾子》十篇確爲曾子語録,而《大學》思想内容、語言風格與《曾子》十篇有着明顯的不同。第二節我們以《曾子》十篇和郭店儒簡爲參照,對《大學》的作者及成書時間重新進行考證,並對宋儒懷疑《曾子》十篇的思想根源展開研究。

下編《曾子》十篇與郭店簡的比較,以郭店簡爲中心,研討孔孟之間的儒學變遷。第一章主要是對郭店儒簡進行學術定位。對郭店儒簡學派屬性的研究已十多年,而研究的結果卻是重新回到了原點。郭店儒簡本身的思想歧異,對其屬於《子思子》構成了質疑。因此對郭店儒簡進行學術定位,成爲我們首要解決的問題。

第二章《曾子》十篇與郭店簡的比較,主要從心性論角度展開。《曾子》

十篇没有使用人性概念，而郭店簡提出天命、性、情、道的理論鏈環，及一系列修身勵性的方法，因此比較的難度較大。同時我們設想以此爲基礎，對《大學》"格物致知"的内涵進行研討，以推進對早期儒家心性論的理解。

第三章以修身論比較爲核心内容，主要涉及仁義、忠信、孝道等内容。孔子單稱仁，孟子仁、義、禮、智並舉，此章重在仁、義、禮、智的形成理路，探究聖、義、孝等德目地位的升降變遷。

第四章德治論主要比較《曾子》十篇與郭店儒簡對治國理念的不同理解。《曾子》十篇以孝爲士君子的道德追求，很少涉及治國方略的設計。而郭店簡講禪讓，講君民同構，以教化實現國家的長治久安。教化在曾子那裏，只是對弟子德行的提升，而在郭店簡則已上升爲一種治國的政治舉措。

第五章側重天人之學的比較。《曾子天圓》是曾子天人觀最集中的表述，它所講述的陰陽之天，是不能作爲人性善的本源的。因此從曾子陰陽之天到孟子道德之天，其間的理路如何轉進，是頗爲值得注意的内容。

第六章在上述比較的基礎上，探討孔孟之間儒學變遷的基本規律。孔孟之間學派衆多，儒學綫索複雜多變，單純以《曾子》十篇與郭店簡的比較，能否反映但是整個儒學演變，這是個值得深思的問題。因此在總結規律時，要儘量結合傳世文獻的記載，使自己的研究成果真實、可信。

結語薈萃自己的研究成果，將各章内容加以系統總結。

上　編

從孔子到孟子，其間一百多年，由於資料匱乏，加之《禮記》、《大戴禮記》等文獻的成書年代被嚴重置後，孔孟之間學術連接的脉絡一直黯然不清。20 世紀 90 年代，郭店簡的出土，填補了孔孟之間早期儒學發展的理論缺環。由於上博簡《内禮》的發現，證明《曾子》十篇晚出的説法已不能成立。《曾子》十篇和郭店儒簡一起，共同構成孔孟之間儒學發展的"驛站"。自郭店儒簡出版以來，學者從文字、文獻和思想進行了很好的研討，但其中有一個明顯的不足，就是很少有學者將郭店儒簡和《曾子》十篇進行比較①，而且研究側重於它們相同之處的比較，卻忽視了對它們不同之處的探究。

曾子與子思的學術傳承，是宋儒道統説中的核心内容。《曾子》十篇作爲曾子的語録，郭店儒簡和子思學派有着密切的關聯，因此，將二者從相同和差異兩個方面進行全面比較，對於準確反映早期儒學傳承的真實面貌，理解道統説背後的思想内涵，具有特別重要的意義。

---

① 羅新慧《郭店楚簡與〈曾子〉》，《管子學刊》1999 年第 3 期，64～68 頁；葉國良《郭店儒家著作的學術譜系問題》，《中國哲學》第二十四輯，226～250 頁；張磊《上海博物館竹書〈内禮〉與〈大戴禮記〉"曾子十篇"》，《管子學刊》2007 年第 1 期，107～110 頁；郭梨華《曾子與郭店儒簡的身體哲學探究》，李學勤、林慶彰等《新出土文獻與先秦思想重構》，臺北萬卷樓圖書股份有限公司，2007 年，235～262 頁。

第一章
《曾子》十篇校釋

第一節　對歷代《曾子》十篇注釋情況的簡要回顧

漢代《曾子》十八篇到唐宋時期僅存十篇，文義古奧難解。一些學者在輯佚《曾子》書的同時，也收集相關注疏。宋代晁公武深感《曾子》文字"回舛謬誤"，用家藏的《曾子》和司馬光所藏《曾子》互校，糾正了不少文字謬誤，他採用的注本是北周盧辯注。晁書雖已亡佚，但盧辯注卻保存了下來，是現存最早的《曾子》注本。由於盧辯注成書時間較早，因此阮元等學者用它來校勘《曾子》在流傳中出現的訛誤，效果也很顯著。盧注內容簡略，有時會誤入正文，但已使《曾子》十篇大體可讀，是清人校勘、注解《曾子》十篇的重要依據，清代孔廣森説"（盧辯注）起漢氏之墜學，紹涿郡之家緒"（《大戴禮記補注·序録》），其言信然。

陳振孫説："《曾子》二卷，凡十篇，具《大戴禮》，後人從其中録出別行。慈谿楊簡注。"（《直齋書録解題》卷九）楊簡，字敬仲，世稱慈湖先生，宋乾道五年進士。清人陳鱣《簡莊輟文》説"楊簡之注，因過之音訓，亦皆不傳"，楊簡注在清代以前已亡佚。朱熹《儀禮經傳通解》卷三有對《曾子事父母》的單篇注解，他旨在疏通文意，對文字校釋創獲不多。

明清時期注釋《曾子》十篇的名家輩出，其中以王聘珍《大戴禮記解詁》、阮元《曾子注釋》、孔廣森《大戴禮記補注》最爲有名。他們校勘《曾子》的方法可以歸納爲以下幾點：一是收集資料比較全，文獻功夫扎實。阮元《曾子注釋》將宋代以前的佚《曾子》歸納爲九本，一是《漢志》十八篇本，二是《隋志》三卷本，三是新舊《唐志》二卷本，四是樊宗師傳十篇本，五是晁公武校本，六是楊簡注本，七是《群書治要》本，八是《崇文總目》、《通志略》、《文獻通考》二卷本，九是《古曾子》音訓十篇本，直到今天我們對歷代《曾子》十篇傳本的檢索，仍不出阮元歸納的範圍。王念孫爲論證《曾子制言中》"有土者"應爲"有土者",引用《史記·孔子世家》、《史記·太史公自序》、《鹽鐵論·國病》、《說苑·說叢》四篇文獻①,充分體現了他治學的嚴謹與知識的淵博。

二是没有版本依據,不輕易改動經文,儘量保持《曾子》書的原貌。《曾子事父母》說:"孝子無私樂,父母所憂憂之,父母所樂樂之。"汪中引朱彬之說:"彬案'孝子無私樂上脱憂字'。"汪喜孫說:"先君(汪中)録朱說而未下己意,未改經字,蓋存疑也。"②汪中雖懷疑有脱文,但没有版本依據,他未曾輕易改動經文,只是在旁注出,這種謹慎的態度是非常可取的。

三是注釋《曾子》十篇,依據《爾雅》、《說文》及兩漢經師的訓詁,力戒憑空杜撰,有不知者則存疑。王聘珍解釋"可入也,吾任其過;不可入也,吾辭其罪"說:"任,當也。任過者,過則歸己也。《說文》云:'辭,訟也。'辭其罪,謂内自訟也。《書》曰:'于父母負罪引慝。'"他引用《說文》和《尚書·大禹謨》的語句,解釋《曾子立孝》"自負其罪,不敢以父母爲罪"的内涵,使語義前後貫通,訓詁精當。《大戴禮記解詁》自始至終貫徹了這一原則,因此被後世稱爲典範之作。

當然清人對《曾子》十篇的校勘,也存在一些問題。他們認爲《曾子》只有一個定本存在,如果看到《曾子》兩個版本語句或用字不同,他們認爲必爲一是一非。《曾子立事》"日旦就業,夕而自省,思以殁其身,亦可謂守業矣",《曾子制言中》作"日旦就業,夕而自省,以殁其身"。阮元《曾子注釋》認爲其中必有一個版本錯誤,因此將"思"字斷爲衍文③。20世紀70年代以來,簡帛佚籍的出土,使我們認識到古書並非一成不變的,所謂的定本是不存在的。魏徵《群書治要》、汪晫《曾子全書》皆作"思以殁其身",與《曾子立事》同,證明《曾子立事》此句有較早來源,且文義通順,我們認爲兩說可並存,而不是强斷一說爲非。

清人注疏較爲嚴謹,但無據懷疑的現象也依然存在。《曾子事父母》:"單居離問於曾子曰:'事父母有道乎?'曾子曰:'有。愛而敬。'"汪中懷疑此句有脱文④,又懷疑《曾子天圓》非《曾子》本書⑤,卻不舉出任何證據,這

①　王引之《經義述聞》,283～284頁。
②　汪照、汪中之說參方向東《大戴禮記彙校集解》,517頁。
③　孫詒讓《大戴禮記斠補》,200頁。
④　方向東《大戴禮記彙校集解》,517頁。
⑤　方向東《大戴禮記彙校集解》,588頁。

種做法不僅無益於《曾子》文本的校勘,反而更易引起後世學者的紛爭。

上博簡《內禮》與《曾子立孝》、《曾子事父母》明顯存在密切的關聯,郭店簡也有一些與《曾子》十篇相同或相似的語句,對校勘《曾子》十篇極有幫助。黃懷信《大戴禮記彙校集注》、方向東《大戴禮記匯校集解》是新近出版的集釋《曾子》十篇的重要著作,但兩書都未吸收這些出土文獻資料的研究成果,令學界深以爲憾。廖名春先生利用上博簡《內禮》校釋了《曾子立孝》①,其成果是富有開創性的,但其校勘的範圍僅限於《曾子立孝》首章,而《曾子》十篇與上博簡、郭店簡相同或類似的內容還有很多,進一步挖掘的空間很大。因此筆者不揣鄙陋,以上博簡《內禮》爲主,同時吸收郭店儒簡、馬王堆帛書等相關出土資料,對《曾子》十篇作以校釋,希望能對《曾子》十篇的研究有所助益。

第二節　上博簡《內禮》校釋與編連

上博簡和郭店簡是用戰國文字書寫的,字句古奧艱澀。用上博簡、郭店簡校釋《曾子》十篇,離不開對簡文準確的解讀,尤其上博簡《內禮》的簡文明確可與《曾子》十篇對照,是我們校釋《曾子》十篇的主要參照。因此我們首先對上博簡《內禮》,作以校釋、編連。

一、上博簡《內禮》文字校釋

[1] 君子之立孝,惡(愛)是甬(用),豊(禮)是貴。

李朝遠認爲,竹書"惡"(愛)和"忠"在字形上有近似之處,或誤摹爲'忠'字②。廖名春認爲《內禮》"惡"字,《大戴禮記·曾子立孝》作'忠',應該是同義換讀③。季旭昇認爲愛與忠形義俱近而致誤,以義理而言,自以簡本作"愛"爲是④。徐蕾認爲《曾子》十篇用"忠",但不排斥"愛","忠"可以

① 廖名春《楚竹書〈內禮〉、〈曾子立孝〉首章的對比研究》,葉國良等編《出土文獻研究方法論文集初集》,265～287 頁。
② 馬承源主編《上海博物館藏戰國楚竹書(四)》,上海古籍出版社,2004 年,220～229 頁。
③ 廖名春《楚竹書〈內禮〉、〈曾子立孝〉首章的對比研究》,葉國良等編《出土文獻研究方法論文集初集》,265～287 頁。
④ 季旭昇主編《〈上海博物館藏戰國楚竹書(四)〉讀本》,臺北萬卷樓圖書股份有限公司,2007 年,103～120 頁。

訓爲"愛",但"愛"未有訓爲"忠"的,"忠"與"愛"義雖相近,但相近不一定就是換讀①。陳思婷認爲愛與忠意義相近,字形相似,漢代儒家倫理成爲控制社會的力量、維持威權統治的武器,所以將愛改爲忠②。羅新慧指出"愛"側重於親愛之心,"忠"則强調從中心流露的真切感情,注重於誠摯,在這個意義上,可説"忠"的含義更爲寬泛③。

案:忠和愛有着密切的聯繫,郭店簡《語叢二》:"愛生於性,親生於愛,忠生於親。"《語叢二》認爲,忠是在愛基礎上生成的道德情感。郭店簡《唐虞之道》:"古者虞舜篤事瞽叟,乃弋(執)其孝;忠事帝堯,乃弋(執)其臣。"又説:"其爲瞽盲子也,甚孝;及其爲堯臣也,甚忠。"在郭店簡中,子對父是愛,臣對君是忠,區別非常嚴格,没有"愛"、"忠"混用的辭例。上博簡愛字寫作"",忠字寫作""(上博《詩論》26)、""(上博《中弓》21)、""(郭店《語叢三》64)、""(郭店《緇衣》20)、""(郭店《語叢二》9),二者字形區別明顯,因此誤摹的可能性不大。

《論語·里仁》説:"子曰:'參乎! 吾道一以貫之。'曾子曰:'唯。'子出,門人問曰:'何謂也?'曾子曰:'夫子之道,忠恕而已矣。'"曾子對孔子忠恕之道有深刻的領悟。上博簡《内禮》"悉之用",《曾子立孝》作"忠之用",體現的是曾子對孔子"忠"思想的把握,上博簡《内禮》下文"爲人臣"、"爲人子"、"爲人弟"是泛指,是一般性的概念,而《曾子立孝》作"爲人子而不能孝其父者"、"爲人弟而不能承其兄者"、"爲人臣而不能事其君者",《曾子立孝》强調自己先做然後才能要求別人,即先由己而後推人,這種推己及人的思想,明顯屬於恕道。

《曾子》十篇"愛"字不止一次出現,既有子女對父母的愛戴之情,如《曾子事父母》:"單居離問於曾子曰:'事父母有道乎?'曾子曰:'有。愛而敬。'"又有父母對子女的慈愛之情,如《曾子立孝》:"父母愛之,喜而不忘。"因此,如果説漢代儒家出於維持威權統治的需要,將"愛"改爲"忠",爲何不全部改而只部分改?

《論語》中仁的方法是教以忠恕和克己復禮,因此《曾子立孝》從内在的

---

① 徐蕾《〈上海館藏戰國楚竹書(四)〉研究概況及文字整理》,東北師範大學碩士論文,2006 年,8 頁。
② 陳思婷《〈上海博物館藏戰國楚竹書(四)·采風曲目、逸詩、内豊、相邦之道〉研究》,潘美月、杜潔祥主編《古典文獻研究集刊》第七編,臺北花木蘭文化出版社,2008 年,251~359 頁。
③ 羅新慧《上博楚簡〈内禮〉與〈曾子〉十篇》,《齊魯學刊》2009 年第 4 期,16~21 頁。

層面上重視忠,從外在的層面上重視禮,忠恕相因,這實際上是曾子學派對孔子修仁方法的繼承。上博簡《内禮》"悉"和《曾子立孝》"忠"的不同,可能是曾子弟子對曾子之學理解不同造成的,而不一定是出於漢儒對《曾子立孝》的改編。

[2] 君子事父毋(母),亡(無)厶(私)邈(樂),亡(無)厶(私)悥(憂)。父毋(母)所樂樂之,父毋(母)所悥(憂)悥(憂)之。

案:樂字常見从木,如𣠵(《語叢三》簡54),从大,如𣡼(《信陽》簡2),从内,如𣡶(上博《内禮》6)。戰國文字偏旁訛變複雜,但有一定規律可循,木與大、内形近,其偏旁僞變規律似可概括爲从木-从大-从内,但樂字僞變爲邈形,其下部變爲"辵"旁,在楚文字中極爲少見。何琳儀先生指出戰國文字異部聲符互作有兩種可能,一是疊韻聲符互換,一是雙聲聲符互換①,木是明母屋部字,辵是透母鐸部字,音可對轉,與"木"和"大"形近訛變不同,木與辵的置換可能出於音近的緣故。

[3] 善則從之,不善則辵(止)之。辵(止)之而不可,悉而任不可。

李朝遠釋爲"善則從之,不善則止之;止之而不可,悉(憐)而任不可",他認爲"悉",从"㺯"、从"心",可讀爲"憐"。《爾雅·釋詁下》:"憐,愛也。""任",聽憑,"憐而任"與文獻"行之如由己"意相近②。廖名春結合李學勤、裘錫圭先生的研究成果,認爲"悉"應讀爲"隱","止之而不可,隱而任不可"意爲,君子以諫言"止"父母之"不善",如果不被父母所接受,就當隱忍而任憑父母所行③。曹建墩認爲此句當與簡8連讀爲"隱而任之。如從己起","任",意爲"擔當",此句是説"君子孝子"承當父母的不善,如從己所爲④。黄人二認爲,"悉而任"讀爲"隱而往"⑤。梁静認爲辵,从"之"、从"止",應隸定爲"辻",讀爲"止"⑥。

案:《内禮》"止"寫作辵,這種寫法亦見於郭店簡《尊德義》簡20,"之"與"止"同屬之部,在"止"上增加一個"之",屬戰國文字象形字標音偏旁增繁現象。《禮記·檀弓上》説:"事親有隱而無犯。"鄭玄注:"隱,謂不稱揚其

① 何琳儀《戰國文字通論(訂補)》,江蘇教育出版社,2003年,238~239頁。
② 馬承源主編《上海博物館藏戰國楚竹書(四)》,220~229頁。
③ 廖名春《讀楚竹書〈内豊〉篇札記(一)》,簡帛研究網(www.jianbo.org),2005年2月20日。
④ 曹建墩《讀上博藏楚竹書〈内豊〉篇札記》,簡帛研究網,2005年3月4日。
⑤ 黄人二《讀上博藏簡第四册内禮書後》,《古文字研究》第二十六輯,350~354頁。
⑥ 梁静《上博(四)〈采風曲目〉等六篇集釋》,武漢大學碩士論文,2006年,73~73頁。

過失也。"《穀梁傳》隱公元年説："孝子揚父之美,不揚父之惡。""惡"讀爲"隱",語義最佳。"往"字楚文字寫作🔲,與《内禮》🔲明顯不同。楚文字"任"寫作🔲,因此《内禮》🔲應讀爲任,上一短横爲飾筆。"任"字學者或訓爲"聽憑"或訓爲"擔當"。《曾子立孝》:"子曰:'可入也,吾任其過;不可入也,吾辭其罪。'"王聘珍注曰:"任,當也。"曹建墩説"任"字訓爲"擔當",可從。

[4] 君子🔲曰:孝子不🔲,若在腹中,巧變,古(故)父毋(母)安之。

上博簡《内禮》簡7"孝子不🔲,若在腹中"的"🔲"字,李朝遠隸定爲"飼",从食从人,讀爲"食"①。房振三認爲,戰國文字中从"負"的字多作下列之形:🔲(郞,《璽彙》0049)、🔲(賓,長陵盉),"🔲"从"冂"从"負",隸作"𧷏",讀爲"負"②。林素清認爲此字的右半部分當爲"冂",中間的部分爲"貴",讀爲"匱",她説此字與三晋朱文吉語印"貴身(信)"印的"貴"近似(《璽彙》4675、4676),惟三晋"貝"字多省作"目"形,簡文則不省③。蘇建洲認爲,楚系"歺"可作🔲、🔲、🔲、🔲,則"貞"字可演變爲🔲,"🔲"可以隸定爲"匱"④。

案:"食"字,《包山》257作"🔲",與《内禮》簡7"🔲"字外形相似,但中間爲一横,與"🔲"不同,《内禮》第9簡作"🔲",明顯與"🔲"字不同,因此學者多不信從讀爲"食"的説法。楚文字"匱"字作"🔲"(《包山》13),"貴"字作"🔲"(上博《内禮》1)、"🔲"(郭店《老子》甲29)、"🔲"(郭店《緇衣》44)、"🔲"(《曾侯乙》124),🔲(《璽彙》4676)明顯與"🔲"字中間部分不同,因此林素清讀爲"匱"的説法也不能成立。戰國文字从負之字"賡"作"🔲"(《璽彙》0304),或作"🔲"(《璽彙》5414),"郞"作"🔲"(《璽彙》0049),"賓"作"🔲"(長陵盉)⑤,負的寫法和"🔲"字中間部分非常一致,因此房振三把"🔲"字隸定爲"𧷏",讀爲"負",是很正確的。

《曾子事父母》:"孝子惟巧變,故父母安之。若夫坐如尸,立如齊,弗訊不言,言必齊色,此成人之善也,而未得爲人子之道也。""巧變"就是巧妙地

① 馬承源主編《上海博物館藏戰國楚竹書(四)》,220～229頁。
② 房振三《上博館藏楚竹書(四)釋字二則》,陶新民主編《古籍研究》2006卷(上),安徽大學出版社,2006年,118～119頁。
③ 林素清《釋"匱"——兼及〈内禮〉新釋與重編》,《慶祝錢存訓教授九五華誕學術論文集》編輯委員會編《南山論學集》,18～23頁。
④ 蘇建洲《〈上博楚簡(五)〉考釋二則》,簡帛網(www. bsm. org. cn),2006年12月1日。
⑤ 何琳儀《戰國古文字典》,中華書局,1998年,123頁。

加以變化。房振三認爲，"孝子不負"是指孝子不違恩忘德，這種説法的困難在於"孝子不違恩忘德"和"巧變"聯繫並不密切。《韓詩外傳》卷九曾子曰："少而學，長而忘，此一費也。事君有功，而輕負之，此二費也。久交友而中絶之，此三費也。"徐灝《段注箋》："負之古音古義皆爲背。""孝子不負"就是孝子不背，孝子不違背父母的心意，不與父母爭辨。"若"讀爲"匿"，《爾雅·釋詁下》："匿，微也。"《廣韻》："匿，隱也。""匿在腹中"就是"隱在腹中"的意思。這段話的大意是孝子不違背父母的心志（與父母爭辨），把自己的憂樂隱藏起來，（按照父母的心意）巧妙地加以變化，這樣父母就能安心了。《禮記·內則》曾子曰："孝子之養老也，樂其心，不違其志。"《曾子事父母》："孝子之諫，達善而不敢爭辨；爭辨者作，亂之所由興也。"講的都是孝子不與父母爭辨①，以養父母心志爲上的道理。

有學者稱《內禮》中的"䍀"爲奇字，這是爲什麼呢？因爲楚簡中"負"常見寫作"䝿"（上博三《周易》簡33）、"䝿"（上博三《周易》簡37）、"䝿"（上博四《曹沫之陣》簡21），"負"寫作"䍀"，與楚文字"負"的寫法明顯不同。而上舉戰國文字中與䍀寫法相同的从負諸字（䝿、䝿、䝿、䝿）則屬晉系文字。且《內禮》"才"字的寫法亦見於《侯馬盟書》，其中才53例（《侯馬盟書字表》3∶11），才2例（《侯馬盟書字表》92∶5），才44例（《侯馬盟書字表》3∶13），還有大量才、才等字形存在。上博簡《內禮》是楚文字寫成的抄本，抄手是楚人，但爲何䍀和才與晉系文字相同，這些非楚文字因素使我們懷疑，《內禮》的底本可能是用晉系文字寫的。

上博簡的出土，印證了戰國時期儒學的南傳，但對上博簡《內禮》等儒家文獻傳播的具體歷程，一直是學界長期不能破解的謎。《禮記·檀弓上》："子夏喪其子而喪其明。曾子吊之，……子夏投其杖而拜，曰：'吾過矣，吾過矣。吾離群而索居，亦已久矣。'"可知曾子晚年曾到晉國看望、慰問過子夏。《曾子制言上》説："曾子門弟子或將之晉，曰：'吾無知焉。'曾子曰：'何必然！往矣。'"曾子及其弟子都去過晉國，曾子學派的文獻傳到晉國是有可能的。

上博簡《內禮》作爲曾子學派的文獻，發源於魯國是沒有問題的，戰國時期，晉楚之間文化交流頻繁，上博簡《內禮》作爲楚國的抄本，但"䍀"和"才"與楚文字的寫法不同，明顯帶有晉系文字的特點，而且上博簡《內禮》

---

① 《論語·爲政》："孟懿子問孝。子曰：'無違。'"曾子不違父母心志，實際是從孔子處承襲而來。

和《侯馬盟書》相似的字還有很多：🔲(《侯馬盟書字表》67∶1)，🔲(《侯馬盟書字表》156∶8)80 例，🔲(《侯馬盟書字表》156∶19)，🔲(《侯馬盟書字表》1∶21)。周鳳五先生認爲，儒家典籍在流布過程中不斷被傳習者輾轉抄寫，時空的遷移在文本上留下清晰的痕迹，傳入楚國的典籍，勢必經歷文字馴化的階段，保留着若干外來文字的痕迹①。結合曾子及其弟子到過晉國的文獻記載，筆者懷疑上博簡《内禮》可能經歷了由魯國到晉國再到楚國的傳播歷程。

[5] 父毋(母)又(有)疾，🔲(冠)不🔲(繐)

李朝遠認爲“🔲”上從“曰”，爲帽形；下從“元”，爲人首。《説文·冖部》：“冠……從冖元，元亦聲；冠有法制，故從寸。”“🔲”應爲“冠”的古體。甲骨文中有“🔲”字，即此字初形(參見《江陵望山沙冢楚墓》第 285、298 頁)。《包山楚簡》簡 219、231、259 均同此。“冠不力”，文獻爲“冠者不櫛”。“櫛”，男子束髮用的梳篦；“不櫛”，即不束髮。“不力”，不得力，義應與之近②。

案：上博簡《容成氏》簡 54“冠”字作“🔲”，與“🔲”形同，李説可從。

上博簡《内禮》“父母有疾，冠不🔲”的“🔲”字，李朝遠釋爲“力”，不力即不得力，義與“冠者不櫛”相近。魏宜輝認爲力、飭皆爲舌頭音、職部字，音近可通，他懷疑“冠不力”應作“冠不飭”，猶言“冠不正”③。曹建墩認爲“力”乃誤釋，原字應釋爲“介”，讀爲“紒”，並引《儀禮·士冠禮》鄭玄注，認爲“紒”意爲結髮。田煒説《侯馬盟書》“夬”字作🔲、🔲等形，“祓”字作🔲、🔲等形，“窙”字作🔲，他認爲🔲應釋爲“夬”，《内禮》中的“夬”可以讀爲“繐”④。李守奎認爲🔲應釋爲“師”(帀)，師與櫛音近可通⑤。

案：楚文字“力”字作🔲(《六德》簡 16)、🔲(《容成氏》簡 35)、🔲(《三德》簡 1)，“介”字作🔲(《昭王毁室》簡 6)、🔲(介鐘磬)、🔲(《信陽簡》2·013)，“帀”或從“帀”的字形有🔲(《隨縣》131)、🔲(《天星》3006)、🔲(《包山》103)，從字形上説，這些字或缺筆或多筆，且筆勢也不同，只有🔲

---

① 周鳳五《郭店竹簡的形式特徵及其分類意義》，武漢大學中國文化研究院編《郭店楚簡國際會議論文集》，湖北人民出版社，2000 年，63 頁。
② 馬承源主編《上海博物館藏戰國楚竹書(四)》，220～229 頁。
③ 魏宜輝《讀上博楚簡四札記》，簡帛研究網，2005 年 3 月 10 日。
④ 田煒《讀〈上海博物館藏戰國竹書〉零札》，《江漢考古》2008 年第 2 期，116 頁。
⑤ 轉引自韓英《〈昔者君老〉與〈内豊〉集釋及相關問題研究》，吉林大學碩士論文，2008 年，88 頁。

(《侯馬盟書字表》3：11)和《内禮》"𣎴"字形最接近,因此田煒先生釋爲
"奐"的意見是可信的。

　　《穀梁傳》桓公元年"擅相換易"的"換"字,《經傳釋文》説"一本亦作
逭","奐"爲匣紐元部,"綰"爲影紐元部,聲鈕都屬喉音,韻部相同,"奐"可
直接讀爲"綰"。田煒先生説"'冠不奐'指的是成年的男子因父母有疾而不
綰髮,不綰髮就不能戴冠",可能理解有誤。《禮記集説》:"此言養父母疾之
禮,不櫛,不爲飾也。不翔,不爲容也。不惰,不及他事也。""冠不奐"是説
不梳理髮髻而戴冠,正與鄭玄注"憂不爲容也"相應。

　　[6] 行不頌(容)。

　　李朝遠説《禮記·曲禮上》作"行不翔","頌"與"翔"通,"頌"爲邪紐東
部字,"翔"爲邪紐陽部字,"頌"、"翔"雙聲,東陽旁轉,"行不翔"即謂行走
時不可張開雙臂①。廖名春認爲"頌"與"翔"爲同義換讀,"頌"通"容",而
"容"義爲"飛揚貌",故可與"翔"互用,"行不頌"即"行不容",是指行走時
不可一副飛揚的樣子,這與行走時不可張開雙臂,意義相同②。曹建墩認爲
"頌"通"容","容",禮書多指禮容,簡文"行不頌"指孝子因父母有疾而憂,
致使行無禮容③。黄人二認爲,"容"即儀容,謂父母有疾,出門不必飾其
容貌④。

　　案:"頌"爲邪紐東部字,"翔"爲邪紐陽部字,旁轉之説似不可信。古人
非常講究禮容,《論語·鄉黨》説:"入公門,鞠躬如也,如不容。立不中門,
行不履閾。過位,色勃如也,足躩如也,其言似不足者。攝齊升堂,鞠躬如
也,屏氣似不息者。出,降一等,逞顔色,怡怡如也。没階,趨進,翼如也。復
其位,踧踖如也。"孔子進入公門,經過國君的座位,下臺階,都有不同的禮
容。《説文·頁部》:"頌,皃也。"段玉裁注:"古作頌皃,今作容皃,古今字之
異也。"鄭玄注《禮記·曲禮上》"行不翔"曰:"不櫛、不翔,憂不爲容也。"
"頌"通"容","行不翔"與"行不容"均爲不注重禮容,"行不翔"強調的是具
體動作,"行不容"範圍更廣一些。《孝經·喪親章》説:"孝子之喪親也,哭
不偯,禮無容。""禮無容"正與簡文"行不頌(容)"相對應。

------

① 馬承源主編《上海博物館藏戰國楚竹書(四)》,220~229頁。
② 廖名春《讀楚竹書〈内豊〉篇札記(一)》,簡帛研究網,2005年2月20日。
③ 曹建墩《讀上博藏楚竹書〈内豊〉篇札記》,簡帛研究網,2005年3月4日。
④ 黄人二《讀上博藏簡第四册内禮書後》,《古文字研究》第二十六輯,350~354頁。

[7] 不⬚立。

李朝遠認爲"⬚"从"爪"、从"衣",似爲"依"字異體。《説文·人部》："依,倚也。""不倚立"即要有站相①。廖名春認爲簡文之"依立"即"扆立",指文獻中的"負依(扆)南面"而立②。曹建墩認爲"⬚"从"爪"、从"衣",此字見於隨縣衣箱、包山楚簡197、201,用作"卒","卒"有衆意,簡文"不卒立"和"不群立"意思相同,指不和衆人一起站立,父母患疾,孝子因心憂而不願交接衆人③。黄人二認爲"卒"原从"爪"、从"卒",疑簡文此字徑讀"衣"即可,或可將"⬚"所从的"卒",視爲"衣"之誤摹,"衣"、"哀"音近可通,上博三《仲弓》簡23上段云"夫喪,至愛之哀也",讀爲"哀","不哀立",乃父母有疾時,不應毁身哀立過度④。林素清釋爲"不卒(悴)立"⑤。陳思婷認爲楚簡"卒"字寫作⬚(郭店《緇衣》16),䘚字寫作⬚(《包山》197),楚系文字"衣"字或作"卒",其衣之下横可視爲飾筆,"卒"字多作"䘚",二者似有意區別。韓英也將"⬚"讀爲"䘚",認爲"卒"或可作"猝",意爲"不要忽然站立起來"⑥。

案:楚文字"衣"寫作⬚(上博《詩論》10),或作⬚(郭店《緇衣》20),因此單從《内禮》"⬚"下部看,學者隸定爲"裞"是有道理的,但如果聯繫上博簡《内禮》"⬚"字上部"爪"形,"⬚"應釋爲卒。楚簡卒字常見字形有⬚(上博《曹沫之陣》簡28)、⬚(上博《昭王毁室》簡5),李守奎説楚簡衣和卒字的區别在於是否有"爪"⑦,但三體石經《春秋·僖公》卒字作⬚,因此李説似可修正爲:不从"爪"形的⬚可以讀爲衣,也可讀爲卒,而从爪的⬚只讀爲卒。綜上,上博簡《内禮》"⬚"字應隸定爲卒,而不是衣。《玉篇·衣部》:"卒,衆也。""不卒立"指不與衆人聚在一起。《禮記·曾子問》:"三年之喪,練,不群立,不旅行。"鄭玄注:"爲其苟語忘哀也。""不卒立"與"不群立"義近,孝子恐自己與衆人多語而忘記父母病重,鄭注"爲其苟語忘哀也"

① 馬承源主編《上海博物館藏戰國楚竹書(四)》,220~229頁。
② 廖名春《楚竹書〈内禮〉、〈曾子立孝〉首章的對比研究》,葉國良等編《出土文獻研究方法論文集初集》,265~287頁。
③ 曹建墩《讀上博藏楚竹書〈内豊〉篇札記》,簡帛研究網,2005年3月4日。
④ 黄人二《讀上博藏簡第四册内禮書後》,《古文字研究》第二十六輯,350~354頁。
⑤ 林素清《釋"匲"——兼及〈内禮〉新釋與重編》,《慶祝錢存訓教授九五華誕學術論文集》編輯委員會編《南山論學集》,18~23頁。
⑥ 韓英《〈昔者君老〉與〈内豊〉集釋及相關問題研究》,吉林大學碩士論文,2008年,92頁。
⑦ 李守奎、曲冰、孫偉龍編著《上海博物館藏戰國楚竹書(一——五)文字編》,作家出版社,2007年,412頁。

正與下文"不庶語"相應。

[8] 不庶語。

李朝遠説"庶",衆,多,"不庶語"意爲不多説話①。林素清釋爲"不庶(惰)語"②。梁靜認爲"庶"與"惰"古音相差比較大,應屬於同義換讀③。季旭昇認爲不與衆庶語④。

案:《禮記·曲禮上》"言不惰",鄭玄注:"惰,不正之言。"《爾雅·釋詁下》:"庶,衆也。"惰與庶的含義明顯不同,上舉忠與愛、翔與容,含義相近,但也有區別,學者多以同義換讀解釋,恐非。"不庶語"意爲不多説別人的事。《禮記·雜記上》:"三年之喪,言而不語,對而不問。"鄭注:"言,己事也。爲人説爲語。"居喪期間,不説與喪事無關的事,只回答而不主動詢問,正與"不庶語"同。

[9] 時昧衽(攻)、緐(禜),行祝於五祀。

李朝遠斷句爲"時昧,衽(攻)、緐(禜)、行,祝於五祀","時昧"即"時在昧爽"⑤。廖名春認爲"時"當爲依時、按時,"昧"疑爲割,指社祭⑥。董珊認爲"昧"爲"隱没"之意。曲冰結合新蔡簡祭祀的時間有"夕"、"昏"、"晨",認爲"時昧"可理解爲"日將出而夜未盡之時"⑦。

案:"時昧"一詞,青銅器銘文常見,曲冰結合楚簡材料證之,其説可從。

李朝遠認爲"衽"通"攻",《包山楚簡》224"攻君之衽",《包山楚簡》225"衽尹之衽","攻"爲祭名,"緐",即"緐"字,假借爲"禜","行",道路之神的祀名,簡文中的五祀,是否包括"衽(攻)"、"緐(禜)"、"行"在内,待考⑧。廖名春斷句爲"時昧、攻、緐、行,祝於五祀。"他認爲"五祀"當爲"門、户、井、灶、中溜",就是"井"作"行",亦非"道祭",簡文的"五祀",亦當如此,"衽

---

① 馬承源主編《上海博物館藏戰國楚竹書(四)》,220～229 頁。
② 林素清《釋"匵"——兼及〈内禮〉新釋與重編》,《慶祝錢存訓教授九五華誕學術論文集》編輯委員會編《南山論學集》,18～23 頁。
③ 梁靜《上博(四)〈采風曲目〉等六篇集釋》,73～73 頁。
④ 季旭昇《〈上海博物館藏戰國楚竹書(四)〉讀本》,117 頁。
⑤ 馬承源主編《上海博物館藏戰國楚竹書(四)》,220～229 頁。
⑥ 廖名春《楚竹書〈内禮〉、〈曾子立孝〉首章的對比研究》,葉國良等編《出土文獻研究方法論文集初集》,265～287 頁。
⑦ 曲冰《試論上博四〈内禮〉中的"五祀"與簡文的釋讀》,《古籍整理研究學刊》2009 年第 2 期,70～73 頁。
⑧ 馬承源主編《上海博物館藏戰國楚竹書(四)》,220～229 頁。

（攻）”、“綮（祭）”、“行”（道祭）自然不包括在内①。董珊讀爲“時昧功綮（勞），行祝於五祀”，“綮”是“勞”的誤字，意謂父母有疾，則不時地隱没自己的功勞，且對五祀舉行祝禱祭祀，“時昧功勞”的用意是積陰德②。曹建墩斷句爲“時昧攻綮，行祝於五祀”，他説“行”、“祝”連讀，關於“五神祀”具體内容主要有：一指户、灶、中溜、門、行，見於鄭玄注《曲禮》和《月令》；二指門、户、井、灶、中溜，以“井”易“行”，見《白虎通》。包山楚墓五祀木牌、湖北雲夢睡虎地《日書》乙種所記五祀與鄭玄之説相符，因此東周時期的五祀當指門、户、中溜、灶、行。簡文的五祀也當如此。《白虎通》中的以井易行，乃東周以後之事。③ 黄人二認爲“祭”爲禱大旱之時發出籲嗟可憐的叫聲，以至哀之聲音感動上帝，使之除災得福；“攻”爲伐鼓以辭責讓神明，聲張其罪也。“行”，施行也，字當從下讀。“五祀”即“門、户、中溜、灶、行”也，乃寬泛通廣之論，以大名代小稱，並非真正的禱於五祀。④ 林素清斷句爲“時（造）、昧（類）、功（攻）、綮（祭），行祝於五祀”⑤。陳思婷主張“扛（攻）”、“綮（祭）”是人在受到苦難時，對鬼神所發出的祝告，由於生病不是吉祥的事，正和六祈中的攻、綮屬於凶禮而不是常禮的性質相合⑥。曲冰認爲，“五祀”是指孝子在父母身體有疾病的時候進行的祭祀，但是否孝子真的要去做這些具體的祭祀以祓除父母的疾病，簡文没有過多談論⑦。

　　案：《周禮·春官·大祝》賈公彦疏：“攻……日食伐鼓之屬。”《周禮·春官·大祝》鄭玄注：“綮，日月星辰山川之祭也。”攻、綮祭祀的對象與《内禮》不同，新蔡簡甲三 189 有“卜筮爲扛，既☐”，上博簡《内禮》中的扛或可解釋爲卜筮。1987 年 1 月，湖北省荆沙鐵路考古隊在荆門市王塲村包山二號墓發掘出五塊小木牌，分别書有“室”、“灶”、“門”、“户”、“行”五字⑧，結合《曲禮》、《月令》鄭玄注，“五祀”很可能是指户、灶、中溜、門、行，曹建墩等

① 廖名春《楚竹書〈内禮〉、〈曾子立孝〉首章的對比研究》，葉國良等編《出土文獻研究方法論文集初集》，265～287 頁。
② 董珊《讀〈上博藏戰國楚竹書（四）〉雜記》，簡帛研究網，2005 年 2 月 20 日。
③ 曹建墩《讀上博藏楚竹書〈内豐〉篇札記》，簡帛研究網，2005 年 3 月 4 日。
④ 黄人二《讀上博藏簡第四册内禮書後》，《古文字研究》第二十六輯，351 頁。
⑤ 林素清《釋“匿”——兼及〈内禮〉新釋與重編》，《慶祝錢存訓教授九五華誕學術論文集》編輯委員會編《南山論學集》，18～23 頁。
⑥ 陳思婷《〈上海博物館藏戰國楚竹書（四）·采風曲目、逸詩、内豐、相邦之道〉研究》，潘美月、杜潔祥主編《古典文獻研究集刊》第七編，251～359 頁。
⑦ 曲冰《試論上博四〈内禮〉中的“五祀”與簡文的釋讀》，《古籍整理研究學刊》2009 年第 2 期，70～73 頁。
⑧ 湖北省荆沙鐵路考古隊《包山楚墓》下册，文物出版社，1991 年，156 頁。

學者的説法可從。望山楚簡、包山楚簡、九店楚簡、天星觀一號墓楚簡、秦家嘴楚簡及新蔡葛陵楚簡之中，也有零星"五祀"的材料，新蔡零簡282説"☐舊丘。是日就禱五祀☐"，説平夜君生病時向五祀祭禱，可與簡文相參證。另此句應斷爲：時昧社（攻）、禜（禜），行祝於五祀。

二、上博簡《内禮》簡序新編

學者對上博簡《内禮》編連的分歧主要集中在三點，一是附簡的位置，二是6、7、8號簡的編連，三是《内禮》與《昔者君老》的繫聯。我們下面首先討論一下上博簡《内禮》附簡及《季康子問孔子》簡16的編連。

（一）上博簡《内禮》附簡及《季康子問孔子》簡16的編連

上博簡《内禮》附簡長24.5釐米，僅殘存下段。李朝遠先生認爲，此簡字體與本篇相同。曾將之與第八簡綴接，但文義不洽，且編綫不整，存此備考。福田哲之認爲，儘管附簡與《内禮》在書寫風格上有許多相似性，但附簡中"亡（無）"、"母（毋）"、"而"、"敬"、"則"、"民"、"豊（禮）"、"中"等字與《内禮》、《昔者君老》中的相應字在字形方面有許多不同，而這些字與上博五《季康子問於孔子》的字形剛好吻合，因此他認爲《内禮》附簡應歸於《季康子問於孔子》①。韓英認爲《内禮》附簡的"而"字寫作"𦓎"，與《季康子問於孔子》的"而"字相同，而與《内禮》篇其他"而"字有很大的不同，因此他支持福田的看法②。

上編　表1　《内禮》附簡與《内禮》等相關篇目對照

篇目 字體	《内禮》附簡	《内禮》	《昔者君老》	《季康子問於孔子》
亡				
毋				
而				
遠				
敬				
之				

① ［日］福田哲之《上博四〈内禮〉附簡、上博五〈季康子問於孔子〉第十六簡的歸屬問題》，簡帛網，2006年3月7日。
② 韓英《〈昔者君老〉與〈内豊〉集釋及相關問題研究》，9頁。

續　表

字體 ＼ 篇目	《内禮》附簡	《内禮》	《昔者君老》	《季康子問於孔子》
則				
民				
又				
禮				
肰				
後				
以				
中				

我們發現《内禮》附簡中部分字,如"以"、"又"、"禮"等,和《内禮》、《昔者君老》、《季康子問於孔子》都非常相近,不能作爲劃分《内禮》附簡歸屬的依據。但另外一些字,如"後"、"肰"、"中"字等,《内禮》附簡和《季康子問於孔子》明顯一致,而與《内禮》、《昔者君老》有所不同。具體到某些筆畫,如《内禮》附簡和《季康子問於孔子》"肰"字攴旁和中間兩橫並列,而《昔者君老》"肰"字攴旁在中間兩橫的下方。《内禮》附簡"中"字上端是兩橫,和《季康子問於孔子》相同,而《内禮》"中"字爲一點一橫。

在同一篇文獻中,同一字可以有不同的寫法,如上博簡《内禮》"而"字有兩種寫法,一作而,一作而,《季康子問於孔子》"中"字一作中,一作中,寫法也不一致,我們認爲福田哲之等學者單純靠字形的相似,並不能論定《内禮》附簡應歸入《季康子問於孔子》,必須同時考慮到簡長、内容等因素。這些因素的重要性依次是簡長、文字特徵、文字内容,簡長是第一位的。

上編　表 2　上博簡《内禮》與《昔者君老》等篇簡長對照

篇名 ＼ 契口距	《内禮》	《内禮》附簡	《季康子問於孔子》	《昔者君老》
上契口距頂端	1.2—1.4 釐米		1.3 釐米	1.2 釐米
上契口距中契口	21 釐米		約 18 釐米	21 釐米
中契口距下契口	21 釐米	約 18.3 釐米	約 18.2 釐米	21 釐米
下契口距底端	0.8—1.1 釐米	約 1.3 釐米	1.3 釐米	1.2 釐米

上博簡《内禮》中契口與下契口的距離是 21 釐米,《内禮》附簡中契口與下契口的距離約爲18.3 釐米,《季康子問於孔子》中契口與下契口的距離約爲18.2 釐米。上博簡《内禮》下契口距尾端的距離是 0.8—1.1 釐米,《季康子問於孔子》下契口距尾端約 1.3 釐米,《内禮》附簡第三條編綫距底約 1.3 釐米,簡長的這兩處差異是非常重要的,是決定《内禮》附簡應歸入《季康子問孔子》而不是歸入《内禮》的關鍵性證據。上博簡《内禮》附簡講的是與姑姊妹有關的禮儀,從内容上看與《内禮》近而與《季康子問孔子》遠,這也是整理者將《内禮》附簡附於《内禮》篇的原因,但由於簡長的差異和字體特徵的不同,上博簡《内禮》附簡還是應歸入《季康子問於孔子》。

福田哲之認爲《季康子問於孔子》簡 16 中“敬”、“也”、“禮”等字的字形,與《季康子問於孔子》其他竹簡的字形相異,它不屬於《季康子問於孔子》,而應屬於《昔者君老》,並可與《昔者君老》簡 2 綴合。我們將相關字形對比如下:

上編　表3　《季康子問於孔子》簡16 與《昔者君老》等篇對照

字體＼篇名	《季康子問於孔子》簡16	《昔者君老》	《内　禮》	《季康子問於孔子》
之				
必				
敬				
如(母)				
事				
也				
君				
曰				
禮				

從表中看出,《季康子問於孔子》簡16“之”、“必”、“敬”等字,和《昔者君老》、《内禮》明顯相同,而與《季康子問於孔子》其他竹簡不同,這樣的字體明顯佔據了多數,而另外一些字體,例如“如”字、“禮”字,《季康子問於孔子》簡 16 的寫法與《季康子問於孔子》其他竹簡接近,而與《昔者君老》、《内禮》不同,君字的寫法則看不出它們之間有何不同,因此單純從字體角度似

不能判斷《季康子問於孔子》簡 16 的歸屬。

上博簡《內禮》下契口距尾端的距離是 0.8—1.1 釐米,《季康子問於孔子》其他竹簡下契口距尾端約 1.3 釐米,《季康子問於孔子》簡 16 下契口距尾端的距離是 0.9 釐米,與《內禮》同,而與《季康子問於孔子》其他竹簡不同。《季康子問於孔子》簡 16"君曰"指的是國君説,和《昔者君老》中的"君"相同,而《季康子問於孔子》主要是孔子和季康子的對話,國君没有出場,因此,我們認爲福田哲之《季康子問於孔子》簡 16 編入《昔者君老》的説法是正確的,但他單純依據字體不同來論證是有問題的,真正解決《季康子問於孔子》簡 16 歸屬問題的是簡長與内容的不同。

(二)上博簡《內禮》與《昔者君老》的編連問題

整理者認爲,《內禮》第六、七、八三支簡可依次編連,房振三、林素清等贊成其説。房振三認爲,第六、第七簡都是論述如何才能成爲"君子、孝子",第八簡雖有殘缺,但整體上是闡述"孝子"應該如何立身行事的,整理者所排列的更近原文面貌①。魏宜輝認爲簡序應是6+8+7,他説"君子事父母,……善則從之,不善則止之。止之而不可,憐而任 6 之,如從己起。……8",這與《大戴禮記·曾子事父母》中的"父母之行,若中道則從,若不中道則諫,諫而不用,行之如由己"十分相近②。董珊、曹建墩等學者贊成其説③。

井上亘認爲《內豊》與《昔者君老》應屬於一篇,依據一是兩篇的竹簡長度和編綫都一致,書體一致;二是《內豊》篇説的是儒家的孝道思想,《昔者君老》第三簡云"能事其親",也是談孝道,内容與《內豊》篇有關,他將《內豊》篇與《昔者君老》分爲八個編連組:第一組,簡1+簡2+簡3+簡4+簡5;第二組,簡6+簡7;第三組,《昔者君老》簡3;第四組,簡9;第五組,簡8;第六組,簡10;第七組,《昔者君老》簡1+簡2+簡4;第八組,附簡④。林素清認爲《內豊》與《昔者君老》皆抄録自儒家對君子、孝子規範的理論記載,《昔者君老》第1、2、4 簡可與《内禮》連綴爲一篇,兩篇簡文可以合併,可視爲同一批文獻材料,其性質與大、小戴《禮記》相近,第一組,1+2+3+4+5+6+7;第

① 房振三《上博館藏楚竹書(四)釋字二則》,簡帛研究網,2005 年 4 月 3 日。
② 魏宜輝《讀上博楚簡四札記》,簡帛研究網,2005 年 3 月 10 日。
③ 董珊《讀上博藏戰國楚竹書(四)雜記》,簡帛研究網,2005 年 2 月 20 日;曹建墩《讀上博藏楚竹書〈内豊〉篇札記》,簡帛研究網,2005 年 3 月 4 日。
④ [日]井上亘《〈内豊〉篇與〈昔者君老〉篇的編聯問題》,簡帛研究網,2005 年 10 月 16 日。

二組,8＋《昔》3＋9＋附簡＋10＋《昔》1＋《昔》2＋《昔》4①。福田哲之把《內豐》篇分爲七章:第一章,簡1＋簡2＋簡3＋簡4＋簡5;第二章,簡6;第三章,簡7;第四章,簡8;第五章,簡9;第六章,簡10;第七章,附簡②。陳思婷認爲整理者的編連没有凝滯不可通讀的缺點,上博簡《內禮》和《昔者君老》內容不同,繼續堅持整理者原來的意見③。

我們把以上各家的編連意見彙總如下:

李朝遠:1＋2＋3＋4＋5＋6＋7,8,9,10,附簡

房振三:6＋7＋8

魏宜輝、董珊、曹建墩:6＋8＋7

林素清:1＋2＋3＋4＋5＋6＋7,8＋《昔》3＋9＋附簡＋10＋《昔》1＋《昔》2＋《昔》4

福田哲之:1＋2＋3＋4＋5,6,7,8,9,10④

井上亘:1＋2＋3＋4＋5,6＋7,《昔》3,9,8,10,《昔》1＋《昔》2＋《昔》4,附簡

(三) 上博簡《內禮》、《昔者君老》簡序新編

筆者認爲上博簡《內禮》和《昔者君老》應合編爲一篇,簡6與簡8相接,上博簡《內禮》1＋2＋3＋4＋5＋6＋8和《昔者君老》1＋2＋4作爲兩個編連組是可信的,因此我們重編的重點在其餘部分。陳思婷反對《內禮》簡8與《昔者君老》簡3合編,理由是《昔者君老》簡3没有孝子事父母的內容⑤,但"以成其孝"與"能事其親"用詞工整,含義相近,所以我們將《內禮》簡8與《昔者君老》簡3合編。

魏宜輝認爲簡8和簡6應可編連,簡7的歸屬就成爲編連的難點所在。筆者認爲《內禮》簡7應上接《昔者君老》簡3,但爲何不可"舉善廢惡"呢?"舉善廢惡",整理者陳佩芬認爲句意是舉用賢人,廢除惡人⑥。《曾子本孝》:"孝子之使人也,不敢肆行,不敢自專也。父死三年,不敢改父之道。"

---

① 林素清《上博四〈內禮〉篇重探》,《簡帛》第一輯,158頁。
② ［日］福田哲之《上博楚簡〈內禮〉的文獻性質》,《簡帛》第一輯,162～163頁。
③ 陳思婷《〈上海博物館藏戰國楚竹書(四)·采風曲目、逸詩、內豐、相邦之道〉研究》,潘美月、杜潔祥主編《古典文獻研究集刊》第七編,269頁。
④ 福田哲之先生對《內禮》編連的說法前後有矛盾,我們吸取了他《上博四〈內禮〉附簡、上博五〈季康子問於孔子〉第十六簡的歸屬問題》(簡帛網,2006年3月7日)正確的意見,對他《上博楚簡〈內禮〉的文獻性質》(《簡帛》第一輯)的說法有所修正。
⑤ 季旭昇主編《〈上海博物館藏戰國楚竹書(四)〉讀本》,121頁。
⑥ 馬承源主編《上海博物館戰國楚竹書(四)》,245頁。

王聘珍注曰："行不敢自專者,《論語》曰:'有父兄在,如之何其聞斯行之?'"①孝子役使人徒,不敢自專,必須聽從父兄的意見。又《禮記·內則》説:"父母有婢子若庶子庶孫,甚愛之,雖父母没,没身敬之不衰。子有二妾,父母愛一人焉,子愛一人焉,由衣服飲食,由執事,毋敢視父母所愛,雖父母没不衰。子甚宜其妻,父母不説,出。子不宜其妻,父母曰'是善事我',子行夫婦之禮焉,没身不衰。"父母有婢子、庶子、庶孫,父母愛之,孝子也隨父母愛之。孝子的妻妾,父母不喜歡,即使自己喜歡,也要休棄。自己不喜歡的妻子,只要父母説她善於侍奉我,就終生不棄②。"舉善廢惡不可"也與此同,是説孝子不能擅自舉用賢人,廢黜惡人,必須唯父母的意願是從。

學者多認爲簡 9 前有斷簡,我們將簡 10 提到簡 9 前面,與簡 9 合編,簡 9"是謂君子"與簡 10"從人勸,然則免於戾"語義連貫,句意是人年輕的時候不爭鬥,年長的時候不作亂,地位卑賤的人要聽從貴人之命,只有這樣做才符合君子的標準。必須指出的是,由於竹簡殘缺嚴重,《昔》3、7、10、9順序並不能坐定,仍存在多種編連的可能性。綜上所述,我們的編連是 1+2+3+4+5+6+8+《昔》3+7,10+9,《昔》1+《昔》2+《季》16+《昔》4。

上博簡公布後,學者或以爲《內禮》主題分散,或以爲它竹簡殘缺不能編連,這都是由於《曾子》語録體的文體特點造成的。從書法體勢上看,上博簡《內禮》和《昔者君老》是同一個抄手書寫,可能屬於同一篇,但我們認爲應像《禮記·祭義》一樣,將 1+2+3+4+5+6+8+《昔》3+7 和 10+9 作爲一章,稱爲《內禮》,而《昔》1+《昔》2+《季》16+《昔》4 作爲另一章,稱爲《昔者君老》。我們知道,先秦古書往往是單篇流行的,章不同,篇自然也不同,因此章是具有作者意義的最小思想單元。即便是我們將《內禮》與《昔者君老》合爲一篇,真正和曾子思想有關的仍是《內禮》,《昔者君老》不能和《曾子》十篇對勘,反映的恐怕也不是曾子思想,在我們下面的研究中,仍把二者看作是不同的思想單元。

關於篇題《內禮》,李朝遠先生認爲《禮記》中有《內則》,篇題鄭玄注云

---

① 王聘珍《大戴禮記解詁》,中華書局,1983 年,80 頁。
② 類似的例子很多,如《禮記·內則》曾子説:"是故父母之所愛亦愛之,父母之所敬亦敬之,至於犬馬盡然,而況於人乎!"《吕氏春秋·孝行》曾子曰:"父母生之,子弗敢殺;父母置之,子弗敢廢;父母全之,子弗敢闕。"

"以其記男女居室事父母舅姑之法",《内禮》或與《内則》有關①。梁濤先生提出反對意見,他主張《内則》的"内"是"門内之治"的"内",指家族之内,而"内禮"的"内"則指内心而言②。梁先生依據王聘珍對《曾子事父母》"君子内外養之也"的注解"内謂心,外謂貌。……内外養之,謂憂誠於中,形於外,冀感悟之也",得出上述結論是有問題的。《曾子立事》"是故爲善必自内始也",王聘珍注曰:"内謂之家。"我們據此句王聘珍的注解,也可得出與梁先生相反的結論。

問題的關鍵在於,上博簡《内禮》雖與《曾子》十篇有着密切的聯繫,但畢竟有所不同,"内禮"篇題的含義還要從《内禮》本身來探求。上博簡《内禮》説:"君子之立孝,愛是用,禮是貴。"《内禮》與《内則》的不同之處,是強調孝要有敬愛之心,而敬愛之心無疑發自内心,因此講《内禮》之"内"解釋爲内心,無疑是有道理的。《禮記·内則》主要講兒女孝順父母之事,其禮儀限於家族之内,因此《内則》之"内"解釋爲家族内部,是合情合理的。上博簡《内禮》説:"與君言,言使臣;與臣言,言事君;與父言,言畜子;與子言,言孝父;與兄言,言慈弟;與弟言,言承兄。反此亂也。"上博簡《内禮》中的社會角色除父子、兄弟之外,還包括君臣,而君臣明顯不屬於家族内部。上博簡《内禮》與《禮記·内則》的不同之處是涉及了君臣,因此《内則》之"内"可以解釋爲家族内部,但《内禮》之"内"則不能解釋爲家族内部。鑒於以上兩點,筆者贊成梁濤先生之説,《内禮》之"内"指的是心之内。

總之,郭店簡、上博簡的出土印證了戰國時期儒學的南傳,但對《内禮》等儒家文獻傳播的具體歷程,一直是學界長期不能破解的謎。上博簡《内禮》作爲楚國的抄本,"𧝁"和"𣎴"字明顯帶有晉系文字的特點,而且它和《侯馬盟書》相似的字例還有很多,這爲我們研究上博簡《内禮》的傳播歷程提供了文字學上的綫索。春秋戰國時代,齊魯是當時的文化重鎮,由齊魯傳至晉地(韓、趙、魏),由晉地至楚國,或許是當時儒家典籍傳播的一條重要路綫。上博簡《昔者君老》與《内禮》應合爲一篇,我們在前人研究的基礎上,對上博簡《内禮》進行了校釋、重編。

---

① 馬承源主編《上海博物館戰國楚竹書(四)》,219 頁。
② 梁濤《郭店竹簡與思孟學派》,473 頁。

附：上博簡《內禮》、《昔者君老》簡序新編①

君子之立孝，愛是用，禮是貴。故爲人君者，言人之君之不能使其臣者，不與言人之臣之不能事1其君者。故爲人臣者，言人之臣之不能事其君者，不與言人之君之不能使其臣者。故爲人父者，言人之2父之不能畜子者，不與言人之子之不孝者。故爲人子者，言人之子之不孝者，不與言人之父之不能畜子者。3故爲人兄者，言人之兄之不能慈弟者，不與言人之弟之不能承兄者。故爲人弟者，言人之弟之不能承兄4[者，不與言人之兄之不能慈弟者。故]曰：與君言，言使臣；與臣言，言事君；與父言，言畜子；與子言，言孝父；與兄言，言慈弟；5與弟言，言承兄。反此亂也。君子事父母，亡私樂，亡私憂。父母所樂樂之，父母所憂憂之。善則從之，不善則止之。止之而不可，㥯（隱）而任6之，如從己起。

君子曰：孝子，父母有疾，冠不免，行不容，不卒立，不庶語。時昧攻、禜，行祝於五祀。豈必有益，君子以成其孝，8……能事其親。君子曰：子性割（蓋）喜於內，不見於外，喜於外，不見於內。慍於外，不見於內。內言不以出，外言不以內。興（舉）美廢惡❸不可，雖至於死，從之。孝而不諫，不成[孝。諫而不從，亦]不成孝。君子曰：孝子不貟（負），若（匿）在腹中，巧變，故父毋安7。君子曰：悌，民之經也。在小不爭，在大不亂，故爲少必聽長之命，爲賤必聽貴之命。從人勸，然則免於戾，10是謂君子。君子曰：孝子事父母，以食惡美，下之。9……

君子曰：昔者君老，太子朝君，君之母弟是相。太子側聽，庶叩，叩進。太子前之母弟，母弟遜退，前之太子再三，然後立聽之。太子、母弟❶至，命於閤門，以告寺人。寺人入，告于君。君曰：“召之。”太子入見，如祭祀之事❷……之必敬，如賓客之事也。君曰：“薦禮《季》16……尔司，各恭尔事，廢命不赦。”君卒，太子乃無聞無聽，不問不命，唯哀悲是思，唯邦之大務是敬❹。

第三節　《曾子》十篇校釋

我們校釋《曾子》十篇，是以王聘珍《大戴禮記解詁》爲底本，《曾子立

---

① 釋文採用寬式隸定，1，2……是《內豐》的簡號，❶，❷……是《昔者君老》的簡號，《季》爲《季康子問於孔子》的簡稱。

孝》、《曾子事父母》與上博簡《内禮》有明顯的對應關係,所以我們把這兩篇的順序提前。本章校釋的順序,與傳世本《大戴禮記·曾子》稍有不同。

一、《曾子立孝》校釋

[1] 君子立孝,其忠之用,禮之貴。

對於忠字,王聘珍引用《賈子道術》解釋説:"子愛利親謂之孝,愛利出中謂之忠。"①阮元説:"忠則無僞,故能愛;禮以行愛,故能敬。"②對於上博簡《内禮》中的"愛"與《曾子立孝》中的"忠"的不同,廖名春用同義換讀來解釋,認爲當以上博簡《内禮》愛字更近本真③。羅新慧認爲忠與愛還是有一定區別,"愛"側重於親愛之心,"忠"則強調從中心流露的真切感情,"忠"的含義比愛更爲寬泛④。這裏就涉及愛與忠準確定義,及二者之間的關係問題。《吕氏春秋·慎大覽·權勛》:"故豎陽穀之進酒也,非以醉子反也,其心以忠也。"高誘注:"忠,愛也。"《大戴禮記·文王官人》:"誠忠必有可親之色。"王聘珍:"忠,愛也。"忠和愛都是發自内心的情感,而且歷代名家,如高誘、王聘珍等人注疏中都有二者互訓的辭例,因此借助傳世訓詁典籍,似不易搞清忠與愛的區别與聯繫。

《唐虞之道》:"古者虞舜篤事瞽瞍,乃執其孝;忠事帝堯,乃執其臣。"⑤郭店簡中子對父的感情是愛,臣對君的職分是忠心。《五行》:"愛父,其繼愛人。"《語叢三》:"愛親則其施愛人。"對父親可以是愛,對百姓也可以是愛,但郭店簡中對君没有稱愛的辭例。《新書》卷八:"請問品善之體何如?對曰:親愛利子謂之慈,反慈爲嚚;子愛利親謂之孝,反孝爲孽;愛利出中謂之忠,反忠爲倍。"孝的反面是不肖,忠的反面是背叛,從二者的反義詞來看,二者的區别就明顯了。

那麽愛與忠的關係如何呢?《語叢二》:"愛生於性,親生於愛,忠生於親。"對父母的親情,是愛,而忠是在愛基礎上生成的次級道德情感,因此阮元説"忠則無僞,故能愛",認爲忠先於愛是不正確的。

《大戴禮記·曾子立孝》"其忠之用,禮之貴"兩句,阮元曰:"《群書治

---

① 王聘珍《大戴禮記解詁》,80 頁。
② 阮元注釋《曾子十篇》,商務印書館,1939 年,30 頁。
③ 廖名春〈楚竹書〈内禮〉、〈曾子立孝〉首章的對比研究〉,葉國良等編《出土文獻研究方法論文集初集》,265～287 頁。
④ 羅新慧〈上博楚簡〈内禮〉與〈曾子〉十篇〉,《齊魯學刊》2009 年第 4 期,19～21 頁。
⑤ "執"字釋讀,參見上編第三章第三節。

要》有兩'也'字,今本皆無。"因而阮本在"用"、"貴"兩字下皆加"也"字,將"君子立孝,其忠之用,禮之貴",改爲"君子立孝,其忠之用也,禮之貴也"①。王樹枏也贊成其説②。廖名春認爲,楚簡本"用"、"貴"兩字下皆無"也"字,可見阮改不可信③。曹銀晶通過比較上博簡孔子語録和定州本、敦煌本《論語》,發現在先秦不存在"也已矣"連用的情況,而在唐代"也已矣"連用現象已比較流行④。我們認爲,從上博簡《内禮》看,先秦時期"其忠之用,禮之貴"句末無"也"字,而《群書治要》中的"也"字是在流傳中增加的,和《論語》中"也已矣"出現的情況相似。古人在竹簡上用墨點或墨鈎斷句,到雕版印刷或刊刻石經時,墨鈎等符號不再使用,古文中没有標點符號,很可能通過增加語氣副詞的方式以輔助斷句,於是就出現了"也已矣"連用的狀況,由此我們推斷語氣詞的增加,可能是古籍流傳定型中的普遍規律。

[2] 故爲人子而不能孝其父者,不敢言人父不能畜其子者。

李朝遠説上博簡《内禮》與此略同,只是簡文的"人臣"所涵括的是所有的人臣,文獻中所指僅爲"不能事其君"的人臣,文獻所記着重於對未盡子、弟、臣之道者的告誡,簡文所論則是君臣、父子、兄弟之道的通則⑤。戴禮對此句早有懷疑,他説:"此與篇首文不類,非曾子之言也。夫不孝、不弟、不忠,固名教之罪人,聖人所以擯棄者也,迺從而訓以言語,有是理乎?"⑥

我們認爲,二者行爲的主體確實不同,但《曾子立孝》強調的是爲人子要先盡孝,否則便不能説父不能養子,爲人臣要先盡忠,否則便不能説君不仁,盡己而不求人,這是曾子忠恕思想的體現,戴禮的懷疑是多餘的。而下文"故與父言,言畜子;與子言,言孝父;與兄言,言順弟;與弟言,言承兄;與君言,言使臣;與臣言,言事君"中的君臣、父子,都是泛指,而不是僅指"不能事其君"的人臣、"不能孝其父"的孝子,從上下文的連貫看,似乎簡本略勝。

[3] 爲人弟而不能承其兄者,不敢言人兄不能順其弟者。

"順"字,孔廣森認爲盧辯本作訓,他説:"順,盧本作訓,下同。"⑦阮元認

---

① 阮元注釋《曾子十篇》,30 頁。
② 王樹枏《校正孔氏大戴禮記補注》,商務印書館,1939 年,114 頁。
③ 廖名春《楚竹書〈内禮〉、〈曾子立孝〉首章的對比研究》,葉國良等編《出土文獻研究方法論文集初集》,265 ~ 287 頁。
④ [韓] 曹銀晶《談〈論語〉句末語氣詞"也已矣"早期的面貌》,《簡帛》第五輯,195 ~ 208 頁。
⑤ 馬承源主編《上海博物館藏戰國楚竹書(四)》,220 ~ 229 頁。
⑥ 方向東《大戴禮記匯校集解》,488 頁。
⑦ 盧辯注,孔廣森補《大戴禮記補注》,51 頁。

爲盧本不作順,是戴吉士所改,他說:"戴吉士曰:'順讀若訓,假借字也。'閣本及宋、元本作順,盧校本改順作訓者,丁教授云:乃戴吉士所改,非盧之舊也。《廣雅》:'訓,順也。'同音相假,義亦近也。"①又說:"順亦讀若訓。……順字義見上。"②廖名春認爲,從簡文"故爲人兄者言人之兄之不能慈弟者"、"與兄言,言慈弟"來看,阮元將"順"讀爲"訓"不可信,簡文"慈"通"順"而不通"訓"③。

實際上,"慈弟"一詞不僅見於上博簡《内禮》,而且見於郭店簡,《唐虞之道》說:"聞舜慈乎弟□□□,知其能爲民主也。"《唐虞之道》稱贊舜不僅能孝敬父母,而且能慈愛幼弟,所以可以作百姓的君主。《説文·心部》:"慈,愛也。"《詩·大雅·皇矣》:"克順克比。"孔穎達疏引服虔云:"上愛下曰慈。"《周禮·地官·大司徒》"一曰慈幼"鄭玄注:"慈幼,謂愛幼少也。"慈訓爲愛,指上對下的關愛。

《曾子立孝》此句"順"字,王聘珍說:"順,愛也。"④廖名春先生借助上博簡《内禮》"慈弟",證明王聘珍之説可信,實際曾子文獻中多處記載慈愛幼者,如《曾子制言上》:"夫禮,貴者敬焉,老者孝焉,幼者慈焉。"《吕氏春秋·孝行覽·孝行》:"曾子曰:'先王之所以治天下者五:貴德,貴貴,貴老,敬長,慈幼。……所謂慈幼,爲其近於弟也。"這都是《曾子立孝》順弟之"順"應訓爲"愛"的例證,廖名春先生之説可從。

從語音上來說,"順"通"訓"是没有問題的,但從上博簡《内禮》"慈弟"看,《曾子立孝》"順"不能通爲"訓",因爲古籍中"順"通爲"訓"含義主要有兩種:一是教導,《墨子·非命》說:"下有以教順百姓。"孫詒讓《墨子閒詁》云:"順,同訓。"二是教訓或訓辭,《尚書·周官》"師道之教順",江聲《集注音疏》說:"順,古以爲順字,今假借字也。"因此《曾子立事》中的"順"不能解釋爲"訓"。慈,之部,順,文部,古音相近,但古書中未見二字通假的辭例,因此"慈"與"順"是義近而非聲音假借。

[4] 爲人臣而不能事其君者,不敢言人君不能使其臣者也。

句末"也"字,阮元曰:"《群書治要》'臣者'下無'也'字,今本皆

---

① 阮元注釋《曾子十篇》,31 頁。
② 阮元注釋《曾子十篇》,31 頁。
③ 廖名春《楚竹書〈内禮〉、〈曾子立孝〉首章的對比研究》,葉國良等編《出土文獻研究方法論文集初集》,265～287 頁。
④ 王聘珍《大戴禮記解詁》,81 頁。

有之。"①因而他將"不敢言人君不能使其臣者也"改爲"不敢言人君不能使其臣者",王樹枏贊成其説②。廖名春認爲,上博簡《内禮》本作"不與言人之君之不能使其臣者","臣者"後也無"也"字,今本其他兩句"不敢言人父不能畜其子者"、"不敢言人兄不能順其弟者"後皆無"也"字,簡本其他五句也皆無"也"字,説明《群書治要》本無"也"字可信③。廖名春先生之説可從。

《曾子立孝》"爲人子而不能孝其父者,不敢言人父不能畜其子者"、"爲人弟而不能承其兄者,不敢言人兄不能順其弟者"、"爲人臣而不能事其君者,不敢言人君不能使其臣者",上博簡《内禮》作"爲人臣者,言人之臣之不能事其君者,不與言人之君之不能使其臣者"、"爲人子者,言人之子之不孝者,不與言人之父之不能畜子者"、"爲人弟者,言人之弟不能承兄[者,不與言之人之兄之不能慈弟者"。關於《曾子立孝》少"爲人君"、"爲人父"、"爲人兄"三句的原因,李朝遠認爲《曾子立孝》所記着重於對未盡子、弟、臣之道者的誡告,簡文所論則是君臣、父子、兄弟之道的通則,簡文是一種規定,具有法則的意義,《曾子立孝》中的"不敢",仍屬於道德的範疇,而且僅限於人子、人弟和人臣,未涉及人君、人父和人兄,頗有"爲尊者諱"的意涵④。梁濤認爲《曾子立孝》"爲人君"、"爲人父"、"爲人兄"三句應是在後來流傳中被刪除了,而被刪除的原因可能與後來儒家君臣父子關係被絶對化,竹簡要求君臣父子互"愛"、互"禮"的觀點顯得大逆不道、難以被接受有關⑤。季旭昇則把時間具體在秦漢以後,認爲當時君權思想高漲,《曾子立孝》僅要求臣子弟,自有其時代因素⑥。

我們對比文獻,發現《孝經·廣至德章》也有類似語句:"子曰:君子之教以孝也,非家至而日見之也。教以孝,所以敬天下之爲人父者也;教以悌,所以敬天下之爲人兄者也;教以臣,所以敬天下之爲人君者也。"我們注意到一個非常重要的事實:《孝經》講人子、人弟、人臣,與《曾子立孝》順序一致,而且也不講對父、君、兄的要求。關於《孝經》的成書年代,學界有不同的説法,但《吕氏春秋》兩引《孝經》,《察微篇》説:"凡持國,太上知始,其次知終,

---

① 阮元注釋《曾子十篇》,31 頁。
② 王樹枏《校正孔氏大戴禮記補注》,115 頁。
③ 廖名春《楚竹書〈内禮〉、〈曾子立孝〉首章的對比研究》,葉國良等編《出土文獻研究方法論文集初集》,265～287 頁。
④ 馬承源主編《上海博物館戰國楚竹書(四)》,220 頁。
⑤ 梁濤《郭店竹簡與思孟學派》,472 頁。
⑥ 季旭昇主編《〈上海博物館藏戰國楚竹書(四)〉讀本》,109 頁。

其次知中。三者不能,國必危,身必窮。《孝經》曰:'高而不危,所以長守貴也;滿而不溢,所以長守富也;富貴不離其身,然後能保其社稷,而和其民人。'楚不能之也。"又《孝行篇》云:"愛其親不敢惡人,敬其親不敢慢人,愛敬盡於事親,光耀加於百姓,究於四海,此天子之孝也。"可證《孝經》成書在《吕氏春秋》之前,那麼從《孝經》無"爲人君"、"爲人父"、"爲人兄"三句來看,《曾子立事》這三句殘缺的時間不會晚至秦漢之後。

《禮記·中庸》説:"君子之道四,丘未能一焉。所求乎子以事父,未能也;所求乎臣以事君,未能也;所求乎弟以事兄,未能也;所求乎朋友先施之,未能也。"《中庸》談到了人子、人弟、人臣、朋友四條,比《曾子立孝》多"朋友"一條,無"爲人君"、"爲人父"、"爲人兄"要求,也可證明《曾子立事》這三句的殘缺,可能並非出於漢儒的改編。

[5]　故與父言,言畜子;與子言,言孝父;與兄言,言順弟;與弟言,言承兄;與君言,言使臣;與臣言,言事君。

《黄氏日抄》卷五十五以《曾子立孝》"與父言,言畜子;與子言,言孝父;與兄言,言順弟;與弟言,言承兄"皆"世俗委曲之語",懷疑《曾子》十篇晚出。羅新慧認爲上博簡《内禮》篇的"與君言,言使臣;與臣言,言事君;與父言,言畜子;與子言,言孝父;與兄言,言慈弟;與弟言,言承兄",與《曾子立孝》篇内容完全一致,但順序不同,可證《黄氏日抄》之説謬誤①。《儀禮·士相見禮》:"與君言,言使臣;與大人言,言事君;與老者言,言使弟子;與幼者言,言孝弟於父兄;與衆言,言忠信慈祥;與居官者言,言忠信。"雖與《曾子立孝》内容有些不同,但其涉及與君臣、父子、老幼言談的不同内容,也可證明《曾子立孝》不僞。

[6]　君子之孝也,忠愛以敬,反是亂也。

魏源懷疑上節②當在"君子之孝也"之後,而今誤於"君子之孝也"之前,故與上下文皆不屬。若置彼處,則此首二語正與第五節責己不責親之意相承也。其所推言兄弟若臣者,亦與末節忠臣事君、弟弟事長之文相屬矣③。戴禮説此章言忠言禮,正與起句"忠之用禮之貴"相接,而中間之别章錯簡如

---

① 羅新慧《上博楚簡〈内禮〉與〈曾子〉十篇》,《齊魯學刊》2009 年第 4 期,19~21 頁。
② 上節指的是"故爲人子而不能孝其父者,不敢言人父不能畜其子者;爲人弟而不能承其兄者,不敢言人兄不能順其弟者;爲人臣而不能事其君者,不敢言人君不能使其臣者也。故與父言,言畜子;與子言,言孝父;與兄言,言順弟;與弟言,言承兄;與君言,言使臣;與臣言,言事君"。
③ 魏源《魏源全集》第二册,岳麓書社,2004 年,575 頁。

此可知①。廖名春先生認爲從汪照的《大戴禮注補》到王聘珍的《大戴禮記解詁》，從阮元的《曾子注釋》到孔廣森的《大戴禮記補注》，皆將"君子之孝也，忠愛以敬；反是亂也"屬下讀，與"盡力而有禮，莊敬而安之，微諫不倦，聽從而不怠，歡欣忠信，咎故不生，可謂孝矣"連成一體，是錯誤的。由簡文的斷句符號"✔"看，"君子之孝也，忠愛以敬；反是亂也"應該是回抱前文，應該歸上讀②。

　　魏源主張"君子之孝也"應放在"故爲人子而不能孝其父者，不敢言人父不能畜其子者；……故與父言，言畜子；與子言，言孝父；與兄言，言順弟；與弟言，言承兄；與君言，言使臣；與臣言，言事君"一段之前，戴禮懷疑中間有錯簡，兩人之説没有版本依據。上博簡《内禮》"反是亂也"的"是"，代指的是"故爲人子而不能孝其父者，不敢言人父不能畜其子者；……故與父言，言畜子；與子言，言孝父；與兄言，言順弟；與弟言，言承兄；與君言，言使臣；與臣言，言事君"一段，而《曾子立孝》"反是亂也"的"是"，代指的是"君子之孝也，忠愛以敬"，二者所指的内容不同。如果將"反是亂也"與上段合讀，那麼"君子之孝也，忠愛以敬"就成了衍文。廖名春先生指出《曾子立孝》較《内禮》又多出"君子之孝也，忠愛以敬"九字，將君臣、父子、兄弟相互性、相對待性的思想淹没了，容易造成用"愛"貴"禮"是下對上（子對父、弟對兄、臣對君）單向行爲的印象，從這一角度考慮，竹書《内禮》篇無"君子之孝也，忠愛以敬"九字更佳③。廖先生實際上是把"君子之孝也，忠愛以敬"當作衍文來處理的。

　　問題在於《曾子立孝》"君子之孝也，忠愛以敬，反是亂也"後還有一段"盡力而有禮，莊敬而安之，微諫不倦，聽從而不怠，懽欣忠信，咎故不生，可謂孝矣。盡力無禮，則小人也；致敬而不忠，則不入也。是故禮以將其力，敬以入其忠，飲食移味，居處温愉，著心於此，濟其志也"，這段文字是不能當衍文來處理的。"盡力而有禮，莊敬而安之，微諫不倦，聽從而不怠，懽欣忠信，咎故不生，可謂孝矣"是從正面講忠敬守禮，"盡力而無禮，則小人也；致敬而不忠，則不入也"是從反面講不忠不敬是小人，正與"君子之孝也，忠愛以敬，

---

① 方向東《大戴禮記匯校集解》，489 頁。
② 廖名春《楚竹書〈内禮〉、〈曾子立孝〉首章的對比研究》，葉國良等編《出土文獻研究方法論文集初集》，265～287 頁。
③ 廖名春《楚竹書〈内禮〉、〈曾子立孝〉首章的對比研究》，葉國良等編《出土文獻研究方法論文集初集》，265～287 頁。

反是亂也"從正面講要忠敬而孝、從反面講不忠不敬的危害相對應。這也是王聘珍、阮元等學者將"君子之孝也,忠愛以敬,反是亂也"下讀的原因。《曾子立孝》和上博簡《內禮》雖有密切的聯繫,但並不是一一對應的。鑒於以上不同,我們主張兩本並存,不能以衍文爲由,强行改動《曾子立孝》語句連接的順序。

[7] 盡力而有禮,莊敬而安之。

莊,阮元説:"閣本作'恭',《群書治要》無此字。"①他認爲"莊"字當是漢人避諱,或改之,或删之。孫詒讓以《文王官人》篇"盡力而不面,敬以安人"爲據,認爲《曾子立事》本應無"莊"字②。

《論語·爲政》:"臨之以莊,則敬。"《吕氏春秋·孝行》:"居處不莊,非孝也。"高誘注:"莊,敬也。"《玉篇·艸部》:"莊,敬也。"《集韻·陽部》:"莊,恭也。"古書中莊與敬含義相近,常可互訓,郭店簡中也是如此,《五行》:"以其外心與人交,遠也。遠而莊之,敬也。"《五行》認爲敬是在莊的基礎上生成的,意爲"有距離的端莊"。莊敬聯用,古書習見,《禮記·經解》:"恭儉莊敬,禮教也。"《禮記·檀弓下》鄭玄注:"見悲哀之處則悲哀,見莊敬之處則莊敬。"阮元認爲《大戴》此篇爲漢人避諱改之,爲何《禮記》不作改動?郭店簡也有敬莊聯用的辭例,《尊德義》説:"尊仁、親忠、敬莊、歸禮,行矣而無違,養心於子諒,忠信日益而不自知也。"敬莊是君子修身的一項基本要求。

清人校書,往往認爲古書只有一個定本存在,其他版本非誤即訛。郭店簡、上博簡的出土使我們看到了戰國時期的傳本,如郭店簡《性自命出》與上博簡《性情論》、《天子建州》甲乙本、《凡物流行》甲乙本、《鄭子家喪》甲乙本等,這些本子內容相同,但文字卻存有一定差異,實際上先秦時期一成不變的定本是不存在的。《大戴禮記·曾子》與《群書治要·曾子》都是在流傳中形成的版本,文字互異是正常的。《曾子立事》"莊敬而安之",沒有明顯謬誤之處,不必改,可與《群書治要》"敬而安之"並存。

[8] 微諫不倦,聽從而不怠,懽欣忠信,咎故不生,可謂孝矣。盡力無禮,則小人也;致敬而不忠,則不入也。

對於"咎故不生",學界有不同的解釋,王聘珍説咎,灾也,故,事變也③。

① 阮元注釋《曾子十篇》,31 頁。
② 孫詒讓《大戴禮記斠補》,齊魯書社,1988 年,204 頁。
③ 王聘珍《大戴禮記解詁》,81 頁。

阮元認爲咎，灾也，故，謂可憂之事也①。孫詒讓反對阮元的意見，他説：
"'咎故不生'句難解，審校文義，此'咎'實當爲"名"之譌。《文王官人》篇
云：'忠愛以事其親，歡欣以敬之，盡力而不面，敬以安人，以名故不生焉。'兩
篇文義略同，此云'懽欣'，即彼云'歡欣以敬之'；此云'忠信'，即彼云'忠愛
以事其親'；此云'名故不生'，即彼云'以名故不生焉'，言事親盡其懽欣忠
信而名不揚於外也。名、咎形近而譌，阮釋望文生訓，不足據。"②戴禮説
"故"讀若《尚書·大禹謨》"刑故"之故，咎故不生，則無虧體辱親之事矣③。
戴禮認爲刑故之"故"爲受刑罰而身體有損。

　　古書中灾、害常常互訓，如《詩·魯頌·閟宫》篇説："上帝是依，無灾無
害。"郭店簡《六德》："逸其志，求養親之志，害無不已也。"《字彙·宀部》：
"害，禍也。"《六德》認爲，以養親作爲自己的心志所在，各種灾害無不消止，
正與《曾子立孝》"咎故不生"相對應，因此王聘珍、阮元的説法是有道理的。
孫詒讓認爲名、咎形近而譌在古書中是存在的，但咎可以譌爲"名"，名可以
譌爲"咎"，只取《文王官人》篇立説，而以《曾子立孝》爲非，是其錯誤所在。

　　[9]　是故禮以將其力，敬以入其忠，飲食移味，居處温愉，著心於此，濟
其志也。

　　對於"濟其志"，魏源説："濟其志，謂遂其孝親之願。"④孔廣森説居心於
此，以成其孝之志⑤。阮元引張惠言説"志爲忠與禮也，飲食居處未可盡孝
道，然處心於此，亦可以成其忠禮之志也"⑥。王聘珍説藉飲食居處，明其孝
養之心，以成其用忠用禮之志也⑦。以上學者皆認爲志爲孝子之志，戴禮反
對此説，他説："孔云志孝子之志，非也。案此當是孝子成親之志，故下孔子
云云，皆幾諫之道。"⑧他認爲志爲父母之志。

　　這裏涉及"濟其志"的確切含義。上博簡《內禮》説："時昧攻、祭，行祝
於五祀。豈必有益，君子以成其孝。"父母生病時，孝子向五祀神祭祀，雖不
一定有益，但成全了孝子的孝道。上博簡《內禮》説的這些祭祀行爲，雖與

① 阮元注釋《曾子十篇》，31 頁。
② 孫詒讓《大戴禮記斠補》，204 頁。
③ 方向東《大戴禮記匯校集解》，490～491 頁。
④ 魏源《魏源全集》第二册，576 頁。
⑤ 盧辯注，孔廣森補《大戴禮記補注》，51 頁。
⑥ 阮元注釋《曾子十篇》，32 頁。
⑦ 王聘珍《大戴禮記解詁》，81 頁。
⑧ 方向東《大戴禮記匯校集解》，493 頁。

《曾子立孝》“飲食移味,居處温愉”内容不同,但都是孝子通過對日常事務的盡心,來實現自己的孝親之志,因此戴禮之説不可信。

[10] 子曰:“可入也,吾任其過;不可入也,吾辭其罪。”

此句主要爭議有兩點:一是“入”還是“人”,一是“可入”與“不可入”的位置。魏源説兩“人”字,他本作“人”,誤①。汪照、汪中、阮元等皆從其説。俞樾則堅持人字不誤,他認爲人與仁通,親之過小,吾則任其過,親之過大,吾則辭其罪②。

上博簡《内禮》説:“善則從之,不善則止之。止之而不可,㥁(隱)而任之,如從己起。”“善則從之”即《曾子立孝》中的“可入也”,指勸諫被父母聽從,“不善則止之”即“不可入也”,“不入”意爲勸諫没有被父母接受。《禮記·内則》:“父母有過,下氣怡色柔聲以諫,諫若不入,起敬起孝,説則復諫,不説,與其得罪於鄉黨州閭,寧孰諫。”父母有過錯,要柔聲勸諫,“諫若不入”明確證明“可入也”不能讀爲“可人也”,所以俞樾之説不可信③。

關於“可入”與“不可入”的位置,孫詒讓認爲“可入”在前,“不可入”在後。他説:“可入,吾代親任其前過,不可入,則成惡矣,吾代親辭其惡名。”④戴震將“可入”與“不可入”互易,王引之説:“戴校本改爲:不可入也,吾任其過,可入也,吾辭其罪。……戴改是也。”⑤戴禮也贊成戴震的説法,他説:“《坊記》曰:‘善則歸親,過則歸己。’可入,謂諫若從,吾可辭辱親之罪。”戴禮根據《坊記》的説法,將“可入”與“不可入”的位置互換。

上博簡《内禮》説:“孝而不諫,不成[孝,諫而不從,亦不成孝]。”父母的行爲符合善道,自己就聽從,父母的行爲不符合善道,就勸諫,這裏指的是“可入”的情況;如果不可入,父母不聽從自己的意見,“諫而不從,亦不成孝”,則自己要聽從父母的意見。《曾子事父母》:“父母之行,若中道則從,若不中道則諫,諫而不用,行之如由己。從而不諫,非孝也;諫而不從,亦非孝也。孝子之諫,達善而不敢爭辨。”其順序也與“可入”、“不可入”順序同。對父母勸諫一般有“可入”和“不可入”兩種情況,從上博簡《内禮》和《曾子

① 魏源《魏源全集》第二册,588 頁。
② 方向東《大戴禮記匯校集解》,494～495 頁。
③ 《禮記·曲禮》也説:“子之事親也,三諫而不聽,號泣而隨之。”“不聽”即是“不入”。
④ 孫詒讓《大戴禮記斠補》,205 頁。
⑤ 王引之《經義述聞》,281～282 頁。

事父母》都以"可入"在前、"不可入"在後看,《曾子立孝》"可入"在前、"不可入"在後意勝。

二、《曾子事父母》校釋

[1] 單居離問於曾子曰:"事父母有道乎?"曾子曰:"有。愛而敬。"

汪中説此句有脱文,方向東反駁説"愛而敬"即事父母之道,文義自通,云脱無據①。我們認爲由於沒有版本依據,汪中之説不可信。上博簡《内禮》説:"君子之立孝,愛是用,禮是貴。"最值得注意的是此句孝子對父母的態度是愛,"愛"字與上博簡《内禮》同。《曾子立孝》説:"曾子曰:君子立孝,其忠之用,禮之貴。"同樣都是記録曾子的話,同樣是孝子對父母的感情,《曾子事父母》是愛,《曾子立孝》是忠。《曾子》十篇中,《曾子制言》等篇推崇仁義,《曾子大孝》等篇重視孝道,我們認爲造成這些不同的原因是《曾子》十篇成書於不同的弟子之手(詳見上編第二章第二節),於此句又得一例證。

[2] 父母之行,若中道則從,若不中道則諫,諫而不用,行之如由己。

此句理解的難點在於"行之如由己",盧辯説:"且俯從所行,而思諫道也。"②汪照受此啓發,認爲由己之"由",當爲"思"字之誤。王聘珍説:"行之,謂父母行之。由,自也。如由己者,過則歸己也。"③他認爲行爲的主體是父母。父母是行爲始動者,但爲何自己能承擔父母的過錯呢?阮元説"親中道則子從,不中道則子諫,諫而親不用,則親行之,不中道如由己致之,代親受過,更思復諫也。"④阮元也認爲父母是行爲的主體。祁玉章説父母之行,若不中道,諫之而不爲己所用,則爲人子者當服從親意而行之,他認爲"行之"的主體是孝子⑤。

實際上,從上下文或認同汪照"由"爲"思"字之説,仍不好確定"行之"的主體是誰。上博簡《内禮》説:"善則從之,不善則止之。止之而不可,瑟(隱)而任之,如從己起。""之"指代父母,明確可以肯定行爲的主體是父母,孔廣森説:"如由己,使若父母之過由己致之者。"⑥孔廣森等人的説法是正

---

① 方向東《大戴禮記匯校集解》,517 頁。
② 因盧辯注全文收録於《大戴禮記補注》,所以筆者所引盧注皆出自此書,下引不再注明。參盧辯注,孔廣森補《大戴禮記補注》,54 頁。
③ 王聘珍《大戴禮記解詁》,86 頁。
④ 阮元注釋《曾子十篇》,43 頁。
⑤ 祁玉章《曾子集斠(上)》,《孔孟學報》第 45 期,1983 年,276～285 頁。
⑥ 盧辯注,孔廣森補《大戴禮記補注》,54 頁。

確的。

　　[3] 從而不諫,非孝也;諫而不從,亦非孝也。

　　孔廣森説:"從,順也。無犯者,事親之義也。雖臣之於君,亦務引諸當道,非徒自沽直而已。"①阮元説:"《孝經》曰:'故當不義則爭之,從父之令,又焉得爲孝乎?'强諫而不從,不善諫也,亦非善道。"②上博簡《内禮》説:"孝而不諫,不成[孝]。"簡文可與《曾子事父母》對讀。

　　[4] 孝子之諫,達善而不敢爭辨。

　　王聘珍説:"達,致也。達善,謂致其善道於親。"③孔廣森説:"達善,以其善言達於親也。"④阮元説:"達善者,但達善道於親,而不敢强爭强辨。"⑤從"爭辨"一詞看,"善言達於親"之説稍優。上博簡《内禮》:"在小不爭,在大不亂,故爲少必聽長之命,爲賤必聽貴之命。從人勸,然則免於戾。"上博簡《内禮》説少必聽於長,賤必聽於貴,强調的是不要强行爭辨。郭店簡《性自命出》:"獨處則習父兄之所樂。苟無大害,少枉人之可也,已則勿復言也。"《性自命出》主張如果没有大的傷害,事情過去後不要再提及,也是主張聽從父兄之命而不爭辨,與《曾子事父母》相近。

　　[5] 爭辨者作,亂之所由興也。

　　汪照説:"一本無'作'字。"王念孫説:"'作'字衍。此謂父子爭辨,則亂由此興,非謂作亂也。且既言興,則不得更言'作'。據下文云:'由己爲賢人則亂',則'亂'上本無作字明矣。"⑥《説文》:"作,起也。""作"可以指禍亂產生。《曾子天圓》:"此之謂品物之本,禮樂之祖,善否治亂之所由興作也。"《曾子天圓》"興作"聯用,王念孫説"既言興,則不得更言'作'"的論證不能成立。方向東提出新説,他認爲"作"字應上讀,斷句爲"爭辨者作,亂之所由興也"⑦。方向東之説甚是。

　　"亂之所由興也"文從意順,亂字前應不與作相連,但"作"字如何產生的呢? 王樹柟曰:"今案'作'字當是一本作'作',一本作'興',校書者注

---

① 盧辯注,孔廣森補《大戴禮記補注》,54 頁。
② 阮元注釋《曾子十篇》,43 頁。
③ 王聘珍《大戴禮記解詁》,86 頁。
④ 盧辯注,孔廣森補《大戴禮記補注》,54 頁。
⑤ 阮元注釋《曾子十篇》,43 頁。
⑥ 王引之《經義述聞》,282 頁。
⑦ 方向東《大戴禮記匯校集解》,519 頁。

'作'於'興'字之旁,或以'作'字解'興'字,後人因誤入正文,而以意倒之於'亂'字之上耳。"①如果王樹枬所説不錯的話,由《曾子天圓》"興作"聯用的辭例,此句似可斷爲"爭辨者,亂之所由興作也"。但屬無據改動經文,筆者認爲仍以方先生之説爲佳。

[6] 孝子無私樂,父母所憂憂之,父母所樂樂之。

對於此句,清儒已懷疑其有脱文。汪照説:"一作'無私憂,無私樂'。"汪中引朱彬之説:"彬案'孝子無私樂上脱憂字'。"汪喜孫説:"先君(汪中)録朱説而未下己意,未改經字,蓋存疑也。"②阮元曰:"今本皆脱'無私憂'三字,丁教授云方正學《遜志齋集·讀曾子篇》引此有三字,今據以補此。然則宋本《曾子》明初尚未亡也。"③王樹枬亦云:"朱彬曰:'樂上脱憂字。'"④戴禮也持此説。

清儒雖懷疑《曾子事父母》有脱文,但没有版本依據,他們未曾輕易改動經文。上博《内禮》簡6與之相似的語句作"君子事父母,亡私樂,亡私憂,父母所樂樂之,父母所憂憂之"。曹建墩等學者根據上博簡文,指出《曾子事父母》脱漏了"無私憂"一句⑤,這是非常正確的。

上博簡《内禮》簡6"與弟言,言承兄。反此亂也。君子事父母,亡私樂,亡私憂。父母所樂樂之,父母所憂憂之",其前半部分"與弟言,言承兄。反此亂也",屬於今本《曾子立孝》,而後半部分屬於今本《曾子事父母》,由於這兩部分屬於一支簡,因此可以斷定上博簡《内禮》和今本《曾子》十篇的分篇是不一樣的⑥。

[7] 孝子唯巧變,故父母安之。

王聘珍説:"巧,善也。變,猶化也。"⑦戴禮説:"巧變,即《檀弓》'左右就養無方'也。"⑧《禮記·祭義》鄭玄注此句曰:"左右,謂扶持之。方,猶常

① 王樹枬《校正孔氏大戴禮記補注》,122頁。
② 汪照、汪中之説,參方向東《大戴禮記匯校集解》,517頁。
③ 阮元注釋《曾子十篇》,44頁。
④ 王樹枬《校正孔氏大戴禮記補注》,122頁。
⑤ 曹建墩《據上海博物館藏竹書校讀〈大戴禮記〉一則》,《中原文物》2009年第1期,99～101頁。
⑥ 類似的情況,在《荀子》也出現過。《荀子·大略》曾引用《曾子》十篇的内容:"君子進則能益上之譽,而揜下之憂。不能而居之,誣也;無益而厚受之,竊也。"這些内容在《荀子·大略》中是完整的一句話,但和《曾子》十篇對比就會發現,《荀子·大略》這句話前半部見於《曾子制言中》,後半部分見於《曾子立事》。
⑦ 王聘珍《大戴禮記解詁》,86頁。
⑧ 方向東《大戴禮記匯校集解》,520頁。

也。子則然,無常人。"但對於孝子如何巧變,我們還是不很清楚。

上博簡《内禮》與之相似的語句作"君子 曰 孝子不宣(負),若(匿)在腹中,巧變,故父母安",意思是孝子不違背父母的心志(與父母當面爭辨),而是把自己的憂樂隱藏起來,(按照父母的心意)巧妙地加以變化,這樣父母才能安心。上博簡《内禮》比今本多"孝子不宣(負),若(匿)在腹中"一句,使我們對《曾子事父母》文意的理解進一步加深。

《孔子家語·六本》記載曾子耘瓜,誤斷其根,遭曾點暴打,曾子不逃不避,反而彈琴唱歌給曾點聽。我們認爲曾子爲使自己的孝德充分體現,但卻陷曾點於不義,體現了他性格"魯"的特點①,但從《曾子事父母》及上博簡《内禮》看,孝子勸諫要顧及父母的感受,要耐心細緻地婉言相勸,讓父母接受自己的意見而不損其顔面,看來曾子晚年(或曾子的弟子)對其早年的思想有所糾正。

[8] 單居離問曰:"事兄有道乎?"曾子曰:"有。尊事之,以爲己望也;兄事之,不遺其言。"

對於"兄事之",清儒多懷疑其爲衍文。汪照説:"'兄事之'三字疑衍,既爲吾之兄,何得云兄事之乎?"王念孫説:"'兄事之'三字疑涉下文'弟之行若不中道則兄事之'而衍,蓋非我兄而事之如兄,故曰兄事之。《曲禮》曰:'十年以長,則兄事之'是也。既爲我之兄,何得言兄事之乎?且既言尊事之,則不必更言兄事之矣。又下文'兄之行若中道,則兄事之;兄之行若不中道,則養之','事之'與'養之'對文,則'事'上不當有'兄'字,蓋亦涉下文而衍。"②

阮元反對汪照、王念孫衍文的説法,他認爲"兄事之"不是衍文。他説:"兄讀若況,況若尊大之然,言爲兄所命言。兄本是兄,非比他人而兄事之,曷爲言兄事,蓋古人讀字每有緩急之别。兄讀爲緩聲,則爲況。"③王樹枏對阮元的説法表示質疑:"阮注謂兄讀若況,況若尊大之然,然而下文'弟之行若不中道則兄事之','兄'又讀爲兄弟之兄,同一'兄事之'而彼此異解,古人文法,必不若是之迂隱。"④王樹枏認爲在一篇文章内,兄或讀爲況,或讀

<hr/>

① 參拙作《曾子與子思師承關係新證——兼談荀子批判思孟"五行"的深層根源》,《簡帛》第五輯,323～338 頁。
② 王引之《經義述聞》,282 頁。
③ 阮元校釋《曾子十篇》,44 頁。
④ 王樹枏《校正孔氏大戴禮記補注》,123 頁。

爲兄,古人行文之法必不如此迂曲,因此他認爲阮元之説不可信。我們認爲,王樹枏反駁阮元之説是成立的,那麼這句"兄事之"到底是不是衍文呢?

汪照、王念孫、王樹枏衍文之説不可信,問題出在斷句和對"尊"字的解釋上。他們將這句話斷爲"尊事之以爲己望也,兄事之不遺其言",今人方向東也如此斷句。我們認爲,此句應斷作"尊事之,以爲己望也;兄事之,不遺其言。"阮元解"兄"爲"況"的説法是錯誤的,"兄"應解釋爲兄弟之兄。關鍵是對"尊"字的解釋,《禮記·喪服小記》:"養尊者必易服,養卑者否。"鄭玄注:"尊謂父兄。"《廣韻·魂韻》:"尊,君父之稱也。"我們認爲"尊事之"的"尊"字與下句"兄事之"的"兄"對文,應解釋爲父。祁玉章認爲曾子事兄之道有二,一曰尊事之,謂以養親之禮事之,二曰兄事之,以兄長之禮事之①。其説甚確。下文對待弟弟的態度也有兩種,一是弟弟之禮,即"正以使之",二是兄長之禮,即"詘事兄之道",與此相近,也可補證我們的判斷。

[9] 兄之行若中道,則兄事之;兄之行若不中道,則養之。養之內,不養於外,則是越之也;養之外,不養於內,則是疏之也:是故君子內外養之也。

此句王聘珍解釋説:"內謂心,外謂貌。越,疾也。疏,遠也。內外養之,謂憂誠於中,形於外,冀感悟之也。"②學者對王聘珍此句解釋向來稱贊有加③。上博簡《內禮》説:"君子之立孝,愛是用,禮是貴。"曾子的孝道分內外兩個層面,這似乎證明王聘珍之説。問題在於上博簡《內禮》説的內外孝養父母,是無條件的,不管父母如何都要內外養之,而《曾子事父母》此句是有條件的:是在"兄之行若不中道"的情況下,王聘珍沒有區分此不同,因此他説"內爲心,外爲貌。……內外養之,謂憂誠於中,形於外,冀感悟之也"是不合適的。

對與"養"字,盧辯説:"養,猶隱之。"④朱熹也持此説⑤。我們認爲盧辯之説可從。對於內和外的解釋,清儒有不同的説法,阮元説:"內爲家室,外爲朝廷。"⑥戴禮説:"養內,謂養口體而不匡正其行,使之踰閑,故曰越。養外,謂飾其過而不勸以服善,使之墮德,故曰疏。"⑦郭店簡《六德》説:"仁,內

---

① 祁玉章《曾子集斠(上)》,《孔孟學報》第 45 期,1983 年,284 頁。
② 王聘珍《大戴禮記解詁》,86~87 頁。
③ 王聘珍《大戴禮記解詁》,前言第 9 頁。
④ 盧辯注,孔廣森補《大戴禮記補注》,54 頁。
⑤ 朱熹《儀禮經傳通解》卷三,上海古籍出版社,2002 年,152 頁。
⑥ 阮元注釋《曾子十篇》,45 頁。
⑦ 方向東《大戴禮記匯校集解》,523 頁。

也。義,外也。禮樂,共也。内立父、子、夫也,外立君、臣、婦也。"又説:"門内之治恩掩義,門外之治義斬恩。"這些内外均指家族内外,因此,我們認爲《曾子事父母》此句"内"爲家族内,"外"爲家族外①。對於"越"字,我們取孔廣森"以能賢加其兄"②的説法,全句意思爲:兄長的行爲如果合於禮儀,就以兄長之禮敬事之,如果兄長有違禮制,則爲他隱飾。只隱於家族内而不隱於家族外,則是以賢能加於兄長,隱於家族外而不隱於家族内,則是對兄長的疏遠,所以君子家族内外都要爲兄長隱飾。

[10] 弟之行若中道,則正以使之;弟之行若不中道,則兄事之。

"兄事之"是諸家解釋的難點,盧辯説:"且以兄禮敬之。"③阮元説:"兄讀若兄弟之兄,兄事之者,亦如事兄之禮養之也。"④戴禮説:"反敬之,冀其感悟也。"今人方向東認爲以上諸家皆誤,他説:"阮説誤,盧注亦誤,此段言使弟之道,弟之行若中道,則正以使之;若不中道,則兄事之,言以兄之身份去對待弟,行使兄長之權力職責也。若言弟事兄,則是言弟之行若不中道,則弟以事兄之道事之或以兄禮敬之,斯爲不辭。"⑤

方向東先生之説頗有新意,但問題在於當弟弟符合禮制要求時,兄長"正以使之",是以兄長之禮對待弟,但當弟弟之行不中道時,兄長以自己的職權約束、訓誡弟弟的行爲,也是以兄之禮對待弟弟,二者都是"兄之禮",有何不同呢? 我們認爲,作爲弟弟中道和不中道的兩種措施,二者應該有所不同,"弟之行若中道",則以弟之禮對待;"弟之行若不中道",則以兄之禮對待,即在家族内外爲其隱飾,正與上文言"兄之行若不中道,則養之"相對應,盧辯等説法可信。

[11] 詘事兄之道,若不可,然后舍之矣。

對於"詘事兄之道"的解釋,盧辯説:"屈事兄之道,然猶不變,則怒罰之。"⑥王聘珍説:"詘,盡也。不可,謂不可化也。舍,止也。"⑦阮元説:"詘

---

① 《曾子立事》:"是故爲善必自内始也。内人怨之,雖外人亦不能立也。"王聘珍曰:"内謂之家。"也可參證。
② 盧辯注,孔廣森補《大戴禮記補注》,55 頁。
③ 盧辯注,孔廣森補《大戴禮記補注》,55 頁。
④ 阮元注釋《曾子十篇》,45 頁。
⑤ 戴禮與方向東之説,參方向東《大戴禮記匯校集解》,524 頁。
⑥ 盧辯注,孔廣森補《大戴禮記補注》,55 頁。
⑦ 王聘珍《大戴禮記解詁》,87 頁。

猶屈也,詘事兄之道於弟,猶不可化,則舍之。"①方向東說:"詘、屈有缺義,此言缺事兄之道,若不可教,則舍之。舍謂不使也。"②

盧辯"屈事兄之道"的說法可信,但將"舍之"解釋爲怒罰不可從。"屈事兄之道",即以事兄之禮對待弟弟。聯繫上文"尊事之,以爲己望也;兄事之,不遺其言",以父之禮對待兄長,這裏屈父之道,以兄之禮對待不中道的弟弟,有何不可呢? 按曾子之意,使弟之道有二:當弟弟中道時,以對待弟弟之禮,"正以使之";若弟弟不中道,屈兄之禮事之,以兄長之禮對待弟弟,戴禮說"反敬之,冀其感悟也",其說最爲近之。

三、《曾子本孝》校釋

[1] 曾子曰:"忠者,其孝之本與!"

對於忠字,學界主要有以下幾種解釋,孔廣森曰:"孝貴忠誠,無飾僞也。"③他將"忠"解釋爲忠誠。王聘珍曰:"《説文》云:'忠,敬也。'"④王聘珍將忠解釋爲敬。戴禮曰:"鄭《周禮》注:'中心爲忠,謂孝子敬愛由衷,故爲至德之始也。'"⑤《曾子事父母》:"單居離問於曾子曰:'事父母有道乎?'曾子曰:'有。愛而敬。'"《曾子事父母》認爲孝子對父母的情感是愛。上博簡《内禮》説:"君子之立孝,愛是用,禮是貴。"郭店簡《五行》"愛父,其繼愛人。"雖然簡文不能與《曾子本孝》完全對應,但啓示我們此處的"忠"與"愛"含義相當,因此戴禮之説最爲近之。

上博簡《内禮》、《曾子事父母》認爲孝子對父母的情感是愛,《曾子立孝》:"是故未有君而忠臣可知者,孝子之謂也。"《曾子立孝》認爲臣對君的職責是忠,但《曾子本孝》認爲忠爲孝子對父母的情感,這體現了《曾子》十篇不同篇章之間用詞存在的矛盾。阮元說"(曾子)事父母以忠實爲本,不以虛飾干譽,且事親、事君、事長、交友皆貴忠。"⑥阮元以忠概括曾子對父母、君長、朋友等所有人的態度,卻忽視了曾子文獻中這些細微的差別。

[2] 孝子惡言死焉,流言止焉,美言興焉,故惡言不出於口,煩言不及

---

① 阮元注釋《曾子十篇》,45 頁。
② 方向東《大戴禮記匯校集解》,524 頁。
③ 盧辯注,孔廣森補《大戴禮記補注》,50 頁。
④ 王聘珍《大戴禮記解詁》,79 頁。
⑤ 方向東《大戴禮記匯校集解》,478 頁。
⑥ 阮元注釋《曾子十篇》,25 頁。

於己。

《荀子·大略》引曾子語作"流言止焉，惡言死焉"。與《曾子本孝》順序不同。汪中曰："(盧辯)注云'死且不行'，似謂孝子不出惡言矣。"①王聘珍說："流言者，如水之流，止之使不行。"②阮元說："煩讀爲忿。煩言，忿爭之言。《小戴記》云'一出言而不敢忘父母'，是故惡言不出於口，忿言不反於身。"③此句意思是說，孝子不出惡言、無根之言，只講美言、善言，所以人不以辱言、憤言加諸己。

郭店簡《緇衣》說："王言如絲，其出如緡；王言如索，其出如紼。故大人不倡流。"王言初出，微細如絲，及其出行於外，便如引棺的大繩索般粗大，所以掌權者不倡導虛浮之言。上博簡《從政》："君子不以流言傷人。"這都是與《曾子本孝》相似的語句。《曾子本孝》不說惡言、流言，是怕招致別人惡言相向，給父母帶來侮辱。郭店簡《緇衣》、上博簡《從政》是從國家治理的角度出發，國君不倡導流言是爲了以此教化民衆，與《曾子本孝》的立足點有所不同。

[3] 士之孝也，以德從命。

"以德從命"是士人階層的孝道，對此學者有兩種不同的看法，王聘珍曰："德，謂孝德。以德從命者，言先意承志，喻父母於無過，其命皆可從也。"④王聘珍認爲孝子預先了解父母的心意，對父母曉之以義，父母之命無過錯，所以其命皆可聽從。孔廣森曰："言以德者，親之命有失德，以(亦)致諫，不以曲從爲孝。"⑤阮元說："德命則從，非德亦諫。"⑥孔廣森、阮元皆認爲父母之命合於道義，則聽從，父母之命不合道義，就勸諫。

孝子勸諫父母的方法，也見於上博簡《內禮》。上博簡《內禮》說："孝而不諫，不成[孝。諫而不從，亦]不成孝。君子 曰：孝子不圓(負)，若(匿)在腹中，巧變，故父母安。"只孝不勸諫，不是孝；勸諫而不聽從，也不是孝。孝子不要違背父母的心志(與父母爭辨)，把自己的憂樂隱藏起來，按照父母的心意巧妙地加以變化，這樣父母就能安心了。上博簡《內禮》又說："善則

① 方向東《大戴禮記匯校集解》，479 頁。
② 王聘珍《大戴禮記解詁》，79 頁。
③ 阮元注釋《曾子十篇》，27 頁。
④ 王聘珍《大戴禮記解詁》，80 頁。
⑤ 盧辯注，孔廣森補《大戴禮記補注》，50 頁。
⑥ 阮元注釋《曾子十篇》，29 頁。

從之,不善則止之。止之而不可,罡(隱)而任之,如從己起。"意思是説父母之命符合道義,就聽從;若與道義不合,孝子就勸諫。如果父母不接受,孝子應當隱飾父母的不善,如同己所出。孔廣森之説可從。

上博簡《内禮》"孝而不諫,不成[孝。諫而不從,亦]不成孝"與《曾子本孝》"以正致諫"同,上博簡《内禮》"善則從之,不善則止之。止之而不可,罡(隱)而任之,如從己起"與《曾子本孝》"以德從命"同,不同之處是《曾子本孝》將"以正致諫"、"以德從命"分屬卿大夫、士人兩個不同的階層。

[4] 庶人之孝也,以力惡食。

"以力惡食"語義不通,於是學者對"惡"字提出新的解釋,汪中曰:"以力惡食,'惡'當作'務',聲之誤也。"俞樾曰:"'以力惡食'義不可通,疑本作'以任善食',言各以力之所任甘美其食,以養父母也。"于鬯曰:"蓋此實一本作'以力任食',一本作'以力任善',校者標其異文而誤合爲正文也。而鬯竊又疑此兩本尚皆有誤。記文原本當作'以力任養'四字。作'食'之本乃'養'字脱上體也。作'善'之本乃'養'字誤下體也。觀盧注云'分地任力致甘美',蓋正爲養字作解,即其證矣。"[1]王樹枏曰:"以力惡食,本作'以力善食'。以力善食,謂以其力善其食,注所謂分地任力致甘美也。"[2]陳興偉認爲"養"字繁體上部同"善",下部爲"食"字,轉寫者因直行書寫,誤上部爲"善",遺下部之"食",遂成"善食",後"善食"二字倒亂,卒於"食"上增"惡",從此一訛再訛,聚訟至今[3]。

學者指出"惡食"存有問題,是正確的,但"任善不敢臣三德"句意完整,汪中將"惡"改作"務",惡是鐸部字,務是侯部字,聲音通假之説不可信。俞樾等學者將"以力惡食"改作"以任善食",于鬯改作"以力任養",都屬於改字解經,陳興偉之説過於迂曲,使"任善不敢臣三德"亦難以解釋。對比上文,"以正致諫"、"以德從命"的主體是卿大夫、士人,"以力惡食"的主體應該是庶人。《孝經·庶人章》説:"用天之道,分地之利,謹身節用,此庶人之孝也。"用力勞作,省吃儉用,是庶人之孝,我們懷疑"以力惡食"應解作"庶人出力勞作,自己吃粗劣的食物"(而將甘美之食物留給父母)[4],這與盧辯

---

① 以上諸説,參見方向東《大戴禮記匯校集解》,484 頁。
② 王樹枏《校正孔氏大戴禮記補注》,113 頁。
③ 陳興偉《〈大戴禮記〉詞語校釋》,《浙江師範大學學報(社會科學版)》1990 年第 1 期,32~33 頁。
④ 《曾子》十篇盧辯注的成書年代較早,此句盧注作"分地任力致甘美",我們懷疑惡字乃致字之誤,改動經文卻沒有找到其他文獻依據,因此未能立説。

注“分地任力致甘美”義同,且不用改動經文。

上博簡《内禮》:“君子曰:孝子事父母,以食惡美,下之。”强調孝子事父母,重在對父母内心誠摯的敬,食物的美與劣是次要的事,與《曾子本孝》此句稍有不同。《禮記·祭義》:“孝有三:小孝用力,中孝用勞,大孝不匱。”《禮記·祭義》説“小孝用力”,與《曾子本孝》“以力惡食”同。

[5] 任善不敢臣三德。

盧辯曰:“謂三者之孝。三德,三老也。”①汪喜孫説“(盧注)三當作王”,至確。此處“任善不敢臣三德”指的是王者之孝。王樹枬曰:“‘不敢臣三德’,當在‘君子之孝也’下。古多以君子指君言。‘以正致諫’上,當有‘卿大夫之孝也’六字,誤入注中,而又衍一‘諫’字,删‘之孝也’三字。蓋‘自君子之孝也’以下,皆由上遞及,不應至末始言天子之孝。”②

《大戴禮記·子張問入官》:“必以其善以赦其過。”王聘珍注曰:“善,賢能也。”③任善,是指舉用賢人。《曾子立事》:“昔者天子日旦思其四海之内,戰戰惟恐不能义;諸侯日旦思其四封之内,戰戰唯恐失損之;大夫士日旦思其官,戰戰唯恐不能勝;庶人日旦思其事,戰戰唯恐刑罰之至也。”《曾子立事》稱“天子”而不稱“國君”,因此王樹枬以“君子之孝”的“君”之國君,似不妥當。由上句講卿大夫、士、庶人之孝看,此句當有衍文。

[6] 故孝(子)之於親也,生則有義以輔之,死則哀以蒞焉,祭祀則蒞之以敬。

戴震曰:“‘子’各本訛作‘之’,今從高安本。”④孔廣森採用其説。王樹枬曰:“故孝子於親也,各本‘子’作‘之’。盧云‘孝’下疑脱‘子’字。……閣本作‘故孝子之於親也’。”⑤戴震、孔廣森將“之”改作“子”⑥,王樹枬以閣本爲據,反對戴震等人的説法,認爲在“孝”字下應增“子”字。《曾子本孝》説:“故孝子之事親也,居易以俟命,不興險行以徼幸。”與此句“孝之於親也”對應,可知孝字後當有一“子”字。上博簡《内禮》:“君子以成其孝……能事其親。”雖簡文殘缺,但不難推斷“能事其親”的亦是孝子,因此王樹枬

① 盧辯注,孔廣森補《大戴禮記補注》,50 頁。
② 王樹枬《校正孔氏大戴禮記補注》,114 頁。
③ 王聘珍《大戴禮記解詁》,141 頁。
④ 參方向東《大戴禮記匯校集解》,485 頁。
⑤ 王樹枬《校正孔氏大戴禮記補注》,114 頁。
⑥ 盧辯注,孔廣森補《大戴禮記補注》,50 頁。

之説較爲可信,從閣本。

　　"祭祀則莅之以敬如此",方向東《大戴禮記匯校集解》讀爲"祭祀則莅之,以敬如此"①,但閣本作"祭則列之以敬",孔本作"祭祀則莅之以敬",以"祭祀則莅之以敬。如此,而成於孝子也"斷句,較爲合適。

　　[7] 如此,而成於孝子也。

　　王樹枬曰:"如此而成於孝子也,於、爲古通。莊二十二年《左傳》曰:'竝于正卿。'《釋文》曰:'于,本或作爲。'《西周策》曰:'君不如令弊邑陰會爲秦。'《史記·孟嘗君傳》'爲'作'於'。《晋語》曰:'稱爲前世。'韋注曰:'言見稱譽於前世。'是'於'即'爲'也。"②

　　王樹枬把"於"改爲"爲",其困難在於上文説"故孝子之於親也",此處説"而成於孝子也",同一句中,兩處皆爲"孝子",句意重複。上博簡《內禮》:"時昧攻、祭,行祝於五祀。豈必有益,君子以成其孝。"早晨天剛亮時,孝子以攻、縈等祭祀五祀神,雖然未必有益,但可以成全君子的孝道。上博簡《內禮》此句與《曾子本孝》"生則有義以輔之,死則哀以莅焉,祭祀則莅之以敬"語義近似,我們懷疑《曾子本孝》"而成於孝子也"的"子"爲衍文,"如此,而成於孝也"句意通順,且不必把"於"字改爲"爲"字。

四、《曾子大孝》校釋

　　[1] 曾子曰:"孝有三: 大孝尊親,其次不辱,其下能養。"

　　"其次不辱"的"不"字,《禮記·祭義》篇作"弗"字。戴禮曰:"《孝經》曰:'孝莫大於嚴父,嚴父莫大於配天。'其次不辱,《孝經》曰:'修身慎行,恐辱先也。'其下能養,《吕氏春秋·孝行覽》曰:'養有五道: 養體、養目、養耳、養口、養志。'"③《曾子大孝》把孝道分爲三個層次: 大孝使父母尊榮,其次不使父母受辱,最下能孝養父母,即養體、養目、養耳、養口、養志。上博簡《內禮》:"孝子事父母,以食惡美,下之。"上博簡《內禮》認爲孝子孝養父母,能以食物養父母,是最低的層次,這和《曾子大孝》"其下能養"是一致的。

　　[2] 君子之所謂孝者,先意承志,諭父母以道。參直養者也,安能爲孝乎!

① 方向東《大戴禮記匯校集解》,484 頁。
② 王樹枬《校正孔氏大戴禮記補注》,114 頁。
③ 方向東《大戴禮記匯校集解》,500 頁。

對於"諭"字，王聘珍曰："諭者，不言而喻也。"①阮元説："諭，猶諫也。"②郭店簡《五行》經文説："喻而知之，謂之進之。"《五行》傳文解釋説："喻之也者，自所小好喻乎所大好。……畏父兄，其殺畏人，禮也。由色喻於禮，進耳。""小好"是色，"大好"是禮，"喻"就是通過譬喻的方式，使人知曉禮比色更爲重要。王聘珍、阮元皆未得之。

[3] 故居處不莊，非孝也；事君不忠，非孝也；莅官不敬，非孝也；朋友不信，非孝也；戰陳(陣)無勇，非孝也。

此句認爲作戰不勇敢是不孝，但英勇作戰難免會帶來身體損傷，而《曾子大孝》又説"父母全而生之，子全而歸之，可謂孝矣；不虧其體，可謂全矣"，認爲孝子要保全自己的身體不受損傷，於是有學者認爲曾子把孝歸結爲形全身安，在理論上的自相矛盾是無法克服的③。但古人的理解與此不同，孔安國《古文孝經孔氏傳》説："人生稟父母之血氣，情性相通，分形異體能自保全而無刑傷，則其所以爲孝之始者也。是以君子之道謙約自持，居上不驕，處下不亂，推敵能讓，在衆不爭，故遠於咎悔而無凶禍之灾也。"④阮元説："不莊、不忠、不敬、不信、無勇皆易致禍害，受刑罰、毀傷身體，辱及其親。"⑤

《曾子大孝》説："樂自順此生，刑自反此作。"踐守孝道，身心和樂，違背孝道，刑戮及其身，曾子所説的損傷是指受刑罰損傷身體⑥。上博簡《内禮》説："故爲少必聽長之命，爲賤必聽貴之命。從人勸，然則免於戾。"《爾雅·釋詁上》："戾，罪也。"信陽長臺關楚簡《申徒狄》説："周公勃然作色，曰：'易，夫賤人格上，則刑戮至。'"⑦卑賤之人犯上，往往會招致刑罰，我們認爲上博簡《内禮》"免於戾"是指免於刑罰。孔安國、阮元等學者認爲戰陣身體受傷不是不孝，而因爲不莊、不忠、不敬、不信、無勇招致刑罰，毀傷身體，辱及父母，那才是不孝，可知説曾子此處存在自相矛盾，可能是由於我們的誤讀造成的。

① 王聘珍《大戴禮記解詁》，82 頁。
② 阮元注釋《曾子十篇》，35 頁。
③ 李炳海《身病而神清的孔門師徒——孔子、曾子患病時的理性精神和生命意識》，《孔子研究》2006 年第 2 期，94～100 頁。
④ 汪照也曾引用孔安國之説，參方向東《大戴禮記匯校集解》，501 頁。
⑤ 阮元注釋《曾子十篇》，35 頁。
⑥ 《曾子大孝》説："樂正子春下堂而傷其足，傷瘳，數月不出，猶有憂色。"樂正子春把下堂傷足也理解成不孝，可能是在曾子的基礎上有所發展。
⑦ 《太平御覽》卷八〇二引《墨子》曰："周公見申徒狄，曰：'賤人強氣則罰至。'"《孔子家語·致思》記載孔子對子路説："君子而強氣則不得其死，小人而強氣則刑戮薦臻。"亦可參證。

[4] 民之本教曰孝,其行之曰養。

盧辯曰:"《孝經》曰:'夫孝,德之本也,教之所由生也。其行之曰養,謂致衣食,省安否。'"孔廣森曰:"民,《小戴》作'衆'。"①郭店簡《六德》:"是故先王之教民也,不使此民也憂其身,失其體。孝,本也。下修其本,可以斷讒。"從《六德》以孝作爲教民之本看,《曾子》十篇作"民"稍佳。《吕氏春秋·孝行》高誘注:"本,始也。"《曾子》十篇和《六德》都以孝作爲教民之始。

[5] 夫仁者,仁此者也;義者,宜此者也;忠者,中此者也;信者,信此者也;禮者,體此者也;行者,行此者也;彊者,彊此者也。

《禮記·祭義》孔穎達疏曰:"言欲行仁於外,必須行仁恩於父母也,言欲行義於外者,必須得宜於此孝也。行孝得宜,乃可施義於外。"②曾子的孝道統率諸德,已成爲仁、義、忠、信諸德的根本。郭店簡《唐虞之道》:"孝,仁之冕也;禪,義之至也。"《唐虞之道》認爲義的外推是禪讓,"冕"是古代帝王、諸侯等戴的禮帽,"仁之冕"的含義不好理解,但從"禪,義之至也"看,孝是仁的一部分,在仁和孝的關係,《曾子本孝》和《唐虞之道》有着不同的學術趨向。

郭店簡《語叢一》:"喪,仁之端也。"語句簡短,且無上下文,不好理解,但類似的表述見於《禮記》,《禮記·禮器》説:"喪禮,忠之至也,備服器,仁之至也。"孔穎達疏曰:"親戚之喪,必盡忠心追念,故云'忠之至也'。備此小斂大斂之衣服,及葬之明器,亦是仁愛之親,故云'仁之至也'。"③郭店簡《語叢一》説"喪,仁之端也",把"服喪"作爲仁的一部分。《曾子本孝》:"故孝子之於親也,生則有義以輔之,死則哀以蒞焉,祭祀則蒞之以敬。如此,而成於孝子也。"《曾子本孝》把喪禮、祭禮作爲孝道的一部分,與郭店簡《語叢一》也有所不同。

[6] 樂自順此生,刑自反此作。

《禮記·祭義》孔穎達疏曰:"若能順從孝道,則身和樂。……若違反孝道,則刑戮及身。"④王聘珍曰:"此者,並謂孝也。樂,謂音樂。《孟子》曰:'樂之實,樂斯二者,樂則生矣,生則惡可已也,惡可已則不知足之蹈之,手之

---

① 盧辯注,孔廣森補《大戴禮記補注》,52 頁。
② 阮元校刻《十三經注疏·禮記正義》,中華書局,1980 年,1599 頁。
③ 阮元校刻《十三經注疏·禮記正義》,1441～1442 頁。
④ 阮元校刻《十三經注疏·禮記正義》,1599 頁。

舞之。'"①王聘珍把"樂"解釋爲音樂之樂,不妥,郭店簡《五行》:"不安則不樂,不樂則無德。"又説:"和則樂,樂則有德,有德則邦家興。"《性自命出》:"笑,禮之淺澤也。樂,禮之深澤也。"郭店簡中的"樂"除了指音樂外,還指道德修養的一種境界。《論語·學而》:"有朋子遠方來,不亦樂乎?"《廣韻·鐸部》:"樂,喜樂。"《曾子大孝》此句"樂"承接上文踐行仁、義、忠、信等行爲後,是指道德修養達到一定程度後内心的和樂狀態。

[7] 夫孝者,天下之大經也。

《禮記·祭義》無此句。王聘珍曰:"《孝經》曰:'夫孝,天地之經,而民實則之。'"②戴禮曰:"《孝經》曰:夫孝,天之經也,地之義也,民之行也。"③阮元説:"仁義忠信禮行强皆本乎孝,故曰大經。"④上博簡《内禮》説:"君子曰:悌,民之經也。"《曾子大孝》以孝爲天地之大經,民衆效法天道,上博簡《内禮》以悌作爲民之大經,二者在理論上並不矛盾,反而相得益彰。

[8] 父母有過,諫而不逆。

盧辯曰:"諫而不逆,當柔聲下氣也。"⑤汪照曰:"《白虎通》:'諫,間也,更也,是非相間隔,更其行也。'鄭氏曰:'諫而不逆,順而諫之也。'《論語正義》:'事父母幾諫者,幾,微也。父母有過,當微納善言以諫於父母也。見志不從,又敬不違者,見父母有不從己諫之色,則又當恭敬不敢違父母意而遂己之諫也。'"

上博簡《内禮》説:"孝而不諫,不成[孝。諫而不從,亦]不成孝。君子曰：孝子不匱(負),若(匿)在腹中,巧變,故父母安。"只孝不勸諫,不是孝,勸諫而不聽從父母之言,也不是孝。孝子不要違背父母的心志(與父母爭辨),這與《曾子大孝》"諫而不逆"含義一致。郭店簡《性自命出》:"獨處則習父兄之所樂。苟無大害,少枉入之可也,已則勿復言也。""苟無大害"上承"獨處則習父兄之所樂"一句,因此"無大害"應是指父兄的言行。如果父兄的言行没有大的害處,稍微出格也不要緊,事情過去就不要再提及。《性自命出》"已則勿復言也"與"諫而不逆"頗有相近之處。

---

① 王聘珍《大戴禮記解詁》,83 頁。
② 王聘珍《大戴禮記解詁》,84 頁。
③ 方向東《大戴禮記匯校集解》,507 頁。
④ 阮元注釋《曾子十篇》,37～38 頁。
⑤ 盧辯注,孔廣森補《大戴禮記補注》,53 頁。

[9] 吾聞之曾子，曾子聞諸夫子曰：“天之所生，地之所養，人爲大矣。”

郭店簡《語叢一》：“天生百物，人爲貴。”《玉篇·背部》：“貴，高也，尊也。”《孝經·聖治章》説：“天地之性人爲貴，人之行莫大於孝。”《孝經》説“人爲貴”，《曾子大孝》説“人爲大”，郭店簡《語叢一》説“人爲貴”，含義相同，都是對人爲萬物之靈的尊崇。《曾子大孝》“人爲大矣”，《禮記·祭義》作“無人爲大”，孔穎達解釋説：“天地生養萬物之中，無如人最爲大。”孔穎達之説明顯屬於增字解經，從《曾子大孝》、郭店簡《語叢一》、《孝經》皆作“人爲大”或“人爲貴”看，我們懷疑《禮記·祭義》“無”字爲衍文。

五、《曾子立事》校釋

[1] 君子攻其惡，求其過，彊其所不能，去私欲，從事於義，可謂學矣。

盧辯曰：“攻其惡，計其失。求其過，省其身。”① 王聘珍曰：“攻，治也。惡，不善。求，索也。過，失也。惡匿於心，非攻則不去。過出於身，不求或不知。彊，勉也。私欲，情欲也。從事於義者，聞義則徙也。”②《楚辭·九章·哀郢》：“心嬋媛而傷懷兮，眇不知其所蹠。”王逸注：“其，一作余。”《曾子立事》“其”是反身代詞，指自己。曾子主張以“義”作爲標準，求得己身之過，攻除内心之惡，可證内省是曾子思想的特色。《曾子立事》：“太上不生惡，其次而能夙絶之也，其下復而能改也。”曾子雖未有性善、性惡的討論，但從這些語句看，曾子可能持有人心（性）善、有人心（性）惡的觀點。

郭店簡《性自命出》：“凡動性者，物也；逆性者，悦也；交性者，故也；厲性者，義也。”《性自命出》認爲磨礪人性的是仁義，實際是借道義除去人性中的“私欲”，這和《曾子立事》“去私欲，從事於義”接近，只是《曾子立事》用的概念是心，而《性自命出》用的概念是人性。

裘錫圭先生認爲“交性”應讀爲“節性”，以禮樂節制人性的意思③。其説可從。郭店簡《尊德義》：“君民者治民復禮，民除害智，……治民非還生而已也，不以嗜欲害其義。”《尊德義》主張通過復禮，以除民衆之私欲，以免有害於道義，和《曾子立事》“去私欲，從事於義”也很相似，不同的是郭店簡《尊德義》是指國君教化民衆，而《曾子立事》、郭店簡《性自命出》是指個人修學進德。《説苑·談叢》説“無以所好害身，無以嗜欲妨生”，也與《曾子立

① 盧辯注，孔廣森補《大戴禮記補注》，45 頁。
② 王聘珍《大戴禮記解詁》，69 頁。
③ 裘錫圭《中國出土古文獻十講》，261～262 頁。

事》“去私欲”較爲接近。

[2] 日旦就業,夕而自省,思以殁其身,亦可謂守業矣。

孫詒讓説:“孫校云:‘疑省字句,思字屬下讀。’趙校云:《文選·風賦》注引作‘君子旦就業,夕而自省也’。孫讀是。案:阮元《曾子注釋》讀同。案‘思’疑是衍文,後《制言中》篇亦云:‘日旦就業,夕而自省,以殁其身。’無‘思’字,可證。”①對於“思”字,有兩種説法:一是認爲是衍文,一認爲當從下讀,孫詒讓以《曾子制言中》爲例,證明“思”爲衍文,但魏徵《群書治要》、汪晫《曾子全書》皆作“日旦就業,夕而自省,思以殁其身”,我們認爲兩説都講得通。

《論語·述而》記載曾子説:“吾日三省吾身,爲人謀而不忠乎?與朋友交而不信乎?傳不習乎?”曾子主張時時反求諸己,處處反躬自省,這種求己内省的思想在郭店簡中有多處表現。《成之聞之》説:“是故君子之求諸己也深,不求諸其本而攻諸其末,弗得矣。是[故]君子之於言也,非從末流者之貴,窮源反本者之貴。”又説:“古之用民者,求之於己爲恒。”《性自命出》云:“聞道反己,修身者也。”《窮達以時》:“故君子敦於反己。”郭店儒簡非常注重反己修身,要求君子深層次的反求諸己,不反思内心而務於外在行爲的枝節,不能提高自己的道德修養。對仁義的不倦追求見於帛書《繆和》:“君子於仁義之道也,雖弗身能,豈能已哉?日夜不休,終身不卷(倦),日日載載(孜孜),必成而後止。”《繆和》記載君子追求仁義“日夜不休,終身不卷(倦)”,正與《曾子立事》“日旦就業,夕而自省,思以殁其身”同。

[3] 君子既學之,患其不博也;既博之,患其不習也;既習之,患其無知也;既知之,患其不能行也;既能行之,貴其能讓也。

王聘珍曰:“博,廣也。習,温習也。《論語》曰:‘君子博學於文。’又曰:‘學而時習之。’知,謂心知其義也。《論語》曰:‘温故而知新。’行,謂身體其事也。推賢尚善曰讓。”②由博學到習、知、行、讓,可知曾子治學順序井然。

[4] 君子博學而孱守之,微言而篤行之。

盧辯曰:“孱,小貌,不務大。”③王聘珍曰:“微,少;篤,厚也。”④君子要

---

①　孫詒讓《大戴禮記斠補》,200 頁。

②　王聘珍《大戴禮記解詁》,70 頁。

③　盧辯注,孔廣森補《大戴禮記補注》,53 頁。

④　王聘珍《大戴禮記解詁》,70 頁。

博學守約,篤行慎言。以上兩條都是講博學,君子博學在郭店簡、上博簡中多見。郭店簡《緇衣》:"故君子多聞,質而守之;多志,質而親之;精知,略而行之。"今本《緇衣》此句與竹簡本《緇衣》同,鄭玄注:"質,猶少也。"孔穎達疏:"'多志,質而親之'者,謂多以志意博交汎愛,亦質少而親之。'精知,略而行之'者,謂精細而知,孰慮於衆,要略而行之。此皆謂聞見雖多,執守簡要也。"《緇衣》認爲君子要多聞多記,精知慎行,在治學上《曾子立事》和郭店簡《緇衣》有着同樣的要求。上博簡《弟子問》:"寡聞則孤,寡見則肆。"《穀梁傳》莊公二十二年:"肆,失也。"寡聞寡見則有所失,上博簡《弟子問》從反面强調了博學多見的重要性。

[5] 行必先人,言必後人,君子終身守此悁悁。

盧辯曰:"君子欲訥於言而敏於行。"① 王聘珍曰:"必先必後者,《論語》曰'敏於事而慎於言'也。悁悁,不舒之貌。"② 曾子主張先言後行,終生守此不變。郭店簡《緇衣》:"言從行之,則行不可匿。故君子顧言而行,以成其信。"今本《緇衣》作"言從而行之,則言不可飾也,行從而言之,則行不可飾也,故君子寡言以行,以成其信。"我們懷疑郭店簡《緇衣》有衍文,今本《緇衣》認爲説了就要去做,則人的言語無法掩飾,做了接着就説,則行爲不能掩飾。在言行一致、寡言慎行方面,《曾子立事》和《緇衣》有着相似的要求。

[6] 君子慮勝氣,思而後動,論而後行。

盧辯曰:"君子慮勝氣,血氣勝則害身。"③ 王聘珍曰:"慮,謀思也。勝,克也。氣,謂血氣。"④ 戴禮曰:"思而後動,慮而後行,《論語》曰:'三思而後行。'"⑤慮,指思慮,是内心的活動。思慮勝於血氣,三思而後行,《曾子立事》已經出現了心統性情的萌芽。郭店簡《性自命出》説:"凡人雖有性,心弗取不出。"認爲人性要受心的制約。郭店簡《五行》説:"耳目鼻口手足六者,心之役也。心曰唯,莫敢不唯;[心曰]諾,莫敢不諾;[心曰]進,莫敢不進;[心曰]後,莫敢不後;[心曰]深,莫敢不深;[心曰]淺,莫敢不淺。"在《五行》中,心爲大體,居於主導地位,耳、目、鼻、口、手、足爲小體,處於從屬地位,《曾子立事》的心性論得到進一步引申和發展。

① 盧辯注,孔廣森補《大戴禮記補注》,45 頁。
② 王聘珍《大戴禮記解詁》,70 頁。
③ 盧辯注,孔廣森補《大戴禮記補注》,46 頁。
④ 王聘珍《大戴禮記解詁》,71 頁。
⑤ 方向東《大戴禮記匯校集解》,428 頁。

[7] 行必思言之，言之必思復之，思復之必思無悔言，亦可謂慎矣。

盧辯曰："行必思言之，貴其可談言，言之必思復之。《論語》曰：'信近於義，言可復也。'思復之，必思無悔言，思唯可復。"①王聘珍曰："信近於義，言可復也。此言君子之慎思也。"②《曾子立事》認爲做事必思可以言説，言説必思可以實現，君子要慎言慎行。郭店簡《緇衣》："可言不可行，君子弗言；可行不可言，君子弗行，則民言不危行，[行]不危言。"可以言説卻不可以做，君子不説，可以做卻不可以言説，君子不説，這樣可以避免言行過頭。

郭店簡《緇衣》又説："君子道人以言，而恒以行。故言則慮其所終，行則稽其所敝，則民慎於言而謹於行。"今本《緇衣》孔穎達疏："'道人以言'者，在上君子誘道在下以善言，使有信也。'而禁人以行'者，禁，猶謹也，言禁約謹慎人以行，使行顧言也。'故言必慮其所終'者，謂初出言之時，必思慮其此言得終末，可恒行以否。'而行必稽其所敝'者，稽，考也。言欲行之時，必須先考校此行至終敝之時，無損壞以否。"③簡本《緇衣》與今本《緇衣》用詞稍有不同，但句意一致是很明顯的，都主張君子以善言教化民衆，自己的行爲必須持之以恒，言行必須考慮到結果，這樣民衆就會謹言慎行。言行兼顧、慎言慎行是《曾子立事》和郭店簡反復強調的話題。

上博簡《弟子問》："求爲之言，有夫言也，求爲之行，言行相近，然後君子。"上博簡《弟子問》竹簡殘斷，但由下文可知此句上文闕"有夫行也"一句，《弟子問》説做事要能言説，言説要考慮到能否踐行，言行一致，才是君子，和《曾子立事》句意一致。

[8] 人信其言，從之以行；人信其行，從之以復；復宜其類，類宜其年，亦可謂外內合矣。

對於"類宜其年"的年字，學者有兩種意見，一是王樹枏説："閣本作'言'。"④二是認爲年字不誤，阮元曰："盧注引《詩》'樂只君子，萬壽無期'，則周時盧所見本是'年'字，閣本誤也。"⑤孔廣森曰："人信君子之言者，以其言之必從而行之也。人信君子之行者，以其今日行之，明日復行之，而

---

① 　盧辯注，孔廣森補《大戴禮記補注》，46頁。
② 　王聘珍《大戴禮記解詁》，71頁。
③ 　阮元校刻《十三經注疏·禮記正義》，1648頁。
④ 　王樹枏《校正孔氏大戴禮記補注》，100頁。
⑤ 　阮元注釋《曾子十篇》，7頁。

前後相類也。久而驗之,至於積年,所行無弗類者,可謂外内合一,無虛假矣。"①

《大戴禮記·文王官人》説:"言行不類,終始相悖,陰陽克易,外内不合,雖有隱節見行,曰非誠質也。"王聘珍注曰:"類,似也。不類者,言不顧行,行不顧言也。"②《大戴禮記·文王官人》説"言行不類",則"外内不合",是從反面説言行不一致,《曾子立事》"復宜其類,類宜其年"是從正面説人要言行一致,才"可謂外内合",雖然二者内容相反,但都説的是言行之間的關係,因此《曾子立事》"類宜其年"的"年"字,應爲"言"字③。

《曾子立事》此句注重的是言行相類,内外相合。郭店簡《五行》説:"仁形於内謂之德之行,不形於内謂之行。義形於内謂之德之行,不形於内謂之行。禮形於内謂之德之行,不形於内謂之[行。智形]於内謂之德之行,不形於内謂之行。聖形於内謂之德之行,不形於内謂之(德之)行。"《五行》主張仁、義、禮、智、聖由外在的道德行爲内化爲道德品質,説"五行皆形於内而時行之,謂之君[子]",又説有德者自然能做到金聲玉振,其理論體系雖比《曾子立事》複雜,但由行爲踐履到身心合於善道,再到言爲心聲、内外一致,二者的成德路徑是相近的。

郭店簡《緇衣》説:"言從行之,則行不可匿。故君子顧言而行,以成其信,則民不得大其美而小其惡。"國君言行一致,成就自己的信德,民衆就不能誇大自己的優點,而隱藏自己的缺點。郭店簡和《曾子立事》最明顯的不同是郭店簡始終以國君、長民者爲核心,强調提升國君的道德,進而教化百姓,而《曾子立事》强調的重點在士人修身進德。

[9] 君子不先人以惡,不疑人以不信。

盧辯曰:"謂不億不信,不逆詐。"④《論語·先進》記載孔子説:"回也其庶乎,屢空。賜不受命,而貨殖焉,億則屢中。"邢昺疏:"億,度也。"郭店簡《緇衣》:"君不疑其臣,臣不惑於君。"《曾子立事》和郭店簡《緇衣》都主張人與人之間相互信任,但《曾子立事》談的是個人修養,郭店簡《緇衣》是説君臣之間不互相疑忌。

---

① 盧辯注,孔廣森補《大戴禮記補注》,46 頁。
② 王聘珍《大戴禮記解詁》,194 頁。
③ 《管子·形勢》篇:"言而不可復者,君不言也;行而不可再者,君不行也。凡言而不可復,行而不可再者,有國者之大禁也。"其内容與《大戴禮記·文王官人》略同,也可與之參證。
④ 盧辯注,孔廣森補《大戴禮記補注》,46 頁。

[10] 存往者,在來者,朝有過夕改則與之,夕有過朝改則與之。

盧辯曰:"在,猶存也。"①汪中曰:"胡玱案'在'當訓察。"②孔廣森曰:"按《爾雅》'存'、'在'皆察也。察人往行來行,知其過改否。"③王聘珍曰:"存,恤也。在,察也。與,許也。往者之過則恤之,來者之善則許之。"④王念孫也將存、在訓爲察(《讀書雜志·荀子第一》"自存"條)。盧辯將"在"訓爲存,王聘珍將"存"訓爲恤,其他學者將"存"、"在"皆訓爲察。《尚書·堯典》:"在璇璣玉衡,以齊七政。"《孔傳》說:"在,察也。"《逸周書·大聚解》"王親在之",《箋》、《注》並云:"在,察也。"在,當訓爲察,汪中等說法可信。《論語·八佾》:"成事不說,遂事不諫,既往不咎。"此句句意爲:以往的過錯不再追究,重在觀察將來的表現,君子稱許的是知錯就改。

郭店簡《成之聞之》:"君子曰:從允釋過,則先者除,來者信。"《爾雅·釋詁上》:"允,信。"誠心悔過,以往過錯的危害就會消除,將來才能使人信任。《曾子立事》和郭店簡《成之聞之》都主張既往不咎,鼓勵人改過向善。

[11] 君子義則有常,善則有鄰。

盧辯曰:"德不孤。"⑤汪照曰:"《晏子》:'君子居必擇鄰,游必就士,所以避患也。'"王聘珍曰:"《說文》云:'義,己之威儀也。'鄰,親也。"⑥阮元說:"有常,無變更也。"⑦義,通"儀",王聘珍引《說文》之說可信。《國語·越語下》:"無忘國常。"韋昭注:"常,舊法。"此句"常"指常規、常法。"善則有鄰",即《論語·里仁》"德不孤,必有鄰"之意。郭店簡《緇衣》:"長民者,衣服不改,從容有常,則民德一。"今本《緇衣》孔穎達疏曰:"'從容有常'者,從容,謂舉動有其常度。'則民德一'者,一,謂齊一,則萬人之德,皆齊一不參差。"與《曾子立事》含義相同。

[12] 不服華色之服,不稱懼惕之言。

盧辯曰:"服法服。"⑧王聘珍曰:"華者,猶榮華,容色之異也。稱,揚也。

① 盧辯注,孔廣森補《大戴禮記補注》,46 頁。
② 參方向東《大戴禮記匯校集解》,436 頁。
③ 盧辯注,孔廣森補《大戴禮記補注》,46 頁。
④ 王聘珍《大戴禮記解詁》,72 頁。
⑤ 盧辯注,孔廣森補《大戴禮記補注》,46 頁。
⑥ 王聘珍《大戴禮記解詁》,72 頁。
⑦ 阮元注釋《曾子十篇》,10 頁。
⑧ 盧辯注,孔廣森補《大戴禮記補注》,47 頁。

恐懼怵惕之言,悚人聽聞者。"①戴禮曰:"《孝經》曰:'非先王之法服不敢服,非先王之法言不敢言。'"②《曾子立事》主張不穿華裝異服,不説聳人聽聞的話。郭店簡《緇衣》引《詩》云:"淑慎爾止,不愆于儀。"今本《緇衣》孔穎達疏:"言爲君之法當善,謹慎女之容止,不愆過於禮之容儀,言當守道以自居。"郭店簡《緇衣》與今本《緇衣》語義同,即强調君子要謹慎自己的行爲,不要在禮儀上出差錯。從此句和上句看,《曾子立事》和郭店簡《緇衣》在君子言行方面都有嚴格的要求。

[13] 可言而不信,寧無言也。

王聘珍曰:"不信,謂無徵不信也。"③可以言説但不可信,君子寧可無言。郭店簡《緇衣》:"子曰:可言也,不可行,君子弗言也。"上博簡《從政》:"聞之曰:'可言而不可行,君子不言;可行而不可言,君子不行。"郭店簡《緇衣》、上博簡《從政》主張可以言説而不可踐行,君子寧可無言,與《曾子立事》句意一致。

[14] 君子不唱流言,不折辭。

盧辯曰:"不折辭,言不苟折窮人辭也。"④王聘珍曰:"折,挫也。"⑤王樹柟曰:"《戴氏文集》云:'唱當作倡。'"⑥流言,無根之言。郭店簡《緇衣》:"故大人不倡流。"上博簡《從政》:"君子不以流言傷人。"《曾子》十篇中多次强調不要倡説流言,郭店簡《緇衣》、上博簡《從政》皆反對流言。

[15] 不陳人以其所能。

王聘珍曰:"陳人,陳説於人也。能,謂己之功能。"⑦戴禮曰:"不於人前陳説己能也。"⑧郭店簡《緇衣》:"臣事君,言其所不能,不辭其所能,則君不勞。"臣事君,説自己不能的事,而不推辭自己能做的事,那麼國君就不會憂勞。《曾子立事》和郭店簡《緇衣》都主張不在人前陳説己能。

[16] 言必有主,行必有法。

盧辯曰:"行必有法,依前言往行也。"⑨王聘珍曰:"主,本也。法,

①　王聘珍《大戴禮記解詁》,73 頁。
②　方向東《大戴禮記匯校集解》,441 頁。
③　王聘珍《大戴禮記解詁》,73 頁。
④　盧辯注,孔廣森補《大戴禮記補注》,47 頁。
⑤　王聘珍《大戴禮記解詁》,74 頁。
⑥　王樹柟《校正孔氏大戴禮記補注》,103 頁。
⑦　王聘珍《大戴禮記解詁》,74 頁。
⑧　方向東《大戴禮記匯校集解》,445 頁。
⑨　盧辯注,孔廣森補《大戴禮記補注》,47 頁。

常也。"①《曾子立事》主張説話要有本,行爲要有常。郭店簡《成之聞之》:"是[故]君子之於言也,非從末流者之貴,窮源反本者之貴。"郭店簡《成之聞之》認爲君子言説不重末流枝節,而以窮源反本爲貴。郭店簡《成之聞之》説:"是故君子求諸己也深,不求諸其本而攻諸其末,弗得矣。"《曾子立事》與郭店簡《成之聞之》所説的本均是指己身。

[17] 親人必有方。

盧辯曰:"方,猶常也。"②王聘珍曰:"親,近也。方,道也。"③郭店簡《緇衣》:"大人不親其所賢,而信其所賤,教此以失,民此以煩。"今本《緇衣》孔穎達疏:"'不親其所賢,而信其所賤'者,謂在上不任其所賢有德之人,而信用其所賤無德者,'民是以親失'者,言以此化民,民效於上,失其所當親,惟親愛群小也。'而教是以煩'者,言群小被親,既無一德,政教所以煩亂也。"④《曾子立事》所説的"親人有方"是説親人要有正確的方法,郭店簡《緇衣》説親近賢人,不信任賤人,正是"親人有方"。郭店簡《緇衣》又説:"唯君子能好其匹,小人豈能好其匹。故君子之友也有向,其惡有方。"《廣韻·質韻》:"匹,偶也。"《廣雅·釋詁一》:"匹,輩也。"郭店簡《緇衣》"君子好其匹"、"君子交友有向",與《曾子立事》"親人有方"同義。

[18] 博學而無方,好多而無定者,君子弗與也。

孔廣森曰:"多知而無親,知,所知也。言泛愛衆而不能親仁。"⑤王聘珍曰:"無方,謂無常也。定,猶成也。"⑥此句意思是博學而取捨無定,愛好廣泛而無所成就,君子不這樣做。郭店簡《緇衣》:"故君子多聞,質而守之;多志,質而親之;精知,略而行之。"《曾子立事》和郭店簡《緇衣》都主張博學而有所選擇,廣泛涉獵而有所選擇,下句"君子多知而擇焉"也可證明這一點。

[19] 君子多知而擇焉,博學而算焉,多言而慎焉。

孔廣森曰:"算,選也。"⑦王聘珍曰:"《爾雅》曰:'算,數也。'"⑧由"多知而擇焉"可知孔廣森之説較佳。"多言而慎"是説君子出言要謹慎,《曾子

---

① 王聘珍《大戴禮記解詁》,74 頁。
② 盧辯注,孔廣森補《大戴禮記補注》,47 頁。
③ 王聘珍《大戴禮記解詁》,74 頁。
④ 阮元校刻《十三經注疏·禮記正義》,1649 頁。
⑤ 盧辯注,孔廣森補《大戴禮記補注》,47 頁。
⑥ 王聘珍《大戴禮記解詁》,74 頁。
⑦ 盧辯注,孔廣森補《大戴禮記補注》,47 頁。
⑧ 王聘珍《大戴禮記解詁》,74 頁。

立事》多次强調這一點,郭店簡《緇衣》引《詩》:"慎爾出話,敬爾威儀。"《緇衣》又説:"言則慮其所終,行則稽其所敝,則民慎於言而謹於行。"郭店簡《緇衣》主張言語、行爲謹慎,與《曾子立事》相近。

[20] 巧言令色,能小行而篤,難於仁矣。

如何斷句,是校勘此句的難點。俞樾説"篤難"三字甚爲不辭,孔注非也,"而"字疑"不"字之誤,兩字隸書相似,《論語·雍也》篇"而有宋朝之美",《朱子或問》引虞氏説曰:"而字疑爲不字。"此經本作"巧言令色能小行不篤",能、而古通用,謂巧言令色而小行不篤也,故曰難於仁矣①。孫詒讓説:"丁校云:'似篤字絶句。'許宗彥校云:文瀾閣宋人集《曾子》本作'巧言而無能小行而篤'。案:丁讀是也。此當以'小行而篤'四字句,'能'字蓋衍文,阮從閣本亦非是。"②王樹枬曰:"今案(孔、阮)二説皆非也,本作'巧言令色,小行能篤於仁,難矣乎','巧言令色'句,'小行能篤於仁'句,'難矣乎'句。"③

文瀾閣宋人集《曾子》本作"巧言而無能小行而篤",啓發我們應在篤字後讀斷。《論語·陽貨》説:"巧言令色,鮮矣仁。"戴禮曰:"小行,即子夏所言致遠恐泥之小道。"④"能小行而篤"是説篤於小行而忘卻大道,所以難以稱爲仁。此句似可斷爲"巧言令色,能小行而篤,難於仁矣"。俞樾認爲"而"字疑"不"字之誤,孫詒讓認爲"能"字爲衍文,都涉及改動《曾子立事》文本,所以我們未採信他們的説法。

郭店簡《性自命出》:"人之巧言利辭者,不有夫詘詘之心則流。"詘,通拙,質樸。《性自命出》認爲人巧言辭令,没有質樸守拙之心,就會流於虛浮。上博簡《弟子問》:"巧言令色,未可謂仁也。"郭店簡《性自命出》、上博簡《弟子問》和《曾子立事》一樣,都反對巧言令色。

[21] 臨事而不敬,居喪而不哀,祭祀而不畏,朝廷而不恭,則吾無由知之矣。

盧辯曰:"不敬,惰於從事。不畏,不畏其神。"⑤王聘珍曰:"畏,敬也。恭,肅也。"⑥戴禮曰:"無由知,謂不忠不孝不敬不畏者人心已盡失矣,故不

---

① 方向東《大戴禮記匯校集解》,451 頁。
② 孫詒讓《大戴禮記斠補》,201～202 頁。
③ 王樹枬《校正孔氏大戴禮記補注》,105 頁。
④ 方向東《大戴禮記匯校集解》,452 頁。
⑤ 盧辯注,孔廣森補《大戴禮記補注》,47 頁。
⑥ 王聘珍《大戴禮記解詁》,75 頁。

知亂伊胡底也。"①《曾子立事》認爲臨事必須不懈怠,居喪必須哀戚,祭祀必須心存畏懼,行朝廷之禮必須恭敬。正如戴禮所説,這裏强調的是内心的忠孝敬畏之情。《論語·八佾》孔子曰:"居上不寬,爲禮不敬,臨喪不哀,吾何以觀之哉?"郭店簡《性自命出》:"賓客之禮必有夫齊齊之容,祭祀之禮必有夫齊齊之敬,居喪必有夫戀戀之哀。"從《論語》到《曾子立事》、郭店簡《性自命出》,對行禮時内心誠摯之情的要求是一致的。

[22] 慕善人而不與焉,辱也。

王聘珍曰:"與,及也。"②《曾子立事》認爲,見善人而不知向善人學習是一種恥辱。上博簡《從政》:"君子聞善言,以改其言;見善行,納其身安(焉),可謂學矣。"郭店簡《五行》:"見賢人,明也。見而知之,智也。知而安之,仁也。"《曾子立事》、上博簡《從政》及郭店簡《五行》都主張學習善人的嘉言善行,以提高自己的道德修養。

[23] 喜怒異慮,惑也。

戴禮説:"惑,謂盲無定見。"③王聘珍注曰:"慮,思也。異慮者,逐物而遷,不與心謀也。"④《曾子立事》主張人的困惑,來自喜怒之情與心思的脱節。心統性情的理路在郭店簡中有多處體現,郭店簡《性自命出》説:"凡人雖有性,心無定志,待物而後作,待悦而後行,待習而後定。……[凡人]雖有性,心弗取不出,凡心有志也,無與不[可]。"郭店簡《性自命出》强調人雖有性情,但心不取,人性不會萌發。如果"心無定志",就會隨波逐流,反之,心有定志,那麽行爲無不適合。《曾子立事》"喜怒異慮,惑也"正是指《性自命出》"心無定志"的情形。

[24] 不能行而言之,誣也。

王聘珍説:"誣,欺也。"⑤《曾子立事》認爲不能踐行而信口言説,是欺騙。郭店簡《緇衣》:"可言不可行,君子弗言;可行不可言,君子弗行。"郭店簡《緇衣》認爲可以言説,但不能實行,寧可不説。在上文我們已多次舉例,在言行關係上,《曾子立事》與郭店簡《緇衣》非常接近。

①　方向東《大戴禮記匯校集解》,455 頁。
②　王聘珍《大戴禮記解詁》,76 頁。
③　方向東《大戴禮記匯校集解》,458 頁。
④　王聘珍《大戴禮記解詁》,76 頁。
⑤　王聘珍《大戴禮記解詁》,76 頁。

[25] 故目者,心之浮也,言者,行之指也,作於中則播於外也。

盧辯曰:"心行見於言目也。"①王聘珍曰:"浮,孚也。指,示也。作,動也。播,揚也。"②戴禮曰:"《孟子》曰:'胸中正則眸子瞭焉。'《中庸》曰:'誠於中而形於外。'"③《曾子立事》主張眼睛和語言分別是心靈和行爲的標識,人内心真摯的感情自然會表現爲外在的行爲。郭店簡《成之聞之》:"形於中,發於色,其誠也固矣④,民孰弗信?"真摯之情在内心形成,在容貌上展現出來,這種誠信恒久持續,民衆誰不信服?《曾子立事》和郭店簡《成之聞之》都認爲人内在的真摯之情,可以與外在行爲相互貫通。

[26] 故曰:以其見者,占其隱者。故曰:聽其言也,可以知其所好矣。觀説之流,可以知其術也。

盧辯曰:"隱者,謂心、目也。流,謂部分。術,心術也。"⑤王聘珍曰:"占,視也。"⑥戴禮曰:"見謂言、目,隱謂心事。"⑦"見"指可以看到的眼神、行爲等,"隱"指看不見的心術。《曾子立事》認爲通過外在的眼神、行爲,可以直視人的心靈。這種内外貫通的理路在郭店簡也存在,郭店簡《性自命出》:"[不]過十舉,其心必在焉,察其見者,情安失哉?"人做了某種行爲十次,他的心術必然蘊藏在裏面,細察可以看見的外在行爲,自然能獲知人内在的真情。郭店簡《緇衣》:"苟有車,必見其轍;苟有衣,必見其敝;人苟有言,必聞其聲;苟有行,必見其成。"王引之《經義述聞》:"敝,衣袂也。"⑧如果有車,一定會看見車蓋;如果有衣服,一定會看見衣袖;人如果説話,一定會聽到聲音;人篤守踐行,一定會見其結果。郭店簡《緇衣》用比喻的方式,説明内在心靈可以與外在行爲相互貫通。

[27] 君子之於不善也,身勿爲能也,色勿爲不可能也;色也勿爲可能也,心思勿爲不可能也。

王樹枬曰:"身勿爲能也,《群書治要》'能'上有'可'字,與下文一律,阮

---

① 盧辯注,孔廣森補《大戴禮記補注》,48 頁。
② 王聘珍《大戴禮記解詁》,76 頁。
③ 方向東《大戴禮記匯校集解》,462 頁。
④ 誠字,有學者認爲從字形上當讀爲"審",尚無確證,此處暫從李零先生讀。參李零《郭店楚簡校讀記(增訂本)》,中國人民大學出版社,2007 年,164~165 頁。
⑤ 盧辯注,孔廣森補《大戴禮記補注》,48 頁。
⑥ 王聘珍《大戴禮記解詁》,76 頁。
⑦ 方向東《大戴禮記匯校集解》,462 頁。
⑧ 王引之《經義述聞》,389 頁。

本從之，今據增。色也勿爲可能也，蔡本、馬本‘色’下無‘也’字。……心思勿爲不可能也，《群書治要》無思字，思字蓋衍，今據删。”①王樹枏據《群書治要》校勘《曾子立事》，指出“身勿爲能也”中能字上當有“可”字，“心思勿爲不可能也”中“思”字爲衍文，其説可從。

孔廣森曰：“言君子之屏去不善，無所勉强於心色之間，是人所難能也。”②王聘珍曰：“勿者，禁止之辭。爲，作也。能之爲言耐也。言人於不善，雖强制於外，而不可强制於中也。故爲學必克己復禮，而觀人必察其所安。”③《曾子立事》認爲和外在的行、色相比，不勉强於心志最爲重要。《性自命出》：“凡學者求其心爲難，從其所爲，近得之矣。”《性自命出》認爲和外在的行爲相比，獲知其心術更難，因此它强調修身貴在修心。

[28] 是故爲善必自内始也。内人怨之，雖外人亦不能立也。

王聘珍曰：“内謂之家。怨，恨也。《論語》曰：‘在邦無怨，在家無怨。’外人，邦人也。立，涖也。”④“内”常被解釋爲内心，由内人、外人看，王聘珍將“内”釋爲家是没有問題的。《曾子立孝》：“是故未有君而忠臣可知者，孝子之謂也。”曾子修身自齊家始，由家族内到家族外，先作孝子，後作忠臣，注重的是由不可選擇的血緣關係向可選擇的非血緣關係的外推。

郭店簡《六德》説“爲父絶君，不爲君絶父。爲昆弟絶妻，不爲妻絶昆弟”，前三字寫作“　”，中間没横，第四字寫作“　”。絶，《説文》曰：“斷絲也。”《説文》古文作“　”。繼，《説文》：“續也。”《説文》小篆作“　”。在《説文》中繼與絶的區别是明顯的，但在楚文字中二者字形相近，不好區别，於是《六德》此句引起了學者激烈的争論。彭林認爲“絶”與先秦禮書中的“絶服”相當，“爲父絶君”意爲當父喪與君喪同時發生時，應服父喪而絶君之喪服⑤。魏啓鵬把“絶”字應改釋爲“繼”，認爲“爲父繼君，不爲君繼父”是指父喪與君喪並見時，應當使爲君所著喪服次於爲父所着喪服，以父喪重於君喪，體現父子之恩重於君臣之義⑥。

---

① 王樹枏《校正孔氏大戴禮記補注》，109 頁。
② 盧辯注，孔廣森補《大戴禮記補注》，49 頁。
③ 王聘珍《大戴禮記解詁》，77 頁。
④ 王聘珍《大戴禮記解詁》，78 頁。
⑤ 彭林《再論郭店簡〈六德〉“爲父絶君”及相關問題》，《中國哲學史》2001 年第 2 期，97～102 頁。
⑥ 魏啓鵬《釋〈六德〉“爲父繼君”——兼答彭林先生》，《中國哲學史》2001 年第 2 期，103～106 頁。

《禮記·檀弓上》:"事君有犯而無隱,左右就養有方,服勤至死,方喪三年。"鄭玄注:"方喪,資於事父也。"《正義》曰:"方謂比方也,謂比方父喪禮以喪君,故云'資於事父'。資,取也。取事父之喪禮以喪君,但居處飲食同耳,不能戚容稱其服。"孔穎達主張爲父服喪三年,君喪應參照父喪,也是三年。"資於事父以事君"正是《六德》爲父絕君的含義,因此"爲父絕君"的絕字應讀爲"繼"。

《六德》説:"疏斬布絰杖,爲父也,爲君亦然。"《六德》認爲君喪和父喪的喪服標準是一樣的①,父喪和君喪的服飾並無差别,當然更不存在父喪與君喪的衝突。《六德》"爲父繼君,不爲君繼父",指的是宗族外的君喪服飾的標準,應參照宗族內父喪的標準執行,即資於事父以事君,突出的是由宗族內向宗族外的外推。郭店簡《五行》:"愛父,其繼愛人,仁也。"帛書《五行》説解釋爲"愛父,其殺愛人,仁也,言愛父而後及人也",認爲愛父是愛他人的前提,郭店簡《六德》、《五行》和《曾子立事》外推的路向都是由家族內指向家族外。

[29] 先憂事者後樂事,先樂事者後憂事。

戴禮曰:"《論語》云:'先難而後獲。'又曰:'人無遠慮,必有近憂。'"②戴禮用"先難後獲"來解釋此句是比較貼切的,《性自命出》:"凡憂患之事欲任,樂事欲後。"憂患之事要勇於承擔,享樂之事則置於身後,即《曾子立事》"先憂事者後樂事"之義。

六、《曾子制言上》校釋

[1] 此禮也,行之則行也,立之則義也。

"行之則行也"的後一個行字,汪中曰:"朱彬案:行之則行也,下'行'字疑是'仁'字。"③王樹柟曰:"朱説是,下文故士執仁與義,正承此言。"④汪中、王樹柟認爲行字爲仁字之誤,而孔廣森、王聘珍等不同意這種説法,孔廣森曰:"夫行則行,謂行去聲。"⑤阮元贊成其説。王聘珍曰:"行之,謂行於身

---

① 陳偉先生認爲"疏斬布絰杖"是爲君而設,用於君乃是比附而致。參陳偉《郭店竹書別釋》,湖北教育出版社,2003 年,126 頁。
② 方向東《大戴禮記匯校集解》,472 頁。
③ 方向東《大戴禮記匯校集解》,531 頁。
④ 王樹柟《校正孔氏大戴禮記補注》,125 頁。
⑤ 盧辯注,孔廣森補《大戴禮記補注》,57 頁。

也。則行者,謂爲德行也。"①王聘珍認爲後"行"字應解釋爲德行。

郭店簡《五行》説:"禮形於内謂之德之行,不形於内謂之[行]。"外在踐行禮儀的行爲會内化爲人内在的德行,"行之則行也"前"行"字爲動詞,後"行"字爲名詞,和郭店簡《五行》"德之行"相當,王聘珍之説可從。汪中認爲"行"字應作"仁"字,根據是行字與下句"立之則義"的義字對應,但這種説法涉及《曾子制言上》的文本改動,而且汪中之説没有版本依據,故暫不從其説。

[2] 若由富貴興道者與貧賤,吾恐其或失也。

"吾恐其或失也"的或字,不好理解,盧辯曰:"或,猶惑也。"②王樹枏曰:"今案或、惑通字,盧注是。或失與贏驕對文。"③盧辯、王樹枏認爲或通惑,意爲迷惑。阮元説:"或失,謂或不能自守,盧注或爲惑,今不從。"④阮元認爲盧辯之説不可信。方向東引《説文》段注"漢人多以'有'釋'或'",認爲"或"等同於"有"⑤。

筆者認爲,方向東之説可從。郭店簡《性自命出》:"仁,性之方也,性或生之。"不表示或許、或者之意,認爲"人性有時生仁、有時不生仁"的説法是錯誤的,"或",等同於"有"⑥,虚詞。郭店簡《性自命出》"性或生之"意爲"性生之",《曾子制言上》"吾恐其或失也"意爲"吾恐其有失也"。《曾子制言上》又説:"弟子無曰:'不我知也。'鄙夫鄙婦相會於廧陰,可謂密矣,明日則或揚其言矣。"不是説鄙夫鄙婦之事可能張揚出去,可能張揚不出去,而是説很可能會張揚出去,所以此處的"或"不能訓爲有的人、有時,而應訓爲"有"。

[3] 故士執仁與義而明行之,未篤故也,胡爲其莫之聞也。

汪中曰:"'故士執仁與義而明行之'句絶,'明'字疑。"⑦汪中首先指出"士執仁與義而明行之"的"明"字存有疑惑,對此學者有不同的解釋。王引之曰:"'而明'二字,文不成義,當從《曾子》作'而不聞',言持守仁義而名譽不聞者,以行之未篤故也,行之篤則聞矣,故又曰'胡爲其莫之聞也'。'聞'

---

① 王聘珍《大戴禮記解詁》,89頁。
② 盧辯注,孔廣森補《大戴禮記補注》,57頁。
③ 王樹枏《校正孔氏大戴禮記補注》,125頁。
④ 阮元注釋《曾子十篇》,50頁。
⑤ 方向東《大戴禮記匯校集解》,533頁。
⑥ 王引之《經傳釋詞》,64~66頁。
⑦ 方向東《大戴禮記匯校集解》,534頁。

與'明'字形相似而訛，又脱'不'字耳。馬總《意林》引《曾子》而約其辭曰：'故云執仁與義莫不聞也。'《荀子·勸學》篇：'爲善積邪，安有不聞者乎？'可以爲證。"①

俞樾曰："此當於'行之'絕句。《諡志》篇曰：'明，孟也。'《禹貢》'孟豬'，《史記·夏本紀》作'明都'，是'明'與'孟'聲近而義通。《爾雅·釋詁》：'孟，勉也。'故士執仁與義而明行之，謂執仁與義而勉行之，此'明'字即讀如孟勉之孟。《群書治要》作'執仁與義而不聞'，此由不知'明'字之義而臆改之，不可從也。"于鬯曰："明行之者，謂必欲明示人以己執仁與義而行也，則必有惟恐人不知其執仁與義而行之意矣。……殊不知君子慎獨，所謂人不知，苟吾自知，其於仁義必無明示人以己爲執仁與義行者。以明行爲不美之辭，則文義自順矣。"②阮元説："此戒弟子無以無聞譽而自懈其修也。隱微鄙事欲人之不知尚不可能，何況持仁義之道明行於世，豈終無聞？若其無聞，行未篤也。……《治要》作'故士執仁與義而不聞行之未篤也'，案，此是魏徵删節本文之故，不可從。"③

《曾子制言上》"故士執仁與義而明行之，未篤故也"，《群書治要》作"故士執仁與義而不聞行之未篤也"，王引之以此指出當從《群書治要》改作"不聞"，俞樾主張"明"當訓爲"勉"，"明行之"即"勉行之"，于鬯强調"明行之"爲不美之辭，阮元認爲《群書治要》爲删節本，王引之以它爲據更改《曾子》十篇的做法不可信。《爾雅·釋詁下》："篤，厚也。""篤"有深厚、長久之意。《論語·雍也》記載孔子曰："回也，其心三月不違仁，其餘則日月至焉而已矣。"朱熹注曰："三月，言其久。……'日月至焉'者，或日一至焉，或月一至焉，能造其域而不能久也。"④"日月"指的是或一日，或一月，與三月相比，爲較短時間。《曾子制言上》此句的"明行之"，與《論語·雍也》"日月至焉而已矣"相近，我們懷疑這裏的"明"字，可能是日月的合文。顏回三個月不違背仁，受到孔子的稱贊，曾子認爲行仁没有聲譽的原因，在於或一日守仁，或一月守仁，時間太短，没有像顏回那樣長時間的堅持。《曾子制言上》此句與《群書治要》"故士執仁與義而不聞，行之未篤也"意思完全一致，兩個版本不存在矛盾。

---

① 王引之《經義述聞》，283 頁。
② 以上諸説，參方向東《大戴禮記匯校集解》，534～535 頁。
③ 阮元注釋《曾子十篇》，50～51 頁。
④ 朱熹《四書章句集注》，中華書局，1983 年，86 頁。

[4] 殺六畜不當，及親，吾信之矣。

王樹枏曰：“洪頤煊曰：及親，當作‘失親’。《禮記·玉藻》：‘君無故不殺牛，大夫無故不殺羊，士無故不殺犬豕。殺六畜不當其禮，則失親愛之心。’失親、失禮對言之。”①黃懷信説：“洪説是。失親，與下‘失國’相對。”②方向東認爲“‘及’疑‘反’之形誤，反親，違反事親之道，故《曾子大孝》云‘非孝’”③。

郭店簡《語叢一》説：“□□父，有親有尊，長弟，親道也。友君臣，無親也。”《語叢一》認爲父子之間有尊有親，而君臣之間有尊無親。《語叢一》又説：“君臣、朋友，其擇者也。”《語叢三》：“父無惡。君猶父也，其弗惡也，猶三軍之旌也，正也。所以異於父，君臣不相戴也，則可已；不悦，可去也；不義而加諸己，弗受也。”《語叢一》認爲君臣關係是可以選擇的，《語叢三》認爲君臣不相悦可以離去，不義的言行加諸臣，臣子可以不受，但父子異於君臣，血緣關係是不能割棄的，子女不可以棄親而去，因此“失親”之説不可信。《曾子制言上》説：“殺六畜不當，及親，吾信之矣。”戴禮曰：“非祭而殺祭物，充口腹之欲，而不敬其先，爲災及乎親矣。”④這裏“及親”是説殺六畜祭祀不以其時，辱及其親。

[5] 是故人非人不濟，馬非馬不走，土非土不高，水非水不流。

對於“人非人不濟”，阮元解釋説：“此言仁道也，仁者，人也，如人相人偶也，蓋人非人不濟，必相人偶乃成仁道，故仁者仁此者也。……仁訓本《禮記·中庸》鄭氏注。案：《中庸》‘仁者，人也’之訓最精，鄭氏注爲相人偶，乃仁字最古之義。”⑤郭店簡《緇衣》仁字寫作“🖎”，從身從心，鄭氏注“仁爲相人偶”並非仁最古之義。“人非人不濟”與下文“馬非馬不走，土非土不高，水非水不流”對應，人指的是人類，《曾子制言上》説“己先則援之，彼先則推之”，説己在前則援引別人，別人在前則推助對方，這裏“人非人不濟”正是指這種人與人之間相互援引的關係，因此不能用“仁”來解釋人。

[6] 良賈深藏如虛，君子有盛教如無。

王樹枏説：“《史記·老子列傳》云：‘吾聞之良賈深藏若虛，君子有盛

---

① 王樹枏《校正孔氏大戴禮記補注》，126 頁。
② 黃懷信等撰《大戴禮記彙校集注》，三秦出版社，2005 年，561 頁。
③ 方向東《大戴禮記匯校集解》，536 頁。
④ 方向東《大戴禮記匯校集解》，536 頁。
⑤ 阮元注釋《曾子十篇》，51 頁。

教,容貌若愚。'"①他指出此句和老子之語類似。阮元説"此老、莊之學,所以大異於孔、曾也"②,他認爲這非曾子之言。

過去我們認爲只有道家崇尚"無"的思想,上博簡《民之父母》記載孔子曰:"'三無'乎,無聲之樂,無體之禮,無服之喪。君子以此横于天下,傾耳而聽之,不可得而聞也;明目而視之,不可得而見也;而得既塞於四海矣。此之謂'三無'。"今本《禮記·孔子閒居》孔穎達疏:"'無聲之樂,無體之禮,無服之喪',此三者皆謂行之在心,外無形狀,故稱'無'也。"上博簡《民之父母》證明"無"的思想並非道家專有。尚無的思想,亦見於帛書《繆和》。帛書《繆和》説:"聖人不敢有位也,以有知爲無知也,以有能爲無能也,以有見爲無見也。"《論語·泰伯》記載曾子説:"以能問於不能,以多問於寡;有若無,實若虚,犯而不校,昔者吾友嘗從事於斯矣。""有若無,實若虚"與《曾子制言上》此句相似,皆爲曾子之言,阮元否定此句出於曾子的看法不成立。

七、《曾子制言中》校釋

[1] 直行而取禮,比説而取友。

學者對"比説"解釋的分歧較多,俞樾曰:"'比説'二字義不可曉,疑'比説'乃'宛言'二字之誤,句上又奪'不'字。直行而取禮,不宛言而取友,二句反復相明。下文曰'是以君子直言直行,不宛言而取富,不屈行而取位',是其證也。直行而取禮,則直言可知矣。不宛言而取友,則不屈行可知矣。其義蓋互見也。'宛'字下半與'比'相似,又涉上文不比譽而誤作'比'。'言'字即説字左旁,又涉下文'有説我'而誤作'説',學者又不知此兩句反復相明,遂删去'不'字,非大戴之舊矣。"于鬯曰:"此'比'字疑'北'字之誤。……上文云'不比譽而取食',則焉有比説而取友乎? 背説而取友,與上句直行而取禮正相類。"③俞樾見語義不通,就妄增"不"字,不可取。王聘珍不同意俞樾、于鬯等學者的做法,他説:"《左氏》昭二十八年《傳》曰:'擇善而從之曰比。'高注《國策》、《吕覽》並云:'説,敬也。'"④

郭店簡《性自命出》:"同方而交,以道者也。不同方而[交,以故者也]。同悦而交,以德者也。不同悦而交,以猷者也。"《字彙·比部》:"比,齊也。"

① 　王樹枏《校正孔氏大戴禮記補注》,127 頁。
② 　阮元注釋《曾子十篇》,54 頁。
③ 　以上諸説,參方向東《大戴禮記匯校集解》,554~555 頁。
④ 　王聘珍《大戴禮記解詁》,92 頁。

《詩經·小雅·六月》:"比物四驪,閑之維則。"陸德明《釋文》:"比,齊同也。"《禮記·樂記》:"鄭衛之音,亂世之音,比於慢矣。"鄭玄注曰:"比,猶同也。"《曾子制言中》"比"字當訓爲"同",説與悦通,"比悦"即郭店簡《性自命出》"同悦"。《爾雅·釋詁上》:"悦,樂也。""同悦"即志趣相同①,郭店簡《性自命出》是同悦於德,而從《曾子制言中》"吾不仁其人,雖獨也,吾弗親也"來看,此句是指同悦於仁,俞樾、于鬯之説不可信。

[2] 則此非士之罪也,有士者之羞也。

戴震認爲"則此"當作"此則",他説:"此則非士之罪也,案'此則'各本誤作'則此',今從《永樂大典》本。"②在此句之上,《曾子制言中》引《詩》云:"行有死人,尚或墐之。"王樹枏説:"盧本、阮本以上十一字爲注文,下十字爲正文,亦訂定未盡。《説苑·説叢篇》'士横道而偃,四支不掩,非士之過,有士者之羞也',正用曾子語而不引詩詞,可證是注文無疑。"③戴震本人也承認"'(盧注)手足即四支'至'尚或墐之',此二十一字各本誤作正文",孔廣森、汪中皆贊成《曾子制言中》此句引《詩》爲衍文,因此我們認爲"則此非士之罪也"的"則"字,是承接上文"天下無道,循道而行,衡塗而僨,手足不揜,四支不被","此"字代指"循道之士凍死在路旁"的情況,戴震之説不可信。

"有士者之羞也"的"士"字,王念孫認爲當作"土",他説:"有土者,猶言有國者。《史記·孔子世家》曰:'夫道之不修也,是吾醜也。夫道既已大修而不用,是有國者之醜也。'又《自序》曰:'且士賢能而不用,有國者之恥。'《鹽鐵論·國病篇》曰:'國有賢士而不用,非士之過,有國者之恥。'意並與此同。又《説苑·説叢篇》'士横道而偃,四支不掩,非士之過,有土者之羞也',此正用《曾子》語。今本'土'作'士'者,涉上句'士'字而誤耳。"④汪中曰:"盧校云當作'有土者'。順文作'有士者'正通,不必改作'土'字。"⑤王聘珍曰:"言路人尚有哀人之死者,有士者不惜其士之無罪而死,恥孰甚焉。"⑥王聘珍也主張作"有士者"⑦。

---

① 《大戴禮記·文王官人》:"合志如同方,共其憂而任其難,行忠信而不相疑,迷隱遠而不相舍,日至友者也。""同悦"與"同方"意近。
② 方向東《大戴禮記匯校集解》,560 頁。
③ 王樹枏《校正孔氏大戴禮記補注》,130 頁。
④ 王引之《經義述聞》,283~284 頁。
⑤ 方向東《大戴禮記匯校集解》,560 頁。
⑥ 王聘珍《大戴禮記解詁》,94 頁。
⑦ 王聘珍《大戴禮記解詁》,94 頁。

　　學者主張作“有士者”,主要是因爲不用改動文字,就能講得通,句意爲“這不是士人的過錯,而是有士者的過錯”,文從意順。但《曾子制言下》説:“諸侯不聽,則不干其土;聽而不賢,則不踐其朝。”這裏的“土”是指疆土,諸侯不聽士人的主張,士人可以“不干其土”、“不踐其朝”,可以自己選擇去留,諸侯是“有土者”,而不一定是“有士者”。馬王堆帛書《繆和》第三章説:“有土之君及至布衣□□□□□□□。”布衣,指的是平民,而“有土之君”和平民相對,明顯是指諸侯國君,帛書《繆和》“諸侯”寫作“有土之君”,而不作“有士之君”,因此王念孫的説法較爲可信。

八、《曾子制言下》校釋

　　[1] 曾子曰:天下有道,則君子訴然以交同。

　　對於“訴”字的解釋,學者的看法非常接近。汪照曰:“許氏慎曰:‘訴,古欣字。’《孟子》:‘終身欣然,樂而忘天下。’《樂記》:‘天地訴合,陰陽相得。’注:‘訴讀爲喜。’”王聘珍曰:“訴,樂也。”①學者分歧較多的是對“交同”的理解,王聘珍説:“交同,謂上下交而其志同也。”②戴禮曰:“訴然以交同,無所是非,謂其間也。《論語》曰:‘寧武子邦有道則知,邦無道則愚。’”③黃懷信認爲:“交同,結交同道。”④

　　郭店簡《性自命出》:“同方而交,以道者也。不同方而[交,以故者也]。同悦而交,以德者也。不同悦而交,以獻者也。”劉昕嵐主張“方”爲義理、道理之義,“同方”即同道⑤,郭沂把“方”解釋爲類⑥,陳偉指出“方”爲道理、志向,“悦”應讀爲“隧”,指路徑⑦,濮茅左認爲“同方”意爲志行同,法則同,“悦”,第六簡言“囿於其者之謂悦”,“同悦”者,以其德性相交⑧,劉釗强調同方同悦是喜好相同⑨。《禮記·儒行》“儒有合志同方,營道同術”,因此學者將“方”解釋爲志向是正確的。《性自命出》説“快於己者之謂悦”,《爾

① 王聘珍《大戴禮記解詁》,94 頁。
② 王聘珍《大戴禮記解詁》,94 頁。
③ 汪照、戴禮之説,參方向東《大戴禮記匯校集解》,567 頁。
④ 黃懷信等撰《大戴禮記彙校集注》,591 頁。
⑤ 劉昕嵐《郭店楚簡〈性自命出〉篇箋釋》,武漢大學中國文化研究院編《郭店楚簡國際學術研討會論文集》,湖北人民出版社,2000 年,330～354 頁。
⑥ 郭沂《郭店竹簡與先秦學術思想》,上海教育出版社,2001 年,260 頁。
⑦ 陳偉《郭店竹書別釋》,198 頁。
⑧ 馬承源主編《上海博物館藏戰國楚竹書(一)》,上海古籍出版社,2001 年,257 頁。
⑨ 劉釗《郭店楚簡校釋》,福建人民出版社,2005 年,105 頁。

雅·釋詁上》："悦,樂也。""同悦"即所樂相同。《曾子制言下》認爲君子交往的原因在於"有同",根據《性自命出》"同方而交"、"同悦而交",可知這裏的"有同"是指"同方"、"同悦",王聘珍説"交同,謂上下交而其志同也",最爲近之。

馬王堆帛書《繆和》第八章:"驩訴交迵,此聖王之所以君天下也。"宋立林先生説:"《道》本以爲'迵',借爲'通'。今按:交通,交互通達。此爲歡欣之情充斥通達於君臣之間,即君與臣民同心之意。"①《道》本是指陳松長先生在《道家文化研究》第六輯發表的帛書《繆和》釋文,陳先生主張此處迵借爲"通",可能是錯誤的。"歡訴交迵"即"歡欣交同",帛書《繆和》説:"君者,人之父母也;人者,君之子也。"國君之所以能統治天下,在於君臣心志相同。帛書《繆和》"歡訴交迵"與《曾子制言下》"君子訴然以交同"含義相近。

[2] 諸侯不聽,則不干其土;聽而不賢,則不踐其朝。

孔廣森曰:"不賢,不以爲賢而用之。"②王聘珍曰:"聽,從也。干,冒進也。土,謂疆土。踐其朝,謂履其位也。"③阮元説:"干,犯也。犯土謂入其境,踐朝謂受其爵。"④戴禮曰:"《孟子》曰:'有官守者不得其職則去,有言責者不得其言則去。'"⑤"干其土"與"踐其朝"對應,"干"意爲"進入",諸侯不聽自己的主張,就不進入其國境,聽了自己的主張而不採納,就不接受其賜予的爵位。郭店簡《語叢一》:"友、君臣,無親也。……君臣、朋友,其擇者也。"臣與君之間没有血緣,如果國君行不義,臣子可以選擇,可以捨棄。曾子可以選擇的君臣觀,與郭店簡有近似之處。

[3] 國有道則突若入焉,國無道則突若出焉,如此之謂義。

戴禮曰:"《説文》:'突,不順忽出也。'若《論語》三日不朝孔子行。"⑥王聘珍曰:"突,讀曰鴥。《説文》云:'鴥,疾飛貌。'……突若出者,如大鳥奮翼而去也。"⑦曾子主張國君有道,則入朝爲官;國君無道,則奮然離開。

和以上兩條相似的語句見於郭店簡《語叢》。郭店簡《語叢一》:"君臣、

---

① 宋立林《〈繆和〉注釋論説》,楊朝明、宋立林等《新出簡帛文獻注釋論説》,388 頁。
② 盧辯注,孔廣森補《大戴禮記補注》,60 頁。
③ 王聘珍《大戴禮記解詁》,95 頁。
④ 阮元注釋《曾子十篇》,62 頁。
⑤ 方向東《大戴禮記匯校集解》,568 頁。
⑥ 方向東《大戴禮記匯校集解》,571 頁。
⑦ 王聘珍《大戴禮記解詁》,95～96 頁。

朋友,其擇者也。"《語叢一》認君臣關係是可以選擇的。郭店簡《語叢三》:"友,君臣之道也。"又説:"君臣不相戴也,則可已;不悦,可去也;不義而加諸己,弗受也。"《語叢三》强調君臣之間没有血緣關係,如朋友一般。如果不相悦,可以離去。郭店簡《語叢一》、《語叢三》認爲君臣關係是可以選擇的,和國君相處的原則是"義",這與《曾子制言下》非常一致。

［4］不通患而出危色。

對於"通"和"色"字,很多學者指出其字形有訛誤。戴震曰:"不避患而出危邑,案各本'避'訛作'通','邑'訛作'色'。"他認爲"通"應作"避"。汪中説:"'邑'馬(本)作'色'。念孫案:'通'當作'遇'。"孫詒讓認爲"通"應作"邇",他説:"'避'與'通'形聲俱遠,此'通'字疑即'邇'之誤。不邇患,謂不與患相近也。《勸學》篇'邇中正',今本'邇'亦誤作'通'。可證。"①王樹枏堅持認爲"通"字不誤,他説:"今案'通'字是,不宜改'避',阮氏'通共也'之訓最的,而説'出'字之義則非。此言君子不共患而避出危邑,正與盧注'師敗不苟免也'之義相合,不可以避越寇之事相擬也。"②王聘珍與其説法一致,他説:"通,知也。患,難也。危,疑也。言未仕其國,知難則去,無遲疑之色。《論語》曰'亂邦不居'是也。"③

《孟子·離婁下》記載,曾子設教於武城,越寇來襲,曾子棄城而逃。王念孫謂通當爲遇字,孫詒讓認爲"通"應作"邇",王樹枏等堅持認爲"通"字不誤,大都是依據曾子"危邦不居"的思想而作的解釋。《曾子制言下》:"奉相仁義,則吾與之聚群嚮爾;寇盜,則吾與慮。"曾子主張和仁義之人居住在一起,面對盜寇不要退縮。如果仁者遇寇盜,要與之協力抗擊。"不通患"即"不避患",在選擇證據時,應先用内證(《曾子制言下》),後用外證(《孟子·離婁下》),因此筆者認爲戴震"通作避"的説法較好。

［5］凡行不義,則吾不事;不仁,則吾不長。

王聘珍曰:"事,謂奉事,任其役使也。長,謂官長。不長者,不爲其屬也。"④阮元説:"不事,言不臣不義之諸侯。不長,言不臣不仁之公卿大夫。"⑤

---

① 以上諸説,參方向東《大戴禮記匯校集解》,569 頁。
② 孫詒讓《大戴禮記斠補》,209 頁。
③ 王聘珍《大戴禮記解詁》,95 頁。
④ 王聘珍《大戴禮記解詁》,95 頁。
⑤ 阮元注釋《曾子十篇》,62 頁。

戴禮説:"《孟子》曰:'非其君不事。'"①曾子認爲諸侯、公卿大夫不仁不義,自己就不作他們的臣屬。郭店簡《語叢三》説:"君臣不相戴也,則可已;不悦,可去也;不義而加諸己,弗受也。"《語叢三》主張國君不義的言行加諸臣下,臣下可以不接受。和《曾子制言下》一樣,《語叢三》認爲君臣關係存在的前提是國君秉持仁義。

《大戴禮記解詁》解釋"三十、四十之間而無藝,即無藝矣"説:"藝,謂道藝也。《内則》曰:'三十博學無方,遜友視志。四十方物,出謀發慮。'此時猶不能於道藝,則時過難成,可以決其無藝矣。"《禮記·内則》和《曾子》十篇成書時間相近,都有對人三十、四十歲德藝進修的要求,王聘珍引用《禮記·内則》,使《曾子立事》文義得到確詁。清人校勘注釋《曾子》十篇,最突出的特點是引證同時或相近時期的文獻,他們校勘《曾子》十篇主要依據是《禮記·祭義》、《群書治要·曾子》及《論語》、《孟子》等傳世文獻中的曾子語録,黃懷信《大戴禮記彙校集注》、方向東《大戴禮記匯校集解》吸收了盧辨、汪中、汪照、戴震、王念孫、俞樾、阮元、王聘珍、于鬯等學者校勘《曾子》的研究成果,卻没有增補新出土文獻研究成果,這是非常可惜的。

我們將上博簡《内禮》、郭店儒簡、馬王堆帛書等出土材料與《曾子》十篇作一對比,把它們相同或相似的内容找出來(個别完全不同的語句也包括在内),使校勘《曾子》十篇的文本依據進一步拓寬。《大戴禮記彙校集注》、《大戴禮記匯校集解》兩書主要收集的清人校勘《曾子》十篇的成果,筆者在其基礎上,增補了魏源、朱熹、祁玉章、廖名春等學者的説法,把《曾子》十篇與出土文獻相同或相似的語句逐條校釋,得《曾子立孝》10條,《曾子事父母》11條,《曾子本孝》7條,《曾子大孝》9條,《曾子立事》29條,《曾子制言上》5條,《曾子制言中》2條,《曾子制言下》4條,共計8篇77條。黄先生、方先生著作中缺少新出土文獻研究成果的學術空白,在一定程度上得以彌補。

需要説明的是,《曾子疾病》没有找到相似的内容,《曾子天圓》有些語句和郭店簡相似程度低,筆者没有校釋,只是收入附録(見附録一)。《曾子制言上》第3條、《曾子制言中》第2條、《曾子制言下》第4條,是筆者學習中的一點心得,是用傳世文獻校釋《曾子》十篇,没有出土文獻與傳世文獻互證的内容(没有計入總數)。但出於對以後學者校勘《曾子》十篇有益的考

---

① 方向東《大戴禮記匯校集解》,570頁。

慮,也一並予以收入。

　　由於曾子與子思的師承關係没有文獻記載,所以不少學者對此持懷疑態度。筆者校釋最多的是《曾子立事》篇,共 29 條。該篇與郭店簡《緇衣》語句相同或相似的有 15 條,佔到 50% 以上。兩篇在博學精思、謹言慎行方面,非常一致。《緇衣》的作者是子思(據沈約説),《曾子立事》是曾子語録的彙編,現在看來,子思與曾子的師承關係還是不能輕易否認的。

第二章
《曾子》十篇成書的相關問題

第一節　學界對《曾子》十篇成書問題研究的進展

學界對《曾子》十篇作者及成書問題的研究,從依據的材料看,可大致分爲兩個階段:一是用古書證古書,即從古籍對《曾子》的徵引、《曾子》十篇與《論語》、《孟子》等書思想異同及《曾子》十篇文體特點三個方面來論證;二是運用二重證據法,將傳世文獻與出土文獻接合起來,對以往的學術觀點重新進行反思。

首先看第一個階段學者對《曾子》十篇研究的情況,筆者這裏討論的《曾子》十篇分篇問題,與古人分篇稍有不同,古人是將所有文獻中的曾子記載薈萃一書,然後分爲内、外、雜篇,而筆者只是涉及《大戴禮記》所存《曾子》十篇的分篇問題。古人《曾子》分篇内容遠比筆者的範圍廣,但他們彙集的内容中包含着《曾子》十篇,因此從他們所輯《曾子》書中也可尋覓出他們對《曾子》十篇分篇的看法。

《宋史·儒林傳》說:“《曾子》内、外、雜篇七,劉清之編。”王應麟《小學紺珠》卷四也說:“《曾子》七篇,内篇一,外篇、雜篇各三,劉清之子澄集録。”隋唐之際,《曾子》十八篇已殘缺,宋儒劉清之别輯《曾子》七篇,分内、外、雜篇,其書在元代已亡佚,具體分篇内容不得而知。朱熹《書劉子澄所編〈曾子〉後》說:“(曾子)言行雜見於《論語》、孟氏書及他傳記者爲多,然皆散出不成一家之言,而世傳《曾子》書者,乃獨取《大戴禮》之十篇以充之,其言語氣象視《論》、《孟》、《檀弓》等篇所載相去遠甚,子澄蓋病其然因輯此書。”(《晦庵集》卷八十一)從朱熹所記看出,劉清之輯録的《曾子》,既有《大戴禮記·曾子》,也有《論語》、《孟子》、《禮記·檀弓》中的曾子語録,劉清之輯録《曾子》七篇,而《大戴禮記·曾子》卻有十篇,從篇數也可證明朱熹之說。

劉清之分《曾子》書爲内、外、雜篇的做法,有其合理之處。我們下文將

《曾子》十篇分篇,實際對這種做法有所借鑒。但元代吳澄對劉清之的做法卻不甚滿意,他説:"劉清之病《曾子》之粹言有非十篇所該,別輯新《曾子》七篇,篇分内外雜,朱子識其卷首。予竊玩繹惜其釐析之猶未精也,意欲以《論語》、《大學》、《孟子》所有爲内篇,而《小戴記》所採《大孝》一篇則附於内,以《小戴記·曾子問》與《内則》諸篇所載爲外篇,而《大戴記》所存《立事》等九篇則附於外,就中擇其言之粗者並諸家群書之言共爲雜篇。"(《吴文正集》卷二十)吳澄的意見,是把《論語》、《孟子》中的曾子語録及《大學》、《曾子大孝》作爲内篇,《大戴禮記·曾子》剩餘九篇爲外篇,而《大戴禮記·曾子》剩餘九篇言語粗糙者及諸家群書之言爲雜篇。他主張把《曾子大孝》從《曾子》十篇剥離,把剩餘《曾子》九篇作爲一個整體。

　　宋元所輯《曾子》諸本,多已亡佚,保存至今的有汪晫《曾子全書》和徐達左《曾子》二卷本。汪晫《曾子全書》是現存最早的輯本,共二卷十二篇,《仲尼閒居》第一,《明明德》第二,《養老》第三,《周禮》第四,《有子問》第五,《喪服》第六,中闕第七、第八,《晋楚》第九,《守業》第十,《三省》第十一,《忠恕》第十二。《仲尼閒居》即《孝經》,《明明德》即《大學》,《明明德》標爲"内篇",《養老》以下各篇皆標"外篇"①。

　　汪晫以《大學》、《孝經》爲内篇,而以《曾子》十篇爲外篇,現在看來這種分篇做法是錯誤的。汪晫《養老》取首句"孝子之養老也"兩字爲題,合《曾子大孝》、《曾子立孝》、《曾子事父母》、《曾子本孝》四篇爲一篇,《周禮》篇以《禮記·曾子問》爲主,吸收《孟子》、《孔子家語》等書中曾子問禮的内容,《有子問》採《禮記·檀弓》篇,《三省》、《忠恕》内容較爲駮雜。汪晫以内容不同分篇,是可取的,但其書"割裂經文,以就門目"(《四庫總目提要》語),打破不同篇章之間的界限,別爲篇目,造成了曾子文獻的人爲混亂,是非常不可取的。

　　徐達左《傳道四子書》内收《曾子》二卷十四篇,《曾子》分内、外篇,《四庫未收書目續編》説此書"大致内篇載經書,附以周、程、張、朱之説,外篇載傳記,附以諸百氏之論述,達左又各加案語"②,《傳道四子書》全文收入《孝經》,亦將《曾子》十篇歸入外篇。

　　明代曾承業輯定《曾子》三卷十一篇,卷一爲《王言》篇③,卷二包含《修身》、《事父母》、《制言》(上中下三篇)、《疾病》、《天圓》,卷三爲《本孝》、

---

① 《仲尼閒居》未標"内"或"外",《四庫全書總目》説"本有'内篇'字樣,而傳寫佚之也。"恐非。
② 胡玉縉《續四庫提要三種》,上海書店出版社,2002年,132頁。
③ 《大戴禮記·主言》、曾承業《曾子》、馮雲鵷《曾子書》、王定安《曾子家語》皆作"王言"。

《立孝》、《大孝》。《四庫總目提要》説:"(其書)與王應麟《玉海》所云今十篇,自《修身》至《天圓》皆見於《大戴禮》者,又多出《主言》一篇,而分合迥異。不知其何所依據,殆亦以意爲之也。"曾承業所輯《曾子》,比今本《曾子》十篇多出《主言》一篇,他將《曾子》十篇分爲兩部分,其不可理解處是將《曾子事父母》與《本孝》、《立孝》、《大孝》三篇分開,而與《制言》、《疾病》等歸爲一類,從内容上看這是非常不合理的,只能用"以意爲之"來解釋了。

馮雲鷀輯《曾子書》八卷,卷一爲《年譜》,卷二爲《王言》,卷三有《立事》、《本孝》、《立孝》、《大孝》及《事父母》五篇,卷四爲《制言》(上中下三篇)、《疾病》、《天圓》五篇,卷五至卷八爲曾子軼事補遺,並收其他文獻中的曾子言論。馮雲鷀採取中分的辦法,將《曾子》十篇前五篇一卷,後五篇一卷。

王定安輯《曾子家語》六卷十八篇,《大孝》第一(包括《曾子大孝》、《曾子事父母》、《曾子本孝》、《曾子立孝》四篇),《至德要道》(《孝經》)第二,《養老》第三,《慎終》第四,《大學》第五,《三省》第六,《立事》第七,《制言》(上中下三篇)第八,《全節》第九,《興仁》第十,《王言》第十一,《聞見》第十二,《吊喪》第十三,《禮問》第十四,《天圓》第十五,《吾友》第十六,《有疾》第十七,《雜説》第十八。曾承業將曾子語録彙集一起,其分篇的標準是"言以類萃",即按内容分類,基本保留原來的篇章界限,是可取的,其將《曾子大孝》、《曾子事父母》、《曾子本孝》、《曾子立孝》四篇歸爲一卷,甚爲有見。但把《曾子》十篇分爲五部分,失之過多。

古人看到了曾子文獻材料彼此之間内容不同、精粗不一,因而在彙集曾子材料的基礎上,進而對曾子材料適當分篇是非常合理的,但他們没有專門提出《曾子》十篇的分篇問題。《曾子》十篇有的篇章重仁,有的篇章重孝,不同篇章之間存在思想矛盾,而學界對這一問題没有細緻梳理。因此,《曾子》十篇的分篇問題,有待於進一步深入研究。

第二階段出土文獻與《曾子》十篇研究。郭店簡、上博簡的出土,爲《曾子》十篇研究提供了一個難得的契機。上博簡《内禮》證明《曾子》十篇並非僞書,但也帶來了新問題。廖名春先生認爲,竹書《内禮》篇君臣、父子、兄弟的次序反映了文獻早期的面貌,而《曾子立孝》篇父子、兄弟、君臣的次序當屬晚出①。羅新慧先生針鋒相對地指出,《禮記·禮運》在講人倫次序時,既

① 廖名春《楚竹書〈内禮〉、〈曾子立孝〉首章的對比研究》,葉國良等編《出土文獻研究方法論文集初集》,265～287頁。

有“君臣、父子、兄弟”的排列,又有“父子、兄弟、君臣”的排列秩序,因此竹簡《内禮》與《曾子立孝》中列出的三對人倫關係的次序,尚不足以作爲判定兩種文獻編訂孰早孰晚的證據①。

筆者認爲,《曾子》十篇和上博簡《内禮》的先後順序是不好確定的。出土文獻也是文獻,很多以古書證古書的局限,在出土文獻研究中同樣存在。那我們怎樣充分利用上博簡《内禮》,來研究《曾子》十篇的成書問題呢? 卜辭、金文、陶文中“立事”材料,與《曾子立事》有着密切的關聯,學界只注重郭店簡、上博簡《内禮》與《曾子》十篇的比較,卻忽略了這些材料。針對上述存在的問題,我們以下分三節,對《曾子》十篇的成書問題進行探討。

第二節　《曾子》十篇應分爲甲、乙、丙三組

一、《曾子》十篇内在的思想矛盾

在曾子研究中,有一個非常奇怪的現象:曾子既是一個不以身涉險、謹小慎微的孝子②,又是一個視死如歸、弘毅剛强的志士③。同樣是曾子,依據的文獻材料也相同,爲何曾子的形象有這麼大的變化呢? 曾子的形象之所以迥然有別,是因爲學者在研究中片面强調曾子重仁或重孝,忽視了《曾子》十篇不同篇章之間的内在思想歧異,對《曾子》十篇的成書問題存在誤讀。

《曾子》十篇爲曾子一派學者的著作,黄開國先生根據内容將《曾子》十篇分爲兩部分:一是《曾子本孝》、《曾子立孝》、《曾子大孝》、《曾子事父母》四篇相連的文章,都有關於孝道的論述,當出自孝道派弟子之手,可能都與樂正子春有聯繫,其中《曾子大孝》是樂正子春爲代表的孝道派的主要理論體現;其餘篇章没有關於孝道的論述,與孝道派没有關聯④。筆者認爲,這種劃分揭示了《曾子》十篇各篇之間的思想矛盾與内容的差異,有其合理的一面,但不够精確,因爲《曾子天圓》與其他九篇的内容明顯不同。我們主張

---

① 羅新慧《上博楚簡〈内禮〉與〈曾子〉十篇》,《齊魯學刊》2009 年第 4 期,19～21 頁。
② 顧頡剛編著《古史辨》第二册,251 頁;康學偉《先秦孝道研究》,吉林人民出版社,2000 年,169～174 頁;肖群忠《孝與中國文化》,人民出版社,2001 年,41～49 頁。
③ 黎靖德編《朱子語類》,中華書局,1986 年,2353～2354 頁。
④ 黄開國《論儒家的孝道學派——兼論儒家孝道派與孝治派的區別》,《哲學研究》2003 年第 3期,46～52 頁。

按思想内容將《曾子》十篇劃分爲三部分：一是《曾子立事》、《曾子制言》（包括上中下三篇）、《曾子疾病》五篇；二是《曾子立孝》、《曾子立孝》、《曾子大孝》、《曾子事父母》四篇；三是《曾子天圓》一篇。

我們將前兩部分的思想不同之處作一比較，首先是思想核心不同。《曾子制言下》：“天下有道，則君子訴然以交同；天下無道，則衡言不革。諸侯不聽，則不干其土；聽而不賢，則不踐其朝。”君子入仕、出仕，取決於天下是否有道。那判斷是否有道的標準是什麼呢？《曾子立事》説：“君子愛日以學，及時以行。難者弗辟，易者弗從，唯義所在。”曾子認爲，難事不要躲避，易事不要盲從，事情做與不做，取捨的標準關鍵在於是否符合“義”。《曾子制言中》：“是故君子以仁爲尊。天下之爲富，何爲富？則仁爲富也。天下之爲貴，何爲貴？則仁爲貴也。”天下什麼是富？仁是富。什麼是貴？仁是貴。《曾子制言中》通過對富貴內涵新的詮釋，闡發了仁義的尊貴及其對仁道的推崇，仁義居於《曾子制言》等五篇思想的核心位置。

《曾子大孝》把孝道分爲三個層次，説：“孝有三：大孝不匱，中孝用勞，小孝用力。博施備物，可謂不匱矣；尊仁安義，可謂用勞矣；慈愛忘勞，可謂用力矣。”尊仁安義，對仁義的篤守，僅和“中孝”相當，在仁義與孝的重要性上，仁義的地位已明顯下降，僅爲一般的思想德目。《曾子大孝》：“民之本教曰孝。”《吕氏春秋·孝行》摘引此句，高誘注：“本，始也。”《曾子大孝》説：“故居處不莊，非孝也；事君不忠，非孝也；莅官不敬，非孝也；朋友不信，非孝也；戰陳無勇，非孝也。五者不遂，災及乎身，敢不敬乎！”這時的孝有仁，有義，有信，有忠，其內涵無限擴展，涵蓋了儒家的一切德目。孝不僅是修身的起點，而且是修身的最終目標，成爲儒家倫理思想的總綱。《曾子大孝》：“伐一木，殺一獸，不以其時，非孝也。”又説：“夫孝者，天下之大經也。夫孝，置之而塞於天地，衡之而衡於四海，施諸後世，而無朝夕。”孝本來僅局限於父子一倫，內涵很窄，《曾子大孝》無限擴充孝的外延，以致孝的範圍被推向極致，涵蓋社會生活的方方面面，成爲天地的“大經”——放諸四海而皆準的終極法則。

其次是對待生死的態度不同。《曾子制言上》説：“富以苟不如貧以譽，生以辱不如死以榮。辱可避，避之而已矣；及其不可避也，君子視死若歸。”《曾子制言上》認爲與其屈辱地活着，不如壯烈地死去，主張從容面對死亡。《曾子制言中》説：“天下無道，循道而行，衡塗而債，手足不掩，四支不被。”

盧辯注曰:“衡,橫也。債,僵也。”①戴禮説:“若夷、齊餓死首陽。天下無道,忠臣蹈仁,故尸骨無歸也。”②天下無道也要循道而行,即使餓死在路邊,尸骨無處掩埋,也在所不惜。追求仁義,是曾子生命的全部意義。與生死聯繫最密切的是仁義,而不是父母。

《曾子本孝》説:“孝子不登高,不履危,痹亦弗憑,不苟笑,不苟訾,隱不命,臨不指,故不在尤之中也。”王聘珍注曰:“高,近危。痹讀曰庳,下也。憑,乘也。弗憑者,不臨深也。”③孝子戒慎恐懼,不登高處,不去危險的地方,不苟言笑,唯唯諾諾,以免傷及身體、辱及其親。《曾子大孝》:“父母全而生之,子全而歸之,可謂孝矣;不虧其體,可謂全矣。”自己的身體,是父母所賜。爲了表達對父母的尊敬,要“全而歸之”,以自己的身體不受損傷爲孝。對生死的理解,與《曾子制言下》等篇存在明顯的不同。

第三,人生境界與氣象不同。《曾子制言中》:“昔者,伯夷、叔齊死於溝澮之間,其仁成名於天下。”曾子認爲伯夷、叔齊雖死於溝渠之間,但卻是仁者的表率。《曾子制言中》説:“布衣不完,疏食不飽,蓬户穴牖,日孜孜上仁。知我,吾無訢訢;不知我,吾無悒悒。”王聘珍注曰:“疏食,菜食也。蓬户,以蓬爲户也。穴牖,鑿土室爲窗也。孜孜,不怠之意。上仁,尊仁也。訢訢,喜也。”④曾子思仁義,“晝則忘食,夜則忘寢”,“凍餓而守仁”,這和“一簞食,一瓢飲,在陋巷”的顏回非常相似。《曾子疾病》:“吾無夫顏氏之言,吾何以語汝哉!”可見曾子是以顏回作爲自己效法的對象。

《曾子制言上》:“君子執仁立志,先行後言,千里之外,皆爲兄弟。”只要立志行仁,即使遠隔千里,也可成爲兄弟。此時的曾子以仁爲己任,崇尚節操,恢弘剛毅,君子人格得到充分展現。《曾子制言中》:“天下無道,循道而行,衡塗而債,手足不揜,四支不被。”爲捍衛仁義,曾子“雖千萬人,我往矣”,即使橫尸道路也在所不惜,性格剛健恢弘,氣象極爲博大。

《曾子大孝》説:“君子之所謂孝者,國人皆稱願焉,曰:‘幸哉!有子如此!’”人生的目的在於盡孝,做人人稱許的孝子,是《曾子立孝》追求的人生境界。《曾子本孝》:“孝子游之,暴人違之,出門而使,不以或爲父母憂也。險塗隘巷,不求先焉,以愛其身,以不敢忘其親也。”王聘珍注曰:“孝子,謂有

---

① 盧辯注,孔廣森補《大戴禮記補注》,59 頁。
② 方向東《大戴禮記彙校集解》,559 頁。
③ 王聘珍《大戴禮記解詁》,79 頁。
④ 王聘珍《大戴禮記解詁》,93 頁。

孝德之人也。游之,謂與之游也。下陵其上曰暴,謂不孝弟人也。違,去也。"①爲了不讓父母擔心,不與邪惡之人交往,險途小巷要跟在人後走,言談"不苟笑,不苟訾",戰戰兢兢,氣象猥瑣,與"千里之外,皆爲兄弟"的弘毅氣象,差别非常明顯。

《曾子事父母》説:"孝子無私樂,父母所憂憂之,父母所樂樂之。孝子唯巧變,故父母安之。"自己對生活没有個性化的追求,完全以父母的喜樂爲轉移。此時的曾子,唯父母之命是從,生活在父母的陰影下,一切行爲皆是爲了父母,"我並不是我,不過是我的父母的兒子"②。與《曾子制言下》等篇仁爲己任的行道者氣象,形成了鮮明的對比。

第四,道德修養内容與目標不同。《曾子立事》等篇曾子追求的目標是君子,提及君子64次,此時君子談論的是尊仁、博學、修身、守道等内容,無一談及孝子。而《曾子立孝》等篇追求的人生目標是孝子,提及孝子14次,君子9次,談君子的次數明顯減少了,而且所談君子都是"君子之孝也"、"君子立孝"、"君子之所謂孝者"等與孝道密切相關的内容,很少涉及仁義、博學、修身等内容。

第五,對君臣關係的理解和社會批判精神的不同。郭店簡《魯穆公問子思》中子思"恒稱其君之惡者"的忠臣形象,給人印象極爲深刻。在君臣關係中,《中庸》和《緇衣》認爲國君對大臣要"敬",大臣要抗節守道、不降其志,高揚君子人格。《曾子制言中》篇亦具有强烈的批判精神,曾子説:"君子直言直行,不宛言而取富,不屈行而取位。……君子雖言不受必忠,曰道;雖行不受必忠,曰仁;雖諫不受必忠,曰智。"曾子主張直言進諫,不得志不安其位,不因高官厚禄而改變自己的德行和主張。郭店簡《語叢三》:"友,君臣之道也。"君臣如朋友,如果不相悦,可以離去。《曾子制言下》也有類似的表述:"諸侯不聽,則不干其土;聽而不賢,則不踐其朝。"自己的主張不被國君採納,就不入其國,不在其朝廷中爲官。在君臣關係可以選擇方面,此時的曾子與郭店簡中的子思看不出任何分别。

《曾子事父母》:"父母之行,若中道則從,若不中道則諫,諫而不用,行之如由己。從而不諫,非孝也;諫而不從,亦非孝也。"又説:"孝子之諫,達善而不敢爭辨。爭辨者作,亂之所由興也。"對於父母的過錯,子女只有勸諫,

---

① 王聘珍《大戴禮記解詁》,79頁。
② 胡適《中國哲學史大綱》,129頁。

如果父母不聽,自己要"行之如由己",不得爭辯。或許有學者會説進諫的態度不同,是由對象不同造成的。但《曾子立孝》説:"未有君而忠臣可知者,孝子之謂也。"曾子主張資於事父以事君,把事父的孝道揉入忠君的原則裏面,把"尊而無親"的君臣關係,變成了"有尊有親"的父子關係。士人已成爲國君的"忠臣孝子",怎麼可能再有像《曾子制言中》那樣寧可犧牲自己個人利益、放棄權力富貴,也要直言進諫的士人君子呢?

　　第六,《曾子立事》與《曾子事父母》對"内外是否貫通"存在不同的看法。《曾子立事》説:"故目者,心之浮也,言者,行之指也,作於中則播於外也。故曰:以其見者,占其隱者。故曰:聽其言也,可以知其所好矣。觀説之流,可以知其術也。"王聘珍注曰:"浮,孚也。指,示也。《論語》曰:'聽其言而信其行。'作,動也。播,揚也。"①《曾子立事》認爲内必見於外,人的眼神、外在的言行反映了内心真切的感受,可以聽其言觀其行,聽他的學説,就可以洞悉他的心術。

　　《曾子事父母》説:"孝子無私樂,父母所憂憂之,父母所樂樂之。孝子唯巧變,故父母安之。"王聘珍注曰:"巧,善也,變,猶化也。"②此時孝子外表的喜樂隨着父母態度的變化而轉移,外在的行爲並不是内心真實感受的直接表現。上博簡《内禮》説:"君子曰:孝子不𧝄(負),若(匿)在腹中,巧變,故父毋安。""巧變"就是巧妙地加以變化。"孝子不負"就是孝子不違背父母的心意,不與父母爭辯。"匿在腹中"就是"隱在腹中"的意思。孝子不違背父母的心志(與父母爭辯),把自己的憂樂隱藏起來,(按照父母的心意)巧妙地加以變化,這樣父母就能安心了。《曾子立事》與《曾子事父母》對人"内外是否貫通"存在着不同的看法,上博簡《内禮》與《曾子事父母》同,亦可證明曾子文獻中存在思想歧異。

　　鑒於以上幾點,筆者在黃開國先生分類的基礎上,將《曾子》十篇分爲甲、乙、丙三組③。《曾子立事》、《曾子制言》(上中下三篇)、《曾子疾病》以仁義爲核心,講博學、修身、守仁、行道,與《論語》内容相近,受孔子思想影響

---

① 王聘珍《大戴禮記解詁》,76 頁。
② 王聘珍《大戴禮記解詁》,86 頁。
③ 清代以前,劉清之、汪晫、徐達左等都曾將曾子文獻分爲内、外、雜篇。前人雖有先例,但終屬後人所爲,距離曾子時代過於懸遠。從古書成書體例看,内篇重義理,外篇重事迹;内篇爲先生執筆,外篇則爲弟子或後學所爲。從《曾子》十篇看,並未表現出這樣明顯的文本規律或特點,因此内、外、雜篇的劃分似乎不是很合適。筆者認爲,《曾子》十篇應分爲甲、乙、丙三組,甲組早於乙組是肯定的,但《曾子天圓》成書時間是否更晚,不得而知。此處的劃分,借鑒了梁濤先生的評審意見,特此致謝。

明顯,我們稱這五篇爲甲組(以下簡稱《曾子》甲組)①。《曾子本孝》、《曾子立孝》、《曾子大孝》、《曾子事父母》四篇,其主旨與《孝經》互相發明。汪晫《曾子全書》、王定安《曾子家語》,都曾將這四篇合爲一篇。筆者認爲這四篇以孝道爲核心,主張在爲父母盡孝的行爲中提升自己的品德,其内容多與《孝經》同。其文記載樂正子春傷足、與門弟子談孝的内容,成書時間比《曾子》甲組晚,估計可能成書於曾子第二代弟子之手或者更晚,我們稱之爲乙組(以下簡稱《曾子》乙組)。

關於《曾子天圓》篇,汪中説:"此篇疑非《曾子》本書。"汪喜孫説:"先君此語必自有説,此篇與《淮南子·天文訓》有相同處。"②金德建認爲《曾子天圓》的作者是淮南王門下的賓客,其成書當然也在西漢時期③。他們推測的依據是《曾子天圓》與《淮南子·天文訓》内容有相似之處,但《荀子·解蔽》説:"故濁明外景,清明内景。聖人縱其欲,兼其情,而制焉者理矣。"明顯是摘引《曾子天圓》"天道曰圓,地道曰方,方曰幽而圓曰明。明者,吐氣者也,是故外景;幽者,含氣者也,是故内景。故火日外景,而金水内景"一句的内容。《吕氏春秋·圜道》説:"天道圜,地道方,聖王法之,所以立上下。"也是化用《曾子天圓》中的語句。兩書都早於《淮南子·天文訓》,因而汪中、金德建之説不可信④。

在上面的比較中,我們没有涉及《曾子天圓》篇的内容。阮元説:"此篇言聖人察天地陰陽之道,制禮樂以治民,所言多《周易》、《周髀》、《禮經》、《明堂》、《月令》之事。"⑤《曾子天圓》講天地陰陽之道、萬物生成之理,認爲天道圓,地道方,萬物由陰陽二氣化生而成,涉及"天道"、"地道"、"氣"、"陰陽"等概念,與《曾子》書其他九篇明顯不同,因此筆者主張稱《曾子天圓》爲丙組。

陳榮捷認爲《曾子天圓》説到天圓地方,更説幽明、陰陽、神明、龍鳳龜火,和第二代儒家的言論絶不相同,恐怕是後起的資料⑥。《曾子大孝》:"天之所生,地之所養,人爲大矣。"《曾子大孝》認爲在世間萬物中,人的地位最

---

① 《曾子疾病》篇内容駁雜,有少量講孝道的内容,但總體以守義、慎行爲主,所以我們將它歸入内篇。
② 方向東《大戴禮記匯校集解》,588 頁。
③ 金德建《〈曾子天圓〉的述作考》,《中國哲學史研究》1986 年第 3 期,109～111 頁。
④ 《禮記·月令》五蟲爲鱗羽倮毛介,保蟲以人爲首,《禮記·禮運》以龍鳳麟龜爲鱗羽毛介四靈的代表,其内容皆與《曾子天圓》同,可證《曾子天圓》並非晚出。
⑤ 阮元注釋《曾子十篇》,69 頁。
⑥ 陳榮捷《初期儒家》,《史語所集刊》第 47 本第 4 分,730 頁。

爲尊貴。《曾子天圓》説:"唯人爲倮匈而後生也,陰陽之精也。"盧辯注曰:
"人受陰陽純粹之精,有生之貴也。"《曾子天圓》認爲人尊貴的根源,在於人
是由天地陰陽精氣生成。郭店簡《語叢一》:"天生百物,人爲貴。"郭店簡的
成書時間一般認爲不會晚於公元前 300 年,而《語叢》作爲摘抄語録的彙編,
其時間要比《五行》、《成之聞之》等文獻更早一些。《曾子天圓》與郭店簡
《語叢一》、《曾子大孝》都認爲天地萬物中人最爲貴,從這一點看,《曾子天
圓》的成書時間,似乎也不晚於曾子第二、三代弟子時期。樂正子春爲曾子
第一代弟子,《曾子大孝》記有樂正子春與其弟子對話的内容,而《曾子天
圓》爲曾子本人與弟子單居離的問答之言,從人物關係上看,它要比《曾子大
孝》更早一些。

二、《曾子》十篇思想矛盾形成的原因

同是曾子學派的文獻,《曾子》十篇各篇之間爲何有思想矛盾呢? 思想
矛盾是什麽原因造成的呢?《漢書·藝文志》、《隋書·經籍志》認爲《曾子》
十篇爲曾參所著,但《曾子大孝》記載樂正子春與門弟子的問答之言,明顯是
在曾子去世之後的事,高似孫説:"《曾子》者,曾參與其弟子公明儀、樂正子
春、單居離、曾元、曾華之徒,講論孝行之道,天地事物之原。"(《子略》卷一)
他認爲《曾子》十篇,是由曾子弟子記録曾子言論編輯而成。鍾肇鵬檢索歷
史上引用《曾子》的情況,推測《曾子》是由曾子第二、三代弟子綴輯他的遺
言、遺文而成,時間在戰國前期①,董治安、黃開國都贊成這種意見②。可以
説《曾子》十篇成書於曾子弟子或後學之手,是學界較爲一致的看法。

對於《曾子》十篇與《大學》的思想不同之處,朱熹説:"是以從之游者,
所聞雖或甚淺,亦不失爲謹厚脩潔之人。所記雖或甚疎,亦必有以切於日用
躬行之實。蓋雖或附而益之,要亦必爲如是之言,然後得以自託於其間也。"
(《晦庵集》卷八十一)朱熹認爲《曾子》十篇之所以不純,是因爲有曾子弟子
或後學附益的内容在裏面。方孝孺則解釋説:"《曾子》十篇一卷,其詞見
《大戴禮》,雖非曾子所著,然格言至論雜陳其間,而於言孝尤備。意者出於
門人弟子所傳聞,而成於漢儒之手者也,故其説間有不純。"(《遜志齋集》卷

---

① 鍾肇鵬《曾子學派的孝治思想》,《孔子研究》1987 年第 2 期,50~59 頁。
② 董治安《論曾子——關於歷史上的曾子和曾子的歷史評價》,《文史哲》1993 年第 1 期,27~34
　　頁;黃開國《論儒家的孝道學派——兼論儒家孝道派與孝治派的區別》,《哲學研究》2003 年第 3
　　期,46~52 頁。

四)方孝孺認爲《曾子》十篇成書於曾門弟子之手,後又經過漢儒的改編,故精粗不一,間有不純。

上博簡《内禮》面世以後,羅新慧女士敏銳地注意到上博簡《内禮》與今本《曾子立孝》、《曾子事父母》之間文字的差異。對於這些文字差異產生的原因,她説從《曾子》諸篇多有師徒之間問答的記載看,《曾子》的成書很可能與弟子有關。各位弟子及其門弟子在記述老師之語、選録老師之言以成卷時,因選編旨趣、見解各異,很有可能各記所言,各選所好,而出現選本的不同,甚或有各位弟子才質高下不同,其出於有才華者所録固醇,但亦有不盡出於其手者,因此所録精粗不一、深淺不同,亦在所難免。所以,記録者、選編者的不同,有可能是上博簡《内禮》與《曾子立孝》、《曾子事父母》文字有所差異的原因①。

先秦時期,弟子對老師講授的内容會産生不同的理解,《禮記·檀弓上》記載:

> 有子問於曾子曰:"問(聞)喪於夫子乎?"曰:"聞之矣:'喪欲速貧,死欲速朽。'"有子曰:"是非君子之言也。"曾子曰:"參也聞諸夫子也。"有子又曰:"是非君子之言也。"曾子曰:"參也與子游聞之。"有子曰:"然。然則夫子有爲言之也。"曾子以斯言告於子游。子游曰:"甚哉,有子之言似夫子也!昔者夫子居於宋,見桓司馬自爲石椁,三年而不成。夫子曰:'若是其靡也,死不如速朽之愈也。'死之欲速朽,爲桓司馬言之也。南宫敬叔反,必載寶而朝。夫子曰:'若是其貨也,喪不如速貧之愈也。'喪之欲速貧,爲敬叔言之也。"曾子以子游之言告於有子。有子曰:"然。吾固曰非夫子之言也。"

有子問曾子:"你聽夫子説過去世、失官之後該怎麽辦嗎?"曾子説:"我聽夫子説:'失官後就希望儘快貧窮,去世後就希望儘快腐爛。'"有子説這不是夫子所言,曾子説我和子游一起聽夫子説的。後來曾子將有子的話轉告子游,子游告訴曾子,夫子説"死欲速朽",是針對製作石椁的宋貴族桓司馬,夫子説"喪欲速貧",是針對喪失官位而賄賂求官的魯大夫南宫敬叔,曾子才不得不服膺有子之言。

《史記·十二諸侯年表》説:"魯君子左丘明懼弟子人人異端,各安其

---

① 羅新慧《上博楚簡〈内禮〉與〈曾子〉十篇》,《齊魯學刊》2009 年第 4 期,16～21 頁。

意,失其真,故因孔子史記具論其語,成《左氏春秋》。"由於知識背景和理解能力的不同,弟子對老師的同一句話,會產生不同的理解。《史記》的這一說法,證明不同弟子之間,對老師學術理解的歧異,是當時普遍存在的現象。

曾子門下弟子眾多,據《孟子·離婁下》記載,曾子設教於武城時,弟子多達七十人。在曾子弟子中,子思重誠,倡導心性之學。樂正子春重孝,恪守孝子之禮。兩人的學術趨向,明顯不同。羅新慧女士指出,上博簡《內禮》與《曾子立孝》、《曾子事父母》文字有所差異的原因,與曾子弟子有關。這種說法是可信的。我們借用她的意見,來解釋《曾子》書不同篇章之間的思想矛盾。曾子弟子及後學在記錄、選編曾子之言以成篇時,因選編旨趣、見解各異,很可能各記所言,各選所好,而造成《曾子》傳本內容的不同,這是《曾子》十篇思想歧異的重要原因。但問題是我們並不清楚《曾子》十篇甲、乙、丙三組的作者是誰,以上方孝孺、羅新慧等學者,也只是大體上籠統地推測,並沒有列出明確的證據。如何從曾子文獻中找到證據,證明這一點呢?

《曾子制言下》:"奉相仁義,則吾與之聚群嚮爾;寇盜,則吾與慮。"王聘珍注曰:"慮,謀也。言君子所聚群嚮爾之人,若遇寇盜之事,則當與其謀。"①曾子主張和仁義之人居住在一起,如果仁者遇寇盜,是不逃避退縮的。《孟子·離婁下》記載:"曾子居武城,有越寇。或曰:'寇至,盍去諸?'曰:'無寓人於我室,毀傷其薪木。'寇退,則曰:'修我墻屋,我將反。'寇退,曾子反。"曾子居武城,越寇來襲,曾子棄城而逃。同樣是面對盜賊入侵,《曾子制言下》和《孟子·離婁下》中的記載截然相反。《孟子》的作者是孟子與萬章等人,而《曾子》十篇出於曾子後學之手,二者明確可以肯定屬於不同的作者。正是由於《孟子》和《曾子制言下》選取曾子言論的不同,才造成了二者之間的內容衝突。

學者已經指出,孔子由青年到中年再到晚年,存在禮—仁—易三種學術轉向。《曾子》甲組早於《曾子》乙組,甲組彰顯仁,乙組突出孝,筆者以此懷疑曾子中年之前重仁,晚年重孝,曾子一生,亦存在由仁向孝過渡的學術轉型。造成《曾子》十篇不同篇章之間矛盾的原因,不僅與曾子弟子摘編不同有關,還可能與曾子本人有關。

筆者認為可歸結為兩點:一是曾子作為孔門著名弟子,一生對自己的學說有很多闡發,從早年與晚年,思想不可能不有所變化;二是曾子弟子,甚

————————

① 　王聘珍《大戴禮記解詁》,95 頁。

至是曾子後學,如孟子,他們在選編曾子言論成書時,因選編旨趣各異,往往各取所好。正是由於他們選編曾子言論的不同,才造成《曾子》甲、乙、丙三組之間的思想矛盾。徐傳武先生說《莊子》、《戰國策》、《韓非子》有關曾子的記載有些不可信,是講述者爲闡述自己的觀點,借古人以自重,讓曾子穿上了講述者編織的外衣①。徐先生注意到《莊子》、《戰國策》、《韓非子》曾子記載的矛盾之處,是非常可貴的。實際上,正是由於《莊子》、《戰國策》、《韓非子》的作者不同,他們出於自己主觀目的的需要,選擇、編輯曾子的語録材料,才造成了這些典籍中曾子形象的不同。而徐先生的發現,完全能够補證筆者的上述觀點。

第三節　從上博簡《內禮》看《曾子》十篇文本的定型

上一節我們根據內容的不同,將《曾子立事》、《曾子制言》(包括上中下三篇)、《曾子疾病》五篇稱爲甲組,將《曾子本孝》、《曾子立孝》、《曾子大孝》、《曾子事父母》四篇定爲乙組,將《曾子天圓》定爲丙組,詳細比較了甲、乙、丙三組之間的思想歧異。也許有學者會問,《曾子本孝》等四篇都講孝道內容,各篇之間應該沒有矛盾了吧? 回答是否定的。《曾子本孝》、《曾子立孝》、《曾子大孝》、《曾子事父母》四篇之間,也存在明顯的矛盾,而且是曾子孝道理論構建的大問題。讓我們認識到這一矛盾的,是上博簡《內禮》及郭店儒簡相關篇章的出現。

上博簡《內禮》:"君子之立孝,愛是用,禮是貴。"上博簡《內禮》中的"愛"字,今本《曾子立孝》作"忠",指子女對父母敬愛之情,屬於血緣之愛。《曾子大孝》:"事君不忠,非孝也。"《曾子立孝》:"是故未有君而忠臣可知者,孝子之謂也。""忠"字明確是指臣子對國君的忠心,是非血緣的。郭店簡《語叢三》:"友,君臣之道也。"又說:"君臣不相戴也,則可已;不悦,可去也;不義而加諸己,弗受也。"君臣之間沒有血緣關係,如朋友一般,如果不相悦,可以離去。和上博簡《內禮》用愛表示子女對父母敬愛之情相比,今本《曾子》乙組"忠"字,既表示子女對父母的敬愛,又表示臣子對國君的忠心,將血緣的與非血緣的、可選擇的與不可選擇的關係摻雜在一起,本身就是很

————————

① 　徐傳武《古代文學與古代文化》,1235～1236頁。

明顯的矛盾①。

　　郭店儒簡對忠與愛的區別是很嚴格的。《五行》：“愛父，其繼愛人。”郭店簡認爲子對父的感情是愛。《六德》：“忠者，臣德也。”又説：“君義臣忠。”郭店簡認爲臣對君的職責是忠心。《唐虞之道》：“堯舜之行，愛親尊賢。愛親故孝，尊賢故禪。”《語叢三》：“愛親則其施愛人。”對親人可以是愛，對百姓也可以是愛，但郭店簡中對君没有稱愛的辭例。如果今本《曾子立孝》“君子之孝也，忠愛以敬，反是亂也”的“忠”字，像上博簡《内禮》一樣寫作“愛”。用“愛”字指代子女對父母的孝敬，用“忠”字指代臣下對國君的忠心，那麼今本《曾子》乙組“忠”字，既表示子女對父母的敬愛，又表示臣子對國君的忠心的矛盾，也就不存在了。

　　仁是孔子思想建構的核心。《論語·學而》説：“君子務本，本立而道生。孝弟也者，其爲仁之本與！”程子曰：“謂行仁自孝弟始，孝弟是仁之一事。”②《論語》中孝是仁的一部分，是指子女對父母敬愛之情，踐行仁道應從孝親始。《論語·八佾》子曰：“人而不仁，如禮何？人而不仁，如樂何？”孔子認爲仁涵蓋禮樂，統率諸德。君子要踐行仁，必須“泛愛衆而親仁”，由父子的血緣之愛升華爲非血緣的愛天下之民，進而達到“仁民而愛物”道德境界。

　　《曾子大孝》：“居處不莊，非孝也；事君不忠，非孝也；莅官不敬，非孝也；朋友不信，非孝也；戰陳無勇，非孝也。五者不遂，災及乎身，敢不敬乎！”曾子以孝作爲天地之大經，涵蓋忠、信、敬、勇諸德，孝道成爲儒家思想的綱領，孔子由孝至仁的求仁理路被打破。爲了彌補孝成爲理論總綱之後，儒家仁學理論外推的真空，上博簡《内禮》説：“君子之立孝，愛是用，禮是貴。”它引入“愛”的概念，用“愛”來表示子女對父母的敬愛之情，這樣孔子由孝至仁的求仁理路變爲“由愛至孝”，儒家外推的理路得以重建。

　　《曾子立孝》説“君子立孝，其忠之用，禮之貴”，孝子對父母的感情是忠。《曾子大孝》：“事君不忠，非孝也。”臣下對國君的職分也是忠。阮元引用《論語·學而》曾子語“爲人謀而不忠乎”，認爲“（曾子）事父母以忠實爲

---

① 《曾子事父母》説：“單居離問於曾子曰：‘事父母有道乎？’曾子曰：‘有。愛而敬。’”《曾子立孝》曾子曰：“君子立孝，其忠之用，禮之貴。”同樣都是記録曾子的話，同樣是孝子對父母的感情，一個是愛，一個是忠，也可證明《曾子》乙組不同篇章之間，對孝存在不同理解。
② 朱熹《四書章句集注》，48 頁。

本,不以虛飾干譽,且事親、事君、事長、交友皆貴忠"①。這樣"忠"就涵蓋了曾子對父母、君長、朋友等人的態度。《曾子立孝》説"爲人子而不能孝其父者"、"爲人弟而不能承其兄者"、"爲人臣而不能事其君者",強調自己先做然後才能要求別人,這種推己及人的思想,明顯屬於恕道。曾子用"忠道"實現了家族内向家族外的貫通,使"由愛至孝"外推理路成爲多餘,與《曾子大孝》以孝道統率諸德的思想理路存在根本性的衝突。《曾子》乙組同爲孝道派弟子所作,但在理論體系構建中存在不同理解,彼此衝突。從一個側面啓發我們《曾子》十篇文本的定型可能不是一蹴而就,而是有一個長期的定型過程。

一、《曾子》十篇文字、語句、篇卷的改編

《曾子大孝》:"父母愛之,喜而不忘。"而《禮記·祭義》作"父母愛之,嘉而弗忘"。《曾子大孝》"喜"字,《禮記·祭義》寫作"嘉";《曾子大孝》"不"字,《禮記·祭義》作"弗"。今本《曾子立孝》"君子立孝,其忠之用,禮之貴",上博簡《内禮》作"君子之立孝,愛是用,禮是貴"。《曾子立孝》"其"字,上博簡《内禮》失載;"忠"字,上博簡《内禮》寫爲"愛"字;"之"字,上博簡《内禮》作"是"字。今本《曾子立孝》"君子立孝,其忠之用,禮之貴",《群書治要·曾子》摘引作"君子立孝,其忠之用也,禮之貴也",多兩"也"字。從以上舉例看,《曾子》十篇在流傳中,文字曾被改動過。

上博簡《内禮》:"故爲人君者,言人之君之不能使其臣者,不與言人之臣之不能事其君者。故爲人臣者,言人之臣之不能事其君者,不與言人之君之不能使其臣者。故爲人父者,言人之父之不能畜子者,不與言人之子之不孝者。故爲人子者,言人之子之不孝者,不與言人之父之不能畜子者。"《曾子立孝》僅記'爲人子'、'爲人弟'、'爲人臣'三句,李朝遠先生指出,簡文中的"爲人君"、"爲人父"、"爲人兄"句,《曾子立孝》失載,且君臣、父子、兄弟的順序也不同於現存文獻。簡文更體現了儒家"君君、臣臣、父父、子子"以及"兄兄、弟弟"的思想②。廖名春先生強調上博簡《内禮》君臣、父子、兄弟本來是相互性、相對待性的要求,而且是互爲條件的,《曾子立孝》卻變成了

---

① 阮元注釋《曾子十篇》,25 頁。
② 馬承源主編《上海博物館戰國楚竹書(四)》,220 頁。

對"爲人臣"、"爲人子"、"爲人弟"單向性的要求了,這肯定是出於權威主義的需要①。梁濤先生認爲,《曾子立孝》"爲人君"、"爲人父"、"爲人兄"三句應是在後來流傳中被刪除了,而被刪除的原因可能與後來儒家君臣父子關係被絕對化,竹簡要求君臣父子互"愛"、互"禮"的觀點顯得大逆不道、難以被接受有關②。

　　《曾子》十篇和上博簡《内禮》比較,既有增加文句的例子,也有漏抄文句的例子。上博簡《内禮》篇的"反是亂也",《曾子立孝》作"君子之孝也,忠愛以敬,反是亂也",增加了"君子之孝也,忠愛以敬"一句。上博簡《内禮》"君子事父母,亡私樂,亡私憂。父母所樂樂之,父母所憂憂之",《曾子事父母》作"孝子無私樂,父母所憂憂之,父母所樂樂之",少"無私憂"一句。竹簡文獻在傳抄過程中,漏抄文句的事情會經常發生。那麽,今本《曾子立孝》篇漏抄"爲人君"、"爲人父"、"爲人兄"三句,是否屬於有意改編?

　　上博簡《内禮》"爲人君"、"爲人父"、"爲人兄"與"爲人臣"、"爲人子"、"爲人弟"連續書寫在竹簡上,從竹簡的形制看,它們分處於竹簡不同的位置。即使竹簡有折斷殘缺,"爲人君"、"爲人父"、"爲人兄"三句也不會同時缺失。"爲人君"、"爲人父"、"爲人兄"三句,在上博簡《内禮》中相隔,《曾子事父母》連續漏抄,很明顯是有意爲之。廖名春先生指出,《内禮》君臣、父子、兄弟本來是相互性、相對待性的要求,而且是互爲條件的,《曾子立孝》卻變成了對"爲人臣"、"爲人子"、"爲人弟"單向性的要求了③。因此筆者認爲,今本《曾子立孝》刪除"爲人君"、"爲人父"、"爲人兄"三句,很可能屬於有意改編。

　　關於《孝經》的成書年代,學界有不同的説法,但《吕氏春秋》兩引《孝經》,一見於《察微篇》,一見於《孝行篇》,可證《孝經》成書在《吕氏春秋》之前。《孝經·廣德至章》有與《曾子立孝》類似語句:"子曰:君子之教以孝也,非家至而日見之也。教以孝,所以敬天下之爲人父者也。教以悌,所以敬天下之爲人兄者也。教以臣,所以敬天下之爲人君者也。"《孝經》講人子、人弟、人臣,與《曾子立孝》順序一致,而且也不講對父、君、兄的要求。

---

① 廖名春《楚竹書〈内禮〉、〈曾子立孝〉首章的對比研究》,葉國良等編《出土文獻研究方法論文集初集》,265～287頁。
② 梁濤《郭店竹簡與思孟學派》,472～473頁。
③ 廖名春《楚竹書〈内禮〉、〈曾子立孝〉首章的對比研究》,葉國良等編《出土文獻研究方法論文集初集》,265～287頁。

《禮記·中庸》説:"君子之道四,丘未能一焉。所求乎子以事父,未能也;所求乎臣以事君,未能也;所求乎弟以事兄,未能也;所求乎朋友先施之,未能也。"《中庸》講人子、人弟、人臣、朋友四條,比《曾子立孝》多"朋友"一條,也没有對"人君"、"人父"、"人兄"的要求。季旭昇把《曾子立孝》被改編的時間定在秦漢以後,强調當時君權思想高漲,《曾子立孝》僅要求臣子弟,自有其時代因素①。筆者認爲,從《孝經》、《中庸》無對"人君"、"人父"、"人兄"要求來看,《曾子立事》删除"爲人君"、"爲人父"、"爲人兄"三句,可能是曾子後學所爲,其時間或許不會晚至漢代。

我們下面要談的是《曾子》十篇的分篇問題,上博簡《内禮》"與弟言,言承兄。反此亂也。君子事父母,亡私樂,亡私憂。父母所樂樂之,父母所憂憂之",其前半部分"與弟言,言承兄。反此亂也",屬於今本《曾子立孝》,而後半部分屬於今本《曾子事父母》,由於這兩部分屬於同一支簡,因此可以斷定上博簡《内禮》和今本《曾子》十篇的分篇是不一樣的。

類似的情況,也可在傳世文獻中找到例證。如《荀子·大略》摘引《曾子》十篇的語句:"君子進則能益上之譽,而損下之憂。不能而居之,誣也;無益而厚受之,竊也。"此句在《荀子·大略》中表述很完整,但與《曾子》十篇對比就會發現,它前半部分"君子進則能益上之譽,而損下之憂"見於《曾子制言中》,後半部分"無益而厚受之,竊也"見於《曾子立事》。由此可得出這樣一個結論:先秦時期《曾子》十篇在流傳過程中,由於改編者的主觀選擇,同樣的内容可能分屬於不同的篇章。

二、《曾子》十篇在一定程度上仍保留着先秦古書原貌

《曾子》十篇有兩種文章體例:一是以"曾子曰"領起的語録體;二是曾子與弟子交談的對話體。如果將對話體中曾子與弟子對話的形式去掉,其形式正與上博簡《内禮》第一段一致。按照我們的編連(見上編第一章第二節),上博簡《内禮》第二段均以"君子曰"領起,正與以"曾子曰"領起的語録體相當。上博簡《内禮》没有"曾子曰",如果没有今本對照,我們不知道《内禮》"君子曰"就是"曾子曰"。

和《曾子》大約同時的《論語》、《中庸》、《孟子》,往往一段或一句話就有一個"子曰"或"孟子曰",而《曾子》十篇有時一個"曾子曰"就領起一篇

①　季旭昇主編《〈上海博物館藏戰國楚竹書(四)〉讀本》,109頁。

的全部内容,日本學者末永高康認爲今本《曾子》未必傳達着《曾子語録》的原來面貌,他説《内禮》不採取對話形式,《事父母》變成對話形式,這是後人加工的結果①。其實這種懷疑,王汝濤先生在上博簡《内禮》出版之前已經提出過②。

《曾子》十篇中曾子與弟子對話的形式,是在與上博簡《内禮》類似的“原始語録”基礎上添上去的,但添加者是如何知道哪些是曾子對單居離説的,哪些是曾子對其他弟子説的呢? 筆者認爲,這些添加者是曾子後學,他們熟悉曾子學派的内部傳承,擔心後人遺忘或不能分辨出他們宗師的言論,才添加了“單居離問,曾子曰”這樣的對話形式,不能因此認爲《曾子》十篇是僞書,是被後人篡改。

有學者認爲上博簡《内禮》“愛”字,今本《曾子立孝》作“忠”,是出自漢儒對《曾子立孝》改編。《曾子》十篇“愛”字不止一次出現,既有子女對父母的愛戴之情,如《曾子事父母》:“單居離問於曾子曰:‘事父母有道乎?’曾子曰:‘有。愛而敬。’”《曾子立事》:“觀其所愛親,可以知其人矣。”又有父母對子女的慈愛之情,如《曾子大孝》:“父母愛之,喜而不忘。”如果出於專制王權的需要,漢儒把《曾子》十篇愛字改作“忠”字,他們爲何不把《曾子》十篇表示子女對父母情感的“愛”字全部改爲“忠”呢? 筆者懷疑《曾子》十篇愛與忠的區别,可能是曾子弟子或後學對曾子學説的不同理解造成的,不一定晚至秦漢以後。

《中庸》引用《曾子》兩次,一見於《曾子立事》,一見於《曾子本孝》;《緇衣》引用《曾子》三次;《孟子》引用曾子語九次,其中兩處與《曾子》十篇同,均見於《曾子大孝》;《荀子》引用曾子語較多,有九處内容和《曾子》十篇相同或近似,分别見於《曾子立事》、《曾子本孝》、《曾子制言中》、《曾子制言下》、《曾子天圓》;《吕氏春秋》引用曾子語六處,其中四處見於《曾子大孝》篇;《淮南子》兩引《曾子》十篇,一見於《曾子大孝》,一見於《曾子天圓》。可見,《曾子》十篇曾被先秦兩漢的文獻典籍廣泛徵引過,這些引文除個别詞語差異外,與《曾子》十篇基本相同(詳見文末附録二),這就是説先秦時期

---

① [日]末永高康《〈曾子〉十篇考》,“先秦兩漢古籍國際學術研討會”論文,香港中文大學,2009 年。

② 其實王汝濤先生早有類似疑問,他説十篇中的大部分以“曾子曰”開頭,小部分以曾子與門弟子的問答爲主要内容,當時的典籍没有標點,不知是否一個“曾子曰”一直貫串到篇末? 參臨沂市政協文史和學習委員會、平邑縣政協文史資料委員會編《宗聖曾子》,齊魯書社,2000 年,55 頁。

《曾子》已逐漸形成了較爲穩定的文本結構。

　　郭店簡《六德》:"爲父繼君,不爲君繼父。"早期儒家主張君臣關係是可以選擇的,父子關係是不能選擇的,父權先於君權,但到漢代,君權明顯高於父權,如果排列父子兄弟君臣順序的話,應該是君臣父子兄弟。《儀禮·士相見禮》:"與君言,言使臣;與大人言,言事君;與老者言,言使弟子;與幼者言,言孝弟於父兄。"就是很明顯的例證。上博簡《内禮》以君臣、父子、兄弟爲序,《曾子立孝》以父子、兄弟、君臣爲序,如果按照漢儒君權强化的觀念,《曾子立孝》也應該爲君臣、父子、兄弟爲序。但《曾子立孝》以父子、兄弟、君臣爲序,正説明它一定程度上保留了先秦儒家思想的原貌。

第四節　《曾子立事》篇名考

　　《曾子》十篇出自《大戴禮記》,是研究曾子思想的重要文獻。但在今天的《曾子》十篇研究中,存在一個突出的問題,學者只注重將上博簡《内禮》、郭店簡和《曾子》十篇結合起來研究,卻忽視了卜辭、青銅器銘文及陶文中存在着大量"立事"文字資料,這是非常可惜的。我們將上博簡《内禮》和其他出土材料中"立事"文字資料結合起來,對《曾子立事》的篇題進行探討,希望能引起學者們對這些材料的重視。

一、立事者的地位及出土材料中"立事"的内涵

　　立事一詞,多見於甲骨文。卜辭中有臣立事,如"貞:禽立事于亞侯?六月"(《後下》4.3),還有些卜辭似爲王立事,如"甲□卜,亘貞,立事。二告"(《虚》2325)。楊升南先生將卜辭中的"立事",解釋爲蒞於戎事,進行戰爭[1]。由於卜辭語句過於簡短,因此"立事"的内涵尚不能論定。《尚書·立政》:"繼自今,我其立政、立事、準人、牧夫,我其克灼知厥若,丕乃俾亂;相我受民,和我庶獄庶慎。"孔穎達《正義》曰:"'政'、'事'相對,則'政'大'事'小,故以'立政'爲大臣,'立事'爲小臣。"大約在西周成王時期,立事已成爲一種官職名稱,多指中下層官吏。

　　"立事"作爲銘文辭例,戰國時期齊器、趙器多見。金文中的立事者有

①　楊升南:《卜辭·"立事"説——兼談商代的戰法》,《殷都學刊》1984年第2期,6~10頁。

王,如"王立事"(《集成》11688)、"燕王喜立事"(《集成》11705)等,有相邦,如相邦春平侯鈹,他們都是權勢顯赫的人物。關於立事者的身份,學界多有討論。張政烺先生指出,"蓋彝銘中凡云'某某立事歲'者,率其人自銘之器"①。李學勤先生強調"立事'即'位事'或'莅事',莅事者即器物的督造者"②。黃盛璋主張"銘刻中凡言某某'立事歲',作器者並不就是那個立事之人,而都爲其下屬"③。李零認爲,比較燕國陶器的製造制度,立事者是主管陶量或陶器製造的有司,地位並不一定很高④。衛松濤在李零先生基礎上,認爲立事者是工正,負責監督,表示其官方屬性⑤。王恩田反對此説,立事者都是地位較高的王公宗室或執政大臣,用他們主持國家祭祀和政務的時間紀年極有意義⑥。

　　《管子·立政》篇:"凡將舉事,令必先出,曰'事將爲',其賞罰之數必先明之。立事者謹守令以行賞罰,計事致令,復賞罰之所加。"立事者負責賞賜刑罰、統計税收,而工正爲掌管百工及手工業製造的官員,二者的職責範圍有明顯不同。《管子·問》:"群臣有位事官大夫者幾何人?"這裏問的是主持政事的各級官吏,而不是單指工正,把"立事者"只理解爲工正,在這裏講不通。目前齊國立事者明確可考的有兩個人。一是國佐,春秋中期國差罐銘文:"國差立事歲,咸(鹹)丁亥。"國佐歷任齊惠公、齊頃公、齊靈公三代的上卿。二是慶舍,《左傳》襄公二十八年記載慶舍立事,慶舍把持齊國國政,職權很高。《韓非子·説疑》列舉了后稷、皋陶、伊尹、周公旦、太公望、管仲等十五人,説他們"成功立事而不敢伐其勞"。韓非所説的立事者,都政績卓著。作爲立事者,他們的身份要比工正尊貴得多,因此衛先生認爲立事者只爲工正的説法,恐不能成立。和西周時期相比,戰國時期立事的適用範圍明顯擴大,上至國君王侯,下至郡縣官吏,皆可稱"立事"。

　　2002年4月,山東新泰市第一中學校園内發現一批戰國中晚期齊國陶文,銘文内容有"平陽廩"、"平陽市□"、"平陰陳得"、"鄭陽陳得,亳"等。《左傳》宣公八年"城平陽",杜預注:"今泰山有平陽縣。"劉延常等先生指出

① 張政烺《張政烺文史論集》,中華書局,2004年,55頁。
② 李學勤《戰國題銘概述(上)》,《文物》1959年第7期,50~54頁。
③ 黃盛璋《關於陳喜壺的幾個問題》,《文物》1961年第10期,36~38頁。
④ 李零《齊、燕、邾、滕陶文的分類與題銘格式——新編全本〈季木藏陶〉介紹》,《管子學刊》1990年第1期,82~87頁。
⑤ 衛松濤《新泰出土陶文及相關問題研究》,山東大學碩士論文,2006年,41頁。
⑥ 王恩田《陶文圖錄》,齊魯書社,2006年,自序6~7頁。

當時平陽即今天的新泰市①。《左傳》襄公十八年:"冬十月會于魯濟,尋溴梁之言,同伐齊。齊侯禦諸平陰。"杜預注曰:"平陰城,在濟北盧縣東北。"《水經注》卷八説:"平陰,齊地也,在濟北盧縣故城西南十里。"《禹貢錐指》卷四京相璠也有此説。平陰在今濟南市西南,明顯不屬於新泰市。"鄭陽"地名亦見於陳璋壺銘文"唯王五年,鄭陽陳得再立事歲",在河南省,也不屬於新泰市。這些陶器很可能是在外地製作,然後流通到新泰來的。

新泰陶文有官職印璽,如"平陽廩"、"平陽市口",格式是地名+職守,即平陽爲地名,廩爲儲藏糧食的府庫,市爲管理貿易、徵收賦税的機關。李學勤先生注意到立事者前的地名多爲都邑或關隘,據此推斷立事者是"都邑大夫或關尹之類"②,無疑是正確的。陶文中僅陳得一人就有四個不同的地名,"鄭陽陳得叁"、"平陵陳得"、"疤都陳得"、"闔門外陳得",他們可能是同一時期在朝的兩個人③,也可能是一個人的任職地點前後不斷變化的結果。一個人可以叫陳得,兩個不同的人也可叫陳得,在陶文研究中,人物可能重名,任職地點可以不斷調整,這些都使相關研究變得更加複雜,更加不確定。筆者現在的意見是,陶工前的地名一般只是籍貫,而立事者前的地名則可能是指官員任職的地點。

我們知道,陶器是可以流通的,但陶工工作地點則相對固定。《陶彙》3.498:"王卒左敀城陽櫓里土。"櫓里土爲陶工名,陶工名前的地名城陽,多數是指陶工的籍貫。新泰陶文中有個名纑的陶工,他的立事者有兩個,一是北郭陳喜,一是闔門外陳得。如果立事者前的地名爲官職,爲何一個陶工會有兩個不同地方的立事者呢? 一個合理的推測是,北郭和闔門外可能相距不遠,陶工工作的地點也會偶有變化。

《左傳》昭公三年記載晏子説:"此季世也,吾弗知齊其爲陳氏矣。公棄其民,而歸於陳氏。齊舊四量,豆、區、釜、鍾。四升爲豆,各自其四,以登於釜。釜十則鍾。陳氏三量皆登一焉,鍾乃大矣。以家量貸,而以公量收之。"齊國工商業發達,出土陶器中量器最多,而度量衡是國家經濟的命脈。陳氏用"小斗進、大斗出"的辦法拉攏民心,結果導致陳氏家族政治勢力迅速膨脹。新泰陶文中,陳姓"立事者"多達14人,由立事者大都姓陳可知,立事者很可能是陳氏家族的心腹或實權人物。從新泰陶文看,立事者均姓陳,陳字

①　參劉延常等《山東新泰市出土的大批齊國陶文》,《中國文物報》2004年7月16日。
②　李學勤《戰國題銘概述(上)》,《文物》1959年第7期,50～54頁。
③　李學勤《燕齊陶文叢論》,《上海博物館集刊》第六期,上海古籍出版社,1992年,170～173頁。

下皆加土字旁,正是陳(田)氏代齊以後,陳氏在齊國取得政治、經濟權力的見證與縮影。

王國維先生指出,"立事歲"是古人"以事紀年"①。馬承源强調是齊器特有的紀年方式②。魏建震主張商周金文中的"唯王……歲"爲歷史大事紀年,而"立事歲"銘文,也應當是這種紀年方法中的一種③。我們把幾組立事銘文對比來看:

(1)唯王五年,鄭陽陳得再立事歲,孟冬戊辰,大將錢孔、陳璋入伐燕亳邦之獲。(陳璋方壺)

(2)闇陳賞叁立事,左里𣪠亳區(《陶彙》3.35)

(3)王孫陳棱再,左里𣪠亳區(《陶彙》3.12)

(4)陳喜再立事歲(陳喜壺)

(5)陳得立事歲(《陶彙》3.18)

(6)陳道立事(《陶彙》3.3)

(7)鄭陽陳得四(《陶彙》3.19)

(8)平陵陳得(《陶彙》3.23)

(9)陳常(《陶彙》3.48)

(10)陳固,右廩亳釜(《陶彙》3.31)

立事歲銘文完整的格式是時間+地名+人名+次數+立事歲,如(1)。陶文中時間一般省略,其次"歲"可以省略,如(2)、(6)。地名也可省略,如(3)、(4)。"立事"可以省略,如(7)、(8)。屆數可以省,如(9)、(10),惟一不能省略的是人名。商周青銅器多用歷史大事紀念,陶文中"立事歲"正是這種紀年方式的延續。陶器中數量最多的是量器,"立事歲"陶文在陶坯燒製前就璽印鈐蓋在上面,但有的陶文只記立事者姓名,而陶工等内容都省去,如(9)、(10)。至最簡時,新泰陶文便不能與戰國時期"物勒工名"制度一一對應了。陶文的製作,只是表示器物的容量經過了立事者的官方審定,可以作爲實物税收、貿易交換的標準器④。在使用過程中,陶文内容似乎存

---

① 王國維《觀堂集林(附别集)》第三册,中華書局,1984年,897頁。
② 馬承源《陳喜壺》,《文物》1961年第2期,45~46頁。
③ 魏建震《"王何立事"戈銘文及其相關問題》,《中原文物》2005年第6期,54~56頁。
④ 民間陶器陶文,最簡單的是"某里某"格式,仍可以用"物勒工名,以考其誠"解釋,但官印陶文,如"陳愬"(《古陶文彙編》3.53),類似的還有不少,如《古陶文彙編》3.44、3.45、3.50、3.51等,這就不能用"物勒工名"解釋了。

在一個由繁至簡的趨勢,時間、地名、次數、立事歲皆可省略,唯有立事者姓名不能省略。

對於戰國時期青銅器、陶器銘文中"立事"的含義,學者的解釋不盡相同。主要有三種説法:一是復職或嗣位爲大夫。方浚益説:"立事歲當謂嗣爲大夫之年(《綴遺齋彝器考釋》卷二十八)。郭沫若説:"'鄭陽陳得再立事'者即國復之後重任舊職也。"①周曉陸主張"陳得"就是史書中的"田忌","再立事歲"即"復故位"的意思②。郭、周兩位先生用收復國土後重新任職解釋"再立事歲",勉强可以講得通,但銘文中叁立事歲、四立事歲③,恐怕就不好解釋了。

二是"立事"即是主持國家祭祀。《左傳》襄公二十八年:"嘗于大公之廟,慶舍涖事。"齊文濤先生據此推定"立事"意爲祭祀④。許印林説:"立、莅通,《説文》作𢓊,臨也。"(《攈古録》卷三)"莅事"意爲主持事務,《左傳》中的"嘗"指秋祭,慶舍親臨太公之廟,主持祭祀,可見立事可以用於"祭祀"。齊國立事銘文器物,多與日常生活、軍事相關,器物主要是量器、生活器皿,少數爲兵器,從器物的功用來看,"祭祀"只是立事的内容之一。

三是"立事"即"位事"或"莅事",指任職執政。陳邦福《古璽發微》:"考立事言治事也。"陳簠齋説:"立事猶言立政,書傳曰:'立政大臣,立事小臣'","立事者即書立政立事之文,猶云某某爲相之日也。"⑤何琳儀指出"立事"有主持事務之意⑥,陶正剛、胡家聰、陳光匯等皆持此説⑦。黄盛璋、魏建震强調政事有大有小,不必限定皆爲國政,地方政事也可以稱"立事"⑧。

李學勤、鄭紹宗先生指出"王立事"乃王即位之年,趙器記王立事,應即

---

① 郭沫若《兩周金文辭大系圖録考釋》,上海書店出版社,1999 年,220 頁。
② 周曉陸《盱眙所出重金絡罐·陳璋圓壺讀考》,《考古》1988 年第 3 期,258～263 頁。
③ 如"鄭陽陳得四"(《季木藏陶》)。
④ 齊文濤《概述近年來山東出土的商周青銅器》,《文物》1972 年第 5 期,3～16 頁。
⑤ 唐蘭《陳常陶釜考》,《國學季刊》1935 年 5 卷 1 期。
⑥ 何琳儀《戰國文字通論(訂補)》,99 頁。
⑦ 陶正剛先生認爲"立事"即往國執政,或在事任職之義。胡家聰結合《管子·首事》,認爲"立事者"指擁有一定權力的政務官長,而"立事"即"莅事",意思是執掌政務。參陶正剛《山西臨縣窰頭古城出上銅戈銘文考釋》,《文物》1994 年第 4 期,82～88 頁;胡家聰《管子新探》,中國社會科學出版社,1995 年,218 頁;陳光彙編《燕文化研究論文集》,中國社會科學出版社,1995 年,386 頁。
⑧ 黄盛璋《山東出土莒之銅器及其相關問題綜考》,《華夏考古》1992 年第 4 期,63～71 頁;魏建震《王何立事》戈銘文及其相關問題》,趙聰惠主編《趙文化論叢》,河北人民出版社,2005 年,141 頁。

指其即位之年①。陳世輝、湯餘惠認爲"某某立事歲"即指紀年，"立事歲"是立事的第一年，"參"是立事的第三個年頭②。相邦春平侯鈹銘文："王立事，相邦春平侯、邦左庫工師趙瘁、冶尹五月執劑。"(《集成》18.11688)春平侯矛銘文爲："元年，相邦春平侯、邦右庫工師趙瘁、冶韓開執劑。"(《集成》18.11556)由二者對比可知，王立事可以指即位的那一年。新泰陶文中陶工繮做工期間，出現了6個不同的立事者③，因此，"再"、"叁"指任職次數或届數的可能性更大一些。戰國亂世，國家權力或在於國君，或在於卿相。筆者認爲，"立事"意指主持事務、任職執政，其最重要的意義在於表明誰是當時政治權力的實際所有者。

二、《曾子立事》篇名新探

隋唐時期流傳着兩種不同版本的《曾子》，一是《大戴禮記·曾子》，一是《隋志》所記二卷本《曾子》。《曾子》二卷本今已亡佚，但從《群書治要》、《意林》稱引情況看，二卷本《曾子》和《大戴禮記·曾子》内容大致相同，最明顯的不同就是《大戴禮記·曾子立事》的篇題，《群書治要》引作《修身》。宋人高似孫《子略》和王應麟《漢書藝文志考證》記載他們見到的二卷本《曾子》首篇也作《修身》。這兩個本子如果是不同的傳本，但爲何内容相同？如果是同一傳本，爲何篇名不同？曾子時代，"立事"爲"任職執政"意。既然《曾子立事》以"立事"爲篇題，但爲何該篇完全沒有如何處理國家政事、講述爲政之道的内容？《曾子》十篇的命名，一般是採擷首句中的兩個字，如《曾子立孝》首句爲"君子立孝，忠之用"，但《曾子立事》首句卻沒有"立事"二字。可以説，在《曾子》十篇之中，《立事》得名的原因，是最讓學者捉摸不透的問題。

汪晫《曾子全書》外篇第十《守業》全部取自《大戴禮記·曾子立事》篇，曾承業輯《曾子》卷二作《修身》，可見他們並不贊成《立事》作爲《曾子》的篇題。那麼，爲何用"立事"作爲《曾子》的篇題呢？戴禮説："立事者，言君子所以立身行道之事。"④阮元説："立事者，曾子弟子所題篇名，

---

① 李學勤、鄭紹宗《論河北近年出土的戰國有銘青銅器》，《古文字研究》第七輯，中華書局，1982年，132~133頁。

② 陳世輝、湯餘惠《古文字學概要》，吉林大學出版社，1988年，129頁。

③ 衛松濤《新泰出土陶文及相關問題研究》，山東大學碩士論文，2006年，33頁。

④ 方向東《大戴禮記匯校集解》，416~417頁。

此篇皆論博學篤行、慎言遠患、善義忠信、事君父、敬師長、交朋友、教子弟之事,不爲高言空論,惟以實事立訓,故曰立事。"①王聘珍説:"此篇言博學、審問、慎思、明辨、篤行之事,名曰立事者,君子所以立身行道也。"②高明先生襲用其説③。錢玄、錢興奇指出,《曾子立事》名曰立事者,述君子所以立身行道④。舒大剛認爲《立事》首章曰"曾子曰:君子攻其惡求其過,彊其所不能,去私欲,從事於義,可謂學矣",取"從事"爲篇名,稍變爲"立事"⑤。

戴禮、王聘珍等認爲"立事"意爲"立身行道"。阮元認爲"立事"是以"實事立訓"。舒大剛認爲"立事"意思是變"從事"爲篇題。齊魯毗鄰,文化同源,魯國文字是齊系文字的重要組成部分⑥。齊器(包括少量趙器)銘文、陶文"立事"皆爲主持事務、任職執政之意,《曾子立事》與之時間接近,爲何解作"立身從事",與當時普遍流行的"莅官行政"明顯不同?

古代如何考察、選拔官吏的方法見於《大戴禮記·文王官人》篇(《逸周書·官人》與之內容基本相同),其中文王提出了六種考察官吏的標準:一曰觀誠,二曰考志,三曰視中,四曰觀色,五曰觀隱,六曰揆德。我們將《文王官人》和《曾子立事》在選拔人才方面的相似性比較如下:

上編　表4　《文王官人》與《曾子立事》對照

篇名 標準	《文王官人》	《曾子立事》
觀誠	其少觀其恭敬好學而能弟也,其壯觀其絜廉務行而勝其私也,其老觀其意憲慎,强其所不足而不踰也。 示之難以觀其勇,煩之以觀其治,淹之以利以觀其不貪,藍(濫)之以樂以觀其不寧,喜之以物以觀其不輕,怒之以觀其重,醉之以觀其不失也,縱之以觀其常,遠使之以觀其不貳,邇之以觀其不倦。	少稱不弟焉,恥也;壯稱無德焉,辱也;老稱無禮焉,罪也。 臨懼之而觀其不恐也,怒之而觀其不惛也,喜之而觀其不誣也,近諸色而觀其不踰也,飲食之而觀其有常也,利之而觀其能讓也,居哀而觀其貞也,居約而觀其不營也,勤勞之而觀其不擾人也。

---

① 阮元注釋《曾子十篇》,1頁。
② 王聘珍《大戴禮記解詁·目錄》,3頁。
③ 高明注譯《大戴禮記今注今譯》,138頁。
④ 錢玄、錢興奇:《三禮辭典》,江蘇古籍出版社,1998年,816頁。
⑤ 舒大剛《〈孝經〉名義考——兼及〈孝經〉的成書時代》,《西華大學學報(哲學社會科學版)》2004年第1期,38~42頁。
⑥ 何琳儀《戰國文字通論(訂補)》,86頁。

續　表

標準＼篇名	《文王官人》	《曾子立事》
考志	如臨人以色，高人以氣，賢人以言，防其不足，伐其所能，曰日損者也。其貌直而不侮，其言正而不私，不飾其美，不隱其惡，不防其過，曰有質者也。 其貌固嘔，其言工巧，飾其見物，務其小徵，以故自説，曰無質者也。 華如誣，巧言、令色、足恭，一也，皆以無爲有者也。	君子好人之爲善，而弗趣也；惡人之爲不善，而弗疾也。疾其過而不補也，飾其美而不伐也，伐則不益，補則不改矣。 亟達而無守，好名而無體，忿怒而爲惡，足恭而口聖，而無常位者，君子弗與也。 巧言令色，能小行而篤，難於仁矣。
視中	誠在其中，此見於外，以其見占其隱，以其細占其大，以其聲處其氣。 聽其聲，處其氣，考其所爲，觀其所由，察其所安；以其前占其後，以其見占其隱，以其小占其大。	故目者，心之浮也，言者，行之指也，作於中則播於外也。故曰：以其見者，占其隱者。故曰：聽其言也，可以知其所好矣。觀説之流，可以知其術也。
觀色	五氣誠於中，發形於外，民情不隱也。	
觀隱	心説之而身不近之，身近之而實不至，而懽忠不盡，懽忠盡見於衆而貌克。	人言不善而不違，近於説其言；説其言，殆於以身近之也；殆於以身近之，殆於身之矣。人言善而色慈焉，近於不説其言；不説其言，殆於以身近之也；殆於以身近之，殆於身之矣。
揆德	言行不類，終始相悖，陰陽克易，外内不合。	人信其言，從之以行；人信其行，從之以復；復宜其類，類宜其年，亦可謂外内合矣。

　　通過比較，我們發現《文王官人》篇所説的六條選拔官吏的標準，主張選拔官員要對其品行作多方位考察，大都可以在《曾子立事》中找到相同或相似的内容。《文王官人》篇説："平仁而有慮者，使是治國家而長百姓；慈惠而有理者，使是長鄉邑而治父子；直憨而忠正者，使是莅百官而察善否；……接給而廣中者，使是治諸侯而待賓客；猛毅而度斷者，使是治軍事爲邊境。"在選拔人才的基礎上，文王認爲要"因方而用之"，即根據人不同的才能及性格特點，選任不同的官職，做到人盡其才，使個人的專長得到充分發揮。至此筆者認識到，《文王官人》説的是如何發現人才，如何使用人才。而《曾子立事》所説的博學篤行、慎言遠患、善義忠信、事君父、敬師長、交朋友、教子

弟等,實際是講如何培養人才。《文王官人》所記載的古代選拔官員標準,實際大多都暗含在《曾子立事》曾子對弟子的教育之中。

《曾子立事》說:"君子爲小由爲大也,居由仕也。"由,意爲如同。君子處理小事如同處理大事,居家治理如同做官行政。曾子進一步闡發說:"事父可以事君,事兄可以事師長;使子猶使臣也,使弟猶使承嗣也;能取朋友者,亦能取所予從政者矣。賜與其宮室,亦猶慶賞於國也;忿怒其臣妾,亦猶用刑罰於萬民也。"(《曾子立事》)曾子認爲事父如同事君,差遣子女如同差遣臣下,賜予子女宮室如同給國人賞賜,斥責臣妾如同刑罰萬民。古代家國一體,在曾子看來,居家處事的原則可以貫通至爲官行政。家族内部事務雖小,只要能够應對自如,則莅官爲政等國家大事也不難解決。《曾子立事》說:"是故爲善必自内始也。内人怨之,雖外人亦不能立也。"内爲家,外爲國,"爲善必自内始",曾子强調,處理國政的起點在家,而不在國。

《曾子立事》篇唯一一處涉及處理政事的内容是:"居上位而不淫,臨事而栗者,鮮不濟矣。先憂事者後樂事,先樂事者後憂事。昔者天子日旦思其四海之内,戰戰惟恐不能乂;諸侯日旦思其四封之内,戰戰唯恐失損之;大夫士日旦思其官,戰戰唯恐不能勝;庶人日旦思其事,戰戰唯恐刑罰之至也。是故臨事而栗者,鮮不濟矣。"天子、諸侯、大夫、士人,是國家政事的實際處理者。曾子對他們的要求,是居上位不荒淫,憂懼在前,享受在後,臨事而栗。這些都不是爲政的具體方法,而是爲政者的德守情操。

郭店簡《尊德義》說:"夫生而有職事者也,非教所及也。教其政,不教其人,政弗行矣。"生下來就能從事職事的人,不在教學的範疇。對於那些没有從事政事的人,只教其從事政事的方法,不教其爲人之德(即《曾子立事》所說的"善義忠信、事君父、敬師長"等内容),那麼他爲政也不會成功的。《論語·泰伯》記載:

> 曾子有疾,孟敬子問之。曾子言曰:"鳥之將死,其鳴也哀;人之將死,其言也善。君子所貴乎道者三:動容貌,斯遠暴慢矣;正顔色,斯近信矣;出辭氣,斯遠鄙倍矣。籩豆之事,則有司存。"

曾子病重,孟敬子問之。孟敬子所問不過有二:一是曾子的病情,二是如何執政。後者無疑是重點。面對孟敬子的問詢,曾子不談政事,而只是説了一些看似和政事毫無關係的内容。他説君子容貌莊重,可以遠離粗暴、放肆;神情端莊,則近於誠信;言辭謹慎,就可以避免粗俗。至於祭祀和禮節等事,自有主管具體事務的官員來負責。在曾子看來,具體政事的處理是末,而君子的道德修養才是根本。尹氏曰:"養於中則見於外,曾子蓋以修己爲爲政之本。"①爲政以德,修身是執政之基。曾子在弟子們從政之前,教他們從事尊敬師長、忠信善義等内容,提升他們的品德素養,正是從他們將來莅事行政的根本處着眼。道德修養看似在政事之外,其實卻爲政事之本,《曾子立事》以"立事"名篇,卻不談政事,原因即在於此。《論語》所記曾子之言,和《大戴禮記・曾子》有着相同的治政理路。

　　總之,和陶文、青銅器銘文中的"立事"一樣,《曾子》"立事"篇題也與莅官行政有關。但曾子對行政的理解,卻與通常的理解有兩點不同:一是起點不同,他認爲居家如同治國,妥善處理家族事務是爲國行政的起點。在《曾子》十篇中,只講家事如何處理,不講爲官之道,不講政事處理的技巧。二是本末不同,德行爲本,政事爲末。做人爲本,如何處理政事爲末。在曾子看來,具有良好道德品質的人,對於國家大事,自然能輕鬆自如地應對。和處理政事的具體方法相比,他更關注的是爲政者個人道德品質的培養。質言之,爲政以德,德行爲行政之本,仕與學比較而言,曾子更關注學;在術與道之間,曾子更傾向於道。和主流的社會觀念相比,曾子對"立事"所作的解讀,在當時是一種全新的詮釋。

三、《曾子立事》與《修身》可能有着共同的來源

　　《曾子立事》所講培養官吏人才的内容,是莅事行政的基礎,與當時社會流行的"立事"觀念——處理政事、主持事務,緊密相關。《立事》作爲《曾子》書的篇名,見於戰國立事銘文,證明《立事》篇名確有久遠的淵源。《群書治要》摘引《曾子立事》時,篇名作《修身》,它們兩個哪一個先哪一個後呢? 或者説哪一個真哪一個僞呢?

　　隋唐時期流傳着兩種不同版本的《曾子》:一是《大戴禮記・曾子》,一是《隋志》所記二卷本《曾子》。宋儒最早把《大戴禮記・曾子》和二卷本《曾子》聯繫起來的是高似孫,他説:"凡十篇,自《修身》至《天圓》,已見於《大戴禮》篇,爲四十九,爲五十八,他又雜見於《小戴禮》,略無少異。"(《子略》卷一)高似孫之所以將二者聯繫起來,最重要的根據是二者内容基本相同。晁公武説:"《曾子》二卷,魯曾參撰。《漢藝文志》《曾子》十八篇,《隋志》《曾

————————

① 朱熹《四書章句集注》,104 頁。

子》二卷,目一卷,《唐志》《曾子》二卷。今世傳《曾子》二卷,十篇本也,有題曰'傳紹述本',豈樊宗師與?"(《郡齋讀書志》卷三)晁公武認爲自己所見的《曾子》書,是樊宗師傳下來的二卷本《曾子》,而不是《大戴禮記·曾子》。總之,宋儒既看到兩個版本的《曾子》内容基本相同,又看到它們存在差異,對於《立事》和《修身》的先後關係,他們並不敢肯定。

西方學者李孟濤(Matthias Richter)提出新説,他認爲《尚書》中"立政"爲建立長官,"立事"指建立群職,這與《修身》不同而與《曾子立事》的原初義切合。在以後的時間,很可能是在漢代,當《曾子立事》文本逐漸和它的背景——官員的選拔脱離時,漢儒又按照自己的想像進行了重新解釋。在這個重新解釋中,《曾子立事》文本被改編和加入了與官員選拔無關的材料,於是《曾子立事》成了培養博學之士的標準。李孟濤説他雖然不能重構這個過程中細緻的變化,但可以推斷《曾子立事》已經偏離了這個主題,而且這個趨勢越來越强,直到《群書治要》將《曾子立事》替代爲《修身》①。

先秦時期,修身是一種重要的思想觀念。《修身》作爲篇名,見於《墨子》、《管子》、《荀子》等先秦典籍。《曾子立事》説:"臨懼之而觀其不恐也,怒之而觀其不惜也,喜之而觀其不諰也,近諸色而觀其不踰也,飲食之而觀其有常也,利之而觀其能讓也,居哀而觀其貞也,居約而觀其不營也,勤勞之而觀其不擾人也。"這些選拔官員的標準,在《大戴禮記·文王官人》篇被稱爲"觀誠",在《群書治要·曾子》中並不存在。

《易·復·象》曰:"不遠之復,以修身也。"《荀子·修身》:"見善,修然必以自存也;見不善,愀然必以自省也。"修身意爲踐履道德實踐,修養身心。孔子非常重視修身思想,他説:"修己以敬。"(《論語·憲問》)又説:"修身以道,修道以仁。"(《禮記·中庸》)孔子把執敬篤仁作爲修身的重要方法。《禮記·大學》:"自天子以至於庶人,壹是皆以修身爲本。"《大學》是和曾子有密切聯繫的著作,它把修身作爲外推的根本。《曾子立事》:"巧言令色,能小行而篤,難於仁矣。"又説:"臨事而不敬,居喪而不哀,祭祀而不畏,朝廷而不恭,則吾無由知之矣。"《曾子立事》闡發的居敬行禮等修身理念,明顯和孔子修身思想一脉相承。《曾子立事》所言博學、審問、慎思、明辨、篤行之事,在《禮記·中庸》裏明確被肯定爲修身的重要方法。因此,從文例和思想

---

① Matthias Richter, "Self-Cultivation or Evaluation of Others? A Form Critical Approach to Zengzi li shi", in *Asiatische Studien/Études Asiatiques* LVI, 4 (2002): 879~917.

主旨上説,《修身》作爲《曾子》的篇名,也是非常恰當的。

上博簡《内禮》和《曾子立孝》、《曾子事父母》相關語句基本相同,證明《大戴禮記·曾子》確爲先秦古書,並非漢儒僞造。《群書治要》爲魏徵等人編纂,爲唐初的典籍。我們把處於先秦、唐代兩個不同時期的《大戴禮記·曾子立事》和《群書摘要》所引《修身》比較後發現,二者用語或有繁簡之別,但内容基本相同。《曾子》十篇雖有删改,但自先秦至唐,大體面貌沒有改變,證明李孟濤先生“漢儒對《曾子立事》重新進行了改編,加入了與官員選拔無關的材料”的説法,是不可信的。

《唐會要·修撰》説:“太宗欲覽前王得失,爰自《六經》,訖於諸子;上始五帝,下盡晋年。徵與虞世南、褚亮、蕭德言等成五十卷,上之。”(《玉海》卷五十四)唐太宗想了解先王爲政的得失,但苦於古代典籍浩如烟海。爲減輕太宗觀書的勞苦,魏徵等人選取先秦至晋代“務乎政術”之語,彙於一書,編成《群書治要》。《群書治要》是帶有政治目的的裁剪,而不是重新增補材料。前人已注意到《群書治要》引書與其他版本的典籍有所不同,《四庫全書總目·附錄未收書目提要》説:“今觀所載,專主治要,不事修辭。凡有關乎政術、存乎勸戒者,莫不彙而輯之,即所採各書,並屬初唐善策,與近刊多有不同。”《群書治要》保存了《尸子》、《申子》、《政要論》、《桓子新論》、《晋書》等古代佚籍,皆是唐初善本,其文獻價值是公認的。《群書治要》所引《立孝》、《制言》、《疾病》與《大戴禮記·曾子》雖語句有詳略之別,但篇名、内容基本相同。僅因《修身》篇名不同,就説它修改篇名、填充資料,是對《群書治要》成書問題的誤讀。

關於《曾子立事》和《修身》篇名的不同,阮元解釋説:“《大戴》篇目與古單行《曾子》本不同也。”①他認爲《曾子》篇名的不同,是由於傳本不同造成的。這是非常正確的。上博簡《内禮》説:

> 君子之立孝,愛是用,禮是貴。故爲人君者,言人之君之不能使其臣者,不與言人之臣之不能事其君者。故爲人臣者,言人之臣之不能事其君者,不與言人之君之不能使其臣者。故爲人父者,言人之父之不能畜子者,不與言人之子之不孝者。故爲人子者,言人之子之不孝者,不與言人之父之不能畜子者。故爲人兄者,言人之兄之不能慈弟者,不與言人之弟之不能承兄者。故爲人弟者,言人之弟之不能承兄(者,不與言人之兄之不能慈

---

① 阮元注釋《曾子十篇》,1 頁。

弟者。故)曰,與君言,言使臣;與臣言,言事君。與父言,言畜子;與子言,言孝父。與兄言,言慈弟;與弟言,言承兄。反此亂也。

這段文字與今本《曾子立孝》基本相同。由於傳本不同,它們的篇名一是《內禮》,一是《曾子立孝》。古書篇卷分合不定,由於編纂者的不同,在流傳過程中,相同的一段或整篇內容,會出現不同的篇題。這種同篇異名的現象在先秦、秦漢古書中很常見,如《逸周書·官人》與《大戴禮記·文王官人》,《禮記·孔子閒居》與《孔子家語·論禮》,《禮記·祭義》與《大戴禮記·曾子大孝》等。

　　《曾子》十八篇最早著錄於《漢書·藝文志》。梁阮孝緒《七錄》、《隋書·經籍志》錄有"《曾子》二卷,《目》一卷"。宋儒高似孫、王應麟都見過二卷本《曾子》,證明《漢志》"曾子十八篇"到隋唐時期,雖然殘缺,但並沒有亡佚。《群書治要》輯錄《漢志》"曾子十八篇"殘缺本的內容,保存其《修身》篇題。而《曾子立事》源自《大戴禮記》,編纂者的不同,可能是造成《曾子立事》與《修身》篇名不同的原因所在。

　　長期以來,《大戴禮記·曾子》十篇出於《漢志》"曾子十八篇",是學界根深蒂固的觀點。但我們知道,《大戴禮記》爲戴德所編①,《漢書·藝文志》採自劉向校書所成的《七略》。戴德編訂《大戴禮記》在宣帝、元帝時,劉向校書在成帝、哀帝時,戴德編訂《大戴禮記》在前,劉向校書在後。學界以《大戴禮記·曾子》十篇出於《漢志》"曾子十八篇",可能是對《曾子》流傳史的重大誤讀。"立事"一詞見於甲骨文、《尚書》,"修身"見於《論語》、《荀子》等春秋戰國文獻,"立事"出現早而"修身"晚出,因此《曾子立事》與《修身》篇名的不同,或許是糾正這一誤讀的重要綫索。

　　綜上所述,戰國陶文、青銅器銘文中的"立事"皆爲莅官行政之義,因此王聘珍認爲"立事"意爲"立身行道",阮元認爲"立事"是以"事實立訓",可能對《曾子立事》篇名存在誤讀。《文王官人》說的是如何發現人才,如何使用人才,而《曾子立事》所說的博學篤行、慎言遠患、善義忠信、事君父、敬師長、交朋友、教子弟等,實際是講如何培養人才的品行,爲其將來執政作準備。

---

① 學界否定《大戴禮記》爲戴德所編,主要依據是《漢志》並未記載《大戴禮記》,黃懷信先生對此說已有所駁正。參黃懷信《關於〈大戴禮記〉源流的幾個問題》,《齊魯學刊》2005 年第 1 期,15～20 頁。

　　《曾子立事》較多地關注弟子從政前道德品質的培養,而對他們從政後具體爲政方法卻鮮有涉及。原因有二:一是曾子認爲居家猶如行政,能妥善處理好家族事務,自然就能處理好政務。二是德爲行政之先。在弟子從政之前,曾子教其弟子從事善義忠信、敬師長等道德行爲,爲他們將來莅事行政,成爲一名優秀官吏作好準備,夯實基礎。《群書治要》保存的是《漢志》"曾子十八篇"的篇題,並不是在摘録時,把《曾子立事》改爲《修身》。古代同一篇文獻在流傳中會出現不同的傳本,《曾子立事》出自《大戴禮記》,《修身》出自《隋志》三卷本《曾子》,同篇異名可能是《曾子》文獻在流傳過程中,不同編纂者的整理造成的。《曾子立事》與《修身》皆出於對戰國時期曾子語録的整理,其先後順序目前尚不能坐定。

第三章
《曾子》十篇思想研究

第一節　學界以往研究《曾子》十篇思想的理路

孝道是《曾子》十篇突出的思想特色,一般説來,學者對曾子孝道思想的研究主要是從以下幾個方面入手:一是按照孝道理論發展的時代順序,同時結合戰國士人興起的社會背景,對曾子思想進行深入揭剖。康學偉《先秦孝道研究》、王長坤《先秦儒家孝道研究》分別討論了西周、春秋、戰國時代孝道思想的發展變遷,結合曾子生活的時代特點,對曾子孝道理論作了深入剖析①。肖群忠從孝字的初始意義入手,探索《曾子》十篇從西周孝道興起到戰國《孝經》結集進程中的作用②。羅新慧强調曾子忠君與孝道融匯的理論,適應了家族勢力和個體小農家庭上升的社會趨勢③。

二是結合戰國百家爭鳴的學術背景,把《曾子》十篇作爲一個學派著作,來研討它的思想内涵。姜廣輝説曾子身體力行孝道,將孝道分爲以敬孝親、竭力養親、愛身孝親、從道微諫、遵守父道、慎終追遠等具體層面,曾子的孝道哲學是他對諸子批評的回應④。王春《孔門弟子思想分化研究》(山東大學 2005 年博士論文)、劉紅霞《曾子及其學派研究》(山東大學 2008 年博士論文)則注重在先秦儒家思想發展的背景下,從學派的角度來研究曾子承前啓後的樞紐作用。

三是從曾子與孔子的師承關係出發,探討曾子對孔子孝道思想的繼承及曾子孝道理論的體系。曾振宇《曾子思想體系論綱》⑤、李啓謙《曾子研

---

① 康學偉《先秦孝道研究》;王長坤《先秦儒家孝道研究》,巴蜀書社,2007 年。
② 肖群忠《孝與中國文化》。
③ 羅新慧《曾子與〈孝經〉——儒家孝道理論的歷史變遷》,《史學月刊》1996 年第 5 期,6～11 頁。
④ 姜廣輝《中國經學思想史》第一卷,706～707 頁。
⑤ 曾振宇《曾子思想體系論綱》,《遼寧師範大學學報(社會科學版)》1994 年第 3 期,65～71 頁。

究》①等主張曾子一生積極地踐履了儒家的孝道,極大地豐富和發展了孔子的孝道思想,構建了獨具特色的孝道思想體系,是先秦儒家孝道思想的集大成者。何元國則持相反意見,他認爲《曾子大孝》對孝作了教條的、片面的泛化,完全背離了孔子孝道的精神,露出了"愚孝"的苗頭②。

　　學界研討最多的是曾子孝道的理論結構。王甦分至誠、孝悌、忠恕、義理、弘毅、友生六個方面闡述的曾子孝的内涵③。卓秀嚴指出,曾子之忠敬是發於内心之至誠,禮爲形諸外貌之恭敬,内外兼修,是曾子之孝的特點④。宇野哲人認爲,曾子致力於忠和孝的溝通,强調忠、信、敬等皆是孝的表徵,其形而上的意味比孔子明顯增强了⑤。武内義雄强調曾子的孝不爲時間和空間限制,是遍布宇宙的原理,曾子所説的孝,同與孝弟並稱的"孝"不同,實是近於孔子的仁。行孝的方法,主觀上從忠,客觀上從禮,這和《論語》中仁的方法——教以忠恕與復禮很相似⑥。

　　前人研究《曾子》十篇孝道思想的成果是很豐碩的,成就是主要的,但也存在明顯的問題。《曾子制言》"尊仁",就是以仁最爲尊貴。《曾子立孝》以孝爲天地之大經,孝涵蓋了仁、義、忠、信諸德,仁只是孝的一部分,已下降爲一般的德目。"尊仁"與"以孝爲天地之大經",作爲《曾子》十篇重要的思想特點,二者存在着明顯的區別與矛盾。葛兆光先生説《大戴禮記》中收錄了曾子不少言論,其中《本孝》等四篇大體上都是講孝道的,同時也很注意"禮",《制言》上中下三篇就是"主言行禮稟(秉)德、居仁由義、進退不苟之事",大體上是承襲了孔子的思路⑦。葛先生已經明確看到《曾子本孝》等四篇是講孝道的,《曾子制言》上中下三篇是講仁義的,兩部分思想内容明顯不同,但他説《曾子》十篇是既講孝,同時又講禮的(禮包括居仁由義之事),既重仁又重孝是曾子的思想特點。就在他模棱兩可的敘述中,一個非常重要的問題——《曾子》十篇各部分之間内在思想歧異被掩飾過去了。

　　單看研究曾子孝道的一篇文章,會發現它對曾子思想挖掘得很深入,對曾子孝道體系的探究也很到位。但當我們翻檢完幾十篇乃至上百篇文章

①　李啓謙《曾子研究》,《烟臺大學學報(哲學社會科學版)》1995 年第 4 期,12～19 頁。
②　何元國《〈曾子〉泛化孝再評價》,《湖北大學學報(哲學社會科學版)》2006 年第 1 期,8～11 頁。
③　王甦《曾子踐仁的功夫》,《孔孟月刊》第 13 卷第 11 期,1975 年 7 月。
④　卓秀嚴《曾子論孝》,《成功大學學報》第 22 卷,1987 年。
⑤　[日]宇野哲人《支那哲學の研究》,126～130 頁。
⑥　[日]武内義雄《中國哲學思想史》,26～31 頁。
⑦　葛兆光《中國思想史》第一卷,復旦大學出版社,1998 年,183 頁。

(包括大量碩博論文),就會發現他們談曾子孝道思想時,都是將曾子的孝道分爲大孝、中孝、小孝三個層次,再細分爲孝親、養親、敬親、諫親等具體層面進行闡述,文章體例雖不斷變化,但内容重複,創新不足。這一問題不僅在大陸存在,在港臺、日本同樣如此。這種陳陳相因的研究現狀逼迫我們,研究曾子孝道思想必須尋找新的視角、新的切入點了。

　　知人論世,即把《曾子》十篇放到先秦儒家思想發展的大背景中進行研究,是思想史研究的一個重要方法。孔子殁後,儒學繼續向前發展,曾子、子夏、子游等爲第一代,子思爲第二代,子上爲第三代,孟子爲第四代,孔孟之間大體上可以分爲三代。按《先秦諸子繫年》①,我們將孔孟之間重要譜系人物的生卒年代排列如下:

　　　　孔子公元前 551 年——前 479 年

　　　　曾子約公元前 505 年——前 436 年

　　　　子思約公元前 483 年——前 402 年

　　　　子上約公元前 429 年——前 383 年

　　　　孟子約公元前 390 年——前 305 年

郭店儒簡出土於湖北荆州市郭店 1 號楚墓,考古學界利用類型學的方法,推定此墓的下葬年代爲公元前 4 世紀末,即不晚於公元前 300 年。郭店簡《五行》、《魯穆公問子思》、《緇衣》篇明確可以肯定屬於子思學派,郭店儒簡除《語叢》外的其他篇章,反映的是孔孟之間孔子第二、三代弟子生活時代的思想世界,代表了當時儒家心性之學所達到的水平與高度。

　　曾子與樂正子春是同時的,但曾子與樂正子春的弟子已相去幾十年,《曾子》十篇反映的是由曾子到樂正子春及其弟子長時間的思想發展變遷。《曾子》十篇成書於不同的曾子弟子之手(見上編第二章第二節),各部分之間思想難免"有出入",因此,我們主張按照《曾子》十篇内容的不同,把《曾子立事》、《曾子制言》(包括上中下三篇)、《曾子疾病》稱爲甲組,《曾子本孝》、《曾子立孝》、《曾子大孝》、《曾子事父母》四篇稱爲乙組,《曾子天圓》稱爲丙組。按甲、乙、丙三組分別研究曾子的德治、孝道及天人思想,在此基礎上探討曾子學派的思想發展脉絡,避免以前學者把思想明顯差異的篇章糾纏在一起、統而論之的混亂狀態。

---

① 　錢穆《先秦諸子繫年》,商務印書館,2001 年,693~695 頁。

從孔子至孟子，期間相隔一百多年，《曾子》十篇和郭店儒簡同處孔孟之間，是先後相承的兩個學術樞紐。郭店儒簡出版以來，學者從文字、文獻及義理思想等方面進行了很好的研討，但其中有一個明顯的不足，就是很少有學者將郭店儒簡和《曾子》十篇進行比較①，而且研究側重於它們相同之處的比較，卻忽視了對它們不同之處的探究。我們在下面的思想研究中，既比較《曾子》十篇與郭店儒簡的相同之處，又比較二者的不同之處。《曾子》十篇的思想定型是先於郭店儒簡的，筆者把《曾子》十篇定位於《論語》與郭店儒簡之間，以郭店儒簡爲主要參照，反觀《曾子》十篇的思想特色。我們把《曾子》十篇作爲孔孟之間儒家思想進程的一個重要鏈環，來探索它向内求索的致思路徑及思想發展軌迹，以期揭示《曾子》十篇所代表的曾子思想，在早期儒學進程中的樞紐作用。

第二節　《曾子》甲組的修身論

以前學者研究《曾子》甲組的德治思想，主要是結合《曾子》甲組的語句，具體闡發一下曾子仁的内涵、義的境界。而郭店儒簡和《曾子》甲組同出孔孟之間，時間非常接近。因此我們將《曾子》甲組與郭店儒家進行一下比較，以郭店儒簡爲參照，從《曾子》甲組與郭店儒簡的異同點來探討《曾子》甲組思想内涵，以期加深我們對《曾子》甲組德治思想的理解。

一、以仁爲尊

孔子從不輕易以仁許人，在孔子那裏，仁是其思想建構的核心。郭店簡《五行》："善，人道也。德，天道也。"《五行》的德是指仁、義、禮、智、聖，仁已經與天道聯繫起來，但其重要性排在聖、智之後。郭店簡《性自命出》說："仁，性之方也，性或生之。"又說："愛類七，唯性愛爲近仁。"《性自命出》認爲，仁愛生於人性，而人性之愛與仁最爲接近。郭店簡中的仁已與人性、天

---

①　羅新慧《郭店楚簡與〈曾子〉》，《管子學刊》1999 年第 3 期，64～68 頁；葉國良《郭店儒家著作的學術譜系問題》，《臺大中文學報》第 13 期，2000 年 12 月，轉載於《中國哲學》第二十四輯，226～250 頁；張磊《上海博物館竹書〈内禮〉與〈大戴禮記〉"曾子十篇"》，《管子學刊》2007 年第 1 期，107～110 頁；郭梨華《曾子與郭店儒簡的身體哲學探究》，李學勤、林慶彰等《新出土文獻與先秦思想重構》，235～262 頁。

道密切聯繫起來,但多與其他道德範疇並列,仁的核心位置不再凸顯,不再具有道德總目的意義①。

《曾子制言中》:"是故君子以仁爲尊,天下之爲富,何爲富? 則仁爲富也。天下之爲貴,何爲貴? 則仁爲貴也。"王聘珍注曰:"尊,謂尊長。《易》曰:'君子體仁,足以長人。'天下爲富,謂富有四海之内也。天下爲貴,謂貴爲天子也。"②君子以仁德爲尊,天子富甲天下,不如仁義。君子思仁義,"晝則忘食,夜則忘寐",仁義居於《曾子》甲組的核心位置。

《論語·衛靈公》:"志士仁人,無求生以害仁,有殺身以成仁。"孔子認爲,爲了追求仁的理想,必要時不惜犧牲自己的生命爲代價。《曾子制言中》説:"布衣不完,疏食不飽,蓬户穴牖,日孜孜上仁。知我,吾無訢訢;不知我,吾無悒悒。"王聘珍注曰:"孜孜,不怠之意。上仁,尊仁也。訢訢,喜也。"③曾子布衣菜食,以蓬爲户,鑿土室爲窗,居住環境雖然惡劣,但依然每天追求仁義,他與《論語》中顔回的精神氣質極爲相似。《曾子制言中》説:"昔者,伯夷、叔齊死於溝澮之間,其仁成名於天下。"曾子以伯夷、叔齊的事例,説明即使死在溝渠之中,也要實現仁的道德理想。《論語》推崇的仁人伯夷、叔齊、顔回,在郭店儒簡中卻不再存在,而在《曾子》甲組都有。

孔子談及人性,但並未將仁與人性真正聯繫起來。和郭店簡相比,《曾子》甲組雖有内省傾向,但没有使用人性的概念。這説明《曾子》甲組與孔子仁學一脉相承,在理論構建形態上雖較爲原始,卻更多地保持着孔子仁學色彩的本真。《論語·述而》孔子説:"天生德於予,桓魋其如予何!"孔子已開始將人的德性和天聯繫起來思考,這在郭店儒簡理論中得到充分發展。而《曾子》甲組天爲自然之天,仁與天道没有明確的理論聯繫,這不能不説是曾子對孔子仁學理論繼承的一種缺失。

孔子有時講"温、良、恭、儉、讓"(《論語·學而》),有時講"恭、慎、勇、直"(《論語·泰伯》),有時講"恭、寬、信、敏、惠"(《論語·陽貨》)。《論語》的道德體系也不固定,與仁聯用的德目也不一樣,如《論語·述而》:"志於道,據於德,依於仁,游於藝。"聯用的是道、德、仁、藝。《論語·憲問》:"仁者不憂,知者不惑,勇者不懼。"聯用的是仁、智、勇。

郭店簡《忠信之道》説:"忠,仁之實也。信,義之期也。"忠信對舉,成爲

---

① 羅新慧《從郭店楚簡看孔、孟之間的儒學變遷》,《中國哲學史》2000 年第 2 期,56～64 頁。
② 王聘珍《大戴禮記解詁》,94 頁。
③ 王聘珍《大戴禮記解詁》,93 頁。

教化百姓的重要舉措。《五行》説:"仁形於内謂之德之行,不形於内謂之行。義形於内謂之德之行,不形於内謂之行。禮形於内謂之德之行,不形於内謂之[行。智形]於内謂之德之行,不形於内謂之行。聖形於内謂之德之行,不形於内謂之(德之)行。"仁、義、禮、智、聖已成爲《五行》固定的道德體系。郭店簡《六德》:"何謂六德? 聖、智也,仁、義也,忠、信也。"《六德》將聖、仁、智、信、義、忠並列爲六種社會道德規範,與父、子、夫、婦、君、臣一一對應起來,將仁固定爲子對父的倫理準則。雖然郭店儒簡各篇之間的道德體系不同,但在各篇之内,道德體系已逐漸固定化,這是《論語》中從來没有講過的。

《曾子》甲組有時仁單獨出現,如《曾子制言中》説"君子以仁爲尊"。有時是仁義聯用,如《曾子制言中》説"君子思仁義,晝則忘食,夜則忘寐",《曾子制言下》説"奉相仁義,則吾與之聚群嚮爾;寇盗,則吾與慮"。有時會出現多個德目聯用的現象,如《曾子制言中》説:"君子雖言不受必忠,曰道;雖行不受必忠,曰仁;雖諫不受必忠,曰智。"聯用的道、仁、智。《曾子》甲組多個德目聯用的現象較爲少見,各篇之間,甚至是同一篇之内,如《曾子制言中》,其道德體系也不一致,表明《曾子》甲組仁學德目組合尚未固定化、體系化,比郭店儒簡更接近孔子仁學的本然狀態。

孔子未嘗將仁義聯用,仁義聯用在郭店儒簡中也已出現。《語叢一》説:"仁義爲之枭。"《小爾雅・廣言》:"枭,極也。"這裏引申爲終極、法度,《語叢一》以仁義爲行爲的最高目標。《六德》説:"仁,内也,義,外也。"《語叢一》:"仁生於人,義生於道,或生於内,或生於外。"仁德生於内心,而義德本於天道,它們有内外之别,"仁内義外"可謂是郭店簡頗具特色的仁義理論。《五行》:"仁形於内謂之德之行,不形於内謂之行。""德"是内在於己的道德,而"行"則是外在道德踐履。將外在的道德實踐内化於心,《五行》已有將内外貫通起來的傾向。

《曾子制言上》説"士執仁與義而明行之",《曾子制言中》説"是故君子思仁義,晝則忘食,夜則忘寐",《曾子》甲組對孔子仁學理論最重要的發展,是將仁義聯用。《論語》未曾將仁義並稱,《曾子》甲組與郭店簡《語叢一》將仁義聯繫起來,《六德》等篇將仁義分爲内外,《五行》開始貫通内外,最後到孟子反對仁内義外、將仁義禮智根植於心,可以説,早期儒家仁學思想發展進程,是比較清晰而又連貫的。

《論語》以仁爲核心,但未將仁義聯用。《曾子》甲組以仁爲尊,是對《論語》仁學思想的繼承。同時它主張仁義並舉,內外兼修,則是對孔子思想的發展與提升,爲郭店儒簡仁內義外理論的形成作好了理論鋪墊。從《論語》、《曾子》甲組德目聯用的不固定,到郭店簡《六德》、《五行》等篇道德體系逐漸形成,再到《孟子》、《荀子》思想體系的固定化、集大成,孔孟之間儒家仁學思想的提升及道德體系的固定化,不是一次完成的,而是一個長時間的逐漸提升的過程。而《曾子》甲組仁學思想,正是這一進程中不可或缺的一環。

二、內省修己

曾子提升個人道德修養的方法是自省,反求諸己是曾子的思想特色。《曾子立事》:"君子攻其惡,求其過,彊其所不能,去私欲,從事於義,可謂學矣。"王聘珍注曰:"攻,治也。惡,不善。求,索也。過,失也。惡匿於心,非攻則不去。過出於身,不求或不知。強,勉也。私欲,情欲也。"①"其"是反身代詞,指自己,曾子主張以"義"爲標準,反求己身之過,攻除內心之惡,來提升自己的道德修養。

《曾子制言中》云:"是故君子思仁義,晝則忘食,夜則忘寐,日旦就業,夕而自省,以役其身,亦可謂守業矣。"《爾雅·釋詁下》:"省,察也。"曾子主張時時反求諸己,處處反躬自省。對於這句話,《荀子·法行》有很好的解釋:"曾子曰:'同游而不見愛者,吾必不仁也;交而不見敬者,吾必不長也;臨財而不見信者,吾必不信也。三者在身曷怨人?怨人者窮,怨天者無識。失之己而反諸人,豈不亦迂哉!'"共事而不受愛戴,是因爲我不仁;交往而不被人尊敬,是因爲我不忠厚;處理財産而不見信任,是因爲我不忠信。總之,曾子認爲在社會交往中,不受人尊重、信任的原因不在於別人,而在於自己。因此曾子要反求諸己,每天自我省察。

郭店簡《性自命出》說:"聞道反己,修身者也,上交近事君,下交得衆近從政,修身近至仁。"聞君子之道,要反思修身。與居上位的人交往如同事君,與居下位的交往並得到他們的擁護,近於從政,這樣的反省修身,近於最高的仁德。郭店簡《成之聞之》說:"古之用民者,求之於己爲恒。"又說:"是故君子之求諸己也深,不求諸其本而攻諸其末,弗得矣。"國君治理國家,最重要的原則是求己。君子要深層次地反求諸己,不反思內心而務於省察外在行爲的枝節,便不能提高自己的道德修養。《窮達以時》:"窮達以時,幽

①　王聘珍《大戴禮記解詁》,69 頁。

明不再,故君子敦於反己。"人生的窮達在於命運,而命運是無法把握的,君子要做的是反己修身。總之,郭店儒簡非常注重自省,並把它作爲修身的重要原則。

曾子之學以身爲本,其修養方法始於自身。曾子對自己的言行,有嚴格的要求。《曾子立事》:"君子不唱流言。"《説文通訓定聲·孚部》:"流,假借爲浮。"流言,虚浮之言,無根之言。王聘珍注曰:"唱,導也。流言滅之,不導之使行。"①曾子反對無根據之言,説"不能行而言之,誣也"(《曾子立事》),誣,欺騙。曾子認爲不能踐行而巧爲言説,那就是欺騙。在言行關係上,曾子主張言與行要一致,要謹言慎行。《曾子立事》説:"行必思言之,言之必思復之,思復之必思無悔言,亦可謂慎矣。"盧辯注曰:"《論語》曰:'信近於義,言可復也。'思復之,必思無悔言,思唯可復,以言不虚。"②曾子主張説話要考慮到能否踐行,做事要考慮能否對人言説,只有這樣才能言行兼顧,内外一致。

郭店簡《緇衣》説:"可言不可行,君子弗言;可行不可言,君子弗行。"可以説但卻不能實現的話,君子不説;能做到但不可對人言説的事,君子不做。郭店簡《緇衣》説:"言從行之,則行不可匿。故君子顧言而行。"郭店簡《緇衣》與《曾子立事》在言行兼顧上是一致的。郭店簡《緇衣》又説:"王言如絲,其出如綸;王言如索,其出如綍。故大人不倡流。"倡,宣揚。流,指流言。郭店簡《緇衣》主張言語謹慎,對虚妄之言持反對態度。《曾子立事》:"言必有主,行必有法。"王聘珍曰:"主,本也。法,常也。"郭店簡《緇衣》説:"君子言有物,行有格。"《禮記》鄭玄注:"格,舊法也。"郭店簡《緇衣》主張君子言語要有根據,行爲要有法度,"顧言而行,以成其信",這和《曾子立事》是非常相近的。此外,郭店簡和《曾子》甲組在博學、慎擇、精思等修身方法上也很相似。

言行一致、舉止謹慎,僅是内省的一個方面,修身的重點在於修心。曾子注重培養内在於心的真實情感,以此來提升人的道德修養。《曾子立事》:"臨事而不敬,居喪而不哀,祭祀而不畏,朝廷而不恭,則吾無由知之矣。"不管是宗廟祭祀,還是朝廷禮儀,和外在的儀式相比,曾子更注重内在的情感,注重用内心的恭敬、哀戚、畏懼等情感,支撐外在的禮儀。這在郭店簡中也

---

① 王聘珍《大戴禮記解詁》,74 頁。
② 盧辯注,孔廣森補《大戴禮記補注》,46 頁。

有同樣反映。《性自命出》説："君子執志必有夫廣廣之心,出言必有夫柬柬之信,賓客之禮必有夫齊齊之容,祭祀之禮必有夫齊齊之敬,居喪必有夫戀戀之哀。"《性自命出》主張君子言談必須真誠守信,行賓客之禮必須容貌莊重,祭祀必須恭敬,居喪内心必須哀戚。内外兼修,情禮互相支撐,是《曾子》甲組與郭店儒簡的共同點。

　　《曾子》甲組直指人的本心,已經出現了心性論的萌芽。《曾子立事》説："目者,心之浮也,言者,行之指也,作於中則播於外也。"王聘珍注曰："浮,孚也。指,示也。……作,動也。播,揚也。"①曾子認爲眼睛和語言是心靈和行爲的標識,人内心真摯的感情自然會表現爲外在的行爲。《曾子立事》:"君子之於不善也,身勿爲能也,色勿爲不可能也;色也勿爲可能也,心思勿爲不可能也。"孔廣森注曰:"言君子之屏去不善,無所勉强於心色之間,是人所難能也。"②和外在的行、色相比,不勉强於心志最爲重要。

　　《曾子立事》説："喜怒異慮,惑也。"王聘珍注曰:"慮,思也。異慮者,逐物而遷,不與心謀也。"③人的困惑,來自喜怒之情與心思的脱節。《曾子立事》:"君子慮勝氣,思而後動。"王聘珍注曰:"慮,謀思也。勝,克也。氣,謂血氣。"④曾子認爲心志要克制血氣之欲,内心的思謀應先於外在的行動。《曾子立事》説:"君子攻其惡,求其過,彊其所不能,去私欲,從事於義,可謂學矣。"王聘珍注曰:"攻,治也。惡,不善。求,索也。過,失也。惡匿於心,非攻則不去。過出於身,不求或不知。"⑤曾子主張以仁義消除己之過,攻克内心之惡。《曾子》甲組對心性内容涉及較少,但心統情氣的修心思路已經萌生。

　　郭店儒簡與《曾子》甲組在心性論上,有很多相似之處。《性自命出》説:"人之雖有性,心弗取不出。"《性自命出》的"性"字從生從目,説明生而能視物是人的天性。面對外物的誘惑,人如果不加節制,就會迷失人性,因此心要對人性進行制約。《性自命出》説:"凡學者求其心爲難,從其所爲,近得之矣。"《性自命出》認爲外在的行爲可以反映人的真實思想世界。《性自命出》説:"知情[者能]出之,知義者能入之。"又説:"[不]過十舉,其心必在焉,察其見者,情安失哉?"《性自命出》主張人外在的言行和内在的品

①　王聘珍《大戴禮記解詁》,76 頁。
②　盧辯注,孔廣森補《大戴禮記補注》,49 頁。
③　王聘珍《大戴禮記解詁》,76 頁。
④　王聘珍《大戴禮記解詁》,71 頁。
⑤　王聘珍《大戴禮記解詁》,69 頁。

性、思想是一致的,通過對外在行爲的多次考察,可以了解人的内心世界。《五行》:"耳目鼻口手足六者,心之役也。心曰唯,莫敢不唯;[心曰]諾,莫敢不諾;[心曰]進,莫敢不進;[心曰]後,莫敢不後;[心曰]深,莫敢不深;[心曰]淺,莫敢不淺。"《五行》强調耳目鼻口手足要受心的制約、控制。《五行》又説:"五行皆形於内而時行之。"《五行》突出的一點,是外在的道德踐履可以轉化爲内在的德之行。

曾子雖主張内省,但《曾子》甲組中並未出現人性的概念,而郭店儒簡的心性論要比《曾子》甲組複雜得多,成熟得多。《性自命出》是郭店簡心性論最系統的一篇,我們以它來説明《曾子》甲組與郭店儒簡心性論的差別。《性自命出》"性"爲會意字,從生從目,意爲人天生具有發現外物的功能。《性自命出》説"及其見於外,則物取之也",人性受到外物的誘惑,自然會生發出喜怒哀樂等不同的感情。但這些感情並無善惡之分,怎樣保證"始者近情,終者近義"呢? 這就需要聖人的教化。《性自命出》説"教,所以生德於中者也",可知在聖人的教化下,庶民内心生德,外在的道德實踐就可以轉化爲内的德性①。《性自命出》又説:"笑,禮之淺澤也,樂,禮之深澤也。"隨着外在道德行爲内化程度的加深,人由笑發展到樂。至此境界,禮樂已完全轉化爲内心的自覺,"從心所欲不逾矩",即使獨處,所發一言一行無不契合禮制的規定。

《性自命出》説:"喜怒哀悲之氣,性也。"作爲一種氣,性能"誠於中,發於外"。《性自命出》又説:"篤,仁之方也,仁,性之方也,性或生之。忠,信之方也,信,情之方也,情出於性。"外在的《詩》、《書》、《禮》、樂和道德主體發生關係,人性就會轉化出仁善。通過人性這一内外交通的管道,真情、美情會由内向外呈現出來,最終達到"未教而民恒"、"未賞而民勸"的外王境界。外在事功的取得,同時意味着人内心德性的提升,聖人《詩》、《書》、《禮》、樂教化的内化於心。上篇《詩》、《書》、《禮》、樂由外向内的教化和下篇仁善真情的由内向外的呈現,不是兩件事,而是一件事的兩面,在步驟上是逐次遞進的,在時間上是同時完成的②。可以説,《性自命出》已奠定了儒

---

① "内禮",劉昕嵐認爲是深入到禮的精神,陳偉認爲是内在之禮,都未能把握"内禮"的真正内涵,我們認爲,《性自命出》"内禮"和《五行》"形於内"相當。參劉昕嵐《郭店楚簡〈性自命出〉箋釋》,武漢大學中國文化研究院編《郭店楚簡國際學術研討會論文集》,330～354 頁;陳偉《郭店竹書別釋》,198 頁。

② 參拙作《由〈曾子〉十篇看〈性自命出〉的成書及理路——兼談宋儒對先秦儒學的誤讀》,《史林》2009 年第 2 期,100～106 頁。

家心性論的基本框架。

孔子只講修身,未講修心。我們在驚嘆郭店儒簡心性理論發達的同時,如果追問它直接的學術源起,就不得不提及曾子開創的自省的學術轉向。曾子之學以身爲本,由言行一致、慎言慎行到重視人的内在情感,由反求諸己、直指人的本心到心統性情理路的萌芽①,可以説,曾子的内省之學,雖然比郭店儒簡的心性論原始得多,粗糙得多,但其由修身到修心的内省趨向,卻是郭店儒簡心性論産生必要的理論鋪墊。孔子殁後,孔子弟子大致分向内、向外兩個轉向,而曾子是内省派的典型。以前探討曾子的這一學術轉向,主要是借助《論語》、《孟子》中的曾子言論,而今天我們通過《曾子》甲組與郭店儒簡比較,探討曾子内省轉向在早期儒家心性論形成時的理論奠基作用,爲全面把握曾子内省思想的特點及承前啓後的樞紐價值,提供了一個新的切入視角。

第三節　《曾子》乙組的孝道觀

孝道是《曾子》乙組思想的核心。以前學者研究曾子的孝道,主要是將曾子的孝道分爲大孝、中孝、小孝三個層面,然後再研討曾子養親、敬親、孝親、諫親等不同層面的内容。我們將上博簡《内禮》、郭店儒簡與《曾子》乙組比較,從兩者的不同之處,觀察曾子孝道的思想特點。

一、上博簡《内禮》與《曾子》乙組

上博簡《内禮》説:"君子之立孝,愛是用,禮是貴。"上博簡《内禮》中的"愛"字,今本《曾子立孝》作"忠"。《曾子立孝》篇用"忠"代指子女對父母敬愛之情,指的是血緣之愛。《曾子立孝》:"爲人子而不能孝其父者,不敢言人父不能畜其子者;爲人弟而不能承其兄者,不敢言人兄不能順其弟者;爲人臣而不能事其君者,不敢言人君不能使其臣者也。"上博簡《内禮》則直接作"爲人臣"、"爲人子"、"爲人弟"。上博簡《内禮》"爲人臣"、"爲人

---

① 《孟子·公孫丑上》:"昔者曾子謂子襄曰:'子好勇乎? 吾嘗聞大勇於夫子矣:自反而不縮,雖褐寬博,吾不惴焉;自反而縮,雖千萬人,吾往矣。'孟施舍之守氣,又不如曾子之守約也。"縮,直也。自反而縮,即反身自問,正義在我。曾子重視内省,在内心上下功夫,把修心作爲修己的重要方面。《孟子·公孫丑上》曾子養心的記載,可與《曾子》内篇心統性情相參證。

子"、"爲人弟"是泛指,是一般性的概念。而《曾子立孝》作"爲人子而不能孝其父者"、"爲人弟而不能承其兄者"、"爲人臣而不能事其君者",強調自己先做然後才能要求别人,即先己後人、推己及人,這種思想明顯屬於恕道。

"己欲立而立人,己欲達而達人",是《論語》求仁的重要方法,曾子對此有深刻的領悟。《曾子立孝》主張孝道應從内在的層面上重視忠,從外在的層面上重視禮,忠恕相因,推己及人,實際上是曾子對孔子忠恕修仁方法的繼承。和上博簡《内禮》單純重視子女對父母盡孝相比,《曾子立孝》將"忠恕"思想和孝道結合起來,是非常突出的思想特色(詳見上編第一章第二節)。

二、郭店儒簡與《曾子》乙組

《論語·爲政》:"或謂孔子曰:'子奚不爲政?'子曰:'《書》云:孝乎惟孝,友於兄弟,施於有政。是亦爲政,奚其爲爲政?'"孔子認爲對父母盡孝,慈愛兄弟,自然會影響到國家政治。對於家庭倫理與國家政治的聯繫,郭店簡表述很多。郭店簡《唐虞之道》說:"古者虞舜篤事瞽叟,乃■其孝;忠事帝堯,乃■其臣。"■,整理者隸定爲"弋"[1],李零讀爲戴[2],周鳳五讀作"式",認爲"式"作虚詞[3]。陳偉認爲"弋"疑當讀爲"式","式"有法式之義,這裏用作動詞,猶垂範之意,"乃式其孝"是說提供了孝的典範,下句"乃式其臣"是說提供了忠臣的典範[4]。劉釗隸作"戈",認爲"戈"爲"弋"之誤,"乃式其孝"即乃用其孝,"乃式其臣"即"乃用其臣"[5]。

《唐虞之道》中■多見,《唐虞之道》:"咎繇内用五刑,出■兵革。"■,與上句"用"對應,此處用作動詞,周鳳五先生虚詞說不可信。"出■兵革",按陳偉先生意見,以兵戈爲法式,語義不通,於是陳先生改從白於藍先生的說法讀爲"試"[6]。《唐虞之道》:"今之■於德者,未年不■。"不管是讀爲"戴"、"式"、"試"、"戈",句意都無法講通,陳偉、劉釗兩人都說此處簡文不易解,可見學者們對■的釋讀是有問題的。

---

① 荆門市博物館編《郭店楚墓竹簡》,文物出版社,1998年,157頁。
② 李零《郭店楚簡校讀記(增訂本)》,124頁。
③ 周鳳五《郭店楚簡〈唐虞之道〉新釋》,《史語所集刊》第70本第3分,1999年,739~759頁。
④ 陳偉《郭店竹書〈唐虞之道〉校釋》,《江漢考古》2003年第2期。
⑤ 劉釗《郭店楚簡校釋》,154~155頁。
⑥ 白於藍《〈荆門郭店楚簡〉讀後記》,《中國古文字研究》第一輯,吉林大學出版社,1999年,110~116頁。

上博簡《周易》簡30:"⿰(戈)用黃牛之革。"⿰(戈),今本《周易》作
"執",《唐虞之道》⿰與上博簡《周易》⿰(戈)右半部分相同,可知《唐虞之
道》⿰應讀爲"執"①。《廣韻·緝韻》:"執,守也。"《孟子·離婁下》:"湯執
中。"朱熹注曰:"執,守而不失。"《唐虞之道》說:"古者虞舜篤事瞽寞,乃執
其孝;忠事帝堯,乃執其臣。"舜孝敬瞽叟,能篤守孝德,以忠事堯,能盡恪臣
德。《唐虞之道》認爲舜孝於父,自然能忠於君,主張家庭倫理可以與治國原
則融爲一體,是對孔子治國理念的繼承。

《六德》說:"疏斬布絰杖,爲父也,爲君亦然。"《六德》強調君喪和父喪
的喪服標準是一樣的②,父喪和君喪的服飾並無差別,當然更不存在父喪與
君喪的衝突。《六德》"爲父繼君,不爲君繼父"指的是宗族外的君喪服飾的
標準,應參照宗族內父喪的標準執行,即資於事父以事君,突出的是由宗族
内向宗族外的外推。

《曾子立孝》云:"是故未有君而忠臣可知者,孝子之謂也;未有長而順
下可知者,弟弟之謂也;未有治而能仕可知者,先修之謂也。"王聘珍曰:"治,
治職也。先修,修於家也。"③曾子主張孝於家則可以忠於君,敬於長則可
以順於下,修於家則能爲官行政。孝子孝敬父母,就能忠於國君,他將孝
道作爲事君的原則,把家庭的倫理擴充爲治理國家的原則。《曾子大孝》
又從反面說"事君不忠,非孝也",對國君的忠是孝道的一部分,甚至是孝
的先決條件。由"移孝作忠"到"以忠爲孝","忠君"成了孝子必需具備的
品德,孝敬父母與忠於國君融爲一體,家庭倫理與治國原則得以真正
貫通。

《唐虞之道》說:"古者堯之與舜也,聞其孝,知其能養天下之老也。"郭
店儒簡以國君爲主要對象,強調有孝德的國君不僅能養自己的父母,而且能
養天下的父母,是一種由不可選擇的血緣關係向可選擇的非血緣關係的外
推。《五行》:"愛父,其繼愛人,仁也。"《五行》和《唐虞之道》一樣,也注重
孝德的自然外推,但把孝局限於子女對父母之愛。愛天下之民不屬於孝道,

---

① 《論語·雍也》:"子曰:'回也,其心三月不違仁,其餘則日月至焉而已矣。'"《唐虞之道》:"今之
執於德者,未年不執。"執字也解作守,句意爲現在篤守道德的人,不到一年就不在堅持了,這和
《論語·雍也》"其餘則日月至焉而已矣"意思一致。《禮記·曾子問》:"執束帛"孔穎達疏:
"執,持也。"《唐虞之道》:"咎繇内用五刑,出執兵革。"是說皋陶制作五刑以治理國内,出持兵
戈以應對外敵。至此,《唐虞之道》各句句意皆可通。
② 陳偉先生認爲"疏斬布絰杖"是爲君而設,用於君乃是比附而致。參陳偉《郭店竹書別釋》,
126頁。
③ 王聘珍《大戴禮記解詁》,82頁。

而是屬於國君的仁德。

《曾子大孝》説:"居處不莊,非孝也;事君不忠,非孝也;莅官不敬,非孝也;朋友不信,非孝也;戰陳無勇,非孝也。"《曾子大孝》認爲居處莊重、忠於國君、爲官恭敬、交友誠信、作戰勇敢都是孝道的内容。《曾子大孝》甚至把按農時砍伐樹木、捕殺鳥獸都作爲孝的内容,使孝道擴展至社會生活的方方面面。雖然《曾子》乙組與郭店儒簡都主張家族倫理與國家政治是貫通的,但曾子的孝道以父母爲中心,社會政治只是孝道的一部分。《曾子》乙組的孝道,比郭店簡《唐虞之道》等篇的内容要寬泛得多。

《唐虞之道》説:"堯舜之行,愛親尊賢。愛親故孝,尊賢故禪。孝之□,愛天下之民。"□,整理者釋爲"方",王博讀爲"放","孝之方"即"孝之放"①。陳偉根據《説文》、《汗簡》等書,認爲□爲"殺"異體,意爲"衰減"②。從字形上看,陳先生把□讀爲殺是没有問題的,但《唐虞之道》説"愛親故孝,尊賢故禪",愛自己的親人,所以要孝天下的父母,因爲尊重賢人,所以要禪讓,因此把□解釋爲衰減是有問題的。李零認爲殺與施音近,認爲□應讀爲"施",意爲延易、推廣③。梁濤主張"孝之殺"與"親親之殺"或"禮之殺"在文意與内容上並不相同④。《論語·學而》説:"君子務本,本立而道生。孝弟也者,其爲仁之本與!"在《論語》中,仁是由孝而來卻重於孝,《唐虞之道》與之類似,"孝之殺"是説愛天下之民由孝敬自己父母升華而來,其强調的重點不在於孝順父母,而在於愛天下之民。

《唐虞之道》説:"古者堯之與舜也,聞舜孝,知其能養天下之老也;聞舜弟,知其能事天下之長也。"堯推舉舜,不僅因爲舜能孝父母、悌於兄弟,更重要的是舜能養天下的父母,能敬天下的兄長。"利天下而弗利也",要以利天下爲利,而不是以一己之私爲利,禪讓與治國才是《唐虞之道》講孝的根本目的。

曾子認爲孝子能做忠臣,忠臣做官行政是爲了掙得俸禄以孝養父母。《韓詩外傳》卷七記曾子云:"吾嘗仕齊爲吏,禄不過鐘釜,尚猶欣欣而喜者,

① 王博《簡帛思想文獻論集》,臺灣古籍出版有限公司,2001年,276頁。
② 陳偉《郭店竹書〈唐虞之道〉校釋》,《江漢考古》2003年第2期,55~60頁。
③ 李零《郭店楚簡校讀記(增訂本)》,128頁。
④ 梁濤《竹簡〈唐虞之道〉"孝之殺"的若干問題》,張立文主編《儒學評論》,河北大學出版社,2005年,174頁。

非以爲多也,樂其逮親也。既没之後,吾嘗南游於楚,得尊官焉,堂高九仭,榱題三圍,轉轂百乘,猶北鄉而泣涕者,非爲賤也,悲不逮吾親也。"①曾子在齊國爲官,俸禄不過一釜,心裏卻很高興;父母去世之後,曾子到楚國獲得尊位,九仭高堂,百輛大車,曾子卻向北哭泣,這是因爲自己無父母可供孝養。《禮記·檀弓上》記載曾子因爲自己不是大夫,不敢鋪用季孫賜予的席子,所以面對生命危險也要堅決換席。從曾子換席看,曾子還不是大夫,因此《韓詩外傳》卷七記載曾子在楚國"得尊官"一事似不可信。但《韓詩外傳》對曾子之孝的理解,還是比較到位的,即曾子不在乎官位的高低,以孝養父母爲根本目的,而治理國家居於次要的位置。《曾子》乙組與郭店儒簡孝道的側重點或最終目的明顯不同。

《論語·泰伯》孔子説:"君子篤於親,則民興於仁;故舊不遺,則民不偷。"朱熹《論語集注》卷四説:"偷,薄也。"②劉寶楠《論語正義》等皆從之。筆者懷疑"偷"應爲逾字,意爲違禮。君子親於父母,不忘故交,百姓受此影響,篤守仁義而不違禮。孔子認爲孝是涵養道德的起點,而最終目的在於教化民衆。在這一點上,郭店儒簡秉承了孔子孝道思想的宗旨,而《曾子》乙組卻與孔子思想有明顯偏離。

郭店簡《六德》説:"子也者,會埤長材以事上,謂之義,上共下之義,以睦社稷,謂之孝,故人則爲[人也,謂之]仁。仁者,子德也。"《六德》仍沿用孔子的原則,把孝局限在"子"這一社會角色上,局限在子對父的"仁德"裏。《曾子本孝》:"君子之孝也,以正致諫;士之孝也,以德從命;庶人之孝也,以力惡食。任善不敢臣三德。"③《曾子本孝》將孝劃分爲天子、卿大夫、士人、庶人之孝,把孝的不同表現與人的社會身份聯繫在一起,孝道涵蓋的社會階層得到了無限制的拓展。《六德》説"父聖子仁,夫智婦信,君義臣忠",將儒家的多個德目分別與不同社會地位的人對應。而《曾子》乙組分別提出了大孝、中孝、小孝等不同的孝道標準,使"孝"的要求與每一個人的社會地位及能力相對應。和郭店簡相比,《曾子》乙組孝道的特點,是一個德目與社會所有階層對應。

---

① 類似的記載,還見於《韓詩外傳》卷一:"曾子仕於莒,得粟三秉,方是之時,曾子重其禄而輕其身。親没之後,齊迎以相,楚迎以令尹,晋迎以上卿,方是之時,曾子重其身而輕其禄。"
② 朱熹《四書章句集注》,103頁。
③ "以正致諫"是指卿大夫之孝,"任善不敢臣三德"是指天子之孝。按社會地位高低,此句應在"以正致諫"之前。

《論語·顏淵》説:"齊景公問政於孔子,孔子對曰:'君君、臣臣、父父、子子。'"孔子認爲,爲人父恪守父之禮,爲人子要恪守子之禮。爲人君恪守君之禮,爲人臣恪守臣之禮。父子、君臣之間是一種雙向的約束。郭店簡《六德》説:"夫夫、婦婦、父父、子子、君君、臣臣,六者各行其職,而讒諂無由作也。"夫婦、父子、君臣各自履行自己的職責,那麼讒言諂媚就不會産生了,《六德》繼承了孔子父子君臣雙向禮制約束的思想。

雖然《曾子》乙組也主張父母要疼愛子女,但它更多地强調子女對父母的單向順從。父母有過,孝子要柔聲勸諫。父母不聽,自己要完全按照父母的意思去做,如同出於自己的心意。《曾子本孝》説:"故孝子之於親也,生則有義以輔之,死則哀以莅焉,祭祀則莅之以敬。如此,而成於孝子也。"在曾子那裡,父母活着的時候,要悉心照顧,"飲食移味,居處温愉"。父母生病時,要按時祭祀五祀神;父母去世時,居喪要哀戚;父母去世後,祭祀父母要恭敬,篤守孝道。孝子生活的目的在於父母,孝子一切行爲也要指向父母。

由於以孝敬父母爲最終目的,孝子的行爲也受到嚴格限制,缺少對生活個性化的追求。曾子説"一舉足不敢忘父母","一出言不敢忘父母"(《曾子大孝》),身體是父母所賜,是父母生命形式的延續。《曾子本孝》説"孝子不登高,不履危,痹亦弗憑,不苟笑,不苟訾",又説"險塗隘巷,不求先焉,以愛其身",孝子不登高處,不走險路,不去危險的地方,不隨意談笑,以免損傷身體,給父母帶來羞辱。《曾子事父母》説:"孝子無私樂,父母所憂憂之,父母所樂樂之。孝子唯巧變,故父母安之。"孝子沒有獨自享樂的意識,完全以父母的喜怒哀樂爲轉移。《淮南子·齊俗訓》説:"公西華之養親也,若與朋友處;曾參之養親也,若事嚴主烈君。"公西華在人格平等基礎上孝養雙親。《曾子》乙組以父母爲"嚴主烈君",只注重處於從屬地位的孝子、忠臣的順從,而很少涉及對居於主導地位的君、父的約束。孔子主張的雙向禮制約束,被《曾子》乙組扭曲了①。

從上面的比較可以看出,郭店儒簡繼承了孔子的孝道思想,把孝作爲仁德的一部分。而《曾子》乙組以孝爲諸德之本,用孝道涵蓋了忠、信、勇、敬諸德。郭店簡以國君爲中心,强調孝道的最終目的是爲治理天下張本,而《曾

---

① 此處我們比較的對象是今本《曾子》外篇的孝道觀,而不是上博簡《內禮》反映的曾子思想。廖名春先生將《曾子立孝》和上博簡《內禮》進行了比照,他也認爲《曾子立孝》是下對上單向的孝,而不是下與上雙向的、相對待的互愛互敬。參廖名春《楚竹書〈內禮〉、〈曾子立孝〉首章的對比研究》,葉國良等編《出土文獻研究方法論文集初集》,265~287頁。

子》乙組以父母爲中心①,治理國家居於次要的位置,孝敬父母才是最終目標。郭店簡主張的孝道是一種雙向的禮制約束,而《曾子》乙組只注重對孝子、臣下的約束,而很少涉及對居於主導地位的君、父的約束。《曾子》乙組將孝分爲大孝、中孝、小孝三個層面,又細分爲孝親、養親、敬親、諫親等具體層面,強調在向父母盡孝中提升自己的道德修養,其理論體系要比郭店儒簡孝道觀系統、複雜。《曾子》乙組孝道和郭店簡不同之處多於相同之處②,郭店儒簡接近孔子孝道觀的宗旨,而《曾子》乙組則與孔子孝道觀存在明顯的距離。

第四節　《曾子》丙組(《曾子天圓》) 的天人觀

天人之學是儒家哲學的重要内容,《論語·述而》説:"天生德於予,桓魋其如予何!"孔子雖然講天人合一,人的德性來自天,但天人如何交通的理路,孔子並没有明確而具體的論述。《孟子·盡心上》説"盡其心者,知其性也。知其性,則知天矣",孟子主張天通過命的形式賦予人美好的德性,人可以通過"盡性"上達天道。在孟子時代,早期儒家已經形成比較完備的天人合一理論體系。從孔子到孟子,相隔一百多年,期間儒家天人觀的鏈環是如何打通的? 儒家天人哲學經歷了怎樣的發展歷程? 戰國時期儒家文獻資料的缺乏,過去受疑古思潮的影響,人們對《禮記》、《大戴禮記》等古書成書年代人爲後置,使孔孟之間竟成了學者不可企及的研究區域。孔孟之間儒家天人觀的發展脈絡,更是無從談起。

郭店儒簡出版以來,我們發現它不僅講天人合一,而且講天人相分,出現了德性之天。人性已成爲天人交通必需的中間環節,其天人理論系统也

① 《唐虞之道》:"夫聖人上事天,教民有尊也;下事地,教民有親也;時事山川,教民有敬也;親事祖廟,教民孝也。"聖人祭祀天地,是爲了教民學習親親尊尊之禮;按時祭祀山川,是教民有恭敬之心;親自祭祀祖廟,是爲了教民孝悌。上博簡《内禮》説:"時眛攻、繁,行祝於五祀。豈必有益,君子以成其孝。"父母生病時,孝子眛爽早起,祭祀户、灶、中溜、門、行等神,雖然不一定有益,但卻可以表達孝子對父母的心意。《唐虞之道》天子祭祀是爲了教化民衆,即神道設教,上博簡《内禮》是爲了父母而祭祀。郭店簡《唐虞之道》與上博簡《内禮》不同的祭祀觀,可證曾子之孝是以父母爲中心。
② 《語叢一》:"爲孝,此非孝也;爲弟,此非弟也。不可爲也,而不可不爲也。"《曾子立孝》説:"君子立孝,其忠之用,禮之貴。"二者都強調孝道出於内心的誠摯之情。《唐虞之道》"愛親"與"尊賢"並舉,而尊賢在曾子孝道中不佔重要位置。限於篇幅,郭店儒簡與《曾子》外篇的異同處不再多舉,總起來説不同之處是主要的。

較爲成熟。郭店儒簡明確可以肯定爲子思及其弟子時代的作品,時間在孟子之前。我們不禁再次追問,由《論語》的罕言"性與天道",到郭店儒簡較爲成熟的天人理論,是一蹴而就的嗎?

上博簡《内禮》的出土,證明《曾子》十篇並非僞書。大家知道,從孔子到孟子,儒家的傳承譜系是孔子—曾子—子思—(子上)—孟子。我們已對《孟子》、郭店儒簡的天人觀有所了解,如果想真正打通孔孟之間儒家天人觀發展的鏈環,就必須對《曾子》十篇的天人觀進行探究。前人對曾子天人觀的研究主要從天道、陰陽、精氣等自然概念出發,探討曾子的宇宙生成理論。而我們的不同之處在於以郭店儒簡天人觀爲參照,比較二者的異同。把《曾子天圓》放在《論語》與郭店儒簡之間,着重探討《曾子天圓》的天人觀在早期儒家天人哲學形成中的作用。

《論語·陽貨》孔子説:"天何言哉? 四時行焉,百物生焉,天何言哉?"天生萬物,很明顯是指自然之天。《論語·述而》説:"子疾病,子路請禱。子曰:'有諸?'子路對曰:'有之。誄曰:禱爾于上下神祇。'子曰:'丘之禱久矣。'"在孔子那裏,天的含義比較複雜,既有自然之天,又有命運之天、主宰之天。孔子向神靈祈禱,説明孔子天人觀尚未完全脱離宗教的色彩。郭店簡《窮達以時》:"有天有人,天人有分。察天人之分,而知所行矣。"《性自命出》:"性自命出,命自天降。"《窮達以時》、《性自命出》裏的天與人相對,只有生成的意義,爲自然之天。《五行》:"善,人道也。德,天道也。"《五行》中的德爲仁、義、禮、智、聖的總彙,此時的天已帶有明顯的道德色彩,爲德性之天。

《曾子天圓》:"參嘗聞之夫子曰:天道曰圓,地道曰方,方曰幽而圓曰明。明者,吐氣者也,是故外景;幽者,含氣者也,是故内景。故火日外景,而金水内景。吐氣者施,而含氣者化,是以陽施而陰化也。"王聘珍注曰:"吐,猶出也。《説文》云:'景,光也。'外景者,光在外。内景者,光在内。施,予也。化,生也,謂化其所施也。"①《曾子天圓》又説:

> 陰陽之氣各静其所,則静矣。偏則風,俱則雷,交則電,亂則霧,和則雨。陽氣勝則散爲雨露,陰氣勝則凝爲霜雪。陽之專氣爲雹,陰之專氣爲霰,霰雹者,一氣之化也。毛蟲毛而後生,羽蟲羽而後生,毛羽之蟲,陽氣之所生也。介蟲介而後生,鱗蟲鱗而後生,介鱗之蟲,陰氣之所生也。唯人爲

① 王聘珍《大戴禮記解詁》,99 頁。

倮匈而後生也,陰陽之精也。

曾子細緻地描繪了世間萬物的生成圖式:陰陽二氣此消彼長爲風,聚合交加爲雷,交感激蕩爲電,摻雜混合爲霧;毛羽之蟲,介鱗之蟲,分別爲陽氣、陰氣所生;人爲陰陽精氣化生,萬事萬物皆由陰陽二氣化育而成;陰陽二氣本於天地,因此天地爲世間萬物的本原。

《曾子天圓》:"陽之精氣曰神,陰之精氣曰靈。神靈者,品物之本也,而禮樂仁義之祖也。"王聘珍注曰:"神,謂天神。靈,謂地祇。"①魂氣上升於天爲神,體魄下降於地爲鬼。曾子認爲,天神、地祇爲禮樂制度的源起。《曾子天圓》說"參嘗聞之夫子曰",表明曾子吸收了孔子天人觀的思想因素。孔子雖談天道,但很少涉及陰陽因素。曾子理論中的天爲自然之天,陰陽色彩濃厚是《曾子天圓》天人觀的特色所在。孔子對人生存價值的關注,使早期儒家思想中天的神秘因素逐漸隱去,郭店簡呈現的就是一個完全哲學化的道德世界,而《曾子天圓》天神地祇的存在,證明其具有自然之天到德性之天的過渡性質。

《論語·鄉黨》說:"厩焚。子退朝,曰:'傷人乎?'不問馬。"相對於馬來說,孔子更重視人的生命價值。郭店簡《語叢一》:"天生百物,人爲貴。"郭店簡承襲孔子的思想,肯定人的價值,較之萬物而言,人的地位最爲尊貴,但未解釋人尊貴的原因。《曾子大孝》:"天之所生,地之所養,人爲大矣。"《孝經·聖治章》說:"天地之性人爲貴,人之行莫大於孝。"《曾子大孝》"人爲大"即《孝經·聖治章》"人爲貴"。對於人因何爲貴,《曾子天圓》解釋說:"毛羽之蟲,陽氣之所生也。介蟲介而後生,鱗蟲鱗而後生,介鱗之蟲,陰氣之所生也。唯人爲倮匈而後生也,陰陽之精也。"盧辯注曰:"倮匈,謂無毛羽與鱗介也。"②《曾子天圓》認爲,人是由陰陽精氣化生而成的,所以天地間人最尊貴,對"人爲貴"的原因賦予以哲理化的解釋。

郭店簡強調不僅世間萬物(包括人),而且社會秩序也來自天。《成之聞之》說:"天㣋大常,以理人倫。制爲君臣之義,著爲父子之親,分爲夫婦之辨。""㣋"字,郭沂、張桂光皆釋讀爲"降"③,李學勤先生指出㣋係"征"字省體,'天征大常'即天明大常,天常表現爲人倫,即君臣、父子、夫婦

<hr>

① 王聘珍《大戴禮記解詁》,99 頁。
② 盧辯注,孔廣森補《大戴禮記補注》,63 頁。
③ 郭沂《郭店楚簡〈成之聞之〉篇疏證》,《中國哲學》第二十輯,278～292 頁。

六位①。陳偉初讀爲"降"，後來認爲《成之聞之》"⿰"和郭店簡《性自命出》簡60"⿰"右半部分相同，在上博簡《性情論》明確肯定作"路"，因此認爲⿰應讀爲"格"，認爲"格"有至、匡正、法式諸義，用在簡文中皆可②。李零初讀爲降，後認爲此字釋爲迬，讀爲"登"③。白於藍主張⿰字與《性自命出》簡3"降"字有別，從止夂聲，應讀爲"垂"或"墮"④。

曾侯乙墓竹簡150號簡⿰字隸定作迬⑤，"斗"與"升"形近，故將⿰釋爲迬，讀爲"登"，但⿰與⿰相比，左上一撇明顯未貫通。從字形上講，陳偉認爲⿰與郭店簡《性自命出》"⿰"相同是非常正確的。古文字中，止、辵用作形旁時常可互換，上博四《曹沫之陣》簡56"各"字作"⿰"，證明⿰字應分爲上下兩部分，從止夂聲。"降"字右上部亦作"夂"，因此並不能排除⿰讀"降"的可能性。學者之所以否定⿰讀爲降，關鍵原因在於《性自命出》簡3降字作"⿰"，與《成之聞之》⿰字形明顯不同。但郭店簡《五行》簡12降字作"⿰"，"⿰"字右半部分中間只是比⿰多了"夂"。我們知道古文字中疊加偏旁是常見的現象，因此⿰字可以看作是⿰（降）字右半部分的省寫⑥。"天降"一詞古書習見⑦，《成之聞之》說"天降太常，以理人倫，制爲君臣之義，著爲父子之親，分爲夫婦之辨"，意爲人間的禮樂社會秩序來自天。

《曾子天圓》："神靈者，品物之本也，而禮樂仁義之祖也，而善否治亂所由興作也（由字據王念孫增）。"神爲陽之精氣，靈爲陰之精氣。在曾子那裡，人類社會的道德仁義、禮樂秩序都來源於陰陽精氣。陰陽精氣的變化直接影響到人類社會的治亂興衰，而陰陽精氣本於天。《曾子天圓》和郭店簡都主張天是人間社會秩序的根本，《曾子天圓》借助陰陽學說，用"氣"作爲天地之道流布的形式。《曾子天圓》只有天道下行，尚未主張人要知天。

《性自命出》："喜怒哀悲之氣，性也。"在心性論中，郭店簡有"氣"的理

---

① 李學勤《試說郭店簡〈成之聞〉兩章》，《烟臺大學學報（哲學社會科學版）》2000年第4期，457~460頁。
② 陳偉《郭店楚簡別釋》，《江漢考古》1998年4期，67~71頁；又見《郭店竹書別釋》，109~110頁。
③ 李零《郭店楚簡校讀記（增訂本）》，126頁。
④ 白於藍《郭店楚簡補釋》，《江漢考古》2001年第2期。
⑤ 張光裕等主編《曾侯乙墓文字編》，臺北藝文印書館，1997年，71頁。
⑥ 大西克也指出《成之聞之》⿰字與上博簡《容成氏》簡48"降"字右旁同，可知此字確當釋讀爲"降"。參大西克也《試釋上博楚簡〈昭王毀室〉中的"刑勻"——楚簡文字中的"夂"、"升"、"旡"》，耿振生、劉家豐主編《慶祝唐作藩教授八十華誕學術論文集》，中國大百科全書出版社，2007年，318頁。
⑦ 如《尚書·顧命》："今天降疾，殆弗興弗悟。"《詩經·大雅·蕩》："天降滔德，女興是力。"

論環節存在,郭店簡天道下行則更多借助了"命"。《性自命出》:"性自命出,命自天降。道始於情,情生於性。始者近情,終者近義。"《性自命出》天—命—性—情—道(禮)的理論鏈環,明顯比《曾子天圓》天人理論複雜、系統。郭店簡不僅講天道下行,而且强調天人之間的溝通。《語叢一》:"《易》,所以會天道人道也。"至於知天的步驟,郭店儒簡也有詳細的闡發,《尊德義》:"察者出,所以知己。知己所以知人,知人所以知命,知命而後知道,知道而後知行。"知己可以知人,知人可以知命,知命可以知天。人通過知己、知人而上達天命、天道,真正實現人倫與天道的貫通、宇宙與人的合一。

　　"六合之外,聖人存而不論",《論語》中孔子從未講過宇宙的生成。而郭店儒簡除了天人合一,還講天人相分,不僅講宇宙生成,而且講下學上達、對天命的感知,其雙向循環的複雜天人理論,不是一蹴而就的。《曾子天圓》只講天道下行,不講知天、效天,一方面説明曾子的天人觀形成較早,較爲原始;另一方面天道下行是知天、效天的前提和基礎,説明《曾子天圓》天人觀,正是《論語》到郭店儒簡的中間環節。孔子講天道,也講人性,但很少涉及宇宙生成的具體情形。而《曾子天圓》不囿於孔子的理論束縛,用陰陽二氣講天地之道的流布、宇宙的生成,從本源上確認人的崇高地位。曾子基於聖人觀念來解釋人類社會禮樂秩序的形成,是對《論語》天人理論的重要突破和發展。

　　《論語·雍也》:"子貢曰:'如有博施於民而能濟衆,何如? 可謂仁乎?'子曰:'何事於仁,必也聖乎! 堯、舜其猶病諸!'"在孔子那裏,聖高於仁,孔子本人都難以企及這一至高道德境界。在郭店簡時代,聖的地位開始下降。《六德》將聖與仁、智、義、忠、信並列,《五行》雖突出聖智,但聖也不過是仁、義、禮、智、聖五行之一,"聖"的内涵有明顯萎縮之勢①,這實際是孟子將子思仁、義、禮、智、聖五行轉進爲仁、義、禮、智四行的先聲。《成之聞之》説"聖人不可慕",强調聖人境界是遥不可及的,但《成之聞之》又説"聖人之性與中人之性,其生而未有非志(之)",從人性論的角度强調聖人與人並無本質差別,這些都與《論語》有着明顯的不同。

　　《曾子天圓》:"是故聖人爲天地主,爲山川主,爲鬼神主,爲宗廟主。聖人慎守日月之數,以察星辰之行,以序四時之順逆,謂之厤;截十二管,以宗八音之上下清濁,謂之律也。……聖人立五禮以爲民望,制五衰以別親疏,

---

① 　羅新慧《從郭店楚簡看孔、孟之間的儒學變遷》,《中國哲學史》2000 年第 2 期,56～64 頁。

和五聲之樂以導民氣,合五味之調以察民情。"王聘珍注曰:"主者,主其祭祀,鬼神,謂四方百物。"①聖人是天地、山川、鬼神、宗廟的祭主,按日月星辰運行之數來制定曆法,安排春夏秋冬的農業生產;製造樂器,校正八卦之音,按上下清濁來制定六律六呂;制作吉、凶、軍、賓、嘉五禮,來分別貴賤親疏;用先王之樂來教化人民;調和五味以滿足百姓的需求。用《語叢一》的話來概括就是"察天道以化民氣"。

聖人祭祀山川鬼神,制定曆法,安排農業生產,制作五禮,校定六律六呂,發明社會禮樂秩序,其功績正與《論語》"博施於民而能濟衆"同。《曾子天圓》充分肯定聖人制禮作樂的作用,聖人居於遙不可及的崇高地位,沒有下降的趨勢,也沒有和人性論聯繫起來。與郭店簡相比,《曾子天圓》聖人觀更多地接近孔子思想的本來面貌。

《論語·述而》孔子説:"加我數年,五十以學《易》,可以無大過矣。"《史記·孔子世家》也説孔子晚而喜易,讀《易》韋編三絕。馬王堆帛書《易傳》的出土,證明孔子已有用《易》學構建下學上達的理論趨向。郭店簡《六德》:"觀諸《詩》、《書》則亦在矣,觀諸《禮》、樂則亦在矣,觀諸《易》、《春秋》則亦在矣。"《語叢一》説:"《易》,所以會天道、人道也。"郭店簡強調讀《易》的重要性,《易》已經成爲溝通天人之際的橋梁,基本沿襲了孔子易學的理路。

《曾子天圓》沒有強調讀《易》的重要性,在天人理論建構中,《易》也不是必經的中間環節,這都與孔子、郭店簡不同。《繫辭》説"一陰一陽謂之道",其宇宙生成論的本質是陰陽交感,剛柔相濟,萬物資生。陰陽分別是世間萬物的本質屬性。《曾子天圓》與《易傳》相同的是,陰陽已不再是具體事物的意義範疇,而被提升爲哲學意義上的概念範疇。如果説郭店簡得《易》學之形,而《曾子天圓》則是存《易》學之"神"。《論語·憲問》曾子説:"君子思不出其位。"《周易·象傳》引作"兼山,艮。君子以思不出其位",説明曾子之學和《易傳》的形成可能有一定關聯。從《曾子天圓》成書較早、理論形態相對原始看,它可能是《易傳》宇宙論主體形成時期借鑒的思想資源。

總之,孔子講過天道,也講過人性,但很少涉及宇宙生成的具體情形。而《曾子天圓》不囿於孔子的理論束縛,由對蓋天説的懷疑展開對天人關係的討論,用陰陽二氣講天地之道的流布、宇宙的生成,從本源上確認人的崇高地位。曾子基於聖人觀念來解釋人類社會禮樂秩序的形成,是對《論語》

---

① 王聘珍《大戴禮記解詁》,100 頁。

天人理論的重要突破和發展。和郭店簡相比,《曾子天圓》的聖人觀,更多地接近孔子思想的本來面貌。《曾子天圓》所闡發的天道下行、人與禮樂秩序皆本源於天的理論,則是郭店儒簡效天、知天和《孟子》盡性知天的理論前提和基礎。因此,無論從德治思想,還是人性論、天人之學來看,《曾子》十篇都是孔孟之間早期儒學發展一個關鍵的鏈環,其在儒家理論體系的構建中居於非常重要的地位。

筆者將《曾子》十篇分爲《曾子》甲組,把它們分別與郭店儒簡比較後,發現《曾子》甲組、丙組思想内容與郭店儒簡近,而《曾子》乙組則與郭店儒簡相距較遠。從思想發展脉絡上看,把《曾子》甲組和丙組放在郭店儒簡之前是合適的。郭店儒簡雖然各篇思想也不盡相同,但總體上是以天人觀、心性論構建了自己的形而上思想體系。而《曾子》乙組以孝道構建了自己形而上的道德體系,將孝分爲大孝、中孝、小孝三個層面,又細分爲孝親、養親、敬親、諫親等具體層面,强調在爲父母盡孝中提升自己的道德修養,其孝道理論要比郭店儒簡系統、複雜①。

曾子與樂正子春是同時的,而曾子與樂正子春的弟子已相差幾十年。《曾子》十篇的成書是一個長期的過程,反映的是由曾子到樂正子春及其弟子長時間的思想流變。《曾子》乙組有樂正子春與門弟子的對話,其成書時間可能要比甲組更晚一些。在《論語》中,仁是儒家的道德綱領,《曾子》甲組只是尊仁,但不再統率諸德。到《曾子》乙組,孝成爲天地大經,仁只是孝道理論的一部分。與《曾子》甲組相比,《曾子》乙組已表現出與孔子仁學思想明顯的偏離。阮元《曾子注釋·敘録》説"去孔子漸遠者,其言亦漸異",正是由《論語》到《曾子》甲組,再到《曾子》乙組思想發展的真實寫照。

---

① 我們常説後出轉精,但有時思想體系的成熟和時代先後並不對稱,思想上的成熟體系化,未必是文獻晚出的必然證據。

第四章

《曾子》十篇與早期儒學

第一節　子思與曾子師承關係新證

《史記·孟子荀卿列傳》說孟子受業於子思之門人,今人多信其說,但子思和曾子的師承,先秦史料中並無確證,學界爭議極大。韓愈、程頤、朱熹、侯外廬、李學勤等學者肯定曾子與子思的師承關係①,而葉適、康有爲、章太炎、錢穆等極力否認這種學術傳承②。郭沫若、姜廣輝等另闢新說,認爲思孟一系出自子游氏之儒③。上博簡《内禮》的發現,證明《曾子》十篇晚出的說法已不能成立。《曾子》十篇和郭店儒簡成書時間非常接近,同處孔孟之間。圍繞子思和曾子的學術傳承,已有學者開始將郭店儒簡和《曾子》十篇進行比較④,但在研究中,他們過於強調郭店儒簡和《曾子》十篇相同之處,卻忽視了對二者不同之處的探究,因此他們藉此得出曾子、子思學術上一脉相承的結論⑤,其立論的依據是十分單薄的。

一個學派的學術傳承,不僅要在文獻中有記載,而且他們的學術思想要

---

① 韓愈《原道》,孫昌武選注《韓愈選集》,上海古籍出版社,1996 年,271 頁;程頤《二程集·河南程氏遺書》卷二五,中華書局,1981 年,327 頁;黎靖德編《朱子語類》卷十三,241 頁;侯外廬《中國思想通史》,人民出版社,1957 年,364 頁;李學勤《先秦儒家著作的重大發現》,《中國哲學》第二十輯,13 ~ 17 頁。

② 葉適《習學記言序目》,中華書局,1977 年,188 頁;康有爲《孟子微 禮運注 中庸注》,中華書局,1987 年,187 頁;章炳麟《章太炎全集·徵信論上》,上海人民出版社,1982 年,56 頁;錢穆《先秦諸子繫年》,200 頁。

③ 郭沫若《十批判書》,東方出版社,1996 年,131 頁;姜廣輝《郭店楚簡與道統攸系——儒學傳統重新詮釋論綱》,《中國哲學》第二十一輯,遼寧教育出版,2000 年,13 ~ 15 頁。

④ 參羅新慧《郭店楚簡與〈曾子〉》,《管子學刊》1999 年第 3 期,64 ~ 68 頁;葉國良《郭店儒家著作的學術譜系問題》,《臺大中文學報》第 13 期,2000 年 12 月,轉載於《中國哲學》第二十四輯,226 ~ 250 頁;張磊《上海博物館竹書〈内禮〉與〈大戴禮記〉"曾子十篇"》,《管子學刊》2007 年第 1 期,107 ~ 110 頁;郭梨華《曾子與郭店儒簡的身體哲學探究》,李學勤、林慶彰等《新出土文獻與先秦思想重構》,235 ~ 262 頁。

⑤ 葉國良《郭店儒家著作的學術譜系問題》,《中國哲學》第二十四輯,226 ~ 250 頁;丁四新《論〈性自命出〉與思孟學派的關係》,《中國哲學史》2000 年第 4 期,28 ~ 35 頁。

有相似性。筆者認爲,只有把《曾子》十篇和子思的著作結合起來,從相同和不同兩個方面進行動態的全面比較,同時將文獻中與曾子和子思有關的記載,作細緻的清理,這樣才能得出近真的結論。出土文獻使孔、曾、思、孟的流傳綫索重新凸顯,對曾子和子思學術傳承的考察,不僅是早期儒學傳承的重要問題,而且涉及對宋儒道統説的估價,涉及對宋學乃至整個學術史發展面貌的總體認識,其重要意義不言而喻。

一、曾子與子思學術思想比較

子思學派思想的發展,大致可分爲前後三個階段:第一個階段是子思學派思想的醖釀與形成期,主要是以"子曰"的形式追述孔子的思想,同時也摻雜子思對孔子思想的選擇與闡發,代表著作包括《表記》、《坊記》、《緇衣》等語録體文獻。第二個階段是子思學派思想的成熟期,以《五行》、《中庸》爲代表,子思用獨立論著的形式進行自己學派的理論構建,打通天人之際,形成了較爲完整的儒學體系①。第三個階段是子思後學追述子思生前事迹,對子思思想進行再復原、再創造,以《魯穆公問子思》、帛書《五行·説》及《孔叢子》中的部分内容爲代表。其實和子思本人密切相關的,主要集中在前兩個階段。我們按前兩個階段,將它們分别和《曾子》十篇對比如下②:

上編　表5　《曾子》十篇與《緇衣》等篇對照

《曾子》十篇	《緇衣》、《坊記》、《表記》
微諫不倦,聽從而不怠,懽欣忠信,咎故不生,可謂孝矣。	從命不忿,微諫不倦,勞而不怨,可謂孝矣。
可入也,吾任其過;不可入也,吾辭其罪。	善則稱親,過則稱己,則民作孝。 君子馳其親之過而敬其美。
是故未有君而忠臣可知者,孝子之謂也。	孝以事君,弟以事長。
父死,三年不敢改父之道。	三年無改於父之道,可謂孝矣。

① 我們把《表記》、《坊記》、《緇衣》與《五行》、《中庸》,分别歸爲子思思想醖釀期和成熟期,主要依據有兩個:一是文體不同,前者是語録體,後者是論證嚴密的政論文。二是《表記》等篇大量引用"子曰",雖有子思個人發揮,但以追述孔子思想爲主,而《五行》、《中庸》等篇子思本人的思想闡發已佔據主導地位,引用"子曰"只是爲印證自己的觀點服務。嚴格地講,《中庸》除第一章外的前半部分,也應屬於子思思想的醖釀期。

② 本書總體框架是郭店簡與《曾子》十篇比較,所以也把《魯穆公問子思》納入進來。

續　表

《曾子》十篇	《緇衣》、《坊記》、《表記》
君子一舉足不敢忘父母，一出言不敢忘父母。	父母在，不敢有其身，不敢私其財。
孝子惡言死焉，流言止焉，美言興焉，故惡言不出於口，煩言不及於己。	大人不倡游言。
仁者樂道，智者利道，愚者從，弱者畏。	仁者安仁，知者利仁，畏罪者強仁。
君子攻其惡，求其過，彊其所不能，去私欲，從事於義，可謂學矣。	無欲而好仁者，無畏而惡不仁者，天下一人而已矣。
行必思言之，言之必思復之，思復之必思無悔言，亦可謂慎矣。	可言也，不可行，君子弗言也；可行也，不可言，君子弗行也，則民言不危行，而行不危言矣。 言則慮其所終，行則稽其所敝，則民慎於言而謹於行。
君子義則有常，善則有鄰。	長民者衣服不貳，從容有常。
無益而厚受禄，竊也。	故君子不以小言受大禄，不以大言受小禄。
君子不先人以惡，不疑人以不信，不説人之過，成人之美。	善則稱人，過則稱己，則民不爭，善則稱人，過則稱己，則怨益亡。
君子多知而擇焉，博學而算焉，多言而慎焉。	君子多聞，質而守之；多志，質而親之；精知，略而行之。
臨事而不敬，居喪而不哀，祭祀而不畏，朝廷而不恭，則吾無由知之矣。 生則有義以輔之，死則哀以莅焉，祭祀則莅之以敬。	是故君子衰絰則有哀色，端冕則有敬色。
不得志，不安貴位，不懷厚禄，負耜而行道，凍餓而守仁。	仁之爲器重，其爲道遠，舉者莫能勝也。
欲行則比賢，雖有險道，循行達矣。	大人不親其所賢，而信其所賤，民是以親失，而教是以煩。

上編　表6　《曾子》十篇與《中庸》等篇對照

《曾子》十篇	《中庸》、《五行》、《魯穆公問子思》
人信其言，從之以行；人信其行，從之以復；復宜其類，類宜其年，亦可謂外内合矣。	性之德也，合外内之道也，故時措之宜也。
君子博學而孱守之，微言而篤行之。	博學之，審問之，慎思之，明辨之，篤行之。
未有治而能仕可知者，先修之謂也。	知所以修身，則知所以治人。

續　表

《曾子》十篇	《中庸》、《五行》、《魯穆公問子思》
天下無道,循道而行,衡塗而債,手足不揜,四支不被。 天下無道,則衡言不革。	國無道,至死不變,強哉矯。
己雖不能,亦不以援人。 孝子之事親也,居易以俟命,不興險行以徼幸。	在上位不陵下,在下位不援上,正己而不求於人則無怨。上不怨天,下不尤人。故君子居易以俟命,小人行險以徼幸。
君子不先人以惡,不疑人以不信,不説人之過,而成人之美。	舜好問而好察邇言,隱惡而揚善,執其兩端,用其中於民,其斯以爲舜乎。
與父言,言畜子;與子言,言孝父;與兄言,言順弟;與弟言,言承兄;與君言,言使臣;與臣言,言事君。	所求乎子以事父,未能也;所求乎臣以事君,未能也;所求乎弟以事兄,未能也;所求乎朋友先施之,未能也。
不能則學,疑則問,欲行則比賢,雖有險道,循行達矣。	見賢人,明也。見而知之,智也。知而安之,仁也。
是以君子直言直行,不宛言而取富,不屈行而取位。畏之見逐,智之見殺,固不難;詘身而爲不仁,宛言而爲不智,則君子弗爲也。君子雖言不受必忠,曰道;雖行不受必忠,曰仁;雖諫不受必忠,曰智。	子思曰:"恒稱其君之惡者,可謂忠臣矣。"
是故君子思仁義,晝則忘食,夜則忘寐。	仁之思也清,清則察,察則安。

　　《曾子》十篇和《緇衣》、《坊記》、《表記》相同或相近的有17條,其中有3條明見於《論語》,《曾子》十篇和《中庸》、《五行》、《魯穆公問子思》相同或相近的只有9條。從數量上看,從青年到晚年,子思受曾子的影響逐漸衰弱。從表6看出,《論語》中的某些語句,如"三年無改於父之道,可謂孝矣",見於《曾子》十篇,又見於《坊記》,可見孔子對曾子、子思都有所影響①。《論語·八佾》説:"君使臣以禮,臣事君以忠。"孔子主張臣對國君要忠。但有些語句,如《坊記》的"孝以事君,悌以事長",主張臣對國君要盡孝。子思宣揚孝以事君,和孔子思想不同,而與曾子相同,證明其確實受到曾子思想的影響。

　　《曾子制言中》説:"君子思仁義,晝則忘食,夜則忘寐,日旦就業,夕而自省,以役其身,亦可謂守業矣。"孔子很少將仁義聯用,曾子已開始將仁義

① 《論語·子張》曾子曰:"吾聞諸夫子,孟莊子之孝也,其他可能也;其不改父之臣與父之政,是難能也。"也可證孔子"三年無改於父之道"之語,與曾子密切相關。

聯用,不舍晝夜地思求仁義①。《表記》説:"仁者人也,道者義也,厚於仁者薄於義,親而不尊;厚於義者薄於仁,尊而不親。"子思主張仁義應相輔相成,不應有所偏重,其思想顯然來自曾子。後來子思的思想進一步發展,將仁、義、禮、智、聖固定爲五行。《五行》雖然和《曾子》十篇思想差距很大,但《五行》仁義聯用,注重以思的方式展開對仁的求索,仍能看出曾子對子思學術影響的痕迹。

上博簡《内禮》説:"時眛攻、禜,行祝於五祀。豈必有益,君子以成其孝。"曾子强調祈禱祭祀雖未必有益,但爲了父母,也要及時踐行。《禮記·中庸》:"武王、周公,其達孝矣乎!……春秋修其祖廟,陳其宗器,設其裳衣,薦其時食。"子思認爲修葺祖廟,陳設禮器,按時祭祀,是大孝的表現。孔子不言怪力亂神,敬鬼神而遠之,過去學者懷疑《中庸》中鬼神的内容爲後人摻入,現在看《中庸》鬼神之論,或許與曾子有着密切的關聯。

曾子受孔子教誨,對孔子之道有深切的把握。《論語·里仁》:"子出,門人問曰:'何謂也?'曾子曰:'夫子之道,忠恕而已矣。'"《曾子立事》:"目者,心之浮也,言者,行之指也,作於中則播於外也。"曾子强調内心至誠,自然會呈現在人的言行中。《中庸》:"喜怒哀樂之未發,謂之中;發而皆中節,謂之和。"子思主張外在踐守禮儀的行爲,是内心喜怒哀樂中和狀態呈現的結果。曾子説"吾日三省吾身",他注重内省,反求諸己,啓發了子思向内求索的學術理路。

《中庸》有些語句,如"君子居易以俟命,小人行險以徼幸",與《曾子本孝》"居易以俟命,不興險行以徼幸"非常接近。《曾子制言中》:"天下無道,循道而行,衡塗而債,手足不揜,四支不被。"《曾子制言下》:"天下無道,則衡言不革。"盧辯注曰:"衡,平也。言不苟合也。"孔廣森注曰:"革,改也。"②曾子主張即使天下無道,君子也要守道而行,即使死在路邊,無處掩埋,也不會改變。《中庸》説:"國有道,不變塞焉,强哉矯! 國無道,至死不變,强哉矯!"《中庸》主張不管國家是否無道,都應堅守君子人格,不會違道屈從,特别是"當國家無道,君子至死不變"的道德要求,與曾子完全一致。《曾子制言下》:"奉相仁義,則吾與之聚群嚮爾;寇盜,則吾與慮。"《孟子·離婁下》中也有類似的説法:"子思居於衛,有齊寇。或曰:'寇至,盍去諸?'

---

① 《曾子制言中》:"君子思仁義,晝則忘食,夜則忘寐。"
② 盧辯注,孔廣森補《大戴禮記補注》,60 頁。

子思曰：'如伋去，君誰與守？'"面對强敵入侵，曾子和子思都主張與仁人聯手，而不是逃避退縮①。

《坊記》、《表記》是子思早年的著作，《五行》、《中庸》爲子思晚年的著作，不管子思是早年，還是晚年，我們都可以看出曾子對子思的强烈影響。但到曾子晚年，他開始以孝爲核心構建自己的理論體系②，與子思的思想表現出明顯的不同。表6中子思談孝的內容有5條和曾子十分相近，子思受曾子的影響，非常重孝，但子思到了晚年，他將仁、義、禮、智、聖固定爲五行，以"誠"作爲自己思想的核心，雖然也談孝，但孝在其理論中並不佔重要位置。《中庸》認爲仁爲三達德之一，仁在《五行》中也是核心德目之一，十分重要。曾子説："居處不莊，非孝也；事君不忠，非孝也；莅官不敬，非孝也；朋友不信，非孝也；戰陳無勇，非孝也。"(《曾子大孝》)在曾子晚年的理論中，仁和忠、敬、信等德目並列，已經下降爲一般的德目。

《表記》説："中心安仁者，天下一人而已矣。"孔子貴仁，《表記》説天下安於仁的只有一個人，此句實際暗含子思對聖人孔子的推崇。《緇衣》説："未見聖，若已弗克見，既見聖，亦不克由聖。"見到聖人就要尊事聖人，對聖人的作用非常重視。到子思晚年，聖的地位不斷上升，聖已成爲《五行》中最重要的德目。子思對子上説："先人有訓焉，學必由聖，所以致其材也。"(《孔叢子·雜訓》)學習必接受聖人的教誨，聖人是個人道德修養中的關鍵一環。曾子説聖人"爲天地主，爲山川主，爲鬼神主，爲宗廟主"(《曾子天圓》)，他也崇拜聖人。曾子説："聖人立五禮以爲民望，制五衰以別親疏，和五聲之樂以導民氣。"(《曾子天圓》)曾子强調禮樂爲聖人所作，聖人通過禮樂教化百姓。《中庸》："唯天下至誠，爲能盡其性；能盡其性，則能盡人之性。"在《中庸》和《曾子天圓》中，聖人制定禮樂、實施教化，其發用是一樣的。曾子主張在對父母孝敬的行爲中，提升自己的品德，其思想源於尊祖。而子思認爲人性源於天，人善的德行是人性的顯現，以敬天爲自己的思想旨歸。

① 《孟子·離婁下》記載曾子居武城，越寇來襲，曾子棄城逃避。孟子解釋説："曾子、子思同道。曾子，師也，父兄也。子思，臣也，微也。曾子、子思易地則皆然。"孟子認爲曾子棄城逃走與其社會地位有關，筆者認爲，這種解釋是可信的，但需要補充的是，曾子年輕時面對盜寇毫不畏懼，晚年曾子認爲"身體髮膚，受之父母，不可損傷"，他率衆弟子率先逃走，是爲了保全"父母之遺體"，曾子前、後的不同表現，可能與其思想變化有關。
② 《曾子大孝》中有樂正子春與其弟子對話的內容，《曾子本孝》、《曾子立孝》、《曾子事父母》三篇與《曾子大孝》內容相近。筆者認爲，這四篇的成書要比《曾子立事》、《曾子制言》（上中下）、《曾子疾病》相對晚一些。這裏説的曾子晚年，是指曾子學派思想發展的後期。

《魯穆公問子思》中子思對忠臣"恒稱其君之惡者"的定位,給人印象極爲深刻。在君臣關係中,《緇衣》和《中庸》認爲國君對大臣要"敬",大臣要抗節守道、不降其志,高揚君子人格。曾子早年亦具有强烈的批判精神,他説:"君子直言直行,不宛言而取富,不屈行而取位。……君子雖言不受必忠,曰道;雖行不受必忠,曰仁;雖諫不受必忠,曰智。"(《曾子制言中》)君子直言進諫,不得志不安於其位,不因高官厚禄而改變自己的德行、主張,此時的曾子思想和後來的子思看不出任何分别。到了晚年,曾子改變了自己的説法:"君子立孝,其忠之用,禮之貴。"(《曾子立孝》)忠是内心忠愛之情的自然生發。曾子説:"未有君而忠臣可知者,孝子之謂也。"(《曾子立孝》)先作孝子,後作忠臣,將臣事君的原則揉合在孝道裏面,使孝有了濃厚的忠君意味,社會批判精神明顯减弱。

上博簡《内禮》附簡"**[字]**"字,李朝遠先生隸作"臺",孳乳爲"敦"或"錞"字,"錞"字與"準"通①。戰國竹簡文字中,和《内禮》附簡相近的字形或從"**[字]**"的字有:**[字]**(郭店簡《成之聞之》簡4)、**[字]**(郭店簡《六德》簡21)、**[字]**(郭店簡《語叢四》簡2)、**[字]**(上博二《從政》簡5)、**[字]**(上博二《從政》簡12)、**[字]**(上博四《曹沫之陣》簡18)、**[字]**(上博四《曹沫之陣》簡33)。郭店簡《窮達以時》簡15"故君子**[字]**於反己",李零先生將"**[字]**"釋爲"敦"②。上博三《周易·艮》"上九:**[字]**(敦)艮,吉",馬王堆帛書《周易》作"尚九,敦根,吉",今本《周易》作"上九,敦艮,吉","敦"字作"**[字]**",下部從"羊",明顯與《内禮》附簡"**[字]**"字形不同。上述"**[字]**"字或從"**[字]**"的字中,上博四《曹沫之陣》簡18"城**[字]**不修","**[字]**"字讀作"郭"③,《語叢四》簡2"**[字]**"讀爲墉④,是可以肯定的。曾憲通先生指出,戰國時期"臺"和"臺"已趨於合流⑤,但從上面的字形看,墉和郭已經合流,墉和敦形體上仍然存有差異。何琳儀先生説"敦"左下從"羊",與"墉"有别⑥,是有其合理性的。

福田哲之認爲,儘管附簡與上博簡《内禮》在書寫風格上有許多相似性,但附簡中"亡(無)"、"母(毋)"、"而"、"敬"、"則"、"民"、"豊(禮)"、"中"等字,與《内禮》、《昔者君老》中的相應字在字形方面有許多不同,而這些字

---

①　馬承源主編《上海博物館藏戰國楚竹書(四)》,229頁。
②　李零《郭店楚簡校讀記(增訂本)》,112頁。
③　馬承源主編《上海博物館藏戰國楚竹書(四)》,254頁。
④　李鋭《讀上博四札記(二)》,孔子2000(www.confucius2000.com),2005年2月20日。
⑤　曾憲通《"臺"及相關諸字考辨》,《古文字研究》第二十二輯,中華書局,2000年,272頁。
⑥　何琳儀《滬簡二册選釋》,簡帛研究網,2003年1月14日。

與上博五《季康子問於孔子》的字形剛好吻合,因此《内禮》附簡應歸於《季康子問於孔子》①。筆者認爲,福田哲之的説法是可信的。《論語·雍也》孔子曰:"中庸之爲德也,其至矣乎!民鮮久矣。"中庸是孔子的重要思想,《季康子問於孔子》是記載孔子思想的重要文獻,因此無論從字形還是文例上,我們認爲,"🔲"讀爲"庸"是較爲可取的説法。《内禮》附簡應歸入上博五《季康子問於孔子》,從出土文獻的角度印證了中庸確爲孔子的思想,子思中庸的思想上承孔子,子思和曾子之間是否有中庸思想傳承,並没有得到出土文獻的證明。

總之,子思受曾子思想强烈影響,忠恕思想和内省理路在子思晚年的著作中仍有痕迹可尋,但隨着曾子由重仁義轉變爲重孝,曾子對子思的影響逐漸減弱。這是以前的研究者很少注意到的。

二、荀子批判思孟五行的内在根源

很多學者引用《吕氏春秋·孝行覽》,證明曾子有五行思想,甚至認爲子思的"五行"來自曾子的莊、忠、敬、信、勇②。《五行》是子思的重要著作,而《曾子天圓》中有"五色"、"五禮"等很多與"五"有關的内容,筆者既然探討曾子與子思的學術傳承,所以有必要對這一問題進行深入探究。龐朴先生指出思孟"五行"是仁、義、禮、智、聖,揭開了五行千古之謎的神秘面紗。荀子與子思、孟子生活年代相距不遠,《荀子·非十二子》説:

> 略法先王而不知其統,猶然而材劇志大,聞見雜博。案往舊造説,謂之五行,甚僻違而無類,幽隱而無説,閉約而無解。案飾其辭而祇敬之曰:此真先君子之言也。子思唱之,孟軻和之。世俗之溝猶瞀儒嚾嚾然不知其所非也,遂受而傳之,以爲仲尼、子游爲兹厚於後世,是則子思、孟軻之罪也。

荀子對思孟學派的批評,是真實可信的。但筆者要追問的是,思孟五行有何

① 韓英認爲,《内禮》附簡的"而"字寫作"🔲",與《季康子問於孔子》的"而"字相同,與《内禮》篇其他"而"字有很大的不同,因此她支持福田先生的看法。參[日]福田哲之《上博四〈内禮〉附簡、上博五〈季康子問於孔子〉第十六簡的歸屬問題》,簡帛網,2006年3月7日;韓英《〈昔者君老〉與〈内豊〉集釋及相關問題研究》,吉林大學碩士論文,2008年,9頁。

② 楊寬《戰國史》,490~491頁;龐樸《竹帛〈五行〉與思孟"五行"説》,《龐朴文集》第二卷《古墓新知》,山東大學出版社,2005年,153~154頁;陳榮捷《初期儒家》,《史語所集刊》第47本第4分,753頁;郭梨華《竹簡〈五行〉的"五行"研究》,武漢大學中國文化研究院編《郭店楚簡國際學術研討會論文集》,251~252頁;梁濤《郭店竹簡與思孟學派》,226頁。

幽隱、閉約之處,讓一代大儒荀子批評的言辭如此慷慨激烈? 我們認爲,只有弄清荀子每句話的確切含義,揭示荀子批評思孟"五行"的内在動因,才意味着五行千古之謎的最終解決。

　　龐朴先生曾提出一個非常富有啓發性的疑問: 荀子自己不也常説仁、道義、論禮、談智聖,思孟"五行"何僻違、幽隱、閉約之有? ①對此,學者有不同的回答。魏啓鵬先生認爲,荀子斥責思孟五行的真正原因是思孟造作五行敗壞了"先王立樂之術"②。黄俊杰先生指出,思孟學派的心注重主體性和超越性,荀子的心注重社會性和政治性,思孟學派的道具有超越時空的含義,荀子强調道的客觀化,正是對心和道理解的不同,引起了荀子對思孟的批評③。廖名春先生説荀子批評思孟學派的原因在於性善與性惡的紛爭④。李景林先生强調荀子批評思孟五行説在於他們天人關係構建的理論不同⑤。對於以上學者的意見,梁濤先生批評説,把孟荀差異看作荀子批判"五行"的直接原因,都不是從五行自身尋找答案。孟荀差異衆多,豈不是都可以看作荀子批評"五行"的原因? 豈不可以不斷寫出"思孟五行新解"的鴻篇大作來?⑥

　　誠如梁先生所説,學者過去探究的弊端在於没有從五行本身去尋找。但即便是按照梁先生的意見,就五行談五行,思孟"五行"的内容依然非常廣博寬泛,我們如何確定哪些是荀子所着力批判的内容呢? 還是要回到荀子與思孟思想差異的老路上來。這裏需要提到龐朴先生的貢獻。我們既然已經知道五行是仁義禮智聖,雖然《非十二子》篇没有對仁義禮智聖的描述,但《荀子》其他篇章卻有對仁義、對聖智等的解説,因此從《荀子》與《五行》對這五個重要德目理解的差異處入手,就不難發現荀子批判思孟的真實動因。從"五行"入手,從荀子與思孟思想差異處着眼,是我們確定荀子批判思孟"五行"原因的主要依據。

　　荀子批判"僻違而無類,幽隱而無説,閉約而無解",僻違、幽隱、閉約古奥難懂,歷來注家不得其解。但無類、無説、無解比較容易理解,我們應當避

---

① 龐樸《帛書五行篇研究》,齊魯書社,1980 年,136 頁。
② 魏啓鵬《思孟五行説的再思考》,《四川大學學報(哲學社會科學版)》1988 年第 10 期,82 ~ 87 頁。
③ 黄俊傑《荀子非孟的思想史背景——論〈思孟五行説〉的思想内涵》,《臺大歷史學報》第 15 期,1990 年;收入《孟學思想史論》卷二,臺北中研院中國文哲研究所籌備處,1997 年,109 ~ 120 頁。
④ 廖名春《思孟五行説新解》,《哲學研究》1994 年第 11 期,62 ~ 69 頁。
⑤ 李景林《思孟五行説與思孟學派》,《吉林大學社會科學學報》1997 年第 1 期,42 ~ 48 頁。
⑥ 梁濤《郭店竹簡與思孟學派》,222 頁。

實擊虛,以此爲突破口。荀子批評《五行》"無説"、"無解",所以子思後學爲《五行》作《説》①。筆者認爲"幽隱而無説,閉約而無解"的"説"、"解",都是指説明性文字,因此荀子批判的原因,理應包含在帛書《五行·説》反復强調的内容之中。

孔子説:"夏禮,吾能言之,杞不足徵也;殷禮吾能言之,宋不足徵也。文獻不足故也。足,則吾能徵之矣。"(《論語·八佾》)在孔子時代,夏禮和殷禮已經考察不清了。孔子主張復興周禮以效法先王之道,他説"周監於二代,郁郁乎文哉! 吾從周。"(《論語·八佾》)孔子認爲周禮是理想的社會秩序,他説"如有用我者,吾其爲東周乎"(《論語·陽貨》),以恢復西周禮樂制度爲畢生的奮鬥目標。但子思和孔子的看法不同②,《禮記·表記》説:

> 夏道尊命,事鬼敬神而遠之,近人而忠焉,先禄而後威,先賞而後罰,親而不尊,其民之敝,惷而愚,喬而野,朴而不文。殷人尊神,率民以事神,先鬼而後禮,先罰而後賞,尊而不親,其民之敝,蕩而不靜,勝而無恥。周人尊禮尚施,事鬼敬神而遠之,近人而忠焉,其賞罰用爵列,親而不尊,其民之敝,利而巧,文而不慙,賊而蔽。

子思認爲,夏代的流弊是百姓愚昧拙笨,驕傲粗野,質樸而不文雅;商代的流弊是百姓放蕩不羈,爭强好勝而不知羞恥;西周的流弊是以巧謀利,文過飾非,作惡多端且手法隱蔽。三代都不是理想的社會制度。子思對三代,特別是對西周的評價,是和孔子推崇西周的態度相抵觸的③。《表記》又説:

> 後世雖有作者,虞帝弗可及也已矣。君天下,生無私,死不厚其子;子民如父母,有憯怛之愛,有忠利之教;親而尊,安而敬,威而愛,富而有禮,惠而能散;其君子尊仁畏義,恥費輕實,忠而不犯,義而順,文而靜,寬而有辨。《甫刑》曰:"德威惟威,德明惟明。"非虞帝,其孰能如此乎?

子思强調三代都有流弊,唯有"虞帝弗可及",應當超越三代,而直接效法

---

① 帛書《五行·説》對仁、義、禮、智的解釋,與《孟子》明顯不同。學者或認爲帛書《五行·説》作於孟子,恐非。
② 類似的例證,《論語·憲問》:"子曰:'何以報德? 以直報怨,以德報德。'"《禮記·表記》:"子曰:'以德報怨,則寬身之仁也;以怨報德,則刑戮之民也。'"同是"子曰",回報"怨"的態度並不相同。
③ 梁濤先生已指出這一點。參梁濤《郭店竹簡與思孟學派》,243～245 頁。

虞舜①。荀子認爲,先王之道"文久而滅,節族久而絶"(《非相》),其詳細情況已不得而知。虞舜的善政因年代久遠,已經殘缺。而周代的禮樂制度距離今世近,容易稽考,可以通過效法周禮來推知先王之道,也即荀子强調的"法後王"。思孟只知"法先王",效法虞舜德政,事必求上古,而不知"法後王",治國以周禮爲綱領,有違先後統序,所以荀子批評子思"略法先王而不知其統"。

什麼是"僻違而無類"呢?《荀子·正名》説:"有欲無欲,異類也。"有欲、無欲是不同的兩類。類,在這裡指的是類別、種類,而不是指法律。荀子説思孟"無類",就是説《五行》混淆了不同概念之間的類別之分。《五行》説:"仁形於内謂之德之行,不形於内謂之行。"子思認爲,外在的道德行爲只是"行",而只有内在於心的德性,才是真正的"德之行"。"五行"一詞也見於《荀子》,《樂論》説:"貴賤明,隆殺辨,和樂而不流,弟長而無遺,安燕而不亂:此五行者,足以正身安國矣。"辨貴賤,尊禮儀,和樂不流等等,實際是五種具體的道德行爲。荀子所説的"行",是指純粹的外在行爲,只能在外而不能在於内。仁本是純粹的君子内在之德,怎麼會成爲外在的道德行爲?禮本是純粹的外在社會規範,怎麼會成爲内心之德?行是外在行爲,德爲内心之德,仁、義、禮、智、聖内外歸屬不同,子思强把它們固定在一起,同等對待,忽視了不同概念之間的内外分別②。

《五行》説:"仁義,禮所由生也。"仁義爲内心之德,禮樂爲道德規範。遵守禮樂教化,化性起僞,可以内心生德。内心之德怎麼能生成禮樂呢?既然不同類德目可以相生,五種德目又可合而爲一,它們之間的區别又何在呢?在荀子看來,仁、義、禮、智、聖有着嚴格的定義與界限。而子思倡導五種德目間的生成、合一,混淆了不同概念之間的内涵與外延。

孔孟之間,早期儒家對德目組合的使用比較混亂。郭店簡《六德》説:"何謂六德?聖、智也,仁、義也,忠、信也。"從德目組合的長度看,《五行》只是五個德目聯用,而《六德》卻六個德目聯用,比《五行》更長。荀子爲何批評《五行》,卻不批判《六德》?《六德》雖然是六個德目聯用,但它與《五行》

---

① 《孟子·盡心上》説:"堯、舜,性之也;湯、武,身之也;五霸,假之也。久假而不歸,惡知其非有也。"孟子和子思一樣,認爲虞舜勝於三代。梁濤先生已有類似説法,他認爲《表記》對三代的理解和孔子是不同的,而更接近竹簡《唐虞之道》和《禮記·禮運》。參梁濤《郭店竹簡與思孟學派》,245 頁。
② 《六德》説:"仁,内也。義,外也。禮樂,共也。"如果以《六德》爲參照,《五行》對德目的内外劃分,也是不恰當的。

最明顯的不同，就是《六德》把聖、智、仁、義、忠、信稱爲“六德”，卻不稱“六行”。先秦時期，五行指金、木、水、火、土，是婦孺皆知的事情。至漢代鄭玄，依然對此堅信不疑。子思用仁、義、禮、智、聖來替代金、木、水、火、土，構建了新型的“五行”。金、木、水、火、土是五種物質元素，是具體的、客觀的，而仁、義、禮、智、聖是人的德行，是抽象的。《荀子·正名》：“‘山淵平’，‘情欲寡’，‘芻豢不加甘，大鐘不加樂’，此惑於用實以亂名者也。”子思以仁、義、禮、智、聖五種德目替代金、木、水、火、土，冒充“五行”，以抽象代替具體，以精神代替物質，其實質是以實亂名，混淆了兩種完全不同的五行概念，顛覆了傳統五行的實質，所以荀子譏之“僻違而無類”。

什麼是“幽隱而無説”？《荀子·大略》：“仁義禮善之於人也，辟之若貨財粟米之於家也。”《荀子·儒效》：“聖人也者，本仁義，當是非，齊言行，不失豪釐。”荀子説仁義，也説聖智，但《荀子》書中仁、義、禮、智、聖，皆是人的德行，從不與天道相隸屬、相糾葛。郭店簡《六德》聖、智、仁、義、忠、信不管如何搭配、組合，也都指人的德行。《五行》説：“德之行五和，謂之德，四行和謂之善。善，人道也。德，天道也。”説仁、義、禮、智是人的德行，本無可厚非。但《五行》把仁、義、禮、智、聖説成天的德行，五行具備上通天道的特性，則與荀子之説明顯抵觸。荀子“明於天人之分”，天有天道，人有人職，各不相同，互不隸屬。《五行》把仁、義、禮、智、聖説成天德，以人的德行附會上天，直接的結果是人是天，天是人，天人不分。

《荀子·天論》：“天行有常，不爲堯存，不爲桀亡。”又説：“列星隨旋，日月遞炤，四時代御，陰陽大化，風雨博施，萬物各得其和以生，各得其養以成。”在荀子看來，天是自然之天，它没有意志，没有好惡，没有德性。《五行》德爲天道，天爲價值本原的説法，與荀子自然之天的規定截然對立。

《五行》經文又説：“聞而知之，聖也。”傳文解釋説：“聰也者，聖之藏於耳者也。聞之而遂知其天之道也，是聖矣。”子思主張聖人通過耳朵，可以聞聲於天，體知天道。《國語·楚語下》：“其智能上下比義，其聖能光遠宣朗，其明能光照之，其聰能聽徹之，如是則明神降之，在男曰覡，在女曰巫。”古人認爲，巫覡耳朵能聽見天神之語，眼睛能看到千里之外。在荀子看來，子思推崇的能用耳朵聽見天道的聖人，和能感知神靈下降的巫覡没有多大的分别。

《荀子·天論》説：“唯聖人爲不求知天。”在荀子那裏，人道和天道是兩碼事，真正的聖人不會去追求天道的玄妙。《荀子·性惡》説：“善言古者，必有節於今,善言天者,必有徵於人。凡論者貴其有辨合,有符驗。"善於論說古代的人,必須有今天的事情作驗證。擅長言說天道的人,必須有人事作驗證。子思說天道是仁、義、禮、智、聖,試問如何從人事方面加以驗證與説明?《五行》聖人用耳朵可以聞而達諸天道,而且知道天道是仁義禮智聖,在荀子看來,是十分荒唐、無法應驗的事,所以他批評子思"幽隱而無説"①。思孟主張天人合一,荀子主張天人相分;思孟説天人合德,而荀子堅持天爲自然之天,仁義禮智無關天道。荀子"幽隱而無説"的批評,主要針對子思以仁、義、禮、智、聖附會天道而言。

什麼是"閉約而無解"呢? 閉約,意爲阻隔難通②。這種阻隔難通主要指"五行"之間的生成過程:一是五德合一。《五行》:"能爲一,然後能爲君子,慎其獨也。"傳文解釋説:"能爲一者,言能以多爲一;以多爲一也者,言能以夫五爲一也。"子思認爲,仁、義、禮、智、聖可以合一而内化於心。在荀子看來,仁、義、禮、智、聖明顯是五個不同的德目,怎麼能合爲一個德目呢?

二是聖、仁、智的提升過程。《五行》:"智之思也長,長則得,得則不忘,不忘則明,明則見賢人,見賢人則玉色,玉色則形。"内心思聖,就會發出金玉之聲;内心思賢,臉色就會如珠玉般潤澤。長、得、忘、明,這些逐次加深的内心道德體驗,頗有神秘主義色彩,無法用外在的標準比較、衡量。《荀子·儒效》説:"不聞不若聞之,聞之不若見之,見之不若知之,知之不若行之,學至於行之而止矣。"和《五行》一樣,荀子也强調"聞",强調"見",但荀子修身路徑是聞、見、知、學、行,由學到行就達到了君子修養的標準與要求。荀子修身路徑是外在的,客觀的,而思孟學派五行的合一、道德體驗的逐層疊加,是内在的,極爲抽象的。荀子難以理解,所以他譏之爲"閉約而無解"。

更讓荀子不能容忍的是,思孟《五行》存在重視内心修養而弱化外在禮儀作用的嚴重趨向。《五行》説:"禮形於内謂之德之行,不形於内謂之[行]。"子思認爲作爲道德君子,需要把禮由外在的"行"内化爲"德之行"。這樣一來,禮不再是外在的行爲標準,而是内在的一種品質。《五行》又説:"仁義,禮所由生也。"禮爲仁義所生。在仁禮關係中,禮淪爲仁的派生物,不再對仁具有約束作用。帛書《五行·説》:"夫喪,正經修領而哀殺矣,其至内者之不在外也。是之謂獨,獨也者,舍體也。"至哀之人,要做到舍體——

① 《禮記·祭義》説:"祭日於壇,祭月於坎,以別幽明,以制上下。"幽,《荀子》書中多與"明"、"顯"相對,所以我們揣測"幽隱而無説",可能與天人之際有關。
② 王天海《荀子校釋》,上海古籍出版社,2005年,210頁。

捨棄外在禮儀的束縛,完全專一於内心的悲哀。禮具有社會制度、等級規範、禮儀標準等重要内涵,《五行》仁義禮智聖的地位並不等同,這種"無體之禮、無服之喪"至誠境界達成之時,荀子重視的禮不再是具有約束力的外在行爲標準,而竟成了無足輕重的内容①,變爲仁義的附庸。

《荀子·修身》説:"人無禮則不生,事無禮則不成,國家無禮則不寧。"在荀子看來,禮是衡量人們言行是非的外在標準,處理事情的原則,治理國家的根本大法,須臾不可離開。如果依從思孟《五行》,禮完全内化於心,成爲内心道德品質的一種,那麼禮作爲外在於人的標準,化性起僞、治國爲政的綱領作用將不復存在!作爲儒學外向化發展的代表,荀子以禮作爲自己思想的核心,思孟《五行》重心輕禮的表述,直接衝擊着自己的禮學理論建構,所以引起了荀子對思孟五行的激烈批判。

最後説一下"案往舊造説",荀子所説的"往舊"是什麼呢?這就涉及思孟"五行"的來源問題。《左傳》昭公二十五年説:"天地之經,而民實則之。則天之明,因地之性,生其六氣,用其五行。氣爲五味,發爲五色,章爲五聲,淫則昏亂,民失其性。"春秋時代,五行説已與天地、氣、民性鏈接起來,"種種天上人間所接觸到、觀察到、經驗到並擴而充之到不能接觸、觀察、經驗到的對象,以及社會、政治、生活、個體生命的理想與現實,統統納入一個齊整的圖式中"②。春秋時期,史墨説水勝火、火勝金(《左傳》昭公三十一年、哀公七年),《墨子·經下》説"五行毋(無)常勝",可見在子思之前,五行相生相克在社會上廣爲流行,五行思想已發展成爲一種相生相克比較成熟的理論系統。

《荀子·非十二子》説:"世俗之溝猶瞀儒嚾嚾然不知其所非也,遂受而傳之,以爲仲尼、子游爲兹厚於後世。"郭店簡《五行》的出土,印證了《非十二子》批判"五行"内容不虛。過去有學者懷疑《非十二子》子游爲子弓之誤③,現在看來這種懷疑並不可信。《禮記·禮運》孔子説:"故人者,其天地之德,陰陽之交,鬼神之會,五行之秀氣也。……故人者,天地之心也,五行之端也。"内容上,《禮運》這段話涉及"五行",與郭店簡《五行》同;人物上,

---

① 關於孟子對禮作用的認識,梁濤先生指出,《孟子》書中禮的範圍弱化爲禮儀形式,在孟子那裏,禮已降爲較爲次要的等級概念,外在的客觀性和約束力大爲減弱。參梁濤《郭店竹簡與思孟學派》,382～383 頁。

② 李澤厚《中國古代思想史論》,天津社會科學院出版社,2003 年,150 頁。

③ 郭嵩燾即主此説,參王天海《荀子校釋》,212 頁。

《禮運》五行之語爲孔子所説,子游所記,與《非十二子》"仲尼、子游爲兹厚於後世"切合,因此"按往舊造説"的"往舊",明顯是指《禮運》篇而言。

　　儒家的人性學説源於《逸周書》"三訓"①,"三訓"成書於春秋早期②。《左傳》中多次出現"性"字,古代人性論的萌芽可以追溯至西周乃至更早的時期,可見在子思之前,人性論已有一個漫長的發展歷程。由傳世典籍記載可知,孔子殁後,子貢、漆雕開、宓子賤、公孫尼子、世碩等孔門弟子都曾言及人性問題③。《語叢》作爲摘抄本,各部分主題豐富、駁雜,可知當時存在着大量言及心性的學術著作。上博簡《詩論》涉及敬、愛、情、思、報等情感詞彙有60多處,因此可以推斷,春秋末到戰國初期,當時社會上曾掀起過一場規模巨大的討論心性的思潮,而《五行》正是這一思潮高度發展、影響下的產物。

　　《語叢》和《五行》雖然同出郭店楚墓,但《語叢》體裁爲摘録體,是對當時社會上較爲流行的語録或典籍的摘抄,因此,《語叢》的成書要早於《五行》。《語叢一》:"有仁有智,有義有禮,有聖有善。"《五行》標誌性的理論建構是仁、義、禮、智、聖並稱,《語叢一》把仁、智、義、禮、聖、善固定爲一組,在已見文獻中,與《五行》德目組合最爲接近。《語叢一》善與聖並稱,關係尤爲密切。和《五行》相比,《語叢》仁、智、義、禮、聖與"善"聯用看似多餘。《五行》説"金聲,善也;玉音,聖也",玉音是聖,金聲爲善,聖與善互相依存關係在《五行》中依然存在④。

　　從目前的儒家文獻看,自孔子到曾子,德目之間可以有不同組合,但絶没有相生關係。《語叢一》:"……生德,德生禮,禮生樂。"《語叢一》認爲禮由德生,樂由禮生。這種不同德目之間的次第相生,《語叢一》首開其先河。《五行》説:"聖智,禮樂之所由生也。"《五行》認爲禮樂源於聖智,多次强調不同德目之間的次第相生,其做法很可能是仿自《語叢一》⑤。《語叢三》説:

①　楊朝明先生指出,《性自命出》和《逸周書》"三訓"有密切關聯。參楊朝明《儒家文獻與早期儒學研究》,齊魯書社,2002年,97～110頁。清華簡第五輯收有《命訓》一篇,與《逸周書》内容吻合,亦可證"三訓"成書不會太晚。

②　羅家湘《〈逸周書〉研究》,上海古籍出版社,2006年,12頁。

③　王充《論衡·本性》説:"周人世碩以爲人性有善有惡,舉人之善性養而致之則善長,性惡養而致之則惡長,如此則性各有陰陽,善惡在所養。故世子作《養書》一篇,宓子賤、漆雕開、公孫尼子之徒亦論情性,與世子相出入,皆言性有善有惡。"

④　《語叢一》"有仁有智",《五行》作"不智不仁",仁智連接在《五行》中同樣可以找到痕迹。

⑤　陰陽五行理論也有相生,但《五行》只講相生,不講相克;只講儒家德目,不講金木水火土。這都説明《五行》與《語叢一》之間存在理論連接。

“愛親則其施愛人。”《五行》“愛父其繼愛人，仁也”，仁愛外推的理念完全一致。

《五行》説：“不戚不親，不親不愛，不愛不仁。”這種頗具神秘氣氛的表述①，我們只要把它稍加變化“親生於戚，愛生於親，仁生於愛”，就會發現它和《語叢二》“愛生於性，親生於愛，忠生於親”，在意思表述上並沒有多大差别。《語叢二》的情感變化是豐富多樣的，《五行》作者很可能根據自己建構理論的需要，對它有所借鑒吸收。《語叢一》：“人之道也，或由中出，或由外入。由中出者，仁、忠、信。由外入者，禮、［義］、［道］。”不同德目的内入與外顯，在《語叢一》中已經存在。《五行》強調固守外在的道德實踐，就可以將外在的“行”内化爲“德之行”，内心至誠，就可以將内在的“德之行”呈現於外，只是《五行》的德目構建、成德理路比《語叢》更加豐富、更加系統而已②。

郭店簡《五行》説聖、智、仁、義、禮依次生成，説明子思對金木水火土五行相生思想有所借鑒吸收。金木水火土五行地位並列，它們之間有相生相克關係，可以無限循環。但在思孟“五行”中，聖智居主導地位，聖智可以生禮樂，禮樂卻不能“克”聖智。思孟“五行”借用金木水火土五行的理論，並不是機械地照搬，而是以五德涵蓋諸德，譬喻君子道德人格提升的歷程，本質上是一種形於内而發於外的心性學説。它和把金木水火土與人事比附，來預測人生吉凶、推演朝代變遷的循環五行説有着本質的區别。《禮運》的五行是指金木水火土，而子思吸收了《禮運》的五行理論框架，在《語叢》篇人性論構建基礎上，將仁、義、禮、智、聖固定爲一體，認爲它們是天的德性内入外顯的結果，已經與《禮運》五行明顯不同，所以荀子批判子思是“造説”——自己編造學説。

另外《曾子》十篇多處言“五”，僅《曾子天圓》就有五禮、五衰、五聲、五味、五色等不同説法，《曾子大孝》説的五德是莊、忠、敬、篤、勇，可惜與子思仁義禮智聖無一德目相合。郭店簡《五行》説：“仁之思也清，清則察，察則安。”思是子思道德修養較爲獨特的方式，對仁義的思見於《曾子》十篇。《曾子制言中》：“君子思仁義，晝則忘食，夜則忘寐，日旦就業，夕而自省，以役其身，亦可謂守業矣。”孔子單言仁，仁義未嘗聯用。在孟子、子思之前，曾

---

① 龐樸《帛書五行篇研究》，102 頁。
② 《六德》也有仁義内外，但《六德》的内外指的是家族内外，因此《五行》思路出於《語叢》，而不是《六德》。

子是仁義聯用較早的學派。《五行》仁義禮智聖聯用,其將仁義聯用,並以思的方式感知仁義,或許與曾子的影響有關。

　　《禮運》“五行”是指金木水火土,而子思五行是仁義禮智聖,二者本質不同①。《禮運》的貢獻在於把五行這一概念引入儒學解釋體系,援“五行”入儒。子思並非完全照搬,而是以五行爲框架,填充儒家德性的内容,雜糅不同的學術思想進行創造。如果子思以《禮運》五行爲範式,吸收了《語叢》人性論、曾子“思仁義”等内容,那麽情況就複雜了,但至少從一個側面印證子思“聞見雜博”的可信。楚地距離中原千里之遥,郭店楚簡墓主人將《五行》自中原帶至楚地,也可印證荀子所説的“世俗之溝猶瞀儒嚾嚾然不知其所非也,遂受而傳之”。在《禮運》之中,五行爲孔子所説,正可荀子批評思孟的話語中“此真先君子之言也”對應。荀子對思孟的批評,句句可得到證實。

　　值得注意的是,孔門弟子不僅子游有五行説,曾子亦有“五行”説。《吕氏春秋·孝行覽》説:“居處不莊,非孝也;事君不忠,非孝也;莅官不敬,非孝也;朋友不篤,非孝也;戰陳無勇,非孝也。五行不遂,災及乎親,敢不敬乎?”《吕氏春秋·孝行覽》“五行不遂”,《曾子大孝》作“五者不遂”。《禮記·祭義》也作“五者”,與《曾子大孝》同。《曾子大孝》是曾子學派的著作,《吕氏春秋》雜採百家而成。上博簡《内禮》出土證明《曾子大孝》的成書時間和曾子的二、三代弟子相當,《吕氏春秋》成書在戰國末期。《曾子大孝》成書在前,《吕氏春秋》改編在後,且這種改編很明顯與其《孝行覽》篇名有關。學者以《吕氏春秋·孝行覽》爲是,而以《曾子大孝》爲非,以此爲基礎,構建曾子—子思五行思想的學術傳承,錯誤的根源在於没有對《曾子》文本進行正確的排序。

　　綜上所述,荀子之所以批判思孟,源於他們之間的思想差異,而焦點在“五行”。傳統的五行是金木水火土,而子思用仁義禮智聖代替金木水火土,顛覆傳統五行的實質,陰陽五行被“道德五行”所取代,所以荀子譏之“案往舊造説”。孔子、曾子時代,儒家德目組合不固定,建構理論體系從未將仁義禮智聖聯用。而子思把仁義禮智聖固定在一起,並稱“此真先君子之言”,把自己的理論創造附會爲孔子、子游所言。子思以孔子繼承人自居,但他對傳統與孔子思想的雙重“背叛”,是荀子批判思孟“五行”的直接動因。郭店簡

────────────

① 所以荀子言思孟“五行”與孔子、子游無關。

《五行》與《荀子》的差異之處：以人的德行附會上天，把仁義禮智聖當作天德，直接結果是天人不分；五德可一，不同德目之間相互生成，仁義禮智聖彼此界限模糊；德性的生成來自内心之思，而且有精、察、安、温、悦等複雜道德體驗過程等。這些都無法用外在的尺度和標準進行驗證，也一並引起荀子的不滿①。思孟學派主張天人合一，荀子則説天人職分有別。思孟學派言性善，把仁義禮智内化於心。荀子則將仁義禮智剥離與人性之外，認爲人性是惡的，其善出於僞。思孟學派取法孔子而尊德性，荀子説思孟學派所得並非真孔子之言，而力主道問學。思孟學派理論構建借助《詩經》、《尚書》尤多，荀子則説要隆禮義而殺《詩》、《書》。子思倡導超越三代，直接效法堯舜。荀子説堯舜的法令政策已成爲歷史遺迹，無處尋覓，强調以效法周制爲先。因此在筆者看來，荀子表面上只批評了思孟"五行"，其實質卻是荀子與思孟學派理論建構歧異的一個縮影，是荀子與思孟學派諸多思想矛盾的一次集中噴發。

三、曾子與子思師承關係再審視

章太炎先生引據《禮記·檀弓》篇，極力否認子思和曾子的師承關係，他説："曾子呼子思爲伋，古者言質，長老呼後生則斥其名，微生畝亦呼孔子曰丘，非師弟子之徵也。"（《文録·徵信論上》）《論語》孔子呼子貢爲"賜"，上博簡《弟子問》孔子呼顏淵爲"回"，《曾子天圓》篇曾子説："離，而聞之云乎？"曾子呼弟子單居離爲"離"，可證章氏之説並非不易之論。

錢穆先生《先秦諸子繫年》説："《漢志》，曾子、宓子皆著孔子弟子，李克子夏弟子，世子、公孫子七十子弟子，獨子思云'孔子孫，爲魯繆公師'，不云師曾子。"②錢穆先生説《漢志》儒家敘述師承是慣例，但《漢志》説："《荀卿子》三十三篇。名況，趙人，爲齊稷下祭酒，有列傳。"爲何不説荀子是誰的弟子？《史記·孔子世家》明言子思爲孔子孫，《史記·仲尼弟子列傳》未收入子思，可知《漢志》的説法本於《史記》，錢説不足爲據。

楊澤波先生認爲，"同道"、"易地則皆然"是《孟子》書中比較常見的説

---

① 筆者對"僻違、幽隱、閉約"的逐句解説，可能過於具體。《荀子》和《五行》相比，没有用道德五行替代陰陽五行；仁、義、禮、智概念界限分明，不同德目之間不能相互轉化；仁、義、禮、智、聖皆是人德，不以人德附會天德，天人界限分明；仁義等没有複雜的提升過程。實際上，把這些作爲荀子批判思孟的内容，綜合起來説，可能會更好一些。

② 錢穆《先秦諸子繫年》，200 頁。

法,並以《離婁下》禹、稷、顔回爲例,説"同道"、"易地則皆然"並不能證明子思與曾子有師承關係①。《孟子》中"同道"出現 4 次,"易地則皆然"出現 2次,二者並不常見。孟子説:"曾子、子思同道。曾子,師也,父兄也;子思,臣也,微也。曾子、子思易地則皆然。"(《孟子·離婁下》)從孟子的話語看,曾子、子思與禹、稷、顔回雖都是"同道"、"易地則皆然",但曾子是"師也,父兄也",而且與子思"臣也,微也"相對,這是禹、稷所不具備的。

同樣,證明曾子與子思存在師承的説法,也存在諸多疑點。現存較早記載子思和曾子師承關係的是《孟子外書·性善》,但《孟子外書》爲僞書,這種説法可信度受到了影響。《孟子》對曾子和子思多有推崇,在孟子那裏,受到曾子、子思的強烈影響是没有疑問的。但在《禮記》子思學派四篇文獻中,子思推崇的爲何只有孔子一人?《孔叢子·居衛》子思説"聞諸子夏",説明子思認可子夏的教誨,而子思爲何從未説過"聞諸曾子"?

《性自命出》:"獨處而樂,有内蓋者也。惡之而不可非者,達於義者也。非之而不可惡者,篤於仁者也。""蓋"字趙建偉釋爲"論",李天虹釋爲"册",意指謀略。上下文都談仁、義等德目,這裏從字形上讀"論"或"册"都是不合適的,筆者認爲,黄德寬、徐在國讀爲"禮"是很恰當的 ②。"内禮"一詞是曾子學派《内禮》的篇名,但《性自命出》是否爲子思學派著作,目前學界爭議頗多,因此筆者過去依此推定曾子與子思之間的師承③,還頗有疑問。

《史記·仲尼弟子列傳》云曾子"少孔子四十六歲",《大戴禮記·衛將軍文子》稱曾子"常以皓皓,是以眉壽",一般認爲曾子的壽命不低於七十歲④。曾子比子思年長約二十二歲,身居魯國,孔子去世後,曾子擔當起教育子思的重任,是很自然的事情。我們認爲,曾子與子思之間的關係,應作師承與學術傳承的區分。學術傳承與師承並不完全一致,有師承必然有學

---

① 楊澤波《孟子評傳》,南京大學出版社,1998 年,20 頁。
② 參趙建偉《郭店竹簡〈忠信之道〉、〈性自命出〉校釋》,《中國哲學史》1999 年第 2 期,34~39 頁;李天虹《郭店竹簡〈性自命出〉研究》,湖北教育出版社,2003 年,186~187 頁;黄德寬《新出楚簡文字考》,安徽大學出版社,2007 年,15 頁。
③ 《性自命出》作者有子思、子游、公孫尼子等不同的説法,筆者認爲,《性自命出》爲子思學派所作。參拙作《由〈曾子〉十篇看〈性自命出〉的成書及理路——兼談宋儒對先秦儒學的誤讀》,《史林》2009 年第 2 期。100~106 頁。
④ 曾子生於周敬王十五年,清人熊賜履説曾子卒於魯悼公三十二年,享年七十歲。馮雲鷁説曾子"壽七十三"。參熊賜履《學統》卷三,《叢書集成初編》第 3328 册,商務印書館,1936 年,45~50 頁;馮雲鷁《曾子書·年譜》,《續修四庫全書》第 931 册,上海古籍出版社,2002 年,462 頁。

術傳承,而有學術傳承則未必有師承。子思爲孔子嫡孫,親受孔子教誨,身份非常特殊。曾子、子夏等人爲孔子弟子,他們雖指導過子思,但皆不敢以子思之師自居①。

在曾子思想研究中,有一個非常奇怪的現象:如果強調孝道,就說曾子是一個不敢以身涉險、時時謹小慎微的儒者②;如果談孔、曾、思、孟的道統傳承,曾子又變成一個剛强弘毅、視死如歸的壯士③。曾子的形象爲何有如此大的變化呢?曾子的形象之所以迥然有別,是因爲他們片面強調仁或孝,忽略了曾子思想前後的變化,人爲地割裂了曾子的形象。

《論語·先進》說:"柴也愚,參也魯,師也辟,由也喭。"《史記集解》引孔安國曰:"魯,鈍也。"認爲曾子生性遲鈍。朱熹、劉寶楠、楊伯峻等學者都持此說④,但這種說法是不正確的。劉寶楠依據《釋名》"國多山水,民性樸鈍",得出曾子生性遲鈍的結論,但孔子弟子多是魯國人,照此說不都很"魯"嗎?如果曾子生性遲鈍,他怎麼在二十七歲之前,就能透徹地理解孔子的忠恕之道?"魯"指的是萌生於性的情,換作今天流行的話語,即"魯"評價的是少年曾子的情商,而非智商。宋祁分析"參也魯"說:"蓋少時止以孝顯,未如晚節之該洽也。"(《宋景文筆記》卷中)我們認爲宋祁之說非常有啓發性。曾子智商高,而情商低,只知自己盡孝,卻沒有考慮父母能否接受。孔子說曾子"魯",並不是說他生性遲鈍,而是說他只知自己盡孝,卻不知設身處地地爲父母着想,不考慮對方的感受,使父母背上了不義的惡名⑤。

《孔子家語·六本》記載:"曾子耘瓜,誤斬其根。曾晳怒,建大杖以擊其背。曾子僕地而不知人,久之。有頃乃蘇,欣然而起,進於曾晳曰:'向也參得罪於大人,大人用力教參,得無疾乎?'退而就房,援琴而歌,欲令曾晳而聞之,知其體康也。"定州八角廊漢簡《儒家者言》記有《曾子芸瓜》一章,類似的記載還見於《韓詩外傳》卷八、《說苑·建本》,可證此事不虛。《孔子家語·六本》說曾子耘瓜,誤斷其根,遭其父曾點暴打。曾子不逃不避,反而彈琴唱歌給曾點聽。曾子爲使自己的孝德充分體現,結果卻是陷曾點於不義,

①　筆者的看法是,曾子與子思之間的關係,最準確地定位是有師之實而無師之名。
②　顧頡剛編著《古史辨》第二册,251 頁;康學偉《先秦孝道研究》,169～174 頁;肖群忠《孝與中國文化》,41～49 頁。
③　黎靖德編《朱子語類》,2353～2354 頁。
④　黎靖德編《朱子語類》,2353～2354 頁;劉寶楠《論語正義》,中華書局,1990 年,457～458 頁;楊伯峻《論語譯注》,中華書局,1980 年,115 頁。
⑤　曾憲樁先生有類似說法,他說曾子大孝,只知有父,不知有己,不曾思及陷父於不義。參曾憲樁《曾子行孝以傳道》,《孔孟月刊》第 16 卷第 1 期,1977 年 9 月,8～9 頁。

因此遭到了孔子的怒斥。《孔子家語·七十二弟子》、《白虎通·諫諍》記載曾子的妻子蒸藜不熟,曾子休妻,明顯違反禮制①。蒸藜不熟本來是可以原諒的小事,曾子卻小題大做,休妻以彰顯自己的孝心,置妻子於不孝、尷尬的境地。只考慮自己盡孝,而不考慮對方的接受度,曾子之孝是單向度的,帶有一定的盲目性,所以孔子對曾子的評價是"魯"。

曾子"耘瓜"後,在孔的教育下,他認識到自己"魯"的過錯,對仁的推崇勝於對孝道的重視,此時的曾子是一個崇尚忠恕、恢弘剛毅的志士,人格彰顯出宏大剛健的一面。《禮記·檀弓上》記載曾子病重時,童子說他鋪的席子華美,是大夫用的席子吧?曾子的身份是"士",席子爲魯國大夫季孫所賜,是大夫所用,曾子命令曾元換席,席子還没換成,曾子就去世了。曾子爲換席,不惜以犧牲生命爲代價,可見其恪守禮制,對己要求甚爲嚴格。魯哀公二十年,曾子的父親去世,曾子對子思説:"伋!吾執親之喪也,水漿不入於口者七日。"(《禮記·檀弓上》)按照禮制,行父親喪禮,三日不喝水漿就可以了②,恪守禮制的曾子,爲何逾越禮制呢?曾子説:"人未有自致者也,必也親喪乎!"(《論語·子張》)曾子強調人只有親身經歷父母去世,才能真正體會失去親人的悲哀。曾子之所以逾越喪禮,乃是孝心使然,情不能自已。

康有爲先生説:"今以《中庸》、《孟子》考之,其義閎深,曾子將死之言,尚在容貌辭氣顏色之間,與荀子之禮學同,其與子思、孟子異也。"③他指出子思和曾子晚年存在距離,是正確的。父母去世是曾子思想前後變化的轉捩點。《孟子·盡心下》記載曾點生前獨愛吃羊棗,曾點死後,曾子睹物思親,不忍心吃羊棗。曾子説:"往而不可還者,親也。至而不可加者,年也。是故孝子欲養,而親不待也。"(《韓詩外傳》卷七)曾子早年重孝,只是在仁的掩蓋下不很彰顯,晚年則把孝道發展到了極致:身體是父母所賜,不能毀傷,一言一行都要謹慎,甚至砍伐草木不時,也是不孝。"我並不是我,不過是我的父母的兒子!"④曾子剛毅宏大的仁者氣象日去,轉變爲謹小慎微、戰

---

① 古代休妻有嚴格的規定,《大戴禮記·本命》説:"婦有七去:不順父母去,無子去,淫去,妒去,有惡疾去,多言去,竊盜去。"可知曾子因妻子蒸藜不熟而休妻,與禮制不合。《韓詩外傳》卷九記載孟子因其妻違禮,欲休妻,孟母斥責他違背禮制,亦可證明我們的推論。

② 《喪服四制》:"三日而食,三月而沐,期而練,毀不滅性,不以死傷生也。"又説:"父母之喪,衰、冠、繩纓,菅屨,三日而食粥,三月而沐,期十三月而練冠,三年而祥。"可參證。

③ 康有爲《孟子微 禮運注 中庸注》,168~169 頁。

④ 胡適《中國哲學史大綱》,129 頁。

戰兢兢、氣象猥瑣的孝子。縱觀曾子一生,其思想核心轉進大致呈現出孝(行)—仁—孝(道)的理論樣態。

《禮記·檀弓上》記載:"曾子謂子思曰:"伋!吾執親之喪也,水漿不入於口者七日。"此時子思已近中年,思想日漸獨立,面對曾子由重仁向重孝的轉變,子思性格剛毅,他憤然批評曾子違背先王之禮。子思説:"先王之制禮也,過之者俯而就之,不至焉者跂而及之。故君子之執親之喪也,水漿不入於口者三日,杖而后能起。"曾子水漿不入於口者七日,居喪時不能以禮。子思以正禮抑之,雙方的思想衝突已露端倪。

子思生性孤傲,無視君主。曾子曾好心勸誡,他説:"昔者吾從夫子巡守於諸侯,夫子未嘗失人臣之禮,而猶聖道不行。今吾觀子有傲世主之心,無乃不容乎?"(《孔叢子·居衛》)面對曾子的勸告,子思據理反駁:"今天下諸侯方欲力爭,競招英雄以自輔翼,此乃得士則昌、失士則亡之秋也。"子思認爲諸侯爭霸,只有以德抗位,自己的學術主張才能得到推行。雙方不歡而散,曾經的親密師徒走向學術歧途。

《禮記·檀弓上》記:"曾子寢疾,病。樂正子春坐於床下,曾元、曾申坐於足,童子隅坐而執燭。"我們知道,儒家極重師徒之禮,《史記·孔子世家》説孔子病重,子貢前來探望,但曾子去世時,身邊只有自己的兒子和樂正子春等幾個弟子,子思卻不在場,可知兩人的關係已經非常疏遠了。我們説曾子和子思學術理路越走越遠,並不説兩個學派不再有任何學術交往,曾子的兒子曾申就曾問學於子思(《孔叢子·抗志》),儒家學派內部的分化與融合,從來就沒有不可逾越的分水嶺。

綜上所述,學者質疑宋儒的道統論,核心內容是曾子與子思、子思與孟子之間是否存在學術傳承。郭店簡《五行》出土,證明孟子提倡的仁、義、禮、智,確實出於子思《五行》。結合《史記·孟荀列傳》孟子受業於子思門人的記載,子思與孟子的學術傳承,則可以確定無疑。因此,目前的難點在於曾子與子思之間的關係。

曾子一生重孝,在孔子影響下,青年時期由重孝轉爲重仁,成爲恢弘剛毅、志向遠大的仁者。孔子去世,沒有人斧正曾子的思想。父母去世,曾子無限哀戚,他晚年重新回歸到重孝的軌道。子思年少時受曾子仁學的强烈影響,但曾子晚年由重仁轉變爲重孝,他對子思的影響逐漸減弱。子思性格孤傲剛强,特別是他思想體系成熟後,與曾子孝道獨尊的理論分歧日益明顯,兩人最終由親密師徒走向學術歧途。宋儒認爲子思師承曾子,並非子虚。但宋儒鼓吹孔孟之道一成不變，忽視兩人之間的思想對立和歧出，認爲曾子和子思之間是單綫傳承，忽視了其他孔門弟子對子思的影響，則慢慢偏離了歷史的真實。在宋儒這種作法的背後，抬高儒學道統地位、對抗佛老的思想脉絡，依然清晰可見。

第二節　由《曾子》十篇看《大學》的成書與作者

　　《大學》原爲《禮記》中的一篇，是儒家闡述治國政治理想最全面、最系統的篇章。在宋代，《大學》被列爲《四書》之首，元代以降它成爲科舉考試的必考書目。從鮮有人注意的禮學通論，到婦孺皆知的士大夫必讀書目，《大學》在封建社會中晚期的政治生活中，居於極爲重要的位置。《大學》作爲如此重要的儒家名篇，學者對它的作者及成書年代，卻一直聚訟不已，至今仍是學界懸而未決的學術公案。嚴靈峰先生説《大學》自程朱整理錯簡、改定章句以來，聚訟紛紜，迄今未決；吾人既不能起曾子、子思於地下，又如何能正其是非？① 嚴先生之語生動説明了考證《大學》成書問題的難度。曾子、子思的時代已經遠逝，我們如何尋找新的解決《大學》成書公案的綫索？

　　雖然學界對《大學》的作者存在不少爭議，但《大學》明引"曾子曰"，可知《大學》與曾子的關係是極爲密切的。古書的成書每每有長期的過程，其成書的下限是很難確定的。上博簡《内禮》的出土，證明《曾子》十篇並非僞書，其成書年代與曾子二三代弟子相當。郭店儒簡有明確的時間斷代，是推定古書成書年代的重要標尺，因此從《曾子》十篇與郭店儒簡切入《大學》的成書問題，是一個非常好的研究視角②。我們將《曾子》十篇、郭店儒簡與《大學》加以比較，以期推進學界對這一問題的探究。

　　上博簡《内禮》出土以後，《曾子》十篇不僞的説法被學界採信。朱熹等學者認爲《曾子》十篇與《大學》思想内容、文體風格有很大差異，也是不爭的事實。但宋儒懷疑《曾子》十篇的做法爲何是錯誤的呢？學界對此並没有認真檢討。從朱熹對《曾子》十篇和《大學》的不同態度入手，我們回顧《大

---

① 嚴靈峰《〈大學〉與"大學之道"》，《中國哲學史研究》1986 年第 2 期。
② 羅新慧先生曾將《曾子》十篇和《大學》做過比較，但當時學界主流觀點是《大學》晚出，不是僞書，而《曾子》十篇是僞書，因此羅先生以僞書推定《大學》成書年代，並没有引起學界的重視。參羅新慧《曾子與〈大學〉》，《濟南大學學報（社會科學版）》1999 年第 6 期，33～37 頁。

學》成爲四書之首,而《曾子》十篇被視爲僞書的學術史進程,以期揭示宋儒懷疑《曾子》十篇背後深刻的思想根源。

一、《大學》的作者及成書問題

對於《大學》的作者及成書時代,學界主要有以下幾種説法:

先秦説。《漢書·藝文志》認爲《大學》爲"七十子後學所作",但具體是誰,持這種説法的學者意見不一。北宋程顥説:"《大學》乃孔氏遺書,需從此學,則不差。"(《二程遺書》卷二)程頤説:"修身當學《大學》之序,《大學》聖人之完書也。"(《二程遺書》卷二十四)二程認爲《大學》爲孔子所作。朱熹《大學章句》説:"右經一章,蓋孔子之言,而曾子述之。其傳十章,則曾子之意而門人記之也。"①朱熹在二程的基礎上,提出曾子作《大學》説法,認爲《大學》出於孔、曾之意而由門人記録而成。

黎立武《大學發微》説:"《大學》,曾子之書。一書之功在'止至善','止至善'之説取諸艮。曾子固嘗稱艮象,曰'君子思不出其位',厥旨甚深,所謂一以貫之者,此也。"(《續文獻通考》卷一百五十二)《周易·艮卦·象傳》引用"君子思不出其位"一句,而《大學》多處談"止於至善",黎立武從《周易·艮卦》與《大學》的關係出發,爲朱熹之説補充了證據。

元明時期,朱熹的説法一度成爲學界的主流意見,清代以降,雖有些學者,如朱彝尊、翟灝、翁方綱等繼續堅持朱熹的意見,但已有學者開始懷疑朱熹的説法,戴震《大學補注》、汪中《大學平議》皆懷疑朱熹之説無據,崔述説:"余按《誠意章》云'曾子曰云云',果曾子所自作,不應自稱曾子,又不應獨冠此文以'曾子曰',朱子之説近是。然即'大學之道'以下亦殊不類孔子之言。且玩通篇之文,首尾聯屬,先後呼應,文體亦無參差,其出一人之手明甚,恐不得分而二之也。……《大學》之文繁而盡,又多排語,計其時當在戰國,非孔子、曾子之言也。……蓋曾子得之於孔子,而後人又衍之爲《大學》者也。"②崔述認爲《大學》稱"曾子曰",證明《大學》非曾子自作,《大學》首位連貫,爲一人之著作,恐不是曾子與門弟子先後追述而成,而是出於曾子後學之手。

康有爲主張《詩》、《書》、《禮》、樂、《易》、《春秋》爲孔子所作,稱爲經,

① 朱熹《四書章句集注》,4 頁。
② 崔述《崔東壁遺書·洙泗考信餘録》,373～374 頁。

《論語》等稱爲傳,《禮記》稱爲記,《大學》作爲《禮記》中的一篇,怎麽能經傳並存呢?《大學》中僅一指曾子,並無曾子作《大學》的證據(《康南海文集·大學注序》)。胡適説:"《大學》一書,不知何人所作。書中有'曾子曰'三字,後人遂以爲是曾子和曾子的門人同作的。這話固不可信。但是這部書在《禮記》内比了那些《仲尼燕居》、《孔子閒居》諸篇,似乎可靠。"①胡適雖認爲《大學》成書於先秦,但卻否認《大學》爲曾子及其門人同作的。張心澂《僞書通考》也説曾參作《大學》是誤認撰人②。錢穆、高明等學者也反對曾子作《大學》之説。

馬王堆帛書、郭店簡等出土以來,一些學者結合出土資料,又開始回歸朱熹的説法,李學勤先生認爲帛書《五行》經傳體例與朱熹所分《大學》同,李先生説,由於傳文明記有"曾子曰",而曾子的話又和整個傳文不能分割,按戰國時著書通例,這是曾子門人記錄曾子的論點,和孟子著書有與其弟子的討論相同,所以《大學》的傳應認爲曾子作品,曾子是孔子弟子,因而經的部分就一定是曾子所述孔子之言③。

梁濤通過對比《大學》與帛書《五行》經、傳,認爲《大學》分爲經、傳兩個部分不能成立,《大學》應爲獨立的一篇,但仍堅持朱熹《大學》成於曾子或其弟子之手的説法④。劉建國、羅華文等學者强調《大學》孝親、忠恕、慎獨等思想與曾子同,推論《大學》確是出自曾氏之儒⑤。羅新慧則注意到《大學》與《曾子》十篇的不同,她認爲不能將《大學》完完全全歸諸曾子及其弟子,《大學》應是曾子一系儒家結合戰國後期社會政治需要,對孔子、曾子思想有所發展⑥。

《大學》稱曾參爲曾子,可知它與曾子弟子有關,學者便推測《大學》的作者是曾子的弟子子思。宋代王柏認爲《大學》係子思作⑦,明代劉宗周《大學古記》云:

　　漢儒賈逵云:"子思窮居於宋,懼聖道之不明,乃作《大學》以經之,《中

---

① 胡適《中國哲學史大綱》,280 頁。
② 張心澂編著《僞書通考》,442 頁。
③ 李學勤《荆門郭店楚簡中的〈子思子〉》,《中國哲學》第二十輯,78 頁。
④ 梁濤《〈大學〉早出新證》,《中國哲學史》2000 年第 3 期,88～95 頁。
⑤ 劉建國《先秦僞書辨正》,陝西人民出版社,2004 年,22 頁;羅華文《〈大學〉成書時代新考》,《孔子研究》1996 年第 1 期,114～118 頁。
⑥ 羅新慧《曾子與〈大學〉》,《濟南大學學報(社會科學版)》1999 年第 6 期,33～37 頁。
⑦ 轉引自馮友蘭《中國哲學史》,華東師大出版社,2000 年,267 頁。

庸》以緯之。"今紬繹二書,《中庸》原是《大學》注疏,似出一人之手,經緯之
説,殊自可思,而篇中又有"曾子曰"一條,意其遺言多本曾子,而曾子復得
仲尼所親授,故程子謂"孔氏遺書",而朱子遂謂首篇爲孔子之言而曾子述
之,後篇爲"曾子之意,門人記之",有以也。曾門高弟,非子思而何?《中
庸》之書,多仲尼之言,而子思述之。則《大學》一書,多孔、曾之言,而子思
述之,亦何疑焉。①

清人江永《群經補義》也持此種説法,他們以子思師承曾子,其才學過人,
《中庸》又與《大學》內容接近,推論《大學》出於子思。劉宗周所引賈逵之
説,見於虞松《校刻石經表》,《校刻石經表》出自明代豐坊家藏魏三字石經
《大學》拓本,鄭曉、葛寅亮等皆贊成劉宗周之説,但吳應賓説:

> 石經《大學》非真石經也。謂"魏政和中詔諸儒虞松等考正五經,衛
> 覬、邯鄲淳、鍾會等以古文小篆八分刻之於石。始行《禮記》,而《大學》、
> 《中庸》傳焉。"按魏文帝始以黃初紀元,在明帝則爲太和、爲青龍、爲景初,
> 在齊王芳則爲正始、爲嘉平,在高貴鄉公則爲正元、爲甘露,在元帝則爲景
> 元、爲咸熙,而禪於晋未嘗有政和之年號。瞿元立言:"魏者,僞也。魏無政
> 和而言政和,亡是子虚之謂也。"②

吳應賓詳細梳理魏國帝王的年號,沒有"政和",因此他懷疑石經《大學》出
於僞託。黃以周《子思子·內篇》卷一説早在豐坊以前,《學齋佔畢纂》、《古
小學講義》、《三經見聖編》、《樗齋漫録》等書皆以"《大學》爲子思作,則其
説固不自坊始也"。

郭沂指出,如果石經《大學》爲僞造,那麼造假者當處心積慮,儘量避免
露出馬腳,至少不會出現這種"魏無政和而言政和"的低級錯誤。郭先生又
補充了子思作《大學》兩條證據:一是《大學》一篇的思想氣質同曾子一系相
差甚遠,不可能作於曾子一系,二是《孔叢子·雜訓》記載子思説:"上不仁,
則不得其所;上不義,則樂爲詐。此爲不利大矣。"類似內容見於《大學》(朱
子本傳之第十章)③。

石經《大學》出於明代,疑惑重重,即使我們相信石經《大學》不僞,但賈
逵"子思作《大學》"的説法,古文獻中並無相關記載,單憑晚出的石經《大

---

① 吳光主編《劉宗周全集》第一册,浙江古籍出版社,2007 年,643 頁。
② 見朱彝尊《經義考》卷一百六十。
③ 郭沂《子思書再探討——兼論〈大學〉作於子思》,《中國哲學史》2003 年第 4 期,27~33 頁。

學》,來推論子思作《大學》,證據尚不夠有力。《中庸》和《大學》思想頗爲相近,前人已經指出,但《大學》和《中庸》也有明顯的不同,如《中庸》以誠爲核心,多言天命、人性,而《大學》没有此類内容,學者也會因此推定子思不曾作《大學》。《中庸》、《表記》、《坊記》、《緇衣》四篇在《禮記》中前後聯屬,如果子思作《大學》,爲何不與這四篇聯列在一起?

郭沫若認爲《大學》屬於孟學,是樂正氏之儒的典籍,主要證據一是在孟派裏面樂正克是高足,二是樂正氏是學官的後裔,三是孟子稱樂正克爲"善人",爲"信人",又説"其爲人也好善",而《大學》1743 字的文章便一共有 11 個善字露面①。唐君毅主張《大學》是七十子後學之宗奉孟子之學者,在酌取墨、莊、荀思想的基礎上所完成的作品,其時代在戰國時期②。賈艷紅、姜亦剛從《禮記》材料的來源、《大學》被秦火壁藏的特徵、《學記》的成書年代及《大學》引用《尚書》等方面,證明《大學》成書當在戰國末至秦初③。

秦漢之際説。馮友蘭指出,《禮記·學記》襲自《荀子》,而《大學》與《學記》關係又極爲密切,他據此將《大學》與《荀子》的《不苟》、《非相》、《解蔽》等相關篇章比較,認爲《大學》出於荀子後學,其時間當在秦漢之際④。

徐復觀强調中國古代學制並無大學小學之分,"大學"是儒者適應秦的大一統所浮出的觀念,《大學》引用《尚書·秦誓》,《爾雅·釋訓》又引用《大學》,他據此認爲《大學》是"秦統一天下以後,西漢政權成立以前的作品",他説《大學》是"某一個今日無從知道姓名的偉大儒者,爲了反抗法家,乃將儒家的思想,有計劃地整理綜合而成的教本"⑤。徐先生雖然肯定《大學》成書於秦漢之際,但認爲《大學》屬於孟子以心爲主宰的系統,而不屬於荀子以法數爲主的系統。

漢代説。《陳確集·大學辨一》曰:"《大學》,其言似聖而其旨實竄於禪。其詞游而無根,其趨罔而終困,支離虚誕,此游、夏之徒所不道,決非秦以前儒所作可知。"⑥陳確主張子游、子夏都不曾言説《大學》,如果認爲它是"孔、曾之書",則"誣往聖,誤來學",《大學》與佛教内容相通,"必爲禪學無

① 郭沫若《十批判書》,141 頁。
② 唐君毅《中國哲學原論·導論篇》,中國社會科學出版社,2005 年,209~210 頁。
③ 賈艷紅、姜亦剛《〈大學〉的著述時代考》,《山東師範大學學報(人文社會科學版)》1998 年第 3 期,48~51 頁。
④ 馮友蘭《中國哲學史》,267~272 頁。
⑤ 徐復觀《中國人性論史·先秦篇》,湖北人民出版社,2001 年,233~240 頁。
⑥ 陳確《陳確集》,中華書局,1979 年,552 頁。

疑"，其成書當在秦代以後。俞正燮《癸巳類稿》説《大學》本漢時《詩》、《書》博士雜集。

傅斯年先生認爲《孟子》説"人有恒言，皆曰天下國家，天下之本在國，國之本在家，家之本在身"，可見孟子時，尚没有一種完備發育的'身、家、國、天下'之系統哲學，可見《孟子》在先，《大學》在後。孔子時"平天下"是指"九合諸侯，一匡天下"，孟子時"以齊王"，是指處理國與國之間的關係，《大學》談天下，但談理財，到了理財成了平天下的要務，必在天下已一之後，可見《大學》不先於秦皇，《大學》引用《秦誓》，可能是伏生做過秦博士的痕迹。《大學》既以財爲末，又痛恨聚斂之臣，漢初也直到武帝才用聚斂之臣，如果《大學》是對時政而立論，那麼，這篇書或者應作於孔伋、桑弘羊登用之後，輪臺下詔之前①。趙澤厚《大學研究》説我國古代夙重德治，始於唐堯，其後皋陶、伊尹、孔子、孟子、荀子、《中庸》、《吕氏春秋》皆有此德治之思想，但皆係從修身推至治國，從無言及正身、誠意者，由誠意、正身推至治國、平天下者，唯有董仲舒，他依據董仲舒倡導建立太學，推定董仲舒爲《大學》的作者②。

日本學者武内義雄主要從思想義理方面，證明《大學》是漢武帝以後的作品：其一《大學》與《禮記·王言》比較，無論是文句還是思想性都有相似之處，而《王言》是漢文帝時的作品；其二《大學》八條目中四項取於《孟子》；其三《大學》"誠意"襲自《中庸》；其四"格物致知"胚胎於《哀公問》；其五《大學》之"正心"出於董仲舒。他最後總結説："《大學》出於漢儒之手者，似可信也"③

此外，蔣伯潛《諸子通考》、張豈之《中國儒學思想史》等皆認爲《大學》成書於漢代，他們或從《大學》引《尚書》情況，或結合秦漢時代背景，或考察《禮記》相關篇章的成書情況，研究方法皆與傅斯年等學者相同。從先秦到漢代，成書時間相差三四百年。從曾子到荀子、董仲舒，作者不下五人。學者對《大學》成書時間及作者分歧，竟是如此懸殊，因此我們對《大學》成書的研究顯得尤爲必要。

二、由《曾子》十篇看《大學》與曾子的關係

《大學或問》記載了朱熹與弟子的對話："'子謂正經蓋夫子之言而曾子

---

①　傅斯年《詩經講義稿》，中國人民大學出版社，2004 年，198 頁。
②　趙澤厚《大學研究》，臺灣中華書局，1972 年，50～70 頁。
③　[日]武内義雄《兩戴記考》，江俠庵編譯《先秦經籍考》，183 頁。

述之,其傳則曾子之意而門人記之,何以知其然也?'曰:'正經辭約而理備,言近而旨遠,非聖人不能及也。然以其無他左驗,且意其或出於古昔先民之言也,故疑之而不敢質。至於傳文,或引曾子之言,而又多與《中庸》、《孟子》者合,則知成於曾氏門人之手而子思以授孟子,無疑也。"(《四書或問》卷一)朱熹對《大學》經文存疑,但對於傳文,則明確肯定出於曾子門人。"曾子曰"一句千金,是證明《大學》爲曾子所作的關鍵性證據。

　　對於《大學》中的"曾子曰",清人崔述不同意朱熹的意見。他説:"果曾子所自作,不應自稱曾子,又不應獨冠此文以'曾子曰'。"①郭沫若認爲,《大學》"有兩處'子曰'和一處'曾子曰',如全是曾子之意而門人記之,那就不必用這'子曰'、'曾子曰'了。既特別用'子曰'、'曾子曰',可見全文不是記錄曾子之意了"②。"曾子曰"領起的内容,無疑屬於曾子所言,"曾子曰"之外的内容是否爲曾子所説,是雙方爭論的焦點。"曾子曰"之外的内容到底是不是曾子所説,就需要用一定的標準來判斷。我們知道,《曾子》十篇是曾子的語録,而上博簡《内禮》證明《曾子》十篇並非僞書,因此將《曾子》十篇與《大學》"曾子曰"之外的内容比較,就可判斷《大學》與曾子學術關聯的程度。

　　(一)《大學》與《曾子》十篇的相同之處

　　《大學》説:"自天子以至於庶人,壹是皆以修身爲本。"《大學》非常重視修身,認爲修身近可以齊家,遠可以平天下,是打通内聖與外王的樞紐環節。《曾子立事》也强調君子修身的緊迫性,提出:"君子愛日以學,及時以行,難者弗辟,易者弗從,唯義所在,日旦就業,夕而自省,思以殁其身,亦可謂守業矣。"曾子主張要抓緊時間學習,及時實踐,困難不要回避,容易也不要盲從,不斷自我反省,改進不足。

　　忠恕是曾子修身思想的特色,《大學》和《曾子》十篇在這一點上非常接近。《大學》:"大學之道,在明明德,在親民,在止於至善。"朱熹注曰:"既自明其明德,又當推以及人,使之亦有以去其舊染之污也。"③明明德,提升自己内心的道德修養,是忠;由己外推教化百姓,是恕。忠恕之道最明顯的特點是推己及人,這在《大學》中不止一次出現。《大學》:"是故君子有諸己而後求諸人,無諸己而後非諸人。所藏乎身不恕,而能喻諸人者,未之有也。"

---

① 崔述《崔東壁遺書·洙泗考信餘録》,373～374 頁。
② 郭沫若《十批判書》,131 頁。
③ 朱熹《四書章句集注》,3 頁。

朱熹注曰:"有善於己,然後可以責人之善;無惡於己,然後可以正人之惡,皆推及以及人。"①《大學》這裏明確提到了恕道,主張推己以教化百姓。

《曾子立孝》説:"君子立孝,其忠之用,禮之貴。故爲人子而不能孝其父者,不敢言人父不能畜其子者;爲人弟而不能承其兄者,不敢言人兄不能順其弟者。"《曾子立孝》"忠"字,上博簡《内禮》寫作"愛",是指發自内心對父母的真摯之情。《曾子立孝》强調自己先孝敬父母、慈愛兄弟,然後才能要求別人。這種推己及人的思想,明顯與《大學》恕道相同。

《大學》:"人之有技,若己有之;人之彦聖,其心好之,不啻若自其口出。寔能容之,以能保我子孫黎民,尚亦有利哉!"朱熹注曰:"彦,美士也。聖,通明也。"②《大學》説別人有技能,如同己有;別人賢能,自己要舉薦而不嫉妒。《曾子立事》:"君子己善,亦樂人之善也;己能,亦樂人之能也。"君子自己賢能,同時也爲別人的善能感到高興,不嫉賢妒能,把別人的善行據爲己有。《大學》與《曾子立事》在如何對待別人賢能方面非常一致。

《大學》説:"有德此有人,有人此有土,有土此有財,有財此有用。德者本也。財者末也。"又説:"仁者以財發身,不仁者以身發財。"《大學》强調德爲本,財爲末,讓"長國家而務財用者"的小人爲政,國家會灾害不斷。《曾子制言中》:"君子以仁爲尊。天下之爲富,何爲富? 則仁爲富也。天下之爲貴,何爲貴? 則仁爲貴也。"在財富與道德的權衡中,《曾子》十篇以仁爲尊,重德輕財,這和《大學》是一致的。

《大學》和《曾子》十篇都注重内外兼修,以修心作爲修身的重要方面。《大學》:"小人閒居爲不善,無所不至,見君子而后厭然,揜其不善,而著其善。人之視己,如見其肺肝,然則何益矣。此謂誠於中,形於外,故君子必慎其獨也。"朱熹注曰:"此言小人陰爲不善,而陽欲揜之,則是非不知善之當爲與惡之當去也;但不能實用其力以至此耳。然欲揜其惡而卒不可揜,欲詐爲善而卒不可詐,則亦何益之有哉!"③《大學》認爲,内在的真情自然會無遮掩地展現於外,好善惡惡皆爲己而不是爲人,掩飾内心的惡與詐是徒勞的。

《曾子立事》説:"目者,心之浮也,言者,行之指也,作於中則播於外也,故曰:以其見者,占其隱者。"《曾子立事》主張眼睛和言語是内心真實的如實體現,由外在的行爲,可以窺知人看不見的内心深處。《大學》和《曾子立

---

① 朱熹《四書章句集注》,9 頁。
② 朱熹《四書章句集注》,11 頁。
③ 朱熹《四書章句集注》,7 頁。

事》都認爲心内身外是貫通一致的。

《大學》説:"'如切如磋'者,道學也。'如琢如磨'者,自脩也。'瑟兮僩兮'者,恂慄也。'赫兮喧兮'者,威儀也。"朱熹注曰:"道,言也。學,謂講習討論之事,自脩者,省察克治之功。恂慄,戰懼也。威,可畏也,儀,可象也。"①君子慎獨包括兩個方面:從外在的層面説要學習《詩》、《書》、《禮》、樂等儒家文化,像骨角經過切磋,像玉石經過琢磨;從内在的層面説,君子要努力自修,省察内心,提升道德修養,才能達到内心至誠的狀態。雖然在《曾子》十篇中找不到慎獨一詞,但《曾子立孝》説:"君子立孝,其忠之用,禮之貴。"君子盡孝,内心要真誠,外要敬守禮儀。這種内外兼修的修德方法,和《大學》還是一致的。

《大學》格物的"格"字,應按鄭玄注訓爲"來"。"物格"就是外物或事出現,"致知"意思是外物出現就會被人發現,被心感知②。"誠意"是指通過學習和内省,提升自己的道德修養,用《性自命出》的話説,就是使"心有定志"。《大學》説:"所謂脩身在正其心者,身有所忿懥,則不得其正;有所恐懼,則不得其正;有所好樂,則不得其正;有所憂患,則不得其正。"朱熹注曰:"蓋是四者,皆心之用,而人所不能無者。然一有之而不能察,則欲動情勝,而其用之所行,或不能不失其正矣。"③《大學》認爲,和目、耳、口相比,心起主導作用。脩身貴在正心,要正心,必須不爲忿懥、恐懼、好樂和憂患等情緒所動,除去私欲,否則心不能得正。

《曾子立事》:"君子之於不善也,身勿爲能也,色勿爲不可能也。色也勿爲可能也,心思勿爲不可能也。"《曾子立事》認爲與身不作惡相比,内心没有惡念更爲重要。《曾子立事》:"君子慮勝氣,思而後動。"曾子主張心志勝於情欲,思慮先於行動。《曾子立事》説:"君子攻其惡,求其過,彊其所不能,去私欲,從事於義,可謂學矣。"王聘珍注曰:"攻,治也。惡,不善。求,索也。過,失也。惡匿於心,非攻則不去。過出於身,不求或不知。"④《曾子立事》説的"私欲",和《大學》忿懥、恐懼、好樂和憂患等情緒相當。除去私欲,聞義而徙,就是《大學》所説的"正心"。《大學》和《曾子》十篇雖都有内求的趨向,但都没有借助人性來實現自己理論的貫通。没有人性論,只有心

① 朱熹《四書章句集注》,5～6頁。
② 參拙作《從〈曾子〉十篇看〈性自命出〉的成書及理路》,《史林》2009年第2期,100～106頁。
③ 朱熹《四書章句集注》,8頁。
④ 王聘珍《大戴禮記解詁》,69頁。

論,這是它們非常接近的地方,

在治國方面,《大學》和《曾子》十篇都主張統治者要謹慎行政。《大學》説:"有國者不可以不慎,辟則爲天下僇矣。"國君不可不謹慎,偏於一己之私,則身戮國亡。《曾子立事》:"居上位而不淫,臨事而栗者,鮮不濟矣。……昔者天子日旦思其四海之内,戰戰惟恐不能乂。"天子居上位而不自大,戰戰如恐不勝,臨事戒懼,國家才能長治久安。

《大學》説:"一家仁,一國興仁;一家讓,一國興讓。"又説:"君子不出家而成教於國。"《大學》主張家族之内興仁讓,風氣自然影響及國人,所以家族治理好了,仁義道德施及天下。《曾子疾病》:"親戚不悦,不敢外交;近者不親,不敢求遠。"王聘珍注曰:"親戚,謂父母也。交,友也。親,愛也。"①曾子認爲父母悦才能與外結交,近者親附才能求遠。君子孝敬父母,然後可以施於家人、朋友,這種由内及外、由親及疏、由近及遠的理路,是《曾子》十篇與《大學》的共同點。

《曾子立孝》:"是故未有君而忠臣可知者,孝子之謂也;未有長而順下可知者,弟弟之謂也;未有治而能仕可知者,先修之謂也。故曰孝子善事君,弟弟善事長。"《曾子立孝》強調家庭的孝子可以作國家的忠臣,弟弟事兄敬順,自然能敬順官長,居家治理,可以自然能爲官行政。《曾子立孝》與《大學》都認爲家庭倫理,能延伸爲治國爲政之道。《曾子立事》説:"事父可以事君,事兄可以事師長,使子猶使臣也,使弟猶使承嗣也,能取朋友者,亦能取所予從政者矣。……是故爲善必自始也。内人怨之,雖外人亦不能立也。"王聘珍注曰:"内謂之家。"②《曾子立事》認爲事父如同事君,命令兒子做事如同差遣臣下。君子爲官行政,必須從家族内部治理開始。《大學》"孝者,所以事君也;弟者,所以事長也;慈者,所以使衆也",與《曾子立事》的理路完全一致。

(二)《曾子》十篇與《大學》的不同之處

宋儒指出《大學》與《曾子》十篇思想内容、文體風格有很大差異,是不爭的事實。《大學》與《曾子》十篇相同之處雖多,但不同之處更爲明顯。

第一,文章主旨不同。判斷《大學》與《曾子》十篇兩篇文獻的相同與不同,不在於枝節,關鍵在於文章主旨。《大學》的主旨是三綱八條目,即明明

---

① 王聘珍《大戴禮記解詁》,97 頁。
② 王聘珍《大戴禮記解詁》,78 頁。

德、親民、止於至善、格物致知、正心誠意、修身齊家、治國平天下,這些皆不見於《曾子》十篇。一些學派關鍵性的術語,如慎獨、絜矩之道、知止,也不見於《曾子》十篇。《大學》説:"爲人君,止於仁;爲人臣,止於敬;爲人子,止於孝;爲人父,止於慈;與國人交,止於信。"君仁臣敬,父慈子孝,《大學》主張的是雙向的禮制約束。《曾子立孝》:"爲人子而不能孝其父者,不敢言人父不能畜其子者;爲人弟而不能承其兄者,不敢言人兄不能順其弟者;爲人臣而不能事其君者,不敢言人君不能使其臣者也。"《曾子立孝》只强調人子、人弟、人臣的單向義務,與《大學》雙向的約束關係是不同的。即使上博簡《内禮》證明曾子對人君、人父、人兄也有雙向約束要求,但《大學》强調"爲臣敬",與《曾子》十篇强調"爲臣忠",還是不一致的。

《曾子》十篇没有誠或慎獨的概念。朱熹將"閒居"解釋爲"獨處",受此影響,慎獨自然是指君子獨處的時候,也要嚴格要求自己,積德成善。《曾子立事》云:"君子不絶小不殄微也,行自微也不微人,人知之則願也,人不知苟吾自知也,君子終身守此勿勿也。"君子修身要從小事做起,別人知道並不重要,關鍵在於自己能篤守善道。有學者據此認爲《曾子》十篇中,雖未明提"慎獨",但已包含其義①。郭店《五行》出土以後,證明朱熹對《大學》慎獨的理解是有問題的②,因此《曾子立事》"君子不絶小不殄微也"一句,並未包含《大學》慎獨的内容。

第二,追求的人生目標與政治理想不同。《大學》與《曾子》十篇的對象不同,《大學》説"古之欲明明德於天下者"、"有國者",主要是指天子、諸侯。《大學》説"修身、齊家、治國、平天下",人生追求的境界是由内聖到外王的實現,君子修身的目標是聖王。《曾子》十篇雖然也涉及國君、卿大夫,但主要言説的對象是士人。《曾子大孝》説:"君子之所謂孝者,國人皆稱願焉,曰:'幸哉!有子如此!'"《曾子立孝》説:"是故未有君而忠臣可知者,孝子之謂也。"士人修身在家要成爲孝子,在國則成爲國君的忠臣、官長順從的屬下,曾子修身的目標是做人人稱許的孝子。

《大學》説:"上老老而民興孝,上長長而民興弟,上恤孤而民不倍。"又説:"一家仁,一國興仁;一家讓,一國興讓。"《大學》講修身,講齊家,雖然主張齊家才能治國,但《大學》修身齊家的目的在於教化民衆、治理國家,修身

---

① 羅新慧《曾子與〈大學〉》,《濟南大學學報(社會科學版)》1999 年第 6 期,33~37 頁。
② 梁濤《郭店竹簡與思孟學派》,296 頁。

的最終目標在於治國、平天下政治理想的實現。《曾子》十篇雖然有君臣關係的討論，但曾子之學主要局限在家庭之内。《韓詩外傳》卷七記曾子云："吾嘗仕齊爲吏，禄不過鐘釜，尚猶欣欣而喜者，非以爲多也，樂其逮親也；既没之後，吾嘗南游於楚，得尊官焉，堂高九仞，榱題三圍，轉轂百乘，猶北鄉而泣涕者，非爲賤也，悲不逮吾親也。"當高官厚禄與孝順父母矛盾時，曾子選擇是父母。孝順父母，養父母心志，是曾子人生追求的最終目標。

第三，《曾子》十篇没有親民、反對聚斂等治國策略方面的内容。《大學》説："生財有大道，生之者衆，食之者寡，爲之者疾，用之者舒，則財恒足矣。"又説："百乘之家不畜聚斂之臣。與其有聚斂之臣，寧有盜臣。"《大學》講國家理財之道，反對聚斂之臣，主張親民，推舉賢人，以道得國，"保我子孫黎民"。而在曾子看來，親民、教民，反對聚斂並不重要，承父母心志，讓父母居處温愉、飲食甘美，才是最重要的，治國、平天下是國君之事，非士人階層所能爲，所以《曾子》十篇不講這些治理國家的方略。

第四，《大學》修心論遠比《曾子》十篇複雜。《大學》格物致知、誠意正心，是由外向内地提升君子的道德修養。誠意正心、齊家治國，是由内而外地延伸，是人内在的道德世界有步驟、有層次地向外部的事實世界展開。格物致知到正心誠意，正心誠意至於治國平天下，二者是内部道德世界與外在事實世界的雙向貫通。《曾子》十篇雖也注重内省，由治理家族到爲官行政逐步展開，但這種貫通的理路是單向的。《曾子》十篇雖已觸及修心的問題，但尚處於萌芽狀態。和《大學》相比，《曾子》十篇的心論始終没有形成清晰而完整的表述。《大學》"止、定、静、安、慮、得"等道德提升的複雜内心體驗，在《曾子》十篇裏是找不到的。

以往的研究，爲論證《大學》爲曾子所作，過於注重《大學》與《曾子》十篇的相同之處。我們之所以不厭其煩，將《大學》與《曾子》十篇異同之處一起比較，目的在於糾正這一學術偏頗。《曾子》十篇是語録體，《大學》是首尾連貫的政論文。《曾子》十篇修心論尚處於萌芽狀態，《大學》已完成内部道德世界與外在事實世界雙向貫通的構建，其思想體系遠比《曾子》十篇成熟、複雜，且《大學》與郭店儒簡有諸多相同之處（見下文），《大學》成書很可能要在《曾子》十篇之後。《大學》引用"曾子曰"，在修身、忠恕等方面與《曾子》十篇有諸多相同之處，《大學》的成書是以《曾子》十篇爲思想背景的。三綱八條目是《大學》的思想核心，《曾子》十篇對《大學》的影響居於次要地位，除《曾子》十篇之外，《大學》的成書還有其他思想來源。

　　朱熹據《大學》傳文中有"曾子曰",推定經文爲孔子所作(《四書或問》卷一)。《漢書·藝文志》記載:"《世子》二十一篇,名碩,陳人也,七十子之弟子。"世子和子思同輩,皆爲七十子弟子,並無師承關係。帛書《五行》傳文引用"世子曰",但《五行》經文明確肯定爲子思的著作,可見傳文引用"某子曰",經文不一定是某子的作品,朱熹由《大學》傳文記有"曾子曰",推定《大學》經文必爲孔子所作,是有問題的。

　　李學勤先生指出,由於《大學》傳文明記有"曾子曰",而曾子的話又和整個傳文不能分割,按戰國時著書通例,這是曾子門人記錄曾子的論點,和孟子著書有與其弟子的討論相同,所以《大學》的傳應認爲曾子作品,曾子是孔子弟子,因而經的部分就一定是曾子所述孔子之言①。《孟子·滕文公上》説:

　　　　滕定公薨。……然友之鄒,問於孟子。孟子曰:"不亦善乎! 親喪,固所自盡也。曾子曰:'生,事之以禮;死,葬之以禮,祭之以禮:可謂孝矣。'諸侯之禮,吾未之學也。雖然,吾嘗聞之矣。三年之喪,齋疏之服,飦粥之食,自天子達於庶人,三代共之。"然友反命,定爲三年之喪。

孟子引用曾子的話,論證三年之喪的必要性,"曾子曰"是孟子論證必不可少的一部分。《大學》傳文引"曾子曰",學者據此推論《大學》爲曾子弟子所作,但《孟子》、《荀子》(參《解蔽篇》)中皆有"曾子曰",都是引用曾子的話語作論證的語料,能否以此推論《孟子》、《荀子》皆爲曾子弟子所作?

　　漢唐諸儒不知《大學》爲何人所作,宋儒程顥認爲《大學》出於孔子,朱熹説《大學》爲曾子及其弟子追述而成,明代劉宗周等進一步將《大學》鎖定爲曾子弟子子思所作。在没有堅實文獻證據的情況下,學者對《大學》的作者定位越具體,可能離歷史真實越遠。學術研究必須把握必要的尺度,過度引申,哪怕是小小的一步,真理也會變成謬誤!

　　《大學》與《曾子》十篇的關聯是毋庸置疑的,但内容關聯不是判斷作者歸屬的充分條件。依照目前的文獻證據,《大學》的作者存在兩種可能性,一是出於曾子學派,爲曾子或其弟子所作;二是《大學》受曾子之學的影響,但作者不是曾子弟子。與其各執一詞,强行論定《大學》的具體作者,不如相信《漢志》的説法,認爲《大學》出於七十子弟子之手,承認《大學》與曾子之學

① 李學勤《荆門郭店楚簡中的〈子思子〉》,《中國哲學》第二十輯,78 頁。

的密切關聯,但又不把《大學》斷定必爲曾子弟子所作,這樣的存疑更利於我們對《大學》主體思想的準確把握。

三、《大學》成書時間蠡測

勞榦、錢穆等爲古代史研究的著名學者,他們對《大學》成書年代的討論,非常有代表性。我們結合郭店儒簡等材料,從分析他們的説法入手,對《大學》的成書年代重新定位。勞榦先生説《論語》仁義分別言之,而時以禮代義,而《大學》、《孟子》皆並言仁義,故《大學》實遠於《論語》,而近於《孟子》。《孟子》深明仁義之辯,開宗明義答梁惠王之言即開始發揮,而全書幾無不承此以爲關鍵,《大學》"國不以利爲利,以義爲利"之結論,實爲孟子之教①。

孔子雖未嘗將仁義聯用,但《曾子制言上》説"士執仁與義而明行之",《曾子制言中》説"是故君子思仁義,晝則忘食,夜則忘寐",曾子對孔子仁學理論最重要的發明是將仁義聯用。仁義聯用,在郭店儒簡中也已出現。《語叢一》説:"仁義爲之臬。"《小爾雅·廣言》:"臬,極也。"《語叢一》把仁義當作行爲的準則,郭店簡《語叢一》成書年代早於《孟子》,因此仁義聯用,不能作爲《大學》晚於《孟子》的證據。

勞榦先生説:"當孔子之時性論尚在蒙昧時期,孔子不言性與天道,僅略及性近習遠之義,蓋此時性之善惡未成問題,但發揮仁知之義已足,無多爭辯也。至孟子始發揮性善之義,成爲千秋大業,而《大學》開始即以止於至善爲綱領,至善者人性秉賦之終極,此孟學之根本而《大學》也以其爲開端,今如指其(《大學》)爲孟學,則純然一貫而更無阻礙矣。"勞先生認爲性善説始於孟子,《大學》爲性善論,自然要晚於孟子。郭店簡《性自命出》説:"未言而信,有美情者也。未教而民恒,性善者也。"②未施教化而民心有常,是君子性善的結果。郭店簡中,已出現了性善論的萌芽,而郭店簡的成書年代早於《孟子》。勞先生以性善説始於《孟子》爲論證的前提,但這一前提從郭店簡《性自命出》看,是不能成立的。

勞先生説:"若《大學》先於《孟子》,則《大學》之'止、定、靜、安、慮然後能得',應與《孟子》不動心而持其志者之理相符,然《孟子》爲對公孫丑之問

① 參勞榦《大學出於孟學説》,鄭良樹編著《續僞書通考》,臺北學生書局,1984年,873~875頁。本節勞榦之説皆出於此文,下引不再一一注明。
② 荊門市博物館編《郭店楚墓竹簡》,180頁。

偶然興到之言,而《大學》則爲系統化論述,依照思想史進步之次第,則《孟子》應在前而《大學》應在後。"郭店簡《五行》説:"仁之思也清,清則察,察則安,安則温,温則悦,悦則戚,戚則親,親則愛,愛則玉色,玉色則形,形則仁。"①《五行》"清、察、安、温、悦、戚、親、愛"等具體内容雖與《大學》不同,但其道德體驗的過程,和《大學》"定、靜、安、慮、得"很相似,證明《大學》"定、靜、安、慮、得"這種系統化的道德提升過程,出現在《孟子》之前是完全有可能的。

勞先生説:"《大學》入德程序,自修身之下,至誠意而極,其格物致知,皆爲輔誠意而爲,在外非在内也,然誠意之誠,出於《孟子》之'反身而誠',《論語》言信不言誠,《大學》言誠始同於《孟子》而條理更明,則《大學》爲孟學,此亦足以證之也。"郭店簡《成之聞之》:"'槁木三年,不必爲邦旗'何?言寶之也。是以君子貴成(誠)之。"②郭沂先生將《成之聞之》簡30與簡1合編,是非常正確的③。《成之聞之》"君子貴誠之",與《中庸》"誠"的觀念非常接近,證明"誠"的觀念在《孟子》之前已經出現。《成之聞之》又説"形於中,發於色",與《大學》"誠於中,形於外"由内及外的道德理路完全相同,因此《大學》"誠"的觀念,不一定出於《孟子》④。

錢穆先生説:"《大學》亦決非曾子所撰。如其講格物致知,把知與物合併立論,這顯然是後出的事。《論語》上顯然没有,那有曾子便忽然這樣講了。我曾有《推止》篇,詳論先秦思想,可分有兩大趨勢:一主推,一主止。"⑤錢穆將《大學》歸入荀子主止一派。《荀子·不苟》篇説:"天地爲大矣,不誠則不能化萬物;聖人爲知矣,不誠則不能化萬民。"天地誠則化生萬物,聖人誠則教化萬民,可見荀子也主張外推。錢穆先生以"推"與"止"作爲劃分孟學、荀學的標準,是有問題的。郭店簡《語叢三》"善日過我,我日過善,賢者唯其止也以異"、"人之性非與?止乎其孝"兩句,"止"的思想在孟子之前已有,並非産生在《荀子》之後⑥。

《大學》提倡人倫秩序,説君仁臣敬、父慈子孝,提出"爲人君,止於仁;

---

① 荆門市博物館編《郭店楚墓竹簡》,149頁。
② 荆門市博物館編《郭店楚墓竹簡》,168頁。
③ 郭沂《郭店楚簡〈天降大常〉(〈成之聞之〉)篇疏證》,《孔子研究》1998年第3期,61~68頁。
④ 《中庸》成書的説法有多種,但學界多傾向於《中庸》早於《孟子》,《中庸》説:"自誠明,謂之性。自明誠,謂之教。誠則明矣,明則誠矣。"由《中庸》也可證明"誠"的觀念非始於《孟子》。
⑤ 錢穆《四書義理之展演》,《孔孟學報》第17期,1969年4月。
⑥ 梁濤先生已指出這一點,參梁濤《〈大學〉早出新證》,《中國哲學史》2000年第3期,88~95頁。

爲人臣,止於敬;爲人子,止於孝;爲人父,止於慈;與國人交,止於信",這種儒家德目與社會身份的對應見於《六德》。《六德》説:"父聖子仁,夫智婦信,君義臣忠。聖生仁,智率信,義使忠。故夫夫、婦婦、父父、子子、君君、臣臣,此六者各行其職,而讒諂蔑由作也。"雖然《六德》説的具體德目,與《大學》不同,但至少證明《大學》儒家德目與社會身份的對應,在孟子之前已經出現。

顧炎武説《論語》用斯字,《大學》用此字,從用字差異上可以看出《大學》成書較晚。《日知録》卷六:"《論語》之言'斯'者七十,而不言'此';《檀弓》之言'斯'者五十有三,而言'此'者一而已。《大學》成於曾氏之門人,而一卷之中言'此'者十有九。語音輕重之間,而世代之別,從可知矣。"①郭店簡《緇衣》説:"大人不親其所賢,而信其所賤,教此以失,民此以煩。"郭店簡中"此"、"此之謂"、"此以"多見,因此顧炎武以"此"與"斯"之別,推測《大學》成書較晚的説法不成立。

《尊德義》:"濉忿纇,改惎勈(勝),爲人上者之務也。"顔世鉉認爲濉讀作催或推②。忿纇,李零讀爲"忿戾",謂"'忿戾'是古書常用的字"③。陳偉贊成其説,並引《論語·陽貨》"古之矜也廉,今之矜也忿戾"爲證④。李零、顔世鉉認爲,惎勈與《郭簡·語叢二》25~27 號簡"惡生於性,怒生於惡,惎生於輮(乘),惻(賊)生於惎"同。劉釗引睡虎地秦簡《爲吏之道》"毋復期勝,毋以憤怒決",説"惎勝"一詞作"期勝",把句意解釋爲排除憤怒,戒掉忌妒與好勝,是在上者的任務⑤。"愭"是"惎"字繁體。《小爾雅·廣言》:"惎,忌也。""惎"意爲忌恨、憎惡。"勈"是"勝"字異體,《逸周書·周祝》:"維彼忌心是生勝。"潘振曰:"心有所嫉,是謂忌心,故好勝。"⑥《六德》此句的句意是除去憤恨與忌妒,是爲政者必須做的事情。

《大學》説:"所謂修身正在其心者,身(心)有所忿懥,則不得其正;有所恐懼,則不得其正;有所好樂,則不得其正;有所憂患,則不得其正。"鄭玄注曰:"懥,怒貌也。"《大學》強調若要正心,就必須摒棄忿懥、恐懼等私欲,而這種去私欲的做法,和《尊德義》"濉忿纇"句意相近。

---

① 顧炎武著,黃汝成集釋《日知録集釋》,上海古籍出版社,2006 年,481~482 頁。
② 顔世鉉《郭店楚簡淺釋》,《張以仁先生七秩壽慶論文集》,臺北學生書局,1999 年,393~394 頁。
③ 李零《郭店楚簡校讀記(增訂本)》,184 頁。
④ 陳偉《郭店竹書別釋》,136 頁。
⑤ 劉釗《郭店楚簡校釋》,125 頁。
⑥ 黃懷信等《逸周書彙校集注》,上海古籍出版社,2007 年,1069~1070 頁。

《唐虞之道》説："必正其身，然後正世，聖道備矣。"此處的正身與《大學》"修身"同。《唐虞之道》説"正身以正世"，與《大學》修身、齊家、治國、平天下的理路是一致的。《大學》由格物致知到正心誠意，由正心誠意到齊家治國，這種内外雙向的貫通見於《五行》。《五行》："仁形於内謂之德之行，不形於内謂之行。"外在的道德實踐——行，只有内化於心，才稱爲德之行。《五行》又説："金聲而玉振之，有德者也。金聲，善也；玉音，聖也。……和則樂，樂則有德，有德則邦家興。"外在的道德實踐内化於心，成爲德之行後，會産生兩種效果：一是有德者説話有金玉之聲，容貌有金玉之色；二是個人修身進德，則"邦家興"，内聖自然會轉化爲外王。《五行》具體的敘述，雖和《大學》不一致，但這種内外貫通的理路在孟子之前也已出現。

《大學》内外貫通的治國理路、正心誠意的修身路徑、忠恕内省推仁方法等，在孟子之前都已出現，《大學》晚出的説法不能成立。實際上，孟子以前的儒家，由孔子到曾子、子思，雖然已開始内省的傾向，他們總體上來説還是内外兼修的。《大學》成書於《孟子》之前，正是前孟子時代内外兼修理路的反映。孟子重内，荀子重外，學者認爲《大學》内外貫通是對孟荀的總結，是對《大學》成書年代的人爲後置。《大學》引用"曾子曰"，證明其成書晚於曾子生活的年代。《大學》三綱八條目、慎獨及内外貫通的治國理路，都可在郭店簡中找到思想印迹。和《曾子》十篇相比，《大學》的主旨更近於郭店儒簡，筆者認爲《大學》的成書年代，約和郭店儒簡相當。

四、朱熹等學者否定《曾子》十篇真實性的内在思想根源

《大學》原爲《禮記》中的一篇，從漢至唐，在很長的一段時間裹，並没有引起人們特别的注意。唐宋之際，佛學、道教興盛而儒門淡泊，韓愈《原道》引《大學》"古之欲明明德於天下者"一段，以堯、舜、禹、湯、文、武、周公、孔子之道統，抵抗佛學、道教衝擊，以期恢復與重建儒學一統地位，於是《大學》始被重視。宋代司馬光作《大學廣義》一卷及《致知在格物論》一篇，《大學》始有單行本。程顥説："《大學》乃孔氏遺書，須從此學則不差。"程頤也説："入德之門，無如《大學》。"①朱熹將《大學》與《中庸》、《論語》、《孟子》合稱爲《四書》，並將《大學》列爲"四書"之首。他説："先通《大學》，立定綱領，其他經皆雜説在裏許。通得《大學》了，去看他經，方見得此是格物、致知事，

① 程顥、程頤《二程集》，18、277頁。

此是正心、誠意事,此是修身事,此是齊家、治國、平天下事。"①在朱熹看來,《大學》三綱領、八條目已成爲研讀一切儒家典籍的總綱。

漢儒不知《大學》爲何人所作,鄭玄《三禮目録》説:"名《大學》者,以其記博學可以爲政也,此於《别録》屬通論。"漢唐尊經,鄭玄、孔穎達等學者都没有對《大學》文本提出異議。至宋代程頤始説《大學》爲孔氏之遺書,並指出存在錯簡、衍文。朱熹在二程的基礎上,將《大學》分爲經傳兩部分,經一章,爲孔子所作而曾子所記,傳十章,爲曾子之意而門人記之。《大學》説:"子曰:於止,知其所止,可以人而不如鳥乎?"爲傳文第三章。《大學》又説:"子曰:聽訟,吾猶人也。必也使無訟乎!"爲傳文第四章。朱熹定《大學》經文爲孔子所言,經文中卻没有"子曰"。《大學》兩引"子曰",皆在朱熹所分傳文中。《大學》首章"明明德"三綱,也不見於《論語》及其他孔子語録,可知《大學》經文爲孔子所作的説法不可信。

《大學》本爲首尾完整的一篇,朱熹强分經傳,傳最後四章與古本《大學》分章相合,前六章分别是釋明明德、釋新民、釋止於至善、釋本末、釋格物致知、釋誠意。《大學》説"此謂知本,此謂知之至也",朱熹認爲釋格物致知一章缺失,就根據己意補格物致知傳文,實際是借補傳文而闡發自己的天理人欲理論。這是朱熹對《大學》文本最大的改動,但"此謂知本"無處放置,朱熹於是借用程子的話,强説此句爲衍文②,充分體現了宋儒動輒改經的風氣。

《大學》説"在親民",鄭玄認爲親當訓爲本字。孔穎達疏曰:"在親民者,言大學之道,在於親愛於民。"③朱熹不同意孔穎達的看法,他説:"程子曰:'親',當作'新',新者,革其舊之謂也,言既自明其明德,又當推以及人,使之亦有以去其舊染之污也。"④《大學》説"湯之《盤銘》曰'苟日新,日日新,又日新'",又説"《詩》曰'周雖舊邦,其命惟新'",因此朱熹改"親"爲"新"的説法,是有一定根據的。但《大學》中"親"字五見,如《大學》説"《詩》云'於戲,前王不忘!'君子賢其賢而親其親",這裏的親字明顯不能作新字講。《大學》説"所謂平天下在治其國者,上老老而民興孝,上長長而民興弟,上恤孤而民不倍",這些明顯講的就是天子"親民"之意,因此朱熹論

---

① 黎靖德編《朱子語類》,252 頁。
② 朱熹《四書章句集注》,6 頁。
③ 阮元校刻《十三經注疏·禮記正義》,1673 頁。
④ 朱熹《四書章句集注》,3 頁。

證"親"作"新"時,在搜集證據方面存在明顯的缺陷。

對於朱熹"親"作"新"的解釋,學界一直有不同説法。如王陽明認爲宜從舊本,作"親民"(《王文成全書》卷一)。郭店簡《六德》:"民之父母新(親)民易,使民相新(親)也難。"①古文字新、親不分,但《六德》主張國君要作"民之父母",親愛民衆,民衆之間也要相親相敬,可知"新"只能讀作"親"。《六德》:"義者,君德也。非我血氣之新(親),畜我如其子弟。"②《六德》認爲義是君德,國君雖然和我没有血緣關係,但親我如子弟,可見親民是戰國儒家的一貫主張。郭店儒簡的新字皆解作"親",漢唐的儒者也認爲《大學》"在親民"應解作"親民"。朱熹斥"親民"爲無理,説"言既自明其明德,又當推以及人,使之亦有以去其舊染之污也"。在"親民"、"新民"皆可講通的情況下,他取"新民"爲説,可見朱熹注重的是義理的貫通,而不是文字真義的尋覓。

《大學或問》説:"或引曾子之言,又多與《中庸》、《孟子》者合,則知其成於曾氏門人之手,而子思以授孟子無疑也。"③朱熹根據《大學》引"曾子曰",内容多與《中庸》、《孟子》合,就判定《大學》成書於曾子門人之手,子思曾將《大學》傳授給孟子。漢儒並未記載《大學》的作者,朱熹治學非常嚴謹,爲何一千六百多年之後,在文獻證據不夠有力的情況下,就判定曾子作《大學》、子思與孟子親相授受《大學》呢?

朱熹之所以認定《大學》是出於曾子,實際是從宋儒的道統説立論的。孔子上承堯、舜、禹、湯、文、武、周公三代之學,《大學》與《論語》、《中庸》、《孟子》的思想理路是一致的。如果定《大學》爲曾子所作,孔、曾、思、孟之間的道統傳承,便因得到文獻證據的支撑而確立。

那麼朱熹爲何將《大學》排在《論語》之前呢? 除了《大學》系統化、體系化的内聖外王之學便於理解外,更重要的是《大學》從内聖的心性論到外王的修齊治平,次第運作均明了具體,是宋儒建構理學不可或缺的文本依據。尤其是《大學》"格物致知"、"正心誠意",遠比《論語》更適合闡發宋儒的天理人欲之學。朱熹雖對《大學》有很多精妙的闡發,但當《大學》文本不合己意時,便對《大學》動"外科手術"——改經補傳,按照自己的思想來解釋《大學》的文本,充分表現出尊孔不是最重要的,最重要的是以《大學》爲依託,

---

① 荆門市博物館編《郭店楚墓竹簡》,189 頁。
② 荆門市博物館編《郭店楚墓竹簡》,187 頁。
③ 朱熹《朱子全書》第 6 册,上海古籍出版社、安徽教育出版社,2010 年,514 頁。

來闡發自己的心性之學。

《大學》整體性非常强,朱熹强分經傳,增補"格物致知"章:"所謂致知在格物者,言欲致吾之知,在即物而窮其理也。"①朱熹所補之章,目的在於闡發自己"窮性盡命"的天理之學,與《大學》本義已有明顯距離。朱熹化己説爲經典,把他所理解的《大學》,當作孔子、曾子聖經賢傳的真傳。

《漢書·藝文志》、《隋書·經籍志》皆謂《曾子》十篇爲魯國曾參撰,上博簡《内禮》的出土,證明《曾子》十篇並非晚出。朱熹將《大學》列爲四書之首,對於真正爲曾子語録的《曾子》十篇,他則採取了與《大學》明顯不同的態度。朱熹《晦庵集》卷八十一説:

> 世傳《曾子》書者,乃獨取《大戴禮》之十篇以充之,其言語氣象視《論》、《孟》、《檀弓》等篇所載,相去遠甚。……然熹嘗考之,竊以謂曾子之爲人,敦厚質實,而其學專以躬行爲主,故其真積力久,而得以聞乎一以貫之之妙。然其所以自守而終身者,則固未嘗離乎孝敬信讓之規,而其制行立身,又專以輕富貴、守貧賤、不求人知爲大。是以從之游者,所聞雖或甚淺,亦不失爲謹厚脩潔之人。所記雖或甚疏,亦必有以切於日用躬行之實。蓋雖或附而益之,要亦必爲如是之言,然後得以自託於其間也。

在宋代以前,未有人懷疑《曾子》十篇爲偽書。朱熹首先指出《曾子》十篇"言語氣象",與《論語》、《孟子》、《檀弓》等篇相去甚遠。《曾子》十篇雖有真實的成分,但内容空疏淺顯,他懷疑《曾子》十篇出於"從其游者"的附益、假託。

朱熹看到了《大學》與《論語》、《中庸》、《孟子》思想理路的一致性,定《大學》爲曾子所作,認爲孔、曾、思、孟道統一脈相傳。上博簡《内禮》的出土,證明《曾子》十篇確爲曾子語録,但在《曾子》十篇裏,朱熹沒有找到明顯的治國平天下的理路,特別是沒有找到宋儒推崇的心性之學,且《曾子》十篇與《大學》思想内容存在巨大差異,與朱熹倡導的單綫傳承的道統論不相容。爲確保《大學》道統正傳的地位,朱熹開始懷疑《曾子》十篇並非出於曾子。

《周氏涉筆》説:"《曾子》一書,議道褊迫又過於荀卿,蓋戰國時爲其學者所論也。孔子言七十而從心所欲不踰矩,正指聖境妙處。此書遽謂七十而未壞,雖有後過亦可以免。七十而壞與否,已不置論,而何以爲過? 何以

---

① 朱熹《四書章句集注》,6～7頁。

爲免？聖門家法無此語也。"①《周氏涉筆》詳細分析了《曾子》十篇與《論語·爲政》的區別,指出《曾子》十篇不是儒家之語。黄震説《曾子》十篇"良賈深藏如虚"一句,近於老子之學。他認爲《曾子》十篇皆"世俗委曲之語"②,與道家相似,進而將《曾子》十篇逐出儒門,歸於道家。

朱熹認爲《曾子》十篇與《大學》風格相去甚遠,他爲自己道統説立論考慮,懷疑《曾子》十篇非曾子所作。由於没有文獻證據,他與黄震等學者不同,没有大膽斷言《曾子》十篇是僞書,將《曾子》十篇逐出儒門,而是採取非常謹慎的懷疑態度。朱熹對自己《論語》、《中庸》、《孟子》章句均很滿意,但去世前三天仍在修改《大學·誠意章》,證明他對《大學》並未心安。朱熹對《大學》和《曾子》十篇均持懷疑的態度,但懷疑的内容不同:朱熹懷疑《大學》,是擔心《大學》文本與自己學説扞格不通之處並未完全解決;他懷疑《曾子》十篇,是疑其不僞,影響自己對《大學》聖經賢傳的論定。

---

① 馬端臨《文獻通考》,中華書局,1986 年,1713 頁。
② 黄震《黄氏日鈔》卷五十五,文淵閣《四庫全書》本。

下　編

郭店儒簡出土後,龐樸先生興奮地稱之爲孔孟之間的"驛站"。上博簡《内禮》證明《曾子》十篇不僞,因此《曾子》十篇與郭店儒簡同是孔孟之間重要的學術"驛站"。郭店儒簡的研究已近二十年,學者從文字、文獻和思想角度進行了很好地研討,但其中有一個明顯的不足,就是很少將郭店儒簡與《曾子》十篇進行比較,而且比較的範圍限於相同之處,忽視了對它們不同之處的探究,因此對郭店儒簡與《曾子》十篇相異之處的探究,顯得尤爲必要。

　　孔、孟是先秦儒學的奠基者,但思想卻存在諸多差異:孔子單講仁,孟子仁、義、禮、智並舉;孔子只説"性近習遠",孟子卻説性善;孔子未明確建立人性與天道之間的連接,而孟子卻説盡性知天,人性與天命已成爲不可分割的理論整體。自孔子到孟子,不過一百多年,孔子與孟子學術突兀之處如何銜接,是學術史上十分重要的問題。《曾子》十篇爲孔子第一代弟子的思想資料,郭店儒簡填補了孔子第二、三代弟子的學術鏈環,孟子爲孔子的第四代弟子,因此《曾子》十篇與郭店儒簡的比較,就能從早期儒學發展譜系的角度,實現了孟學與孔學的真正對接。

　　《曾子》十篇與郭店儒簡比較有兩個指向,上編是以《曾子》十篇爲中心,搜集出土文獻校勘《曾子》十篇文本,研究《曾子》十篇成書問題及思想演變。下編是以郭店儒簡爲中心,細緻考察《曾子》十篇、郭店儒簡對仁、孝、聖人、人性、天人關係等内容的不同理解,探究孔孟之間儒家思想的傳承與變遷,以期展現早期儒學發展、變遷的理論脉絡與軌迹。

第一章
郭店儒簡的研究困境及其
學術思想的重新定位

在思想史研究中,知人論世,即把郭店簡放到先秦儒家思想發展的大背景中進行考察,是出土文獻研究的一個重要方法,但對郭店儒簡學派屬性的研究,學界十年多探討的結果似乎又重新回到了原點,這就使我們不得不反思:先秦時期儒家內部一個學派的真實面貌是怎樣的? 思想一致能否作為判斷一個學派成立的標準? 郭店儒簡和子思學派的關係能否最終獲得解決?

漢代《子思子》二十三篇,今存只有《中庸》等四篇,很難反映子思學派的總體面貌。曾子是現存文獻最多的孔門弟子,漢代《曾子》十八篇,今存十篇,而且《論語》、《孟子》、《禮記》中存在大量曾子記載,相對而言,更能看出一個學派的整體面貌。我們設想從曾子文獻中歸納出一個學派的基本特點,然後將《曾子》十篇與郭店儒簡的比較入手,從一個新的角度,對郭店儒簡在早期儒學進程中的位置進行重新審視。

第一節　郭店儒簡學派研究的困境

關於郭店儒簡的學派歸屬,學界最初有兩種不同的看法。一是李學勤先生根據郭店楚墓的年代及竹簡的內容,認為《緇衣》、《五行》、《魯穆公》三篇為子思所作,並且肯定《成之聞之》、《性自命出》、《六德》、《尊德義》與子思都有或多或少的關聯,主張把它們稱為《子思子》[1]。龐朴先生強調郭店

---

① 李學勤《先秦儒家著作的重大發現》,《中國哲學》第二十輯,13～15頁。

儒簡屬於思孟學派,是早期儒家心性學說的重要文獻,它的出土補足了孔孟之間思想鏈條上缺失的一環①。二是李澤厚、陳來、郭齊勇等學者反對將郭店儒簡多數歸於《子思子》,主張它並未顯示出所謂"思孟學派"的特色,應將它們看作是類似於《禮記》的儒家總集或七十子後學部分言論與論文的彙編、集合②。陳鼓應先生指出,這些儒簡中未見孟子性善說的言論,卻多次出現告子"仁内義外"的主張,與孟子心性論對立,"不屬於所謂思孟學派甚明"③。持類似觀點的還有錢遜、羅熾、王博、劉信芳、王安國(Jeffrey K. Riegei)等學者。

但相信郭店儒簡出於子思學派的學者,一度佔據了多數。姜廣輝以《荀子·非十二子》、《中庸》等爲參照,認爲《唐虞之道》、《緇衣》、《五行》、《性自命出》、《窮達以時》、《成之聞之》前半部分、《魯穆公問子思》、《六德》諸篇應爲子思所作④。臺灣學者楊儒賓認爲《魯穆公問子思》、《窮達以時》、《唐虞之道》、《忠信之道》、《五行》、《緇衣》六篇爲子思學派的作品,其他儒家著作從内容或從引文出處來看,都與《子思子》一致⑤。李景林從性與天道的角度,指出《成之聞之》、《尊德義》、《性自命出》、《六德》與《中庸》思想相通,郭店儒簡除《語叢》之外,均爲子思一系的作品⑥。王葆玹强調郭店儒簡除《唐虞之道》、《六德》篇晚出外,其他尚有 8 篇是《子思子》一書的資料來源,由長期延續的子思學派陸續完成⑦。周鳳五、李天虹、葉國良等指出《忠信之道》、《唐虞之道》有與《禮記·表記》相應的文字,似乎更能證成李學勤先生之説⑧。

學界否定郭店儒簡與子思關係的還有陳良、子張或南方儒者所作等説

---

① 龐樸《孔孟之間——郭店楚簡的思想史地位》,《中國社會科學》1998 年第 5 期,88~95 頁。
② 李澤厚《初讀郭店竹簡印象記要》,《中國哲學》第二十一輯,1~9 頁;陳來《郭店簡可稱"荆門禮記"》,《人民政協報》1998 年 8 月 3 日;郭齊勇《郭店儒家簡與孟子心性論》,《武漢大學學報(哲學社會科學版)》1999 年第 5 期,24~28 頁。
③ 陳鼓應《〈太一生水〉與〈性自命出〉發微》,《道家文化研究》第十七輯,404 頁。
④ 姜廣輝《郭店楚簡與〈子思子〉——兼談郭店楚簡的思想史意義》,《中國哲學》第二十輯,83~92 頁。
⑤ 楊儒賓《子思學派試探》,武漢大學中國文化研究院編《郭店楚簡國際學術研討會論文集》,606~615 頁。
⑥ 李景林《從郭店簡看思孟學派的天道論》,武漢大學中國文化研究院《郭店楚簡國際學術研討會論文集》,625~634 頁。
⑦ 王葆玹《郭店楚簡的時代及其與子思學派的關係》,武漢大學中國文化研究院編《郭店楚簡國際學術研討會論文集》,646 頁。
⑧ 參周鳳五《郭店楚簡〈忠信之道〉考釋》,《中國文字》新 24 期,臺北 1998 年,126~128 頁;李天虹《郭店楚簡與傳世文獻互徵七則》,《江漢考古》2000 年第 3 期,82~83 頁;葉國良《郭店儒家著作的學術譜系問題》,《中國哲學》第二十四輯,233 頁。

法,但真正動搖郭店儒簡大部分或全部爲子思所作的,是程元敏和李存山兩位先生的意見。程元敏先生主要從文獻引文入手,否定子思作《緇衣》的傳統說法。他說從《意林》、《文選注》引文看,《子思子》有,楚簡《緇衣》亦有,是兩文作者取材同,非直接從《子思子》引。鄭樵《詩辨妄》謂"'古者長民,衣服不貳,從容有常,以齊其民',其文全出於《公孫尼子》",這段話既見於今本《緇衣》,又見於楚簡本《緇衣》。三事合一,可證《緇衣》爲公孫尼子所作,而與子思無關①。

李存山先生則從思想體系出發,認爲郭店儒簡不僅與思孟學派(以及曾子學派)相出入,而且它們內部之間也相出入。《五行》構建的道德體系是"仁、義、禮、知、聖",《六德》構建的道德體系是"聖、知、仁、義、忠、信",《忠信之道》又強調忠信是"仁之實"、"義之期",此三篇必非一人或內部關係較近的一個學派所作②。他提出假說,郭店竹簡儒家文獻學派歸屬是分散的,不屬於某一個學派。如果斷言郭店儒家簡都出於某一個學派,自己寧信假說而不信斷言③。這兩種說法通過對郭店儒簡爲子思所作關鍵證據的質疑,使學界對郭店儒簡與子思關係的看法發生了根本性的轉向,多數學者重新回到郭店儒簡爲七十子後學論集的說法上來,只承認《五行》、《魯穆公問子思》等少數篇章爲子思所作④。

時至今日,郭店儒簡的研究已逾十多年,但對郭店儒簡學派屬性的研究,學界多年探討的結果似乎又重新回到了原點。這就使我們不得不反

---

① 程元敏《〈禮記·中庸、坊記、緇衣〉非出於〈子思子〉考》,《張以仁先生七秩壽慶論文集》,1～47頁。
② 李存山《"郭店竹簡與思孟學派"復議》,郭齊勇主編《儒家文化研究》第一輯,三聯書店,2007年,70頁。
③ 參徐慶文《郭店竹簡與思孟學派研究座談會述要》,龐樸主編《儒林》第二輯,山東大學出版社,2006年,314頁。
④ 朱心怡認爲,《六德》以內外區隔仁義,《五行》仁義是從心中產生表現於外在行爲的過程,《唐虞之道》以禪讓爲仁義極致的表現,《忠信之道》以忠、信作爲仁義的實質和標準,《六德》以仁歸屬於德,義歸屬君德。這些對於仁義定義的不同,正好說明孔子後學仁義觀的分化。郭店儒簡不會同出一系,應是孔子七十子弟子及其後學的作品彙集。杜維明說現在很少有人會接受李學勤先生講的(郭店儒簡)都是思孟學派的(觀點)。李中華認爲,《性自命出》輕心重情,與孟子"盡心知性知天"是矛盾的。"性自命出,命自天降。道始於情,情生於性。"實際上以"性"爲中介,強調"情"的重要性。"凡人情爲可悅也。苟以其情,雖過不惡。不以其情,雖難不貴。苟有其情,雖未之爲,斯人信之矣。"說人的內在情感、真實性雖未表現,人們也信服你。《六德》篇講的"仁內義外",孟子那時把它當作告子的思想批判。《窮達以時》篇的"天人有分"思想,和孟子的思想也不同。總之,郭店竹簡很難統一爲某一學派的思想,在學術思想上比較混亂。參朱心怡《天之道與人之道》,臺北文津出版社,2004年,序1～2頁。李中華的說法,見梁濤主編《中國思想史前沿──經典、詮釋、方法》,196～202頁。

思：先秦時期儒家内部一個學派的真實面貌是怎樣的？思想一致能否作爲判斷一個學派成立的標準？郭店儒簡與子思學派的關係能否最終獲得解決？

漢代《子思子》二十三篇，現存只有《中庸》等四篇，很難反映一個學派的總體面貌。曾子和子思存在師承關係，漢代《曾子》十八篇，今存十篇，爲確定無疑的曾子學派著作。結合《論語》、《孟子》、《禮記》等文獻中存在的大量曾子記載，筆者對《曾子》十篇内在矛盾進行梳理，從方法論的角度，看一下"思想有出入"，能否推翻"郭店儒簡全部或大部分爲一個學派所作"的觀點。

第二節　由《曾子》十篇的思想歧異看
郭店儒簡與子思的關聯

《曾子》十篇爲曾子一派學者的作品，黄開國先生根據内容將《曾子》十篇分爲兩部分，一是《曾子本孝》、《曾子立孝》、《曾子大孝》、《曾子事父母》四篇相連的文章，都有關於孝道的論述，當出自孝道派弟子之手，可能都與樂正子春有聯繫，其中《曾子大孝》是樂正子春爲代表的孝道派的主要理論體現，其餘篇章没有關於孝道的論述，與孝道派没有關聯①。這種劃分是合理的，它揭示了《曾子》十篇這兩部分的主旨彼此不同，内容有所差異。《曾子》十篇這兩部分的思想内容矛盾表現在：思想核心不同；對待生死的態度不同；人生追求的目標不同；對忠臣的理解和對社會批判精神不同（關於《曾子》十篇的思想歧異，詳見上編第二章第二節）。

上博簡《内禮》明確可以肯定是曾子學派的文獻，多數學者傾向於把上博簡《昔者君老》編入上博簡《内禮》②。《昔者君老》簡3："君子曰：子睂（省）割（蓋）喜於内，不見於外，喜於外，不見於内。慍於外，不見於内。内言不以出，外言不以内。"陳佩芬認爲，睂應作"省"，察也。"割（蓋）喜於内"

---

① 黄開國《論儒家的孝道學派——兼論儒家孝道派與孝治派的區别》，《哲學研究》2003年第3期，46～52頁。
② ［日］井上亘《〈内豐〉篇與〈昔者君老〉篇的編聯問題》，簡帛研究網，2005年10月16日；林素清《上博四〈内禮〉篇重探》，《簡帛》第一輯，158頁；［日］福田哲之《上博楚簡〈内禮〉的文獻性質》，《簡帛》第一輯，162～163頁。

之"割"，與"蓋"通①。周鳳五指出，"割"與"蓋"通，但讀爲"覆蓋"之"蓋"，因篇覆蓋可以隔離内外②。孟蓬生强調子眚即子姓，指後生、晚輩③。趙炳清認爲，子是對人的一種尊稱，根據文意，當是指代太子，"省"意爲"明白、清楚"，意思是説太子你要明白④。韓英傾向於把"省"讀爲"省親"之"省"，"割"通"蓋"，爲發語詞⑤。

學者把"子"解釋成太子，是囿於原先《昔者君老》的編連。按照我們的新編，《内禮》第二段常見的格式是"君子曰：孝子……"，因此這裏的"子"指孝子。根據"君子（曰）：孝子不畐……"一句"曰"字漏抄，我們懷疑"子"前應有"孝"字。"眚"字不必讀爲"省親"之"省"。"割"字從陳佩芬之説，訓爲"蓋"，語詞。這句的意思是説父母高興，自己不要説傷悲的事，父母不樂，自己也要苦悶，自己的喜怒要完全以父母爲轉移，也就是孝子"無私樂、無私憂"。《曾子事父母》也説："孝子唯巧變，故父母安之。若夫坐如尸，立如齊，弗訊不言，言必齊色，此成人之善者也，未得爲人子之道也。"王聘珍注曰："巧，善也，變，猶化也。"⑥此時孝子外表的喜樂，隨着父母的轉變而轉移，並不一定是内心真實的感受的直接表現。而《曾子立事》説："故目者，心之浮也，言者，行之指也，作於中則播於外也。故曰：以其見者，占其隱者。故曰：聽其言也，可以知其所好矣。觀説之流，可以知其術也。"《曾子立事》主張内必見於外，人的眼神、外在的言行反映了内心真切的感受，可以聽其言觀其行，聽他的學説，就可以了解他的心術⑦，可見《曾子立事》與《曾子事父母》、上博簡《昔者君老》對人"内外是否貫通"存在着不同的看法。

值得注意的是，《曾子》十篇與其他文獻的曾子記載也有内容衝突。《曾子制言下》："奉相仁義，則吾與之聚群嚮爾；寇盜，則吾與慮。"《曾子制言下》曾子主張和仁義之人居住在一起，如果仁者遇寇盜，是不逃避退縮的。《孟子・離婁下》記載："曾子居武城，有越寇。或曰：'寇至，盍去諸？'曰：

① 參馬承源主編《上海博物館藏戰國國楚竹書（二）》，244～245 頁。
② 轉引自陳嘉淩《〈昔者君老〉譯釋》，季旭昇主編《上海博物館藏戰國國楚竹書（二）讀本》，臺北萬卷樓圖書股份有限公司，2003 年，96 頁。
③ 孟蓬生《上博竹書〈二〉字詞札記》，簡帛研究網，2003 年 1 月 14 日。
④ 趙炳清《〈昔者君老〉與楚國的太子教育》，簡帛研究網，2005 年 4 月 30 日。
⑤ 韓英《〈昔者君老〉與〈内豊〉集釋及相關問題研究》，吉林大學碩士論文，2008 年，53 頁。
⑥ 王聘珍《大戴禮記解詁》，86 頁。
⑦ 王聘珍注曰："浮，孚也，指，示也。"並認爲這些語句，和《論語》"聽其言而觀其行"相當。參王聘珍《大戴禮記解詁》，76 頁。

'無寓人於我室,毀傷其薪木。'寇退,則曰:'修我牆屋,我將反。'寇退,曾子反。"曾子居武城,越寇來偷襲,曾子棄城而逃。同樣是面對盜賊入侵,《曾子制言下》和《孟子·離婁下》中曾子的行爲截然相反。

以父母爲中心的"孝",與恪守禮制相矛盾。《禮記·檀弓上》記載曾子病重,秉燭的童子説:"這麼華美的席子,大概只有大夫才能鋪吧?"曾子命令換席,曾元阻止,曾子説:"爾之愛我也不如彼。君子之愛人也以德,細人之愛人也以姑息。吾何求哉?吾得正而斃焉,斯已矣。"曾子換席未畢,就去世了。他爲了遵守禮制,不惜以生命爲代價,無愧爲守禮的楷模,但當禮制和對父母的孝衝突時,曾子的選擇是舍禮而取孝。曾子爲父母舉行葬禮時,"水漿不入於口者七日",子思説:"先王之制禮也,過之者俯而就之,不至焉者跂而及之。故君子之執親之喪也,水漿不入於口者三日,杖而后能起。"(《禮記·檀弓上》)子思認爲,先王制定禮制,是爲了恰如其分地表達内心的感情,過猶不及,爲父母送葬,三日不喝水漿就可以了。曾子説"孝子欲養,而親不待也",他爲了表達失去父母的無限悲痛之情,七日不喝水漿,明顯有違禮制①。

李存山先生否定郭店儒簡和子思的關係,主要依據有三:一是《窮達以時》的思想,與《中庸》的"大德者必受命"相矛盾;二是《六德》篇的"爲父絶君",與《禮記·曾子問》的"有君喪服於身,不敢私服"相矛盾,故《六德》篇不屬於曾子學派;三是郭店儒家文獻内部之間也"相出入",如《五行》篇構建的道德體系是"仁、義、禮、智、聖",《六德》篇構建的道德體系卻是"聖、智、仁、義、忠、信",《忠信之道》則又强調忠、信是"仁之實"、"義之期",此三篇必非一人或内部關係較近的一個學派所作②。支持郭店儒簡大部分爲子思所作的學者,一般不認爲子思作《窮達以時》,因此我們重點討論後兩種證據③。

《六德》説:"疏斬布絰杖,爲父也,爲君亦然。"意思是説爲國君服喪,應

---

① 《禮記·喪服四制》:"三日而食,三月而沐,期而練,毀不滅性,不以死傷生也。"又説:"父母之喪,衰冠,繩纓,菅屨,三日而食粥,三月而沐,期十三月而練冠,三年而祥。"
② 李存山《"郭店竹簡與思孟學派"復議》,梁濤主編《中國思想史前沿——經典、詮釋、方法》,216 頁。
③ 李存山先生認爲《窮達以時》的思想,與《中庸》的"大德者必受命"相矛盾,但《中庸》的天命觀比較駁雜,除道德天外,《中庸》中也有"命運天"的思想痕迹,如"君子居易以俟命,小人行險以徼幸"。"俟命"和《窮達以時》的"命運天"已很接近,"居易"是指君子不怨天,不尤人,要把主要精力放在自己的道德修養上,這和《窮達以時》"窮達以時,德行一也"、"君子敦於反己"意思相同。

參照爲父親的標準①。《禮記·曾子問》孔子説：“有君喪服於身，不敢私服。”《六德》強調君喪和父喪的喪服是一樣的，《曾子問》説爲君服喪標準已最高，不必改服，兩者語意並不衝突。更關鍵是“有君喪服於身”一句，爲孔子所説，並非曾子所言，把《曾子問》此句當作曾子的主張，是錯誤的。《六德》“爲父繼君，不爲君繼父”，指的是宗族外的君喪服飾的標準，應參照宗族內父喪的標準執行，即資於事父以事君，突出的是由宗族內向宗族外的外推。《曾子立孝》説：“是故未有君而忠臣可知者，孝子之謂也。”先作孝子，後作忠臣。這種由不可選擇的血緣關係，向可選擇的非血緣關係的外推，和《六德》是一致的。因此《六德》與曾子學派思想矛盾的説法，頗值得商榷。

李存山先生説在出土文獻研究中，要注意兩點：一是某一或某些證據是否只能推出一種結論（即自己所持的觀點），或者説是否可以排除其他，二是注意“求否定的例”，因爲證僞只需一兩條“否定的例”，就可具有證僞的有效性②。李先生的説法非常有啓發性，我們就以此爲標準，來審視一下他否認郭店儒簡與子思關係的第三條證據。

李先生認爲《五行》、《六德》、《忠信之道》三篇非一人所作的證據，是三篇構建的道德體系不同③。筆者試舉幾個反證：《曾子》十篇最常見的是仁義聯用。如《曾子制言中》：“君子思仁義，晝則忘食，夜則忘寐。”有時會出現多個德目聯用，但很少見。如《曾子大孝》：“夫仁者，仁此者也；義者，宜此者也；忠者，中此者也；信者，信此者也；禮者，體此者也；行者，行此者也；彊者，彊此者也。樂自順此生，刑自反此作。”聯用的是仁、義、忠、信、禮。《曾子大孝》又説：“居處不莊，非孝也；事君不忠，非孝也；莅官不敬，非孝也；朋友不信，非孝也；戰陳無勇，非孝也。”聯用的是莊、忠、敬、信、勇。各篇之間，甚至同一篇之間，道德體系（德目組合）不一致，順序也不固定。

《中庸》、《五行》都明確可以肯定爲子思學派的作品。《中庸》的思想核心是誠，而《五行》幾乎沒有涉及對誠的闡發。《中庸》的道德體系是智、仁、勇三達德，《五行》的道德體系是仁、義、禮、智、聖，德目不同，前後排列的順序也不同。《中庸》強調的“勇”，在《五行》中沒有絲毫踪迹。郭店簡《魯穆

① 陳偉先生認爲“疏斬布絰杖”是爲君而設，用於君乃是比附而致。參陳偉《郭店竹書別釋》，126 頁。
② 李存山《郭店楚簡研究散論》，《孔子研究》2000 年第 3 期，33～43 頁。
③ 李存山《“郭店竹簡與思孟學派”復議》，梁濤主編《中國思想史前沿——經典、詮釋、方法》，216 頁。

公問子思》中子思恒稱其君之惡,以德抗位、蔑視王侯的形象,讓人印象極爲深刻,但《表記》中子思卻稱頌孔子之言,强調要有"事君之小心"①。

先秦諸子從早年與晚年,思想不可能不變化。先秦時期同一學派的作品,由於成書時間較長,或成書於不同的弟子之手,不同篇章之間存在抵牾,也是在所難免的。荀子一方面言辭激烈地抨擊思孟學派,但另一方面他卻不自覺地套用《五行》、《中庸》的話語,爲自己的學説張本。如《荀子·不苟》篇説"夫此順命,以慎其獨者也",明顯是借用子思學派的術語——慎獨。荀子又説:"君子養心莫善於誠,致誠則無它事矣。……善之爲道者,不誠則不獨,不獨則不形,不形則雖作於心,見於色,出於言,民猶若未從也。"②"養心莫善於誠"似《孟子》,"不誠則不獨,不獨則不形"等句,頗似《中庸》道德生成的内心體驗,與荀子倡導的性惡論明顯不類。在荀子思想中,對思孟存在着兩種互相矛盾的傾向:一是旗幟鮮明地批思孟,如同孟子批楊、墨;二是潛移默化地接受思孟學説的影響。批判思孟與效法思孟,本是兩種截然對立的傾向,但在《荀子》一書中,卻真實並存。

《莊子》對孔子存在不同的評價,《盗跖》篇對孔子批評最爲激烈:

> 此夫魯國之巧僞人孔丘非邪?爲我告之:"爾作言造語,妄稱文、武,冠枝木之冠,帶死牛之脅,多辭繆説,不耕而食,不織而衣,摇脣鼓舌,擅生是非,以迷天下之主,使天下學士不反其本,妄作孝弟而僥倖於封侯富貴者也。"

盗跖稱孔子爲"魯國之巧僞人",雖巧言善辯,但不事耕作,不過是欺世盗名之徒。在先秦文獻中,他對孔子的抨擊最爲尖鋭。而《莊子·人間世》篇卻説:"鳳兮鳳兮,何如德之衰也?來世不可待,往世不可追也。天下有道,聖人成焉;天下無道,聖人生焉。"《莊子》書中楚狂接輿以鳳凰比喻孔子,孔子又成爲身處亂世,肩負匡時救世使命的聖人。《莊子》内篇對孔子態度較爲緩和,而外篇相對尖鋭。我們能否以内、外篇對孔子態度的不同,來否認它

① 《禮記·表記》説:"其舜、禹、文王、周公之謂與?有君民之大德,有事君之小心。《詩》云:'惟此文王,小心翼翼。昭事上帝,聿懷多福。厥德不回,以受方國。'"
② 《荀子·不苟》全文是:"君子養心莫善於誠,致誠則無它事矣。惟仁之爲守,惟義之爲行。誠心守仁則形,形則神,神則能化矣;誠心行義則理,理則明,明則能變矣。……夫此順命,以慎其獨者也。善之爲道者,不誠則不獨,不獨則不形,不形則雖作於心,見於色,出於言,民猶若未從也,雖從必疑。天地爲大矣,不誠則不能化萬物;聖人爲知矣,不誠則不能化萬民;父子爲親矣,不誠則疏;君上爲尊矣,不誠則卑。"荀子對誠的理解,和《中庸》並無二致。

們屬於莊子學派呢？

孔孟之間，早期儒家德目組合有一個"從不定型到定型"的過程。孔子仁禮並用，曾子改爲仁義聯用。《忠信之道》强調仁、義、忠、信，《六德》凸顯仁、義、禮、智、聖、善，《尊德義》倡導仁、義、忠、學、教，在思孟之前，早期儒家道德組合的聯用是不固定的。子思倡導五行，孟子提出四心説，仁、義、禮、智遂固定爲一組，成爲儒家德目組合的首要代表與骨幹。具體而言，《五行》仁、義、禮、智、聖爲一組，《中庸》智、仁、勇爲一組，在子思學派内部，道德體系的建構仍是不固定的。孔孟之間儒家思想提升，思想體系固定化，不是一次完成的，而是長時間漸進提升的過程。以孟子、荀子儒家道德體系比較固定時期的學派標準，來衡量儒家道德體系處於形成期的前孟子時代，其實質就是以靜止的、機械的眼光，看待戰國時期的儒學發展，忽視了早期儒家道德體系建構本身就是一個動態發展的進程。

老師的思想前後有變化，學生對老師言論的理解也各不相同。先秦諸子自己多不著書，其著作往往是由後學整理而成。後學根據自己的理解，對老師的語録增減損益，因此諸子思想體系中存在衝突或矛盾是在所難免的。甚至可以説，在當時是一種非常普遍的思想現象。單純以"思想相出入或矛盾"，來否定郭店儒簡與曾、思、孟一系的聯繫，從方法論上來講，是不能成立的。

先秦諸子的著作，往往是某一學派思想的彙編，反映的是較長時段内思想的流動變遷。正是這些思想體系相對嚴整與前後細微抵牾的並存，才構成了先秦諸子思想發展的真實面貌。我們研究先秦諸子的思想體系，往往把它細分爲哲學思想、政治思想、軍事思想、教育思想等等，根據自己的理解把諸子的思想體系裁剪得整齊嚴密、前後一致。實際上，這種材料"裁剪"加主觀想像的作法，不過是古人"疏不破注"傳統在今天的變相延續。

第三節　郭店儒簡學術思想定位的重新審視

郭店簡《五行》、《魯穆公問子思》明確可以坐定爲子思學派的著作，據此得出它全部或大部分屬於子思一派的推論，是很自然的事。但關於《緇衣》的成書，史書記載有兩種説法：一是沈約認爲出於《子思子》之説（《隋書·音樂志》),二是劉瓛認爲公孫尼子所作説(《經典釋文》卷十四)。程元敏先生據劉瓛説,否認《緇衣》爲子思所作。李天虹、廖名春等先生認爲,《緇衣》見於《子思子》,並不妨礙它爲公孫尼子所作①。筆者贊成這種説法。先秦時期,相同的篇章,並見於不同的古書之中;或相同的語句,見於不同篇章之中,這是古代典籍常見的"同文並收"現象②。如《禮記·孔子閒居》與《孔子家語·論禮》,《大戴禮記·主言》與《孔子家語·王言》,《大戴禮記·曾子大孝》與《禮記·祭義》,都是這樣的例證。

　　程元敏先生據劉瓛説,完全否認《緇衣》、《表記》、《中庸》等爲子思所作,固然不一定準確。但他啓發我們《緇衣》的來源並不是唯一的,這是非常有意義的。同樣,由於先秦同文並收現象的存在,僅靠賈誼《新書》同時引據了《五行》與《六德》,或者以《六德》、《成之聞之》等篇和《五行》、《緇衣》的內容有聯繫作支撐,就得出郭店儒簡大部分屬於子思學派的結論,很明顯證據不夠充分。

　　不僅郭店儒簡與《子思子》的關係不易坐定,上博簡《容成氏》、《鬼神之明》等篇的學派屬性也衆説紛紜。出土文獻學派屬性判斷的複雜性和不確定性,使一些學者產生了懷疑、畏難情緒,他們認爲儒家、道家、法家等是漢代以後製造出來的觀念,然後倒置到先秦思想史上去的③。用"六家"、"九流十家"判斷學派,實際是拿《史記》、《漢書》對諸子書的想像,來作討論基礎,卻忘記這些子書多經過了劉向、劉歆父子的整理④。

　　由於我們對戰國時期的思想面貌了解太少,這些學者對學派屬性的判定持謹慎的態度,是非常有意義的。但他們和後現代主義者類似——"長於

---

① 參李天虹《郭店竹簡〈性自命出〉研究》,121頁;李零《郭店楚簡校讀記(增訂本)》,82~93頁;廖名春《〈緇衣〉作者新論》,山東師範大學齊魯文化研究中心、美國哈佛大學燕京學社編《儒家思想學派論集》,齊魯書社,2008年,170頁。

② "同文並收"現象已引起了有關學者的注意,如郎瑛説"秦漢書多同"(《七修類稿》),章學誠説"古人之言,所以爲公也,未嘗矜於文辭,而私據爲己有也"(《文史通義·言公》)。相關成果參李鋭《"重文"分析法評析》,《清華大學學報(哲學社會科學版)》2008年第1期,127~134頁。

③ 哲學史上,對"六家"或"九流十家"懷疑的學者早已存在。如胡適、任繼愈不承認古代有什麽"道家"、"名家"、"法家"的名稱,明確反對使用"六家"這種做法來描述先秦的思想流變。葛瑞漢認爲道家學派,像儒墨以外的其他學派一樣,是一種後人回溯性的產物,也是對諸子派系的最大混淆。美國學者蘇德愷認爲,先秦哲學本來没有六家,而司馬談自己創造了漢初的"六家"概念及其抽象的類目。參胡適《胡適學術文集·中國哲學史》,中華書局,1991年,5~6頁;任繼愈《任繼愈自選集》,重慶出版社,2000年,113~114頁;葛瑞漢《論道者:中國古代哲學論辯》,中國社會科學出版社,2003年,199頁。

④ 李鋭《論上博簡〈鬼神之明〉篇的學派性質——兼説對文獻學派屬性判定的誤區》,《湖北大學學報(哲學社會科學版)》2009年第1期,28~33頁。

破壞而不擅長建設”,到目前爲止,他們没提出任何比“九流十家”更好或者差不多的劃分先秦學派的標準①。諸子百家以三代學術作爲他們共同的文化資源,彼此之間思想難免有所重疊,而且思想多變是當時常見的現象。如商鞅進諫秦王,就分别用了帝道、王道、霸道三種策略。禽滑釐、韓非學於儒家,卻分别是墨家、法家的代表人物。因此單純憑藉某一個標準,就想徹底分清先秦諸子複雜的思想面貌,在邏輯上本身就是一個悖論。

我們用“六家”或“九流十家”的標準,對於出土文獻的大部分篇目,學派屬性還是分得清的。《漢書·藝文志》説:“雜家者流,蓋出於議官。兼儒墨,合名法,知國體之有此,見王治之無不貫。”漢人注意到先秦學派劃分的複雜性,“雜家”作爲學派歸屬模糊性概念,其在漢代的出現,本身就體現了《漢志》學派劃分的謹嚴。雜家文獻的特點在於融合性,像《三德》、《鬼神之明》、《慎子曰恭儉》等介乎儒道、儒墨之間的篇章,筆者建議將它們歸入雜家類文獻。“漢人近古,其言必有所據”,“六家”和“九流十家”的劃分是以當時保存在中秘的圖書爲依據,非常豐富,而我們目前所能見的文獻與之相差懸殊,因此《漢志》的標準可以修訂,可以補充,但不能推倒重來。在今後的學派研究中,它仍將是我們不可須臾離開的重要鎖鑰。

同時我們必須認識到,思想的變形、文本的變遷,在先秦學術代際傳遞中不是少見,而是經常發生的事情。從簡本《緇衣》到今本《緇衣》,從簡本《五行》有經無説到帛書《五行》有經有説,都可證明這一點。我們知道,任何一個標準,都有例外。“六家”或“九流十家”的標準,有時候並不能與先秦思想發展的面貌切合,因此我們必須輔之以必要的學術尺度。

先秦文獻經歷了長期的形成過程,思想難免抵牾,古書多不題撰人,怎樣判斷它們的學派呢? 我們的學術尺度有三: 一是與文本內容對照;二是依靠傳世文獻記載;三是釐清學派獨特的術語與思想理路。《曾子》十篇思想內容前後有矛盾,但爲何是一派學者的著作? 最明顯的證據是《曾子》十篇每篇中都有“曾子曰”。出土文獻有些帶有篇名,如《中弓》、《子羔》,有些開頭就是某子曰,如《慎子曰恭儉》,這些文獻信息對於判斷學派歸屬非常重

---

① 李振宏先生認爲,先秦時期留下來的可以名家的學者並不很多,分别稱爲某學某學即可。如老學、孔學、莊學、孟學、荀學等等,是完全可以講清問題的。我們認爲李先生的建議富於創新,卻很難操作。以儒家爲例,不僅會出現曾子學、子思學、子貢學等衆多名詞,更關鍵的是很多文獻不知作者,如《禮記·檀弓》、郭店簡《唐虞之道》、《忠信之道》等篇,如何稱呼也很成問題。參李振宏《論“先秦學術體系”的漢代生成》,《河南大學學報(社會科學版)》2008 年第 2 期,1 ~ 12 頁。

要。但大多數出土文獻，並没有這些内容，就只能靠具體内容對照了。

　　我們判斷上博簡《内禮》爲曾子學派的文獻，根據就是《内禮》第一段與《曾子立孝》、《曾子事父母》中相關段落基本相同。先秦時期，學術爲天下之公器，諸子著作中往往摘抄他人的語句，不同古書之間往往存在着“同文並收”現象。如果内容太少，如《性自命出》“喜斯陶，陶斯奮，奮斯咏，咏斯猶，猶斯舞。舞，喜之終也。愠斯憂，憂斯戚，戚斯嘆，嘆斯辟，辟斯踊。踊，愠之終也”一句，與《禮記·檀弓下》所記子游之語接近。只能爲判斷學派歸屬提供參考，並不能作爲判斷學派屬性的決定性證據。

　　我們之所以認定郭店簡《五行》爲子思所作，是因爲《荀子·非十二子》批評思孟學派“案往舊造説，謂之五行”。沈約説《中庸》、《表記》、《坊記》、《緇衣》取自《子思子》，由此推定郭店簡《緇衣》爲子思學派的作品，因爲《子思子》宋代以後已經亡佚了，我們只能依靠傳世文獻的記載。當文獻記載彼此衝突時，就需慎重取捨。在先秦學派著作中，思想前後“有出入”，是普遍存在的現象。曾子、子思、孟子的思想本身並不一致，只有大致的路向，思想不一致並不能否認郭店儒簡全部或大部分出於一派。獨特的術語和思想理路的一致作爲標準是不能單獨使用的，必須結合前兩種標準，才能得出近真的結論。因此，筆者認爲在目前情況下，郭店儒簡全部或大部分爲一派所作，仍是需要證明、也尚未推翻的一種假説，需要更多新材料和證據來印證。

　　學界經常引用李澤厚先生的一段話，説郭店竹簡中雖有《緇衣》、《五行》、《魯穆公問子思》諸篇，卻並未顯出所謂“思孟學派”的特色（究竟何爲“思孟學派”，其特色如何，並不清楚）。相反，竹簡明顯認爲“仁内義外”，與告子同，與孟子反。因之斷定竹簡屬於“思孟學派”，似顯匆忙，未必準確①。實際上，子思有《中庸》等四篇，清代有輯佚本，《孟子》書尚存，思孟學派的特色我們是知道些的。關鍵是《漢志》“儒家類”所記《漆雕子》、《宓子》、《景子》、《世子》、《魏文侯》、《李克》等著作，絶大部分已經亡佚，這使得我們只能把郭店儒簡和思孟學派的著作比較，而不能和其他學派比較。

　　由《中庸》可知子思學派講中和，但反過來，講中和的文獻不一定屬於子思學派，因爲公孫尼子也講中和②。目前的情況是，我們只知道郭店儒簡和思孟學派思想的異同，而不知道它和其他學派思想的異同，在先秦“重文”現

---

① 李澤厚《初讀郭店竹簡印象記要》，《中國哲學》第二十一輯，1～9頁。
② 董仲舒《春秋繁露·循天之道》篇引《公孫尼子》佚文：“凡此十者，氣之害也，而皆生於不中和。”

象普遍存在的情況下,我們怎能説它屬於子思學派,而不屬於其他學派呢?孔子以後,我們對儒家各派的知識極度缺乏。郭店儒簡的思想定位,除了曾子、思孟學派以外,幾乎沒有多少儒家學派的文獻可供參照,這是郭店儒簡不能坐定屬於哪些學派的關鍵原因。有鑒於此,一些學者提出新説,不要把這些儒簡看作是某一學派的資料,而是把它們看作是孔子及其後學的思想資料。這樣不但能在學者中達成共識,而且據此得出的結論也會更可靠①。

郭店儒簡出土於湖北荆州市郭店 1 號楚墓,考古學界利用考古類型學方法,推定此墓的下葬年代不晚於公元前 300 年。郭店儒簡的抄寫年代當早於這一時期,學者把郭店儒簡放在孔孟之間,作爲七十子後學的思想資料,自然是很穩妥,但卻忽視了郭店儒簡中有《五行》、《魯穆公問子思》等有明確時間段限的篇章。筆者主張更精確一點,把郭店儒簡除《語叢》外的其他篇章,定位在子思及其弟子生活的時代。具體來説,郭店儒簡反映的是孔子以後,儒家第二、三代弟子的思想世界,代表了當時儒家心性之學所達到的水平與高度。

郭店儒簡的研究已走過了二十多年的歷程,其中許多研究成果需要重新回顧與反思。以前我們過多地關注郭店儒簡各篇的作者究竟是誰,卻忽略了從郭店墓主人的視角來看這些竹簡收集在一起的意義:郭店儒簡不同篇章之間有存在思想矛盾,可能分屬不同的孔門後學所爲,但墓主人把它們彙集在一起,説明他本人贊賞這些思想言論,最起碼不會强烈反對這些材料中的主張。只要不强把郭店儒簡説成是《子思子》,不强把郭店儒簡的作者規定爲子思,就會發現,郭店簡提供給我們的是戰國中期一名知識分子内心世界的生動案例。儒家爲一派,道家爲一篇,兩派學術主張涇渭分明,但對於郭店墓主人來説,二者卻是兼容並蓄、優勢互補的。這些分屬不同作者的竹簡材料收集在一起,陪葬在墓主人身邊,代表了墓主人當時心目中所了解和向往的儒、道思想世界。

---

① 參馮國超《郭店楚墓竹簡研究述評(下)》,《哲學研究》2001 年第 4 期,58～64 頁;王永平《郭店楚簡研究綜述》,《社會科學戰綫》2005 年第 3 期,252～261 頁;邵漢明《中國文化研究二十年》,人民出版社,2006 年,793 頁。

第二章
郭店儒簡與《曾子》十篇心性論比較

心性論是早期儒家王道政治的邏輯起點，但孔子、孟子對人性之善惡存在明顯不同的理解。孔子單講仁，從不仁、義、禮、智聯用，也未嘗明言仁與人性之間大關聯。孟子仁、義、禮、智並舉，倡導仁、義、禮、智出於人性，爲我心所固有。孔子講過性近習遠，强調道德修養境界與後天努力密切相關，但未言及性善。以人性打通天人之際，根本不在孔子討論的範疇。孟子道性善，天與性、情、才、氣之間關聯暢通無礙，天德賦予人性之中，盡性可以知天，修身可以事天。

自孔子至孟子，期間一百多年，由於文獻材料匱乏，加之《禮記》、《大戴禮記》等文獻的成書年代遭到人爲置後，孔孟之間心性論形成的理路，竟成爲學界難以企及的研究區域。《曾子》十篇與郭店儒簡是孔孟之間前後相承的學術樞紐，我們以《曾子》十篇與郭店儒簡比較爲中心，同時上參《論語》，下聯《孟子》，以期爲孔孟之間心性論的銜接提供新的綫索。

第一節　郭店儒簡與《曾子》十篇心性論内容異同

在早期儒家那裏，心、性並無明顯分別，但孔門弟子實際闡述心性之學時，借用的載體卻有所不同。從早期儒家建構心性論依據的媒介看，孔孟之間心性論可分爲心論、人性論或性心兼用三種：有些單純言心而絕不提及性，如《曾子》十篇、《大學》，可稱爲心論。有些只用人性而不用心，如郭店簡《語叢》、《中庸》，可稱爲性論。有些人性、心皆用，如《性自命出》、《孟子》。《性自命出》以心制約性，《孟子》心性合一，則是心論、性論合流的樣態。由性、心兩分到性心合一，很可能是早期儒家心性論轉進的潮流與趨勢。

一、郭店儒簡與《曾子》十篇主要差異在人性論

《語叢一》説："天生百物，人爲貴。"人之生命爲上天所賜予。《性自命出》説："性自命出，命自天降。"命是天賦人性於人的媒介。人在獲得生命的同時，亦獲得與生俱來的人性，在郭店簡那裏，天是人性産生的根源與依據。《曾子》十篇根本不談人性，更所謂天是人性的本原。《語叢一》説："有天有命，有地有形。"上天在人間流布的形式是命，命是人性的直接來源。《曾子天圓》説："天道曰圓，地道曰方，方曰幽而圓曰明。明者，吐氣者也，是故外景；幽者，含氣者也，是故内景。……陽之精氣曰神，陰之精氣曰靈。神靈者，品物之本也，而禮樂仁義之祖也。"《曾子天圓》主張上天流布人間的形式是氣，命與人性的關聯，在《曾子》十篇亦不存在。

郭店簡《成之聞之》説："聖人之性與中人之性，其生而未有非志。"郭店簡不僅講中人之性，而且講聖人之性。《曾子天圓》説："聖人爲天地主，爲山川主，爲鬼神主，爲宗廟主。"《曾子天圓》也講聖人，認爲聖人是宇宙秩序的代表，其職責與郭店簡同。但聖人是否天賦人性，聖人之性與庶民是否相同，《曾子》十篇並未涉及。

《性自命出》説："喜怒哀悲之氣，性也。"《性自命出》認爲氣是人性的本質。《曾子天圓》説："天之所生上首，地之所生下首。……唯人爲倮匈而後生也，陰陽之精也。"《曾子天圓》援陰陽學説入儒，認爲人爲陰陽之精氣化生，人的本質是陰陽精氣。郭店簡把人性的本質規定爲氣，故可分爲已發和未發，實現身心内外的貫通。《曾子天圓》雖然把人的本質定義爲氣，但它不講人性，因此無法與曾子的仁、孝理論連接。《語叢二》："情生於性，禮生於情。"《語叢二》主張愛、欲、惡、懼等情感，皆生於性，禮建立的基礎是人情。《曾子》十篇不談性、情之間的關聯，禮雖是聖人所制，但情與禮的制作，亦不在其討論的範疇之内。

《性自命出》説："喜怒哀悲之氣，性也。及其見於外，則物取之也。性自命出，命自天降。道始於情，情生於性。"《性自命出》强調人性感知外物，外顯爲情，並以此爲基礎，構建天、命、性、情、道之間的理論鏈環。《曾子》十篇承認人情的存在，但不講人情源於人性。人生而有性，是《性自命出》理論構建的基石，而《曾子》十篇根本不談人性。總之，單純從人性論的角度看，《曾子》十篇與郭店儒簡差異極大，兩者内容關聯並不多。

二、郭店儒簡與《曾子》十篇理論連接在心論

《曾子》十篇只言心,不言人性,因此它與郭店簡的理論連接在心論,而不在人性論。《五行》:"耳目鼻口手足六者,心之役也。心曰唯,莫敢不唯。"《五行》認爲,心是耳目鼻口手足的主宰。《曾子立事》:"君子慮勝氣,思而後動。"曾子主張心思先於行動,心和氣相比,心處於主宰地位。心爲身主,但有時會受外物的迷惑。《性自命出》說:"凡人雖有性,心無定志,待物而後作,待悅而後行。"如果心無定志,會被外物牽引。《曾子立事》說:"喜怒異慮,惑也。"王聘珍注曰:"慮,思也。異慮者,逐物而遷,不與心謀也。"①外物惑於心,隨物而遷,人心就會迷失。

《性自命出》說:"善不善,性也。"《性自命出》認爲人性中善惡並存。《曾子立孝》曰:"君子立孝,其忠之用,禮之貴。""忠"字,上博簡《內禮》作"愛"。《曾子事父母》:"單居離問於曾子曰:'事父母有道乎?'曾子曰:'有。愛而敬。'"可見曾子把發自內心的愛,作爲孝道的本原②。《曾子立事》說:"君子攻其惡,求其過,彊其所不能,去私欲,從事於義,可謂學矣。"曾子強調攻其惡,去私欲,可見他認爲人心中有惡。愛爲善端,私欲爲惡端,把上述兩句結合起來,可知曾子主張人心中有善有惡,與《性自命出》同。

郭店簡與《曾子》十篇皆有修己內省的治學路徑。《性自命出》:"出言必有夫柬柬之信,賓客之禮必有夫齊齊之容,祭祀之禮必有夫齊齊之敬,居喪必有夫戀戀之哀。"《曾子立事》:"臨事而不敬,居喪而不哀,祭祀而不畏,朝廷而不恭,則吾無由知之矣。"不管是宗廟祭祀,還是朝廷禮儀,和外在的儀式相比,他們更注重內在的情感,具有相同的內省傾向。《性自命出》說:"聞道反己,修身者也。"《曾子立事》說:"日旦就業,夕而自省,思以殁其身,亦可謂守業矣。"時時反求諸己,處處反躬自省,是兩者修身成德的一致路向。

《性自命出》說:"凡學者求其心爲難。"和外在的行爲相比,人內心真情的察覺與展現最難。《曾子立事》說:"君子之於不善也,身勿爲能也,色勿爲不可能也;色也勿爲可能也,心思勿爲不可能也。"和不去做某事相比,臉上不顯露出來顏色更難。和容貌上不顯露顏色相比,心裏不去想最難。

---

① 王聘珍《大戴禮記解詁》,87 頁。
② 《大戴禮記·曾子本孝》:"忠者,其孝之本與。"關於忠字原本作"愛",見上文《曾子立孝》校釋。

　　雖然人的心思難於察知,但郭店簡和《曾子》十篇都主張人情不可掩飾、作僞。《性自命出》説:"[不]過十舉,其心必在焉,察其見者,情安失哉?"《性自命出》認爲多次考察人的言行,即可獲知他的内心世界。對於由言行考察内心世界的方法,《曾子》十篇有專門的描述。《曾子立事》説:

　　　　聽其言也,可以知其所好矣。觀説之流,可以知其術也。久而復之,可以知其信矣。觀其所愛親,可以知其人矣。臨懼之而觀其不恐也,怒之而觀其不惛也,喜之而觀其不誣也,近諸色而觀其不踰也,飲食之而觀其有常也,利之而觀其能讓也,居哀而觀其貞也,居約而觀其不營也,勤勞之而觀其不擾人也。

曾子強調聽其言,就可知道他内心的喜好;觀察其言説,可知他的内心世界。《曾子立事》主張從喜怒懼色等多角度觀察對方道德修養,正是《性自命出》所説的"[不]過十舉,其心必在焉"。

　　人心可以無遮攔地展現出來,是郭店簡與《曾子》十篇的共同主張。《成之聞之》説:"形於中,發於色,其誠也固矣。"眼神與言語是心靈的表像,發自内心的思慮,必然會呈現爲外在的行爲。《曾子立事》説:"目者,心之浮也,言者,行之指也,作於中則播於外也。"《曾子立事》"作於中則播於外",與《成之聞之》"形於中,發於色"句意完全一致。

　　對於禮制的來源,郭店簡《性自命出》説:"禮作於情,或興之也。"《性自命出》主張禮制源於人情,而與陰陽變化無關。《曾子天圓》:"神靈者,品物之本也,而禮樂仁義之祖也。"《曾子天圓》把儒家學説與自然觀念結合起來,認爲陰陽變化之道是仁義禮樂的根本。《性自命出》:"聞笑聲,則鮮如也斯喜。聞歌謠,則陶如也斯奮。聽琴瑟之聲,則悸如也斯嘆。觀《賚》、《武》,則齊如也斯作。觀《韶》、《夏》,則勉如也斯儉。"聽到古樂,内心自然產生共鳴。以樂和心,變化氣質,是《性自命出》教化内容的特色。《曾子天圓》説"(聖人)和五聲之樂以導民氣",曾子對聖人制樂導民雖有所論述,但在其理論體系中,對樂教卻並不看重。

　　郭店簡與《曾子》十篇對情存在不同理解。《曾子》十篇情字出現了兩次,《曾子立事》説:"宫中雍雍,外焉肅肅,兄弟憘憘,朋友切切,遠者以貌,近者以情。"孔廣森注曰:"遠者以貌,近者以情。所疏尚文,所親尚質。"①

①　方向東《大戴禮記匯校集解》,474 頁。

《曾子天圓》:"聖人立五禮以爲民望,制五衰以別親疏,和五聲之樂以導民氣,合五味之調以察民情。"王聘珍解情爲安居和味①。《曾子》十篇兩情字皆可解釋爲情實。

郭店簡的情字含義比《曾子》十篇明顯複雜,大致可分爲三類。《語叢》、《唐虞之道》、《性自命出》上篇情字指情緒、感情,特點是人性受外物所感而起。《性自命出》下篇説"[不]過十舉,其心必在焉,察其見者,情安失哉",情字是指情實,側重實際、真實情形。《性自命出》下篇"未言而信,有美情者也"等句,情字意指誠、信,等同於美,指内心之實②。《曾子》十篇情字指情實,爲自然之情③,郭店儒簡已出現自然之情向道德情感的過渡,《性自命出》下篇信情、美情,尤爲引人注目。

對於禮情關係,《性自命出》:"凡人情爲可悦也。苟以其情,雖過不惡;不以其情,雖難不貴。苟有其情,雖未之爲,斯人信之矣。"禮制稍微逾越是可以的,關鍵是不要違背内心的真情。只要内心真有此情,即使沒有表現出來,也是可以相信的人。《性自命出》以情爲貴,由内而萌的真情是人性大美的展現,禮制可以因人情而適當調整,表現出唯情主義的傾向。曾子很少談情,《曾子》十篇講禮以節情,未見以情正禮。不過《禮記》中有與《曾子》十篇不同的記載,《禮記·檀弓上》記載:

> 曾子謂子思曰:"伋,吾執親之喪也,水漿不入於口者七日。"子思曰:"先王之制禮也,過之者俯而就之,不至焉者跂而及之。故君子之執親之喪也,水漿不入於口者三日,杖而后能起。"

依據禮制,曾子喪禮時三日不喝水漿即可,但他爲表達痛失父母的悲楚之情,七日不喝水漿④。《性自命出》作者和曾子主張彰顯真情時,有時可以因情而違禮。曾子主張只有在父母之喪時,才可稍微逾越禮制,而《性自命出》以情正禮的範圍顯得更寬泛一些。

關於如何教人向善,郭店簡和《曾子》十篇都主張從内心出發,培養善德,抑制惡念。《性自命出》:"教,所以生德於中者也。"《性自命出》主張以

---

① 王聘珍《大戴禮記解詁》,101 頁。
② 參李天虹《〈性自命出〉與傳世先秦文獻"情"字解詁》,《中國哲學史》2001 年第 3 期,55 ~ 63 頁。
③ 其他文獻曾子講情亦是如此。《論語·子張》:"孟氏使陽膚爲士師,問於曾子。曾子曰:'上失其道,民散久矣。如得其情,則哀矜而勿喜。'"此處情字用作"情實"。
④ 《禮記·檀弓下》:"樂正子春之母死,五日而不食。曰:'吾悔之,自吾母而不得吾情,吾惡乎用吾情。'"樂正子春爲曾子弟子,樂正子春喪母,五日不食,可證《檀弓》篇所記曾子之事不虛。

德性教化爲主導,淨化人的内心。《曾子立事》説:"太上樂善,其次安之,其下亦能自强。"曾子認爲,安於行善、勉强行善(做表面文章)皆爲中人以下水平,道德修養最好的方法是内心以善爲樂。對於人性之惡,《性自命出》説"屬性者,義也",除去人性之惡靠的是義。《曾子立事》説:"君子攻其惡,求其過,彊其所不能,去私欲,從事於義,可謂學矣。"曾子倡導"從事於義",以義勝惡,與《性自命出》以義磨礪人性同。

郭店簡與《曾子》十篇對道德修養境界極爲贊賞。《五行》:"德之行五和謂之德,四行和謂之善。善,人道也。德,天道也。"又説:"聖人知天道也。"能做到感知天道,五行之德流布於心,即是聖人境界。《性自命出》説:"賤而民貴之,有德者也。貧而民聚焉,有道者也。"未曾言説而百姓信從,是因爲施教者心懷美情。未曾教化而民心有恒,是因爲施教者人性善良。《曾子立事》説:"太上不生惡,其次而能夙絶之也,其下復而能改也。"曾子强調教化的最高境界是心中只有善,不生惡念,其下是知而能改。曾子所説的"太上"境界,相當於《五行》中"五德形於内"的聖人,《性自命出》中"賤而民貴之"的有德者、有道者。

郭店簡《五行》:"仁之思也清,清則察,察則安。"以心之思感知仁德,是子思五行道德修養較爲獨特的方式,而對仁義的思求,也見於《曾子》十篇。《曾子制言中》:"君子思仁義,晝則忘食,夜則忘寐,日旦就業,夕而自省,以役其身,亦可謂守業矣。"孔子單言仁,仁義從未聯用。曾子學派仁義聯用,以思的方式實現對仁義的感知,正與《五行》相同。

綜上所述,通過《曾子》十篇與郭店簡心性論比較,筆者發現郭店簡很多心論的理念,在《曾子》十篇中已經萌芽、生根。曾子認爲,和喜怒之情相比,思慮之心佔據主導地位。人心中有善有惡。對於心中善念要努力培養,對内心惡念要用義攻治。人生而皆有的對父母之愛,是曾子之孝的本源。曾子主張只要恪守孝道,就能將内心之愛提升、擴充爲事君之忠、戰陣之勇、交友之信。曾子主張道德修養的最高境界是"太上樂善"、"太上不生惡",太上不生惡,即是性善者。曾子雖没有提出性善的觀念,但他卻以"太上"的境界,規定了人可向善的趨勢。

但另一方面,《曾子》十篇以仁、孝爲理論重心,心性論始終不是其思想研討的重點。《性自命出》説:"凡道,心術爲主。道四術,唯人道爲可道也。其三術者,道之而已"。道有四種,其他三術只是輔助。只有心術,才在道體中佔據主要位置。郭店簡明確提出了"心術"的理念,主張修身就是修心。

《五行》:"仁形於內謂之德之行,不形於內謂之行。"《五行》仁、義、禮、智形於內謂之"德之行",不形於內只能稱爲"行",不能算是德。《性自命出》説"凡聲,其出於情也信,然後其入撥人之心也厚",它對古樂提升內心德性、變化氣質的描述,更是在《曾子》十篇中從未見到的。

郭店儒簡以人性爲中心,着重探討了天、命、性、情、道之間的理論連接,從性與物的關係、情與禮的關係、內心生德與聖人教化的關係,提出了一系列修心的原則與方法,涉及與心性相關的概念,如物、悦、勢、故、教、習、道、義等,有十幾個之多。通過對比説明,郭店簡的心性論要比《曾子》十篇複雜得多,深刻得多。從《曾子》十篇到郭店儒簡,早期儒家的心性論有了實質性的理論突破與飛躍。

仁是孔子理論構建的根本出發點,但孔子並未明確講明仁的來源。孔子殁後,對仁源自何處的探討,成爲孔門弟子越來越關注的話題。《論語》是記録孔子思想的主要文本,郭店簡《五行》、《性自命出》諸篇,採擷《論語》中孔子性近習遠的論述,開始以心性論揭示孔子仁的來源。《論語》中有孝爲仁之本的論述,曾子重孝,於是以孝作爲孔子之仁的本源。而《曾子》十篇對天命、性情之間的關聯,絲毫未曾涉及。《曾子大孝》説:"民之本教曰孝,其行之曰養。……夫仁者,仁此者也;義者,宜此者也;忠者,中此者也;信者,信此者也;禮者,體此者也;行者,行此者也;彊者,彊此者也。樂自順此生,刑自反此作。夫孝者,天下之大經也。"曾子主張孝是仁義之本、天地之大經,以孝統率仁、義、忠、信諸德,構建了孝爲諸德之首的一元哲學。

在曾子看來,仁來自哪裏? 仁來自孝。孝源自哪裏? 孝出自子女對父母的愛①。曾子以人人生而即有的父母之愛,作爲孝的來源,但愛只是一種情感,仍停留在經驗層面,不能作爲孝哲學意義上的終極依據。仁以愛人爲內涵,孝以愛親爲宗旨。尤其需要指出的是,曾子沒有意識到由愛至孝、以孝統率仁的理論建構,其本質仍是以一種德目統率其他德目,依然是孔子仁者愛人、以仁統率諸德的理論翻版,並沒有從根本上解決孔子之仁的終極來源問題。

《性自命出》:"篤,仁之方也。仁,性之方也,性或生之。"《性自命出》強調仁出於性,仁是人性的原理與法則。《性自命出》説:"性自命出,命自天

---

① 《曾子事父母》:"單居離問於曾子曰:'事父母有道乎?'曾子曰:'有。愛而敬。'"上博簡《內禮》曾子曰:"君子之立孝,愛之用,禮之貴。"

降。"《五行》："德之行五和謂之德,四行和謂之善。善,人道也。德,天道也。"以《性自命出》、《五行》爲代表的郭店簡,將孔子仁學與心性論結合起來,以心性作爲天人交通的媒介,認爲人性爲上天所賦予,仁生於人性,這樣就將孔子之仁歸本於天之聖德。天作爲宇宙至善至誠的化身,其權威性與萬物本源的終極地位是不容懷疑的,這樣郭店簡就以天—命—性—情—道的道德生成路徑,仁、義、禮、智形於心、顯於外的形式,將天定位爲孔子之仁的終極本源,從形而上的層面解決了仁的來源問題,實現了對曾子孝統率仁、義、忠、信模式的理論超越①。

孔子講仁,也講到人性,但在孔子那裏,仁與人性並存而無直接的聯繫。《曾子》十篇和郭店簡心性論相比,明顯的差異是《曾子》十篇只有論心,没有論人性,人性在其理論建構中,居於無足輕重的位置。《曾子》十篇重仁,但不涉及性,實際是孔子仁、性兩分傳統的延續。至郭店儒簡,以性自命出、心術等概念的提出爲標誌,體會出一系列礦性、修心的原則與方法。人性成爲孔子之仁的內在本源,心術上升爲儒家仁義之道的大體。心性論逐漸從早期儒家思想的幕後走到前臺,成爲儒家仁學理論建構的必備環節與重心所在,實現了由理論配角到主角的角色轉換。

《曾子》十篇與郭店儒家對《論語》的思想皆有所選擇,但選擇的內容有所不同。曾子選擇的是孝爲仁本,孔子人性論在《曾子》十篇中没有得到足夠的拓展。從《曾子》十篇,我們看到的是仁學尚未和心性論結合的理論狀態。郭店儒簡選擇的性近習遠,在郭店儒簡那裏,心性論已與仁學密切結合起來。從以曾子爲代表的孔門第一代弟子,到郭店儒簡所代表的二、三代弟子,早期儒家最明顯的理論飛躍就是孔子仁學與心性論的結合,天道成爲仁學的終極本源,天人之際理論鏈環的真正打通。而這些新的理論建構,意味着孔孟之間"哲學突破"時代的到來。

第二節　《性自命出》人性論的兩重境界

《性自命出》是郭店儒簡中哲學思辨水平最高的一篇,但上、下篇之間卻

---

① 《曾子》十篇認爲孝源於父母之愛,郭店簡《語叢二》對於愛的來源也有明確的描述。《語叢二》說:"愛生於性,親生於愛,忠生於親。"《語叢二》認爲愛源於人性,性與天道貫通,這樣就意味着爲曾子之孝,找到了形而上的依據。

存在着明顯的思想矛盾:《性自命出》上篇説"善不善,性也",認爲人性有善有惡,而下篇卻説"未教而民恒,性善者也",主張人性善,到底人性是善還是惡?《性自命出》上篇説"四海之内,其性一也",認爲人性是普遍的相同,爲何下篇卻説性善只是少數人的專利? 上篇以禮節情,剔除人性中的惡端,爲何下篇情能正禮,人情反過來糾正禮的偏失?

　　爲解决這個問題,學界最初的做法是以第三十五號簡爲界,把《性自命出》分爲兩篇①:因爲一是形制方面,上篇字體粗偏,下篇字體纖細,字間距也有不同。第35號簡和第67號簡有分篇的鈎號;二是内容方面,上篇以人性爲主,教人如何導性向善,下篇轉而講心術。但上博簡《性情論》出土後,竹簡内容與郭店簡《性自命出》基本一致,而且"書體工整、嚴謹,字距劃一",中間没有較長空白簡的出現,明顯爲一人字迹,因此《性自命出》"兩篇説"已經不再成立。

　　從目前學界的研究成果看,不管是持自然人性論,還是道德人性論,《性自命出》"一篇説"已經成爲學界的主流觀點。對此我們也不想否認,但郭店簡《性自命出》形制差異畢竟是一種客觀事實,字體不同、間距不同,難道是一種毫無思想意義的存在? 第35號、67號簡皆有分篇鈎號,難道純粹是抄手的無意所爲? 我們注意到《性自命出》上篇是以庶民爲主體,下篇轉爲以聖人爲核心,所以我們把《性自命出》上下篇規定爲君子道德提升的兩個階段②,以此爲基礎,試對該篇的内在理路進行解説。

一、《性自命出》的内在矛盾

　　《性自命出》對人性存在明顯矛盾的規定。《性自命出》上篇説:"善不善,性也。所善所不善,勢也。"《性自命出》以好惡界定人性,認爲人性中有善有惡。顯然是"生之謂性"意義上的自然人性論③。而《性自命出》下篇説:"未教而民恒,性善者也。"未曾教化而民心有恒,是因爲人性有善,足證《性自命出》是以道德心立論的性善論④。同一篇之中,爲何上篇説人性有

① 陳偉《文本復原是一項長期艱巨的工作》,《湖北大學學報(哲學社會科學版)》1999年第2期,7～9頁;周鳳五、林素清《郭店竹簡編序復原研究》,《古文字與古文獻》試刊號,臺北楚文化研究會,1999年,56頁。
② 我們以35號簡爲界,將《性自命出》分爲上下篇,但我們這裏所説的"篇",僅相當於同一篇文章的上下兩部分。
③ 陳來《荆門竹簡之〈性自命出篇〉初探》,《中國哲學》第二十輯,239～314頁。
④ 郭齊勇《郭店儒家簡與孟子心性論》,《武漢大學學報(哲學社會科學版)》1999年第5期,24～28頁。

善有惡,而下篇卻主張人性善? 更爲矛盾的是,《性自命出》説:"四海之内,其性一也。"上篇説人性有善有惡,下篇卻主張人性善,明明是人性不一,爲何此處卻説人性普遍相同? 人性的本質到底是普遍相同,還是有所不同?《性自命出》人性有善有惡與性善的矛盾,如何在理論上獲得解釋?

　　《性自命出》上、下篇類似的理論衝突還有不少。《性自命出》上篇説:"喜怒哀悲之氣,性也。及其見於外,則物取之也。"人性由血氣構成,受外物吸引,顯發爲喜怒哀悲之情。喜怒哀悲之情自然是有善的,有惡的。既然人性中喜怒哀悲各種情都有,善惡混雜,爲何下篇説"未言而信,有美情者也",人性中滿腔子皆是真情、美情?《性自命出》上篇説:"教,所以生德於中者也。"聖人教化使人心中生德,證明人性中原本無德。《性自命出》下篇説:"仁,性之方也,性或生之。"既然人性中原本無德,爲何下篇卻説仁出於人性? 而且是人性的基本原理與法則?

　　對於情與禮的關係,上、下篇也存在認識矛盾。《性自命出》上篇説:"禮作於情,或興之也,當事因方而制之。"禮因人情制作,其作用是節制人情的過度膨脹。上篇又説:"屬性者,義也。"要以義磨礪性情,使之與外在倫理規範相適應。而下篇説:"苟以其情,雖過不惡;不以其情,雖難不貴。"只要是發自内心的真情,即使行爲上逾越禮儀,別人不會因此感到厭惡。上篇禮義可以制約性情,爲何下篇性情不再受禮義的約束? 上篇禮以導情,禮處於主導地位。下篇完全以内心爲主,真情可以活潑潑地任意而爲,爲何禮的主導地位突然間失去?

　　梁濤先生指出,《性自命出》内容雖主要爲自然人性論,但已開始出現向道德人性論轉向的顯著變化,而這正是竹簡處於儒學分化、過渡時期的反映①。梁先生緊扣早期儒學史,其解説非常有啓發性。《性自命出》上篇爲自然之情,下篇爲道德之情。我們這裏要追問的是,這種道德轉向是如何生成的? 我們能否就《性自命出》文本本身,從早期儒家情禮關係上,予以解釋和説明?

二、何爲人性善惡?

　　《性自命出》:"喜怒哀悲之氣,性也。及其見於外,則物取之也。"人性受到外物刺激後,方外顯爲情。在顯現出來之前,人性是一種存在於中、不

①　梁濤《郭店竹簡與思孟學派》,148 頁。

見於外的氣,是一種尚待實現的存在。處於未發狀態的人性是無所謂善惡的。《性自命出》接着説:"好惡,性也。所好所惡,物也。善不〔善,性也〕。"人性見到外物,産生喜怒哀悲之情。此時人性處於已發狀態。喜怒哀悲之情,順性而發,人人皆有,便是埋藏在人性之中的善惡之端。所謂"善不〔善,性也〕",是指人性受外物誘惑,孕育着向善、向惡發展的趨勢。

《語叢二》説:"欲生於性,慮生於欲,倍生於慮,爭生於倍。……愛生於性,親生於愛,忠生於親。"從《語叢二》看,愛是人性中的善端,欲是人性中的惡端,都出於人性,處於人性顯現的第一層級。筆者稱之爲"端",意思是指萌芽。它們僅是一種可能,一種趨勢,尚未外顯爲社會生活中的道德實踐。而顯現於情感外放第三層級的忠、爭,是善端、惡端不加控制,而落實到社會實踐層面的結果。由愛至忠是向善,由欲至爭是向惡。

人性本初未有差别,那現實生活中品質高尚與低劣是如何形成的呢?《性自命出》説:"所善所不善,勢也。"誘導人性向善或向惡發展的是勢。什麼是勢呢?《性自命出》説:"物之勢者之謂勢。"勢是指人所居處的形勢及社會環境。《禮記·大學》説:"堯、舜率天下以仁,而民從之。桀、紂率天下以暴,而民從之。"生在堯舜之世,受仁孝之風熏染,人性善端得到滋養、培育,人自然向善,成爲品德高尚的人。生乎桀紂之世,暴虐之風泛濫,人性之中惡端膨脹,如得不到必要的遏制,就會構成社會實際生活中的罪惡。

怎樣使人向善避惡呢?《性自命出》指出了兩條路徑。一是對人性中善端進行長養,對惡端進行磨礪。"凡動性者,物也;逆性者,悦也;交性者,故也;厲性者,義也;出性者,勢也;養性者,習也;長性者,道也。"用習、道(禮)鞏固善性,用義遏制人性中的惡念。二是對控制人性的決定因素——心,進行轉化。"教,所以生德於中者也。"通過聖人教化,讓心中生德,使心有定志,自覺抵制外物的誘惑。後天的積習、培養,使人自覺抵制惡念萌生。人性最初的自然之情得到澄清、過濾,人性顯發的道德之情汩汩泉涌。在《性自命出》上篇看來,人的道德培養就是一個順性而爲、內在善性不斷擴充的進程。

難度較大的是對《性自命出》"性善"的理解。《性自命出》下篇:"未言而信,有美情者也。未教而民恒,性善者也。未賞而民勸,含福者也。未型(刑)而民畏,有心畏者也。賤而民貴之,有德者也。貧而民聚焉,有道者也。"未曾言説而庶民相信,是因爲內蓄美情。未實行教化而民心有恒,是因爲教化者性善。丁爲祥先生指出,《性自命出》上篇人性普遍相同,與下篇少數性善是不周延的①。對於其中原因，王博先生分析説，所謂"美情"、"性善"，是指有些人生下來就是美善的，這些人就是聖人。"四海之内，其性一也"，是就一般人而言，顯然是不包括聖人的②。

郭店簡《緇衣》："禹立三年，百姓以仁道。"《性自命出》"未教而民恒"，可以和郭店簡《緇衣》"百姓以仁道"畫等號，百姓篤守仁道的原因是什麽呢？是因爲大禹教化三年的結果，因此《性自命出》説的"性善者"、"有道者"、"有德者"，皆是指到達至善境界的聖人。王博先生指出上下篇存在聖人與庶民之别，是非常對的，但他對聖人之性的解釋，似乎還不够圓滿。

郭店簡中有對聖人之性的專門表述。《成之聞之》説："聖人之性與中人之性，其生而未有非志。次於而也，則猶是也。雖其於善道也亦非有懌，數以多也。及其博長而厚大也，則聖人不可由與埴之。此以民皆有性而聖人不可慕也。"《成之聞之》語義斷續，不容易理解，但主旨卻很清楚：聖人之性與中人之性無甚差别，聖人對善道長久篤守，所以能到達博長、厚大的至高境界。庶民則反之，徒具聖人相同之性，不能長期踐守善道，所以不能達到自己思慕、向往的聖人境界③。聖人與庶民最終修養境界雖不同，但人性最初並無分别。《荀子·性惡》也説："凡人之性者，堯、舜之與桀、跖，其性一也；君子之與小人，其性一也。"聖王堯、舜與暴君桀、跖人性相同，君子與小人人性相同，正是"四海之内，其性一也"的内涵。

"四海之内，其性一也"，四海之内人性普遍相同，聖人與庶民皆有相同之性。人性相同的人數雖然居多，但真正篤守善道、臻於聖人境界的畢竟是少數。人性普遍相同，與少數性善不周延的原因，是"民皆有性而聖人不可慕也"，即庶民雖與聖人之性相同，但不能"擇善固執之"，到達不了聖人至德的境界。《淮南子·繆稱》："無諸己，求諸人，古今未之聞也。同言而民信，信在言前也。同令而民化，誠在令外也。……聖人在上，民遷而化，情以先之也。"同樣言語而百姓相信，是因爲言中有信；同樣命令而百姓接受，是因爲令外有誠。《性自命出》倡導的教化是性善者教化尚未致善者，有德者教化性尚未生德者，得道者教化未得道者，即孟子所説的先知覺後知，先覺覺後覺。我們把聖人規定爲道德修養境界，而不是指人生而性善，則《性自

① 丁爲祥《從〈性自命出〉看儒家性善論的形成理路》，《孔子研究》2001年第3期，28~37頁。
② 王博《中國儒學史·先秦卷》，北京大學出版社，2011年，179~180頁。
③ 帛書《五行·説》："舜有仁，我亦有仁，而不如舜之仁，不積也。"我和舜皆有仁，我不如舜仁的原因，在於没有長期的積累。亦與之相似。

命出》上篇人性普遍相同,與下篇少數性善的矛盾,可得以圓融地解決。

《性自命出》人性是一種潛在而有待完成的存在。"四海之内,其性一也",人性普遍相同之處在於感受外物刺激後,皆能生出喜怒哀樂之情。《語叢二》説:"愛生於性,親生於愛,忠生於親。……惡生於性,怒生於惡,勝生於怒,惎生於勝,賊生於惎。"以愛、惡爲例,愛、惡皆出於人性,愛爲善端,惡爲惡端。它們只是一種自然情感,尚未轉化爲社會生活中的道德行爲。"出性者,勢也",善惡之端能否在社會生活中展現爲善或惡的行爲,要取決於"勢"的引導。《孟子・告子上》:"文、武興,則民好善;幽、厲興,則民好暴。"文王、武王治天下,人性之愛化爲忠,則百姓好善。幽王、厲王當政,人性之惡化爲賊,則百姓好暴力。

由愛發展至忠,才是性善;由惡發展至惎、賊,才是性惡。性之善惡不是人性的未發狀態,也不局限於人性萌發爲喜怒哀樂等自然情感,而是指由人性善惡之端出發,程度體驗不斷增强,並最終在社會實然領域落實的趨勢。民趨善或暴,關鍵在於是否有文、武聖王教化。在《性自命出》看來,好的"勢"就是聖人執政,以《詩》、《書》、《禮》、樂教化天下。《性自命出》下篇所謂的性善,不是指人生而性善,而是人長期習於《詩》、《書》、《禮》、樂教化(勢的引導),把人性蘊藏的所有德性充分生發出來,彰顯爲社會生活中的道德品質,最終實現人性由善惡兩端並存向至善境界的全面轉化。在這種意義上説,性善不僅是人性最初具備的資質,而是一個過程,一個結果,是指人性經由長期道德培養而得到的最終結果,是後天長期修養到達的至高境界。

探討《性自命出》性生仁的原理,《語叢二》是頗爲值得借鑒的思想資源。《語叢二》説:"情生於性,……愛生於性,……欲生於性,……智生於性,……子生於性,……惡生於性,……喜生於性,……愠生於性,……懼生於性,……强生於性,……弱生於性。"從《語叢二》看,人性可以生的情感有愛、欲、喜、怒、懼等11種,但人性不能直接生仁。《性自命出》下篇説:"篤,仁之方也。仁,性之方也,性或生之。"下篇認爲仁是性的原理與法則,明確肯定仁生於人性。《語叢一》也説:"仁生於人,義生於道。"仁生於人,即仁生於性。那麼人性到底是如何生仁呢?

《五行》説:"不親不愛,不愛不仁。"帛書《五行・説》解釋爲:"愛而後仁。"愛親而後能仁,仁的最初來源是出自人性的親親之愛,所以《性自命出》才説"愛類七,唯性愛爲近仁"。愛有多種,只有發自人性的親親之愛,才最接近仁的内涵。從《語叢二》看,愛可以生於人性。人性生出親親之愛,由親親之愛轉化爲仁。《性自命出》下篇"仁,性之方也,性或生之"之所以難以理解,就在於它沒有提及性生仁的中間環節。仿照《語叢二》的句式,就是"愛生於性,親生於愛,仁生於親",具體模式可以歸納爲性—愛—親—仁。

《五行》:"親而篤之,愛也。愛父,其繼愛人,仁也。"帛書《五行·説》:"'愛父,其殺愛人,仁也',言愛父而後及人也。愛父而殺其鄰之子,未可謂仁也。"不管《五行》經還是説,由愛父的親親之愛,外推至愛天下之人,便是仁[1]。《性自命出》説仁生於性,它所説的性生仁,不是直接地生,而是經歷性生愛,由愛升華至仁的間接生成過程。"愛生於性",愛一定可以在人性中生成,是一種必然性。而"性或生仁"的"或生"是一種不確定性,人性長期培養才能生成仁,否則不能生成。

《語叢一》:"人之道也,或由中出,或由外入。由中出者,仁、忠、信。由外入者,禮、[義]、[道]。"忠與仁一樣,都是由内(人性)生出的德目。對於忠的生成過程,《語叢二》描述爲"愛生於性,親生於愛,忠生於親"。忠是由親發展出來的,其生成過程是性—愛—親—忠。仁與忠是相似的德目,既然人性不可以直接生忠,以此推知性生仁,也不是直接生仁,而是由愛生發過來的。《語叢二》忠的生成過程,完全可作爲上述《性自命出》性生仁的參照。

《性自命出》上篇説:"教,所以生德於中者也。"聖人教化使人心中生德,説明人性中原本無德。那麼德是如何生成的呢? 在郭店簡中,德是仁義忠信等德目的總稱。《性自命出》説仁"性或生之",人性中孕育着善端,仁從人性的善端(愛)發展而來。同樣,忠、信等也是由人性的善端生發而來。仁、忠、信等德目彙聚起來,就是德。《性自命出》的"生",不是同一層次的重複生成,而是在禮樂教化下的一種提升,一種低層次向高層次的德性升華。人性中原本無德,但人性中有善端。由善端次第生成仁、忠、信,諸種德目並呈於心,就是德的生成。人性之中,德所謂"無",是暫時的無;德所謂"生",是人性善端次第升華,由低層次向高層次轉進的最終實現。

《性自命出》上篇"喜斯陶,陶斯奮,奮斯咏,咏斯猶,猶斯舞。舞,喜之終也。愠斯憂,憂斯戚,戚斯嘆,嘆斯辟,辟斯踊。踊,愠之終也",見於《禮記·檀弓下》,爲子游所説。我們不妨徵引如下:

> 有子與子游立,見孺子慕者。有子謂子游曰:"予壹不知夫喪之踊也,

---

[1]　郭店簡《語叢三》:"愛,仁也。"

予欲去之久矣。情在於斯,其是也夫。"子游曰:"禮有微情者,有以故興物者。有直情而徑行者,戎狄之道也。禮道則不然。人喜則斯陶,陶斯咏,咏斯猶,猶斯舞,舞斯愠,愠斯戚,戚斯嘆,嘆斯辟,辟斯踊矣,品節斯,斯之謂禮。……故子之所刺於禮者,亦非禮之訾也。"

有子與子游一起觀禮,見孺子號哭。有子對子游説,父母去世,孝子悲情號哭不已,這不正是人内心真情的表露嗎? 爲何要設置喪踊之禮節制它呢? 喪踊之禮還是去掉爲好。子游説孝子悲哀過度,禮便節制哀情;孝子悲哀不足,禮則設置衰絰之物引發人内心哀思。不加節制,直接把内心的感情表達出來,那是戎狄之人才有的做法。

同是引述子游的話語,《性自命出》上篇比《禮記·檀弓下》明顯多出的兩句話是:"舞,喜之終也。……踊,愠之終也。"喜悦的心情,經過陶、奮、咏、猶,舞是其喜悦情緒宣泄的終點,怨恨的心情經過愠、憂、戚、嘆、辟,踊是怨恨情緒宣泄的終點。上篇兩句明顯帶有以禮節情的特點,與《禮記·檀弓下》子游的意見切合。而《性自命出》下篇説:"苟有其情,雖未之爲,斯人信之矣。"真情所至,即使他没有踐守禮儀,也是信人。《性自命出》下篇不受禮儀制約,倡導真情,難道要效法夷狄之道嗎?

《性自命出》説"四海之内,其性一也",即是《論語》中的"性相近"。《性自命出》説"養性者,習也",源於《論語》"習相遠"。《性自命出》對心性論的闡發,其理論依據多在孔子處。《論語·八佾》孔子説:"人而不仁,如禮何? 人而不仁,如樂何?"西周王權衰微,維護禮的外在强制力消失,周禮淪爲僵化的形式。孔子對禮本源的思考,由外部現實世界轉向人的内心世界。孔子認爲禮必須以仁爲質,仁是禮的内在動力與依據。《論語·顔淵》説:"顔淵問仁。子曰:'克己復禮爲仁。一日克己復禮,天下歸仁焉。'"顔回問仁,孔子説仁就是約束自己,使言行符合禮的規定。禮則又成爲鑒定君子成仁與否的標準與尺度。在孔子那裏,仁、禮互相規定,是一種動態的平衡。

《性自命出》真情、美情相當於孔子的仁,道相當於孔子的禮。《性自命出》上篇以道長性,又引用子游的話,皆是以禮制約情,類似於孔子的"克己復禮"。下篇説:"凡人情爲可悦也。苟以其情,雖過不惡;不以其情,雖難不貴。苟有其情,雖未之爲,斯人信之矣。"只要内心存有真情,逾越禮制並不可惡。如果没有真情,行爲難得卻不可貴。禮不再能約束情,而情反過來能糾正禮的得失,類似於孔子的仁統攝禮。《性自命出》下篇説:"非之而不可惡者,篤於仁者也。"君子志於仁,温潤可親,你可以不同意他的主張,卻不能厭惡其仁。《論語·里仁》類似的表述是:"苟志於仁矣,無惡也。"不仁則正之以禮,非禮則糾之以仁,《性自命出》上、下篇對情、禮關係看似矛盾的表述,與孔子對仁、禮關係的定位相同。

筆者認爲,對孔子思想特徵概括最準確的是"時中"。孔子始終追求的是仁、禮之間動態的平衡:禮失以仁糾之,仁失以禮正之。這種動態的平衡正是解開《性自命出》情、禮緊張的綫索。《性自命出》情、禮關係可分爲兩個層面:上篇人性初萌,心無定志,容易受到外物蠱惑,所以要以禮約束、磨礪性情,禮居於主導地位。下篇心有定志,道德情感充盈於心,人性已達至善境界,"從心所欲不逾矩",所以真情可以糾正禮儀的偏失。《性自命出》説:"雖能其事,不能其心,不貴。"僅有外在的道德行爲是不够的,還必須有内心的真情作支撐。《性自命出》下篇對真情的凸顯,標誌着禮的主導地位已經失去,情實現了由配角到主角的角色轉换。

爲何《性自命出》上篇是自然之情,下篇是道德之情? 這與《性自命出》對禮、情作用的强調有關。《性自命出》上篇即生言性,從實然的角度論人性。人性初萌,善惡兩端並生於性,喜怒哀悲並存於心。善端需要引導,惡端需要及時過濾,正因爲此時的情爲自然之情,有向惡發展的可能,禮的作用才得到凸顯。如果情自萌生便已經至善至美,禮的存在價值便大打折扣。而下篇强調禮只有外在的空洞形式是不够的,必須以真情、美情爲根據。《性自命出》下篇説:"祭祀之禮必有夫齊齊之敬,居喪必有夫戀戀之哀。"祭祀時必須恭敬,居喪時内心務必悲哀。禮儀必須有内在真情作支撐,才能做到文質彬彬,内外相諧。

和禮的外在形式相比,《性自命出》下篇更强調禮的内容。《性自命出》説:"有其爲人之節節如也,不有夫柬柬之心則采。有其爲人之柬柬如也,不有夫恒怡之志則縵。人之巧言利辭者,不有夫詘詘之心則流。"舉止合乎禮儀,内心不敦厚誠摯,則失於采。行爲誠懇,没有恒心,則失於縵。言辭巧妙,内心不能守拙,則失於流。《性自命出》强調心爲身之主,主張外在的道德行爲必須以真實的情感爲内容、爲實質,真情對於外在禮儀形式具有決定性意義。禮儀必須要有内心真情爲依據,有外必須有内,内外情禮相合,方爲君子之道。能作爲外在禮儀的實質、依據的,只能是道德之情,而不能是虚情假意包裹着的嗜欲之心,所以《性自命出》下篇所言皆爲信情、美情。

　　《性自命出》上下篇,實際是處理禮情緊張的兩種策略。上篇人性初萌,心無定志,性情容易受到萬物誘惑,此時的情爲自然之情。禮情關係是禮以治情,情服從禮的引導,禮居於主導地位。下篇心有定志,真情充盈,此時的情已有自然之情升華爲道德之情。禮情關係轉變爲情規定禮,情成爲禮的内在支撐與根據,而禮退居次要的位置。上篇禮自外入於内,下篇情自内顯於外,情失則糾之以禮,禮失則正之以情,《性自命出》對禮情關係的不同處理,是孔子仁禮動態平衡原作在心性論上的落實與展開。

　　綜上所述,和《孟子》人性純善不同,《性自命出》人性之中善惡兩端並存,所謂"性善"是指滌除惡端,由人性善端出發,經過長期道德培養而到達的至高境界。庶民與聖人雖人性相同,但真正篤守善道,一生注重道德修養,臻於聖人境界的畢竟是少數,所以上篇人性普遍相同,與下篇少數性善並不矛盾。人性中原本無仁,但人性中有善端。性生愛,愛生親,親生仁,即是《性自命出》性生仁的基本原理。《性自命出》上篇以禮制約情,下篇以情支撐禮,實際是孔子仁、禮動態平衡在人性論上的呈現與展開。

　　《性自命出》雖講人性有善有惡,但理論闡發的重點仍是教人如何向善。上、下篇的劃分,其實暗含着人性向善的兩個階段:上篇人性萌生之初,心無定志,容易受外物蠱惑,所以學習《詩》、《書》、《禮》、樂,以禮導情;下篇心爲身主,内心真情充盈,所以情能正禮,情是禮的支撐與依據。上篇人性受外物刺激,顯發爲喜怒哀悲,皆爲自然之情;下篇經受禮樂淨化之後,自然之情已升華爲真情、美情,道德之情得以外顯流行。上篇人性善惡兩端並存,向善、向惡皆有可能,所以庶民必須以成賢成聖爲標的,接受聖人教化;下篇成賢成聖之後,人性已達至善,美情充盈於外,教化萬民,導民向善,自然是其的職責所在。《性自命出》上下篇,展現的是庶民與聖人修養的不同境界:學習《詩》、《書》、《禮》、樂,成賢成聖,此乃上篇庶民境界;先知覺後知,先覺覺後覺,以自己的德性引領、教化萬民,此乃下篇聖人境界。上篇庶民境界,只是人性向善的起始;下篇聖人境界,才意味着君子道德生命的最終完成。

三、《禮記·樂記》、郭店簡《語叢》對《性自命出》的參照

　　傳世文獻對《性自命出》情禮緊張最好的參照是《禮記·樂記》。《樂記》說:"民有血氣心知之性,而無哀樂喜怒之常,應感起物而動,然後心術形焉。"《樂記》以血氣釋性,與《性自命出》同。《樂記》說:

人生而靜,天之性也。感於物而動,性之欲也。物至知知,然後好惡形焉。好惡無節於內,知誘於外,不能反躬,天理滅矣。夫物之感人無窮,而人之好惡無節,則是物至而人化物也。人化物也者,滅天理而窮人欲者也。

《樂記》認爲人性源於天,處於靜止的狀態。人性生而有欲,感於外物然後"好惡形焉",意思是説人性之中有善有惡。與《性自命出》上篇"好惡,性也"意思接近。《樂記》又説:"德者,性之端也;樂者,德之華也。"德指的是品德,是與仁相近的道德概念。"端"是指"萌芽"。《樂記》認爲德性是蘊含於人性之中的萌芽。《樂記》以血氣釋性,認爲人性有善有惡,與《性自命出》上篇同。《樂記》又説"德,性之端也",認爲德性出於人性,與《性自命出》下篇"仁,性之方也,性後生之"相近。《樂記》與《性自命出》對人性都有看似矛盾的表述,我們知道,《樂記》是一篇文獻是没有問題的,因此它可作爲《性自命出》一篇的旁證。

郭店簡《語叢一》説:"人之道也,或由中出,或由外入。由中出者,仁、忠、信。由外入者,禮、[義]、[道]。仁生於人,義生於道。或生於内,或生於外。"《性自命出》上篇禮磨礪人性,即《語叢一》的禮由外入。下篇"仁生於性",即《語叢一》仁由中出。仁内義外是郭店時代儒者的普遍看法,《性自命出》上篇禮由外入於性,下篇仁由性出於外,與《語叢一》的説法切合,證明《性自命出》上、下篇確可以納入統一的思想框架内。

《樂記》説:"樂也者,聖人之所樂也,而可以善民心。其感人深,其移風易俗,故先王著其教焉。"樂教可以使民心向善,感人至深,可以移風易俗,即樂教可以調節人情①。《樂記》説:"德者,性之端也。樂者,德之華也。金石絲竹,樂之器也。詩,言其志也。歌,咏其聲也。舞,動其容也。三者本於心,然後樂器從之。是故情深而文明,氣盛而化神,和順積中而英華發外,唯樂不可以爲僞。"德蘊藏於人性之内,樂顯發於外。就德與樂關係而言,德爲内,爲本;樂爲外,爲末②。德氣和順蓄積於中,樂才"英華發於外"。"樂不可以爲僞",是説樂是内心之德的真實反映。

《樂記》對於人性與樂的關係,也存在兩種解讀。一方面認爲樂可以感化人心,移風易俗;另一方面認爲德爲樂之本,樂的彰顯與制作必須以德爲

①　《樂記》類似的説法還有:"是故先王之制禮樂也,非以極口腹耳目之欲也,將以教民平好惡,而反人道之正也。"
②　《樂記》類似的説法是:"樂者,心之動也。聲者,樂之象也。文采節奏,聲之飾也。君子動其本,樂其象,然後治其飾。"

依據。樂與禮内容雖不同,但皆爲儒家六藝之一。仔細比較發現,《樂記》對樂的兩種解讀,正同於《性自命出》對待禮的態度。《樂記》以樂感化的對象是庶民,制作樂的是君子,以此推斷《性自命出》上篇以禮節性的對象也是庶民,下篇講以情正禮的是君子。

《性自命出》情禮關係,不似子游,也不似有子,最近於公孫尼子的《樂記》。《樂記》上文説"人生而靜",一旦受到外物誘惑,就會萌生好惡欲望。如不用禮樂政刑加以控制,就會天理滅而人化於外物。《樂記》説:"(君子)奸聲亂色,不留聰明;淫樂慝禮,不接心術;惰慢邪辟之氣,不設於身體。使耳、目、鼻、口、心知、百體,皆由順正,以行其義。然後發以聲音,而文以琴瑟,動以干戚,飾以羽旄。"君子眼睛、耳朵,不接觸奸邪的聲音、穢亂的形色。淫亂的音樂不入於心,惰慢邪僻之氣不沾染身體,耳、目、鼻、口、心知和諧順正,然後可以作樂。《樂記》將人性分爲受外物誘惑和能自覺抵禦外物誘惑兩個階段。人不能自覺抵禦誘惑時,則以禮樂節制人性。人能自覺抵制時,則人性爲制作禮樂之本。具體到《性自命出》,心無定志時,以禮樂磨礪人性;心有定志時,則情爲禮本,情是禮的依據與支撐,可借助禮的形式得到展現。

在《性自命出》、《樂記》,性情與禮樂存在主動與被動的角色轉換:當心無定志時,以禮樂節制人性,庶民受教於聖人,此時禮樂處於主導地位。當心有定志時,内心德氣充盈,則君子制禮作樂,教化萬民,此時真情、美情處於主導地位。兩者有先後之别,順序不能顛倒。人性萌生之初,没有接受教化之前,善惡並存,此時爲心無定志階段,筆者稱之爲"庶民境界"。經過禮樂教化之後,内心德性充盈,此時爲心有定志階段,則臻於"聖人境界"。從修養層次上看,《性自命出》上、下篇體現的,是道德修養境界的高低之别。

早期儒家性情禮樂觀大致可分爲三類:一是重情輕禮。真情爲上,禮儀規定不應限制内心真情的表露,爲了真情可以廢除某些禮儀環節。如有子見孺子號哭,欲廢喪踊之禮,事見《禮記·檀弓下》。二是重禮輕情。強調禮的踐守,有時會忽視内心的真情。如宰予談三年之喪,不顧父母養育之恩,事見《論語·陽貨》。三是禮樂動態平衡。禮樂與性情之間根據需要調節、變化,子游與《性自命出》、《樂記》皆屬於這種類型。子游説悲哀過度,禮便節制哀情;孝子悲哀不足,禮則設置衰絰之物引發人内心哀思。子游只有禮對情的調節,没有情對禮的修正,因此是單向度的。而《性自命出》禮樂與性情調節是雙向度的:人性初萌,禮樂節制性情;心有定志,内心真情、美情充盈時,以情正禮。子游着眼於行禮之時,功效在當下。《性自命出》着眼於庶民向聖人的境界提升,落脚點在一生①。

四、《性自命出》與子思學派的關聯

對於《性自命出》的作者,學者們或根據《性自命出》有子游的話語認爲作者是子游②,或根據它和《中庸》相似認爲作者是子思③,或根據它和《樂論》一致認爲是公孫尼子④,或認爲作者是世子⑤,以至於使《性自命出》的學派研究陷入了難以打破的僵局,直接影響到我們對早期儒家心性學説發展脉絡的深入探究。

學者拘泥於道統説,注重孔子、曾子和子思的單綫傳承,而没有注意到子思學派和子游、公孫尼子的學術關聯。《荀子·非十二子》批評思孟學派,有一段非常出名的話:

> 子思唱之,孟軻和之,世俗之溝猶瞀儒嚾嚾然不知其所非也,遂受而傳之,以爲仲尼、子游爲茲厚於後世,是則子思、孟軻之罪也。

清代學者郭嵩燾認爲子游應爲子弓之誤⑥,但簡、帛本《五行》的出土證明了荀子對思孟學派的批評句句可信,同理可知郭嵩燾擅自改經,不可憑據。子游五行的思想,見於《禮記·禮運》篇。該篇説:"故人者,其天地之德,陰陽之交,鬼神之會,五行之秀氣也。"孔穎達《正義》:"秀謂秀異,言人感五行秀異之氣,故有仁義禮知信,是五行之秀氣也。"⑦在子游那裏,五行是指金木水火土,子思學派的五行是指"仁義禮智聖",二者明顯不同,荀子認爲子思"案往舊造説",可謂切中肯綮。據孔疏,《禮運》篇開始將五行和人的品德聯繫起來,認爲人的品德是五行秀氣的體現,子思進一步將五行發展成爲"仁、義、禮、智、聖",可見子思的五行思想,可能和子游有一定的

---

① 學者論證《性自命出》爲子游所作,是因爲《性自命出》有子游的話語,但《性自命出》禮情的雙向度,則説明《性自命出》或許與子游存在距離。
② 廖名春《郭店楚簡儒家著作考》,《孔子研究》1998 年第 3 期,69~83 頁。
③ 姜廣輝《郭店楚簡與〈子思子〉》,《中國哲學》第二十輯,84 頁。
④ 陳來《荆門竹簡之〈性自命出〉篇初探》,《中國哲學》第二十輯,309 頁。不過陳來先生的觀點前後也有變化。參陳來《儒家系譜之重建與史料困境之突破——郭店楚簡儒書與先秦儒學研究》,武漢大學中國文化研究院編《郭店楚簡國際學術研討會論文集》,569 頁。
⑤ 丁四新《郭店楚墓竹簡思想研究》,東方出版社,2000 年,209 頁。
⑥ 王天海《荀子校釋》,212 頁。
⑦ 阮元校刻《十三經注疏·禮記正義》,1423 頁。

學術關聯①。關於公孫尼子和子思的學術關聯,李學勤先生已有明確論證②,將《性自命出》的作者推定爲子思學派,《性自命出》中有曾子學派的術語、子游的言語和樂論的内容,都可獲得合理的解釋。

　　前人研究多注重相同語句和關鍵術語的比較,我們不僅注重這些,而且更注重《性自命出》的哲理思路。爲什麽上篇是自然人性論,下篇是性善論?爲什麽上篇情爲喜怒哀悲,下篇的情爲真情、美情?人成賢成聖,爲何需要聖人的幫助?林林總總的困惑怎樣才能獲得合理的解釋?

　　《性自命出》説:"喜怒哀悲之氣,性也。"又説:"四海之内,其性一也。"人性無善無惡,喜怒哀悲爲情,亦無善無惡,且人性均相同,成賢成聖的大門何以敞開?《性自命出》説:"厲性者,義也;出性者,勢也;養性者,習也;長性者,道也。"這裏的道指的是禮,人學習《詩》、《書》、《禮》、樂,可以使人性得以涵養提升。

　　那麽能糾正調節人情的《詩》、《書》、《禮》、樂從何而來?《性自命出》説:"聖人比其類而論會之。"《詩》、《書》、《禮》、樂出自聖人之手。也就是説,《性自命出》將人分爲兩種,一是聖人,一是庶民。而這種聖人和庶民的劃分見於《中庸》:"誠者,天之道也;誠之者,人之道也。誠者不勉而中,不思而得,從容中道,聖人也。誠之者,擇善而固執之者也。"聖人天生至誠,明察天道,所以才能制禮作樂。

　　倘若我們進一步追問,聖人爲何能知天道?《五行》認爲聖人有仁義禮智聖五行,而庶民只有仁義禮智四行,聖人與庶民不同的地方在於多了聖德。《五行》説:"聞而知之,聖也,聖人知天道也。"聖人聞而知天道,庶民通過聖人感知天道,至此天人交通的理路才完全打通,只靠《性自命出》文本本身,我們對《性自命出》天人合一的理論框架,不會理解得如此圓滿。用人性完成天人交通,實現物我合一,是儒家心性哲學的主要特徵。子思哲學在庶民感知天道的求索中,尚需經過聖人這一關鍵的鏈環,標誌着子思哲學尚處在儒家心性哲學走向成熟的進程中,這也是子思哲學不同於孟子哲學的重要所在。

---

① 《禮記·檀弓上》:"子游曰:'飯於牖下,小斂於户内,大斂於阼,殯於客位,祖於庭,葬於墓,所以即遠也。'"子思在《禮記·坊記》引作:"賓禮每進以讓,喪禮每加以遠。浴於中霤,飯於牖下,小斂於户内,大斂於阼,殯於客位,祖於庭,葬於墓,所以示遠也。"《孔叢子·雜訓》也記載子思曾引用子游的話:"昔季孫問子游亦若子之言也,子答曰:'以子産之仁愛譬夫子,其猶浸水之與膏雨乎?'"可證兩人的學術思想可能存在一定關聯。
② 李學勤《周易溯源》,116 頁。

除"性自命出,命自天降"外,《性自命出》和《中庸》、《五行》等篇的相互發明還很多。《中庸》説:"喜怒哀樂之未發,謂之中;發而皆中節,謂之和。"《性自命出》説"喜怒哀悲之氣,性也",喜怒哀樂爲何能發出來? 因爲性作爲一種氣,能誠於中、發於外。《五行》:"仁形於内謂之德之行,不形於内謂之行。"人外在的行爲何能成爲德之行?《中庸》説:"擇善而固執之者也。"

《淮南子·繆稱》很多語句取自《子思子》,我們試對比《繆稱》和《性自命出》的語句。《繆稱》説:"同言而民信,信在言前也。同令而民化,誠在令外也。聖人在上,民遷而化,情以先之也。動於上不應於下者,情與令殊也。"《性自命出》:"未教而民恒,性善者也。未賞而民勸,含富者也。未刑而民畏,有心畏者也。賤而民貴之,有德者也。貧而民聚焉,有道者也。"聖人未施行教化,而庶民已趨於治理,原因在於聖人體察民情,以真情、誠信教導爲先。兩篇對聖人之治的分析非常接近①。《繆稱》:"凡行戴情,雖過無怨,不戴其情,雖忠來惡。"《性自命出》作:"凡人情爲可悦也。苟以其情,雖過不惡,不以其情,雖難不貴。苟有其情,雖未之爲,斯人信之矣。"只要是發自内心的真情,稍微逾越道德禮制並不可恥。重情、尚情,是兩篇的共同主張。

馮友蘭先生指出:"一個人的思想本來可以變動,但一個人決不能同時對於宇宙及人生真持兩種極端相反的見解。"②《性自命出》和《中庸》、《坊記》、《淮南子·繆稱》有許多相似的主張和特有術語。子思學派和曾子、子游、公孫尼子有着學術傳承關係③,《性自命出》和《中庸》、《五行》有着相近的哲學思路,因此《性自命出》屬於子思學派,是目前較爲可能的選擇。《中庸》、《緇衣》三次引用《曾子立事》,《性自命出》和《曾子》十篇的相似之處,也集中在《曾子立事》,這或許不是偶然的。

唐代韓愈對儒家道統説進行了系統的表述,他説:"堯以是傳之舜,舜以是傳之禹,禹以是傳之湯,湯以是傳之文武周公,文武周公傳之孔子,孔子傳

---

① 《中庸》類似的語句作:"見而民莫不敬,言而民莫不信,行而民莫不説。……是故君子不賞而民勸,不怒而民威於鈇鉞。"
② 馮友蘭《孔子在中國歷史中之地位》,顧頡剛編著《古史辨》第二册,150頁。
③ 《孔叢子·居衛》子思説:"吾聞諸子夏……"孔子歿後,子思實際上是在孔門弟子的影響下成長起來的。類似的例子如公明儀,他不僅是子張的弟子,還是曾子的弟子,見《禮記》"子張之喪,公明儀爲志焉"孔穎達疏。

之孟軻。軻之死,不得其傳焉。"①此説經宋明儒者的推崇,在中國學術史上影響極爲深遠。由《性自命出》、《緇衣》等文獻推測,子思學派曾受到曾子的影響,可證道統説並非子虚,但道統説只承認子思和曾子有師承關係,否認子游、公孫尼子對子思的影響。爲了捍衛儒家正統的地位,這種單綫傳承的道統説,已慢慢偏離了真實的歷史。早期儒家内部既有分化,又有融合;既相互爭辯,又互相影響,這才是歷史的真實。

過去我們認爲儒道之間鬥爭激烈,郭店簡出土後,人們驚奇地發現儒道兩家的典籍可以在一座墓葬裏"和平共處",引起了我們對儒道關係的重新審視。荀子在《非十二子》中斥責子張氏、子夏氏之賤儒,韓非説"儒分爲八",使我們感覺儒家内部矛盾也異常尖鋭。今天我們再次驚奇地發現,《性自命出》作爲一篇儒家文獻,竟同時有子游的話語,有曾子學派特有術語"内禮",有和公孫尼子一致的樂論。子思曾受到曾子、子游等的影響,我們把《性自命出》和子思學派聯繫起來,正是在承認儒家内部不同學派相互影響前提下,對《性自命出》作者所作的一種解讀。

第三節　《中庸》並非先天性善論

《中庸》爲先驗的性善論,是目前學術界根深蒂固的觀點。這種觀點的主要證據是《中庸》説"天命之謂性",因爲人性即是天命,天命至誠,所以人性自然爲善。啓發我們懷疑《中庸》並非性善論的是《五行》。《五行》説:

> 仁形於内謂之德之行,不形於内謂之行。義形於内謂之德之行,不形於内謂之行。禮形於内謂之德之行,不形於内謂之[行。智形]於内謂之德之行,不形於内謂之行。

仁、義、禮、智形於内才是德之行,不行於内謂之行。仁、義、禮、智都要經歷形於内的過程,也就是説,仁、義、禮、智在内心原本没有,人不是天生性善的。《五行》和《中庸》都是子思一人所作,既然《五行》不是性善論,那《中庸》也可能不是性善論。

《中庸》説:"誠者,天之道也;誠之者,人之道也。誠者不勉而中,不思

---

①　韓愈《韓愈全集·原道》,上海古籍出版社,1997 年,120 頁。

而得,從容中道,聖人也。誠之者,擇善而固執之者也。"誠有兩種,一是聖人之誠。聖人得天道,天道至誠,因此能夠自誠至明。一是庶民之誠。内心本不誠,需要自明至誠,由明乎善,"擇善而固執之",進而達到内心至誠的狀態。《中庸》:"唯天下至誠,爲能盡其性;能盡其性,則能盡人之性。"這裏的"天下至誠"指的是聖人。聖人"生而知之",不用外求就能從容中道。庶民需"學而知之",只有學習聖人制作的《詩》、《書》、《禮》、樂,才能完成性善的轉變。

孟子認爲仁、義、禮、智根於心,我心天然爲道德心,具備"不學而能"的良知、良能。成聖求諸己即可,無需外求。《中庸》將人性分爲聖人之性與庶民之性,庶民成聖須借助聖人的教化。庶民經歷自明而誠的過程,認知心才轉變爲道德心。如果説孟子性善論是先驗的性善論,那《中庸》的性善論只能是後天性善論或聖人性善論。

第四節　"格物致知"新解

朱熹對《大學》"格物致知"的解釋是:"致,推極也。知,猶識也。推極吾之知識,欲其所知無不盡也。格,至也。物,猶事也。窮至事物之理,欲其極處無不到也。"①朱熹訓格爲"至",認爲自己必須切近外物才能窮盡事物之理。訓致爲推極,訓知爲識,今日格一事,明日格一事,今日窮一理,明日窮一理,日積月累,瞬間自會豁然開朗,窮盡萬物之理。王陽明青年時代,爲求得聖人之道,依朱子"致物窮理"之説,去亭前格竹子之理,到七日,"勞思致疾",遂嘆曰"聖賢是做不得的"②。

朱熹引釋家之言闡發其理論説:"一月普現一切水,一切水月一月攝。"(《朱子語類》卷十八)格物致知的過程,就是由水月窺見真月的過程。朱熹對格物致知的理解,實際上是講"理一分殊",在哲學理路上是貫通的。但在實際生活中,具體事物中只有認知性知識,卻無道德倫理,無法打通通向聖賢的門徑。王陽明爲此"勞思致疾",這是朱熹"格物致知"注解的失誤所在。

---

① 　朱熹《四書章句集注》,4 頁。
② 　王陽明《王陽明全集·傳習録下》,上海古籍出版社,1992 年,120 頁。

　　朱熹對《大學》用力頗多,《大學章句》是在二程的基礎上,改編《大學》古本而成。朱熹對此甚爲得意,曾上書皇帝,請求刊印自己改編的《大學》。朱熹説"蓋釋格物、致知之義,而今亡矣,閒常竊取程子之意以補之"①。歷代大儒,陸九淵、葉適、王陽明等都對格物致知持不同意見,到明朝末年,對"格物"的解釋已達七十二家之多②,這説明朱熹對《大學》古本的改編是有問題的。

　　《大學》"《詩》云:瞻彼淇澳,菉竹猗猗"至"道盛德至善,民之不能忘也"一章,朱熹説:"此章内自引《淇澳》詩以下,舊本誤在誠意章下。"③這一章本來在"故君子必誠其意"後面,朱熹認爲它是解釋"止於至善"的,把它改編爲《大學章句》傳第三章。我們認爲,朱熹對這一章的改編是錯誤的④,因爲這一章"'如切如磋'者,道學也;'如琢如磨'者,自脩也",從内容上看和"止於至善"根本没有關係。而且《大學章句》傳第三章從"《詩》云:邦畿千里,惟民所止"至"爲人父,止於慈;與國人交,止於信",已經對"止於至善"作出解釋了,朱熹把這一章提前是没有必要的。

　　那麼,這一章應該放在哪裏呢? 筆者認爲,《大學》古本原來的順序是正確的。《大學》説:"所謂誠其意者,毋自欺也,如惡惡臭,如好好色,此之謂自謙,故君子必慎其獨也。"梁濤先生指出,誠意和慎獨的含義是一樣的,"慎獨"就是捨棄仁義禮智聖形式上的外在差别,將其看作一個有機整體,使其真正統一於内心⑤。梁先生的理解是正確的,但不夠全面。《五行》:"德之行五和謂之德,四行和謂之善。善,人道也。德,天道也。"《大學》所説的"誠意",實際上分爲兩種:一種是仁義禮智聖五行合德,是聖人之誠;一種是仁義禮智四行合德,是庶民之誠。聖人之誠的特點是不待思勉,從容而得天道,由誠至明。庶民之誠的特點是人必須擇善、固守之,然後才能由明入誠。庶民不具備聖德,因此由明入誠必須經由聖人的教化、點撥。

　　《大學》"所謂誠其意者,毋自欺也"章解釋的只是君子"誠於中,形於外",君子内心至誠,自然會呈現出來,但是君子到達至誠的方法——慎獨,

①　朱熹《四書章句集注》,6 頁。
②　錢穆《中國近三百年學術史》,商務印書館,1997 年,53 頁。
③　朱熹《四書章句集注》,6 頁。
④　徐復觀、郭沂都指出過這一點,但徐先生認爲是釋"修身",郭先生認爲是釋親民,都是錯誤的。參徐復觀《中國人性論史》,華東師範大學出版社,2005 年,181 頁;郭沂《郭店竹簡與先秦學術思想》,474～479 頁。
⑤　梁濤《朱熹對"慎獨"的誤讀及其在經學詮釋中的意義》,《哲學研究》2004 年第 3 期。

其涵義是什麼呢？依照朱熹的改編，我們無法説清楚。按照《大學》古本的順序，這個問題很容易理解：《大學》"《詩》云：瞻彼淇澳，菉竹猗猗。有斐君子，如切如磋"至"道盛德至善，民之不能忘也"一章，解釋的是庶民之誠。庶民學習《詩》、《書》、《禮》、樂，就像骨角經過切磋，像玉石經過琢磨，奮力自修，就能達到内心至誠的狀態。

"《詩》云：'於戲，前王不忘！'君子賢其賢而親其親，小人樂其樂而利其利，此以没世不忘也。"鄭玄注："聖人既有親賢之德，其政又有樂利於民。君子小人，各有以思之。"①君子、小人各得其治，天下平治，這是聖人之誠呈現而取得的外王事功。内聖自然會外王，外王同時也意味着内聖，兩者是一回事。"君子賢其賢而親其親，小人樂其樂而利其利"，作爲外王事功取得的標誌，意味着聖人内心已達到至真至誠的境界。因此，這一章講的是聖人之誠，而不是講"止於至善"。朱熹認爲本章"前王"指的是文王、武王，正可以佐證我們的推論。

《性自命出》："喜怒哀悲之氣，性也。"《性自命出》認爲人性無善無惡，庶民不能直接感悟天道，德善的生發需要聖人的教化。《中庸》將誠分爲聖人之誠和庶民之誠，《五行》認爲聖人有仁義禮智聖五行，庶民只有仁義禮智聖四行，在天人交通中需要以聖人爲媒介。誠有兩種：一是聖人之誠，一是庶民之誠，先有聖人之誠，才能引發庶民之誠。

孟子説："仁義禮智，非由外鑠我也，我固有之也，弗思耳矣。"（《孟子·告子上》）在孟子那裏，人性是由仁義禮智四德構成，所以人生而性善。孟子曰："萬物皆備於我矣。反身而誠，樂莫大焉。强恕而行，求仁莫近焉。"（《孟子·盡心上》）仁義禮智諸德存於我心，天人交通中無需聖人，就可獲得善性。"求則得之，舍則失之"，孟子只講庶民之誠，不再强調聖人之誠。這就是子思的仁義禮智聖五行，到孟子那裏逐漸變爲仁義禮智四行的重要原因。和經文相比，《五行》傳文中聖的影響明顯減弱，可能也是這種原因。

《中庸》説："誠者，天之道也；誠之者，人之道也。誠者不勉而中，不思而得，從容中道，聖人也。誠之者，擇善而固執之者也。"實際上，《中庸》很明顯地證明上面我們的説法，《大學》"誠意"和《中庸》"誠"的含義，是相同的。但朱熹對這一章的改編，造成了對"誠意"的誤讀，以致千百年來學者對"格物致知"百思不得其解。

---

① 阮元校刻《十三經注疏·禮記正義》，1673 頁。

　　《孟子·盡心下》説:"有諸己之謂信,充實之謂美,充實而有光輝之謂大,大而化之之謂聖,聖而不可知之之謂神。"孟子按照道德存養、擴充工夫的深淺,論個人修養境界的高低,而不再如《中庸》那樣將人性分爲已發和未發兩種狀態。這種"不再區分"割斷了人性與外物的聯繫,人性的實現不再有待於與外物相接,而是完全依靠主體精神的自覺,主體精神的自覺就是天道的流行①。

　　《大學章句》注曰:"誠其意者,自脩之首也。"②朱熹的觀點從孟子處生發而來,認爲誠只是庶民之誠,自己努力修心就能實現天人相通,因此將格物解釋爲下學如何上達,格物如何打通天道。朱熹的失誤在於對孔孟之道的機械理解,他認爲從孔子到孟子,聖人之道是一成不變的,而没有意識到只講庶民之誠,不講聖人之誠,乃是自孟子以後的講法。而在前孟子時代,子思和《大學》的理論裏,人没有聖德,不能和天相通,庶民要達到至誠境界必須借助聖人之誠才能實現,人性的改變需要聖人的教化。後世的儒者,也局限於朱熹的看法,不去追求對誠意的理解,在專在"格物"與天理本體尋覓上下功夫,訓"格"爲"正",爲"止",爲"度量",以致"格物致知"遂成爲學術史上千百年來始終解不開的謎。

　　《性自命出》、《五行》和《大學》同處孔孟之間,内容上有很多相似之處,可互爲説明,因此筆者結合《性自命出》,對《大學》"格物致知"章進行新的詮釋。《性自命出》説:"凡見者之謂物。"《大學》"格"應按照鄭玄注,訓爲來。"物格"就是物或事出現。"性"字在甲骨文、金文中一般寫作生,而《性自命出》"性"字寫作"眚",從目從生。《説文解字》目部:"眚,目病生翳也。"從《性自命出》内容看,《説文》把眚解釋爲一種眼疾是錯誤的。我們認爲,在生、眚兩字皆已存在的情況下,郭店儒簡選擇"眚"而不用"生"字,似乎有特别的意義。眚字"從生",是強調人性爲人"生而即有",是與生俱來的本性。"從目"意在凸顯感知外物,是人性較爲重要的基本功能。《大學》"致知"的意思,是外物一旦出現,就會被人發現,被人性察知。

　　《荀子·解蔽》篇曰:"凡以知,人之性也。可以知,物之理也。"感知外物是人性的功能,可以被感知,是外物的特性。《禮記·樂記》:"人生而靜,

―――――――――

① 參李長春《性與天道　可得與聞――從〈性自命出〉看先秦儒學"性與天道"思想的展開》,《社會科學研究》2009 年第 3 期,146～152 頁。
② 朱熹《四書章句集注》,7 頁。

天之性也。感於物而動,性之欲也,物至知知,然後好惡形也。"①人性處於"靜止"的未發狀態,外物出現後,被人性感知,人性萌發好惡喜怒之情。《樂記》的"知知",和《大學》"知至"語義頗爲接近。從郭店簡《性自命出》、《禮記·樂記》到《荀子·解蔽》,都説明早期儒家"格物致知",不能如朱熹解釋爲"格物以窮理,致知在知理"。

　　筆者對《大學》"格物致知",是按照物格→知至→意誠→心正→身修的順序來解釋的。但《大學》同時存在另一不同順序是修身→正心→誠意→致知→格物,特別是"欲誠其意者,先致其知,致知在格物"一句,似乎使人感覺格物是八條目的最重要、最根本的一條。《大學》對於何謂"格物"並没有解釋,朱熹對此感到頗爲遺憾,於是專門補格物致知一章。梁濤先生認爲格物是格家國天下之事,"格物致知"之旨已經體現在《大學》全文結構之中,所以無需補格物致知章②。

　　從《論語》、《孟子》看,孔子倡導"修己"(《憲問》篇),孟子强調"修其身"(《盡心下》篇),爲學修身是孔孟之道的一貫根本。《大學》説"自天子以至於庶人,壹是皆以修身爲本",修身是八條目之本,而把"格物"當作八條目之本的説法是錯誤的。格物致知一節極爲重要,但《大學》對格物致知卻没有多少解釋。從郭店簡《性自命出》等篇性字皆從生從目來看,人性生而具有感知外物的能力,或許"性物相接、中心自知",已成爲當時儒家心性論中不證自明的理論前提了③,因此《大學》對此没有作過多的説明。

　　《大學》説"物格而后知至,知至而后意誠",這裏的關鍵是對誠意的理解。《大學》説:"所謂誠其意者,毋自欺也。如惡惡臭,如好好色,此之謂自謙,故君子必慎其獨也。小人閒居爲不善,無所不至,見君子而后厭然,揜其不善,而著其善。人之視己,如見其肺肝然,則何益矣。……富潤屋,德潤身,心廣體胖,故君子必誠其意。"小人閒居爲不善,反證君子不管閒居與否,都要爲善,都要誠。君子誠意的方法和工夫是慎獨。關於慎獨,帛書《五行·説》解釋爲:"獨然後一。一也者,夫五爲一心也,然後得之。"慎獨實際

---

① 對於《樂記》的成書年代,學界有不同的説法。我們認爲《樂記》爲公孫尼子學派的著作,雖然它寫定年代在漢代,但成書年代與寫定年代不是一回事,其主體成書時間與郭店簡、《中庸》大致相當。
② 參梁濤《郭店竹簡與思孟學派》,129 頁。
③ 《墨子·經上》説:"知,接也。""知"指人與外物的接觸。不僅是儒家,墨子也把"知"解釋爲接觸外物,而不把"知"解釋爲知識、知道等含義,或可説明致知意爲"接物",是先秦時代較爲流行的一種説法。

是將仁義禮智聖五者内化於心,合五爲一①。君子誠意就是保持内心真誠無妄的狀態,這裏的"真誠無妄",不是虚無、空無,而是指仁義禮智聖合於心。心中唯有五德,五德之外别無他物,滿腔子充盈着仁義禮智聖等道德情感。只有這樣,道德心才能"誠於中,形於外",無遮攔地由内在的自覺,表現爲外在的玉顔金聲。

《性自命出》説:"聖人比其類而論會之,觀其先後而逆順之,體其義而節文之,理其情而出入之,然後復以教。教,所以生德於中者也。"《性自命出》認爲人性中善惡皆有種子萌芽存在,性之所以向善而不是向惡發展,關鍵源於聖人的教化。"意誠"是《大學》修身至關重要的一環,但大學對此敘述卻較爲簡約。實際上,《大學》的誠意不是自然而然就能實現的,需要借助聖人的教化。《大學》"誠意"相當於慎獨,是促使内心善念開花、結果②。在哲理上,庶民必須借助聖人之教上達天道,實現天人貫通;在實際生活中,庶民只有閲讀《詩》、《書》、《禮》、樂等聖人經典,才能感悟到成賢成聖的真理。明白此理,就不會再犯王陽明"格竹子"式的錯誤了。

朱熹本人後來也意識到這一點。他彌補自己在《大學章句》注解中的失誤説:"窮理格物,如讀經看史,應接事物,理會個是處,皆是格物。"(《朱子語類》卷十五)朱熹所説的讀經史,很明顯是指儒家經典,即要求庶民自覺接受聖人的教化。這也證明我們糾正朱熹對《大學》古本改編的正確性。皮錫瑞《經學歷史》説:"宋人不信注疏,馴至疑經;疑經不已,遂至改經、删經、移易經文以就己説,此不可爲訓者也。"③直到去世前幾天,朱熹仍在修改《大學》的注解,但最終没有意識到自己改編的失誤。

《性自命出》説:"[人之]雖有性,心弗取不出。"人性展現與否,受到心的控制。但最初起始之際,心無"定志",人性易爲外物所惑,難免受到主觀情緒、感官欲望的干擾。《大學》説:"所謂脩身在正其心者,身有所忿懥,則不得其正;有所恐懼,則不得其正;有所好樂,則不得其正;有所憂患,則不得其正。心不在焉,視而不見,聽而不聞,食而不知其味。此謂脩身在正其心。"《大學》"正心"是指除去忿懥、恐懼等不良情緒對心的擾亂,也就是要像《性自命出》那樣,做到"心有定志"。《性自命出》:"凡心有志也,亡與不[可;人之不可]獨行,猶口之不可獨言也。"《性自命出》心具有決定人行爲

① 參梁濤《郭店竹簡與思孟學派》,130 頁。
② 我們認爲《大學》誠意、慎獨,與《性自命出》"生德於中"在進德理路上,皆是同義語。
③ 皮錫瑞《經學歷史》,中華書局,2004 年,189 頁。

的控制力,其官能與《大學》"心不在焉,視而不見,聽而不聞"的心,完全一致。

筆者覺得,《大學》、《性自命出》性(心)皆是端倪、萌芽,具有可善、可惡兩種趨勢,但人性最終爲何能向性善的一方轉化?究其原因,《大學》"誠意"是催生善念生根於心,不斷發展、壯大。"正心"是排除不良情緒的干擾,杜絕惡念萌生。朱熹説:"如人種田,不先去了草,如何下種?"①誠意、正心如同農夫治田的下種與除草。在致善方法和存養工夫上,它們雖具體指向不同,但殊途而同歸,皆是止於聖境的不二法門。

千百年來,從鄭玄到朱熹,從司馬光到顧炎武,無數名家碩儒嘔心瀝血,苦心探索"格物致知"的真實含義,直到今天方揭開它神秘的面紗。章太炎、饒宗頤先生曾用《禮記·樂記》來探求《大學》格物致知的含義②,筆者和兩位先生的做法有相似之處。《樂記》的作者是公孫尼子,《樂記》無明顯和《大學》相同的内容,和《大學》只能算神似。但《性自命出》有明顯的可以坐定爲曾子學派的内容,子思是曾子的弟子,依靠《中庸》、《五行》得出的結論,或許比《禮記·樂記》更可靠一些。

我們之所以解決這一問題,是受到《性自命出》等出土文獻的啓發。我們並不比古人聰敏,朱熹,乃宋代孔夫子,其思想博大精深。今天我們做學術研究的目的在於追求真理,對《大學》"格物致知"章作出全新的詮釋,指出朱熹改編《大學》的失誤,絲毫不會影響我們對朱老夫子的敬仰。

---

① 黎靖德編《朱子語類》,305 頁。
② 章太炎《章太炎全集》第五册,63 頁;饒宗頤《固庵文録·格物論》,遼寧教育出版社,2000 年,105～107 頁。

第三章

郭店儒簡與《曾子》十篇修身論比較

第一節　孔子之後仁學繼續發展

仁在孔子理論構建中居於核心的地位。《論語·衛靈公》：“志士仁人，無求生以害仁，有殺身以成仁。”在孔子看來，成就仁德比生命更爲可貴。郭店儒簡與《曾子》十篇都有對仁的不懈追求。《尊德義》説：“尊仁、親忠、敬莊、歸禮，行矣而無違，養心於子諒，忠信日益而不自知也。”以仁爲尊，親近忠德，態度恭敬，克己復禮，是德性提升的重要路徑。在諸多修養方法中，尊仁爲首。郭店簡《緇衣》説：“輕絶貧賤，而重絶富貴，則好仁不堅，而惡惡不著也。”貪慕富貴，輕棄貧賤，是不仁的表現。《曾子制言中》：“是故君子以仁爲尊。天下之爲富，何爲富？則仁爲富也。天下之爲貴，何爲貴？則仁爲貴也。”曾子強調君子要以仁爲尊，孜孜以求仁。在富貴和仁的取捨中，富貴是無足輕重的。仁德重於富貴，是郭店簡與《曾子》十篇共同的看法。

一、對仁的理解寬窄不同

《曾子》十篇以仁爲尊，強調爲仁甚至可以捨棄自己的生命，但它對仁的界定只有一處。《曾子制言中》：“雖行不受必忠，曰仁。”曾子認爲，仁是指自己的行爲、主張不被國君接受，也要忠誠勉行。曾子對仁比較深刻的理解，見於《論語》。《論語·里仁》曾子説：“夫子之道，忠恕而已矣！”曾子以忠恕之道概括孔子仁的内涵，言簡意賅。《曾子》十篇對仁的内涵闡發較少，而郭店簡對仁的規定卻極爲豐富多彩。我們不妨將郭店簡對仁的解説引述如下：

　　① 仁，人也。（《語叢二》）

　　② 愛，仁也。（《語叢三》）

③ 孝,仁之冕也。(《唐虞之道》)

④ 喪,仁之端也。(《語叢一》)

⑤ 仁者,子德也。(《六德》)

⑥ 愛父,其繼愛人,仁也。(《五行》)

⑦ 唯性愛爲近仁。(《性自命出》)

⑧ 仁,性之方也。性或生之。(《性自命出》)

⑨ 愛善之謂仁。(《語叢一》)

⑩ 忠,仁之實也。(《忠信之道》)

《論語·顏淵》篇記載顏淵問仁,孔子說"克己復禮爲仁"。仲弓問仁,孔子答之以"己所不欲,勿施於人"。樊遲問仁,孔子說"愛人"。《論語》109 次提及仁,孔子對弟子多次界定仁,但每次各不相同。仁作爲孔子最高的哲學範疇,在孔子那裏有較爲寬泛的定義與解說。郭店簡"仁"字從身從心,說明仁是發自内心的真實情感。①句"仁,人也",仁就是把人當作人對待。②句"愛,仁也",仁的内容是愛。郭店簡《語叢》成書較早,①②句含義與《論語》最爲接近。曾子取忠恕之道解釋仁,《語叢》簡取仁者愛人解釋仁。他們皆取法《論語》,但對孔子之仁取捨不同。

　　那麼,郭店簡仁愛指向的對象是誰呢?③說"孝,仁之冕也",孝爲仁的冠冕。④句"喪,仁之端也",孝子的孝道在喪禮中表現得最爲明顯。郭店簡以孝釋仁,愛父即爲孝,所以⑤句才把仁規定爲子德。郭店簡主張人子修養的品格是仁,《曾子》十篇認爲人子道德修養的方向是孝,不是仁,郭店簡與《曾子》十篇爲人子設定的道德修養目標明顯不同。僅僅愛父還不是仁,由愛父之心推而廣之,愛百姓,愛他人,才是仁。⑥句講的是行仁的方法,只有孝子最明白愛父之心,只有孝子最有可能把愛父推廣至愛他人,仁包含着對社會全體成員的普遍關照。郭店簡中,《五行》對仁的解釋與曾子最爲接近,⑥句由愛父推及他人正是曾子恕道的延伸。

　　孔子認爲仁爲自身所有,但仁安頓於何處,孔子並未言明。曾子也認爲仁出於内,但曾子之天爲自然之天,並不具備德性内容。在孔子、曾子那裏,仁與天道的關聯尚未打通,仁只是形而下的存在,尚不具備形而上層面的意蘊。郭店簡⑦句說"唯性愛爲近仁",認爲出於人性的愛人之心,和仁最接近。⑦句從内容上規定了仁和人性之愛之間的聯繫。⑧句"仁,性之方也。性或生之",明確揭示仁來源於人性。仁出於性,性源於天,爲人生而即有。至郭店簡《性自命出》,仁與天道之間的關聯才真正敞開,孔子仁學從此具備形而上的意義。《性自命出》"仁,性之方也。性或生之"一句千金,實現了孔子仁學與天道的對接。

在《曾子》十篇,忠字有不同的理解。一是忠爲孝統率,是孝的内容。二是《曾子制言中》勉勵行忠爲仁。郭店簡⑩句説"忠,仁之實也",忠是仁的實質,與《曾子制言中》相同。⑨句説"愛善之謂仁",把善規定爲仁的内容。《語叢三》"物不備,不成仁",把物齊備與否,作爲成仁的重要條件。這些都是《曾子》十篇未見的内容,是郭店簡繼《曾子》十篇之後,對孔子仁學的新拓展。

郭店簡與《曾子》十篇對行仁的對象、作用理解不同。《曾子立事》説:"巧言而無能,小行而篤,難爲仁矣。"曾子勉勵弟子,不要巧言,要有大作爲。在曾子那裏,仁只是士君子内在的道德修養。郭店簡《緇衣》孔子説:"上好仁,則下之爲仁也爭先。故長民者,章志以昭百姓,則民致行己以悦上。"上,指的是國君,在郭店簡,行仁的對象是國君。《曾子制言中》:"布衣不完,疏食不飽,蓬户穴牖,日孜孜上仁。知我,吾無訢訢;不知我,吾無悒悒。"環境惡劣,也不要背離仁道,曾子更多地强調士君子對仁德的堅守。

《唐虞之道》:"堯舜之王,利天下而弗利也。禪而不傳,聖之盛也。利天下而弗利也,仁之至也。"《唐虞之道》以堯舜爲楷模,勸國君推行仁政。仁有兩個層次,一是愛親,二是愛天下之民。仁的極致,是愛天下之民而不貪慕私利。《六德》説:"親父子,和大臣,寢四鄰之抵牾,非仁義者莫之能也。"父子相親,大臣和睦,鄰國安定,都與君主的仁義密切相關。郭店簡的仁義不僅是士君子修養的品德,而且是國君向外推行仁政的道德依據。

總起來説,曾子把仁歸納爲忠恕之道,較爲簡潔。而郭店儒簡仁的言説則豐富多彩,比《曾子》十篇要寬泛、豐富得多。郭店簡與《曾子》十篇對仁的理解相近的有兩處:一是《忠信之道》説"忠,仁之實也",與《曾子制言中》"雖行不受必忠,曰仁",都把忠與仁聯繫起來;二是郭店簡《五行》把仁規定爲"愛父其繼愛人",可以看作是對曾子恕道的繼承。其他篇對仁的理解皆與《曾子》十篇不同。《曾子》十篇以孝取代仁,包含仁,成爲所有德目的總綱。而《六德》把仁規定爲子德,《唐虞之道》、《語叢一》認爲仁來源於孝而包含孝,把仁當作治理國家的手段。《性自命出》主張仁爲人性所生,把仁規定爲人性的内容。《五行》以上天作爲仁的終極依據,賦予仁形而上的哲學意藴。這些都爲《曾子》十篇所未見,標誌着在郭店儒簡時代,早期仁學已發展到一個嶄新的階段。

二、仁與其他德目的聯用

《論語》中仁多爲單稱,在郭店簡中存在仁由單稱到多個德目聯用的趨勢。仁單稱,在郭店簡主要見於《緇衣》和《語叢》。郭店簡《緇衣》説:"子曰:上好仁,則下之爲仁也爭先。"郭店簡《緇衣》是引用孔子的話,所以它單稱仁是孔子仁學的反映。《語叢一》説:"愛善之謂仁。"又説:"喪,仁之端也。"《語叢》多處將仁單稱,也有仁義忠並舉的例證,但到《五行》、《六德》單獨稱仁的現象極爲少見。《語叢》早於《六德》、《五行》,就是説,從《語叢》到《六德》、《五行》等篇,郭店簡本身存在一個仁由單稱到多個德目並舉的趨勢。

這一趨勢在《曾子》十篇同樣存在。《曾子制言中》:"君子無悒悒於貧,無匆匆於賤,無憚憚於不聞,布衣不完,疏食不飽,蓬户穴牖,日孜孜上仁。知我,吾無訴訴;不知我,吾無悒悒。"曾子多處單稱仁,疏食飲水,蓬户穴牖,孜孜求仁,和《論語》中顏回最爲相近。《曾子大孝》説:"夫仁者,仁此者也;義者,宜此者也;忠者,中此者也;信者,信此者也;禮者,體此者也;行者,行此者也;彊者,彊此者也。樂自順此生,刑自反此作。"《曾子大孝》此處聯用的是仁、義、忠、信、禮。仁由單稱到多個德目並舉,反映的是孔門後學對儒家理論的建構日趨豐富,同時也可爲文獻時代的先後提供參證①。

孔子單稱仁,孟子仁義並舉。過去由於孔孟之間材料有限,《曾子》十篇等文獻又被懷疑爲僞書,因此學者多認爲仁義並舉爲孟子的首創②。《語叢一》説:"仁義爲之梟。"又説:"[厚於仁,薄]於義,親而不尊。厚於義,薄於仁,尊而不親。"郭店簡中多處仁義聯用,皆早於孟子。《曾子制言上》:"士執仁與義而明行之,未篤故也,胡爲其莫之聞也。"《曾子》十篇在仁學建構上最亮麗的一筆是將仁義聯用。郭店簡《語叢》是摘抄類文獻,其中有些内容摘抄自《論語》,其淵源是較早的。《曾子》十篇也經常説"參嘗聞之夫子",因此郭店簡《語叢》與《曾子》十篇成書先後不易確定。但把郭店簡與《曾子》十篇結合起來看,儒家仁義聯用的發明者一定不是孟子。

《曾子》十篇將仁義聯用,晝夜不寐思求仁義。郭店簡《五行》仁義禮智

---

① 我們在上文已指出,《曾子》甲組早於《曾子》乙組,此處仁學德目的變化,可爲前文提供證明。
② 梁啓超先生説:"仁義對舉,是孟子的發明。"參梁啓超《清代學術概論 儒家哲學》,天津古籍出版社,2004年,120頁。

聖並稱,以心之思感知善道。曾子的生活年代早於墨子,孟子説曾子、子思同道,孟子仁義並舉可能是受曾子、子思的影響。張岱年先生認爲孟子將義與仁並舉,是受墨子的影響①。現在看來,這種説法可能是錯誤的。

　　郭店簡與《曾子》十篇皆有仁與其他德目聯用,但聯用的德目卻不盡相同(見下表)。

下編　表1　郭店簡與《曾子》十篇與仁聯用德目對照

《曾子》十篇	郭店簡
仁義	仁義
仁義忠信禮	聖智仁義忠信
禮樂仁義	仁義禮樂
仁慎恭	仁義忠
仁智道	仁忠莊禮
	仁聖
	仁智義禮聖善
	仁忠信
	仁義禮智聖

《曾子》十篇與仁聯用的德目有5類,郭店簡有9類,郭店簡與仁聯用的德目組合明顯比《曾子》十篇多。郭店簡《五行》:"德之行五和謂之德,四行和謂之善。"五行是指仁義禮智聖,四行是指仁義禮智。《唐虞之道》説:"禪而不傳,聖之盛也。利天下而弗利也,仁之至也。"此處聖與仁並舉。《尊德義》:"仁爲可新(親)也,義爲可尊也,忠爲可信也,學爲可益也,教爲可類也。"此處仁義忠學教聯言。《六德》説:"何謂六德?聖、智也,仁、義也,忠、信也。"聖智仁義忠信是郭店簡中聯用較長的一組德目。《語叢一》:"由中出者,仁、忠、信。由外入者,禮、[義]、[道]。"後兩字竹書殘缺,但仁忠信禮聯用則是肯定的。忠信禮樂這些組合,郭店簡、《曾子》十篇皆有,郭店簡的明顯變化在於仁與聖的連接,聖成爲仁學與天道貫通的橋梁。

　　《曾子制言中》:"雖行不受必忠,曰仁;雖諫不受必忠,曰智。"此處爲仁智聯用。《曾子大孝》説:"夫仁者,仁此者也;義者,宜此者也;忠者,中此者

①　張岱年《中國哲學大綱》,社會科學出版社,1982年,264~268頁。

也;信者,信此者也;禮者,體此者也;行者,行此者也;彊者,彊此者也。"《曾子大孝》聯用的是仁義忠信禮,其中仁義忠信聯用,與《六德》同。《曾子立事》説:"仁者樂道,智者利道,愚者從,弱者畏。"仁智聯用、仁義忠信聯用皆見於郭店簡,但《曾子》十篇仁者、恭者、慎者的區別與聯用,不見於郭店簡。

　　在孔子那裏,仁統攝恭寬信敏惠等諸德,是思想體系的總綱。而郭店簡與《曾子》十篇皆存在仁核心地位消解的趨勢。《六德》説:"何謂六德? 聖、智也,仁、義也,忠、信也。"《六德》倡導的六德,是聖、智、仁、義、忠、信。《六德》仁與聖、智、義、忠、信並用,只是諸種德目中的一種,説明仁的地位有所弱化。《六德》説"聖生仁",聖爲父德,仁爲子德,仁作爲子德,爲聖德所生。《六德》排列德目時,以聖爲先,聖的地位高於仁。郭店簡仁地位的下降,可能與仁被規定爲子德有關。《五行》説:"不聰不明,[不明不聖],不聖不智,不智不仁,不仁不安,不安不樂,不樂無德。"《五行》中聖智地位最重要。仁和聖、智相比,已經退居次要位置。

　　從《六德》看,德包含聖智仁義忠信多個德目,它取代孔子仁的核心位置,成爲諸德的總稱。類似的説法也見於《五行》。《五行》:"德之行五,和謂之德,四行和謂之善。善,人道也。德,天道也。"仁義禮智聖皆爲德之行,德已上升爲天道的根本屬性,居於道德總綱的地位。

　　在《曾子》十篇中,孝取代孔子仁的核心位置。《曾子大孝》説:

　　　　夫仁者,仁此者也;義者,宜此者也;忠者,中此者也;信者,信此者也;禮者,體此者也;行者,行此者也;彊者,彊此者也。樂自順此生,刑自反此作。夫孝者,天下之大經也。夫孝,置之而塞於天地,衡之而衡於四海,施諸後世,而無朝夕。推而放諸東海而準,推而放諸西海而準,推而放諸南海而準,推而放諸北海而準。

曾子認爲,孝爲天地的根本法則,仁義忠信禮皆是由孝生發而來的。曾子以孝爲核心,建立起囊括各種具體德行的孝道理論框架①,孝成爲一切德目的總綱,孔子開創的以仁爲主導的思想方向,遭到根本性扭轉與顛覆②。孔子仁的核心位置,在《曾子》十篇爲孝取代,在郭店簡被德取代,説明孔門後學在建構思想體系時,理論重心與孔子有所偏離。由於孔門後學對孔子仁學

---

① 黃開國《論儒家的孝道學派——兼論儒家孝道派與孝治派的區別》,《哲學研究》2003 年第 3 期,46～52 頁。
② 何元國《〈曾子〉泛化孝再評價》,《湖北大學學報(哲學社會科學版)》2006 年第 1 期,8～11 頁。

體認、理解不同,理論重心會表現出明顯的差異。如果他們對某一德目特別重視,隨着自己體會、理解的增多,這一德目會逐漸凌駕於其他德目之上,成爲自己思想體系的綱領。這或許是孔孟之間,儒學歧異頻出的重要原因。

　　和《曾子》十篇相比,郭店簡不僅仁義並稱,而且仁義有内外之別。郭店簡《六德》説:"仁,内也。義,外也。禮樂,共也。内立父、子、夫也,外立君、臣、婦也。"内爲父、子、夫,外爲君、臣、婦,可知此處的内外是指家族内外。《語叢一》説:"厚於仁薄於義,親而不尊。厚於義薄於仁,尊而不親。"家族内以仁爲處理事情的原則,家族外以義爲處理事情的尺度。郭店簡把仁義與親親、尊尊密切結合起來,主張以仁與義的結合,打通家族内外。而曾子主張事父以事君,在家盡孝,在朝盡忠。在《曾子》十篇,貫通家族内外的是孝與忠。

　　《語叢一》説:"由中出者,仁、忠、信。由外入者,禮、[義]、[道]。仁生於人,義生於道。或生於内,或生於外。"此處的内外,是指身體内外。《性自命出》説"仁,性或生之",《性自命出》明確説仁出於内,爲人性所生。孔子説"天生德於予",天如何生德於人,孔子並未明説。《曾子》十篇只是仁義聯用,並未明確提出仁義内外之別,也未講明仁的來源。《性自命出》把仁鎖定爲人性所生,爲孔子仁學找到了内在於我的真正源頭。天生性,性生仁,至郭店簡時代,孔子仁學天人之際的道德哲學鏈環,才得以真正打通。

　　郭店簡中不僅有仁内義外,而且講各種德目與社會身份對應。《六德》説:"父聖子仁,夫智婦信,君義臣忠。聖生仁,智率信,義使忠。故夫夫、婦婦、父父、子子、君君、臣臣,此六者各行其職,而讒諂蔑由作也。"義爲君德,忠爲臣德,智爲夫德,信爲婦德,聖爲父德,仁爲子德。《六德》認爲不同的德目與不同的社會身份對應,爲《論語》、《曾子》十篇皆未見。《曾子》十篇只主張國君、士人的孝各有分別。《六德》聖智忠信仁義之間的關係非常複雜,聖生仁,智率信,義使忠。這些德目之間支配與被支配,不是由德目本身的内涵決定的,而是由他們代表的社會身份決定的。在孔子那裏,仁是衡量君子道德修養的標準與尺度,適用於所有人。《曾子》十篇延續孔子的傳統,仁仍然和士人的德行挂鈎。至郭店簡《六德》,仁被限定爲子德,僅是爲人子者具有的道德品質,其使用的界限、範圍明顯打了折扣。

　　不同的人外貌體質特徵千差萬別,但都可在君臣父子夫婦中找到自己的社會身份。《六德》認爲不同社會身份的人,只要從它規定的德行出發,社會自然會重新走向君君、臣臣、父父、子子的理想盛世。《六德》的政治構想是完美的,但實際上,現實生活中人身份地位往往是重疊的。有些人既是父,又是子,還是丈夫、臣,這樣就會導致四種德目聖、仁、智、忠,在一人身上疊加、重合的局面。《六德》説"聖生仁",一個人同時具有聖德、仁德,試問如何相生、相率? 聖、仁、智、忠疊加重合在一起,與彼此互不隸屬有何區别? 實際生活中,不同德目疊加於一人的情況更多。

有鑒於此,《五行》繼續沿用孔子仁學君子、小人的分别,將世人分爲兩類: 聖人與庶民。聖人具備仁義禮智聖五行,庶民只有仁義禮智四行。庶民仁義禮智也不是先天具備的,需要不斷强化道德實踐,將外在道德行爲内化於心,成爲德之行。《五行》説: "君子慎其獨。"帛書《五行·説》解釋説: "言舍夫五而慎其心之謂也。獨然後一,一也者,夫五爲[一]心也,然後得之。一也,乃德已。"《五行》指出四行可以合一,五行可以合一。四行合一爲善,五行合一爲德。不同德目可以分開,又可和而爲一的講法,在《曾子》十篇中是不曾有過的。五行合爲聖人,四行合爲君子,《五行》以德目的多少區分聖人與庶民,與《曾子》十篇對聖人理解明顯不同。

總之,在郭店簡和《曾子》十篇,都有仁單獨出現的情況,但郭店簡中仁與其他德目的組合更爲普遍。郭店簡與《曾子》十篇皆有仁義聯言,但郭店簡仁義聯言不僅有家族内外之分,而且有身體内外之别。《曾子》十篇仁義是士君子修德的手段,而郭店簡更將其外展爲國君治國安民的方略。在《曾子》十篇,不管是仁也好,孝也好,一種德目往往是對社會上所有人的道德要求。而郭店儒簡開始將不同德目與父子人倫一一對應。

在《曾子》十篇,仁與人性、上天處於兩分狀態,而郭店儒簡認爲仁出於人性,天爲仁的終極依據,天人之際的鏈環已經貫通。在孔子劃定的修身内省的致仁路徑上,郭店儒簡比《曾子》十篇走得更遠。郭店簡仁學構建的多樣形態,複雜的德目組合,多元的道德實踐,形而上哲學意義的賦予,無不展現出子思時代孔門後學對孔子仁學的理論拓展,這些都爲孟子仁學的構建,做足了鋪墊。

三、孔孟之間的仁學連接

後世雖以孔孟並稱,但孔子與孟子之間卻存在明顯的思想差異。孔子單稱仁,孟子仁義禮智並舉。孔子之仁直接顯發爲恭寬信敏惠諸德,仁的外顯並無階段性。孟子之仁,分爲親親—仁民—愛物三個階段。孔子雖爲明確説仁内禮外,但禮外在於人,是衡量仁道的標準則是無疑的。孟子把禮完全内化於心,禮是辭讓之心的外在展現,禮對仁的約束作用已不再成立。《論語》中仁與人性兩分,孔子並未明確將仁安頓於人性。孟子道性善,認爲仁出於人性,是性善的重要内容。孔子不講盡性知天,仁作爲君子的道德修養與普世關懷,只是形而下的存在。至孟子,以天作爲仁的最終依據,仁學已明顯具備形而上的哲學意藴。

陸九淵説:"夫子以仁發明斯道,其言渾無罅縫。孟子十字打開,更無隱遁。蓋時不同也。"(《象山集·象山語録》卷一)陸九淵認爲孔、孟之道的思想差異,是由於時代變遷造成的。孔孟之間,期間一百多年,我們這裏要追問的是,由"渾無罅縫"到"十字打開",孔孟之間的仁學差異是如何形成的?我們能否從郭店儒簡與《曾子》十篇的比較中,找到孔孟思想轉進的綫索?

《曾子制言下》説:"凡行不義,則吾不事;不仁,則吾不長。奉相仁義,則吾與之聚群嚮爾;寇盗,則吾與慮。"孔子單稱仁,曾子仁義聯用。曾子是孔子之後仁義聯用的較早發明者。《曾子》十篇雖有仁義忠信禮的聯用,但出現次數較少。至郭店儒簡,多個德目的組合普遍出現,如仁義忠學教、仁忠莊禮。而對孟子仁學影響最大的是郭店簡《五行》。《五行》説:

> 仁形於内謂之德之行,不形於内謂之行。義形於内謂之德之行,不形於内謂之行。禮形於内謂之德之行,不形於内謂之[行。智形]於内謂之德之行,不形於内謂之行。聖形於内謂之德之行,不形於内謂之(德之)行。

《五行》將仁義禮智聖五行固定在一起,認爲外在的道德行爲可以轉化爲内在德之行,内化於心的德性可以無遮攔地外顯爲玉言金聲。《五行》的理論建樹是在當時衆多的德目組合中選擇將仁義禮智聖固定爲一組,以行與德之行的劃分實現了身心内外的連接、天道與人道的貫通。孟子對《五行》加以損益,認爲仁義禮智無需由外在之行化爲内在德之行,仁義禮智爲我心所固有。至此由孔子單稱仁,到孟子仁義禮智並舉的德目建構得以完成。

《曾子制言上》説:"夫禮,貴者敬焉,老者孝焉,幼者慈焉,少者友焉,賤者惠焉。"在曾子那裏,禮沿襲孔子的思路,仍然是一種外在的行爲準則。孟子之前禮的内化在《性自命出》表現較爲明顯。《性自命出》説:"獨處而樂,有内禮者也。"内由外在的强制規範轉化爲主體自覺,呈現出由孔、曾到思、孟過渡的理論樣態。《五行》説:"仁義,禮所由生也。"禮是仁義在社會生活方面的存在,淪爲仁義外在的衍生物。

　　孔子思仁則仁至,仁內在於本身,但他並未明確將仁安頓於人性。《曾子》十篇對人性論不感興趣。《大學》説"物格而后知至,知至而后心誠",《大學》講心不講性,人心之誠是後天培養才達到的狀態。《五行》説"仁形於內謂之德之行,不形於內謂之行",子思認爲聖人人性之中先天有仁,庶民之仁是通過道德實踐,才將外在之行化爲内心之德。早期儒家有兩篇重要文獻認爲仁爲人性所生。一是《性自命出》,它説仁"性或生之",主張仁出於性,性源自天,以性、仁聯繫貫通天人之際。二是《禮記·樂記》。《樂記》説:"德者,性之端也。"德在郭店簡時代相當於孔子的仁,包含仁義禮智諸德。"端"意指萌芽,和孟子四端存於心"端"含義相同。《禮記·樂記》、《性自命出》在前孟子時代,已率先指出德出於人性。仁生於性,人性源自上天,天人之間的連接已經貫通,這就爲孟子將子思後天性善論改造成先驗的性善論創造了條件。

　　《論語》説"泛愛衆而親仁",在孔子那裏,仁愛施及的對象是天下百姓。《曾子》十篇仁是士君子行道的標準,並未明言仁義施及的對象。早期儒家將仁的對象擴展至物範疇的主要有兩篇文獻。一是《語叢三》。《語叢三》説:"物不備,不成仁。"物的齊備與否,是君子成仁的重要條件。《中庸》説:"誠者非自成己而已也,所以成物也。成己,仁也。成物,知也。性之德也,合外内之道也。"①成己爲仁,成物爲智,推人及物,與天地參,是君子德性的必然要求。孟子親親、仁民本於孔子,而愛物之説當得自子思。

　　孔子之後,曾子仁義並舉,《墨子》、郭店簡《語叢》中也有仁義聯用,但其講法皆不早於曾子②。曾子提倡修身内省,重仁守義,以"思"的方式踐修仁義之德③,這些皆被子思《五行》吸收。《論語》中對仁的解説有多種,但以忠恕之道解仁爲曾子的思想特色。《中庸》"忠恕爲道不遠",《孟子》"老吾老以及人之老,幼吾幼以及人之幼"的外推功夫皆取法自曾子。子思發明"五行",成爲孟子仁義禮智並稱的直接來源。《五行》説"德,天之道也",《中庸》説"誠,天之道也",子思以天作爲仁終極依據的講法被孟子吸收。《中庸》説君子成仁不僅成己,還要與天地參,至孟子則把仁推演爲親親、仁

──────────

①　《中庸》涉及成物的内容頗多:"仲尼祖述堯舜,憲章文武,上律天時,下襲水土。辟如天地之無不持載,無不覆幬。辟如四時之錯行,如日月之代明。萬物並育而不相害,道並行而不相悖,小德川流,大德敦化,此天地之所以爲大也。"
②　從生卒年代看,曾子約前505—前436年,墨子約前480—前390年,曾子早於墨子。
③　《曾子制言中》:"君子思仁義,晝則忘食,夜則忘寐,日旦就業,夕而自省,以役其身,亦可謂守業矣。"

民、愛物三個層面。在孔子那裏,禮是外在的行爲標準,《五行》説禮内化於心才爲德之行,孟子以辭讓之心規定禮的講法源於子思。

宋儒爲樹立《大學》聖經賢傳的地位,竭力排斥《曾子》十篇。上博簡《内禮》出土後,證明《曾子》十篇並非僞書。通過郭店簡與《曾子》十篇的比較,我們發現依靠《論語》、《曾子》十篇、郭店簡《五行》等文獻,同樣可以建立孔、曾、思、孟之間的仁學連接。必須承認,孔子之後早期儒家仁學思想的發展是多元並存的,但在歧異紛出、諸流交匯的早期儒家的思想河床,孔、曾、思、孟之間仁學源流演進的思想脉絡,依然可以清晰尋覓。

對於仁義禮智的來源,孟子明確説此乃天爵,爲上天所賜予。人之向善,是天生善性的自然流露,人之作惡,是固有善性的失去。善性賦予是天命自上而下,盡性知天乃下學上達,至孟子,早期儒家上下、内外立體展開的道德哲學體系真正建立。在孟子建構道德形而上學過程中,其中有兩項重要内容值得注意。一是仁出於性。《曾子》十篇對人性不感興趣,《大學》、《中庸》、《五行》講心性或用心,或用性,都不曾言説仁出於人性。在前孟子時代,明確説仁出於人性的是《性自命出》、《禮記·樂記》。特別是《禮記·樂記》,它説“德者,性之端也”,德作爲類概念,是包含仁義禮智諸德的。“端”意爲萌芽、初始。《樂記》“德爲性之端”,實際就是孟子四端説的萌芽。

二是孟子“四行”説的形成。學者以前對子思五行猜測種種,郭店簡《五行》出土後,證明子思“五行”爲仁義禮智聖,則孟子“四行”仁義禮智本於子思《五行》無疑。《曾子》十篇聯用的仁義忠信禮,與子思五行不同。而《荀子·非十二子》説子思五行的建立與子游有關,這或許説明孟子“四行”説的起始源頭在子游,而不是曾子。

孔、曾、思、孟的學術傳承,是宋儒道統説的核心。但由於《大學》、《中庸》是否爲曾子、子思所作不能確定,因此曾子與子思、子思與孟子之間的學術傳承成爲道統説能否成立的焦點所在。郭店簡《五行》出土後,證明子思“五行”是仁、義、禮、智、聖。結合《史記·孟荀列傳》孟子爲子思門人弟子的説法,孟子與子思之間的學術傳承成爲不可懷疑的事實。我們將《曾子》十篇與子思的著作加以對比,發現子思與曾子之間存在學術傳承(見上編第四章),這就説明宋儒倡導的道統説,在學術史上確有一定依據,並非完全向壁虛構。

《曾子制言中》説:“昔者,舜匹夫也,土地之厚,則得而有之;人徒之衆,則得而使之:舜唯以得之也。是故君子將説富貴,必勉於仁也。”曾子把舜理解爲勉於仁的典型。《曾子》十篇談孝時，是根本不講舜是孝悌的表率的。《唐虞之道》説："古者堯之與舜也；聞舜孝，知其能養天下之老也；聞舜弟，知其能事天下之長也。"在《唐虞之道》看來，舜是篤行孝悌之道的楷模。《孟子·告子下》説："堯、舜之道，孝悌而已矣。"孟子對舜之道的理解，與《唐虞之道》同，而與《曾子》十篇不同。孟子的義利觀與子思也並不相同。《孔叢子·雜訓》説：

> 孟軻問："牧民何先？"子思曰："先利之。"曰："君子之所以教民，亦有仁義而已矣，何必曰利？"子思曰："仁義固所以利之也，上不仁則下不得其所，上不義則樂爲亂也。此爲不利大矣。故《易》曰'利者義之和也'，又曰'利用安身以崇德也'，此皆利之大者也。"

孟子認爲，君子教化民衆，只講仁義，不必説私利。子思與孟子意見相左，子思認爲仁義對百姓有利，對統治者有利，是社會利益的最大化。孟子受業於子思之門人，但學者多認爲子思與孟子並未見過面。僅從思想内容看，《孔叢子》這一段反映孟子與子思對義利理解有差異，是可信的。《唐虞之道》説："利天下而弗利也，仁之至也。"仁到了極致，是只利天下而不謀自己的私利。孟子義利之辯的講法，與《唐虞之道》同，而與子思不同。

同時我們發現，"仁出於人性"、"德爲性之端"爲《性自命出》、《禮記·樂記》所説，而《曾子》十篇、《大學》、《中庸》皆不曾説"仁出於人性"。思孟五行説的建立多少與子游有關。這些都證明在子思、孟子學術建構中，有其他後學影響因素的存在。先秦時期，諸子之學交互激蕩，相互影響。孔、曾、思、孟之間存在學術傳承，但由於受其他學者的影響，子思與曾子、孟子與子思也表現出相當多的理論差異，這或許就是早期儒學道統傳承的真實面貌。

有學者認爲，孟子仁的形上化、先天化和内心化是孔子不曾有過的，完全屬於孟子的理論創新[1]。自孔子以後，早期儒家仁學有傳承，也一直有變遷。《論語》以仁爲核心，單言仁，仁與人性之間並未存在連接。《曾子》十篇仁義並舉，以孝統率仁，與《論語》有異。郭店簡《六德》、《語叢》倡導仁内義外，聖地位高於仁，仁的核心地位被德取代。子思《五行》把上天定爲仁的形而上依據，認爲仁義禮智經過後天培養，自外可以内化於心，禮對仁的約

---

[1]　魏義霞《仁——在孔子與孟子之間》，《社會科學戰綫》2005 年第 2 期，49～54 頁。

束作用明顯減弱。孟子則將仁義禮智根植於心，盡心可以盡性，事心即是事天。孟子對仁學的改造，與曾子、子思皆有密切的關聯。孟子仁學和孔子相比，發生了諸多改變，而這些改變，實際是孔孟之間仁學不斷變遷的結果。孔孟仁學很多差異，都可在此區間找到思想因循、嬗變的綫索。

孔子以仁爲中心，構建了自己仁、禮並用的思想體系。在《曾子》甲組，曾子倡導仁，繼續沿用孔子的仁學主張，尚未建立起屬於自己的理論體系。而《曾子》乙組孝統率諸德，以孝爲中心的一元哲學已經建立。郭店簡或以仁義禮智聖並舉，或以聖智仁義忠信聯用，《五行》、《性自命出》、《六德》、《唐虞之道》等篇皆存在理論水平不一的思想體系建構。《曾子》乙組記載樂正子春與其弟子的對話，其下限已和郭店簡十分接近。這似乎啓發我們，孔子之後，他的仁學思想在第一代弟子中，特別是曾子，留有很深、很長的印迹。但隨着時間推移，到樂正子春、子思第三代弟子之時，孔門後學逐漸表現出迥異於孔子仁學的特徵，構建出明顯不同於孔子仁學的思想體系。

第二節　義理論地位的上升

孔子提倡仁，同時又提倡義，但未將仁義聯用。孟子經常仁義聯用，以致學者懷疑仁義並舉是孟子的首創。郭店儒簡出土後，學者認識到仁義聯用並非孟子的發明，早在郭店儒簡時代，仁義並稱早已成爲固定的搭配。上博簡《内禮》出土，證明《曾子》十篇並非僞書。《曾子制言中》説："君子思仁義，晝則忘食，夜則忘寐。"實際上，在《曾子》十篇中仁義聯用已經存在，仁義聯用並非始於孟子，亦非郭店簡，而應提前至曾子時代，孔孟之間義的流變也值得重新探究。

一、郭店儒簡與《曾子》十篇對義的相似理解

義與利的比較是早期儒家經常討論的話題。孔子是重義輕利的典型，《論語·述而》説："不義而富且貴，於我如浮雲。"用不正當的手段得到富貴，那些富貴不過是天上的浮雲罷了。對於孔子而言，富貴只是浮雲，道義才是人生的真諦。《曾子疾病》説："君子苟無以利害義，則辱何由至哉。"曾子認爲以利害義，只會招致屈辱。避免屈辱的辦法，是循義而行。《曾子立事》説："去私欲，從事於義，可謂學矣。"曾子認爲，要想達到義的目標，必須

克服心中的私欲。

《魯穆公問子思》説:"恒[稱其君]之惡者,[遠]禄爵者也。[爲]義而遠禄爵,非子思,吾惡聞之矣。"阿諛逢迎自然有助於自己爵位俸禄的增加,而仗義執言則很可能會失去即將到手的爵禄。子思經常稱説國君做得不合適的地方,體現的是義重於爵禄的君子人格。《尊德義》説:"治民非還生而已也,不以嗜欲害其義。"治理民眾不僅是要生活富足,重要的是不因私欲而抛棄道義。郭店簡和《曾子》十篇都繼續沿襲孔子的傳統,倡導重義輕利,捨利取義。

在《曾子》十篇與郭店簡看來,義是國君爲政應具備的品格。《曾子制言下》説:"凡行不義,則吾不事。不仁,則吾不長。"曾子把義看作國君的品格。如果國君不按道義行事,他就不會到國君那裏做官。《六德》説:"[任]諸父兄,任諸子弟,大材藝者大官,小材藝者小官,因而施禄焉,使之足以生,足以死,謂之君,以義使人多。義者,君德也。"才能大者任大官,才能低者任小官。因才任官,按能施禄,以義使眾,是國君的職分,所以《六德》把義規定爲君德。

在《曾子》十篇與郭店簡時代,君臣關係是可以選擇的。《曾子制言下》:"國有道則突若入焉,國無道則突若出焉,如此之謂義。"在仕與不仕、進與退之間,曾子把義作爲君子出仕與否的最終標準。《語叢三》説:"所以異於父,君臣不相戴也,則可已;不悦,可去也;不義而加諸己,弗受也。"郭店簡認爲,如果國君讓自己做不義之事,自己會選擇離開。

仁義搭配的固定化。仁是孔子的發明,《論語》中真正和仁並稱的德目是禮。自曾子開始,義的地位逐漸凸顯。《曾子立事》説:"難者弗辟,易者弗從,唯義所在。"困難的事情不要逃避,容易的事情不要盲從,義才是君子處事行道的行爲法則。《曾子制言中》:"君子思仁義,晝則忘食,夜則忘寐,日旦就業,夕而自省,以役其身,亦可謂守業矣。"曾子把仁義作爲人生理想的追求,爲追求仁義,竟達到廢寢忘食的程度。爲了義的實現,甚至不惜付出生命的代價[1]。孔子仁禮並稱,至曾子,才逐漸轉變爲仁義並稱。早期儒家義地位的提升,與曾子的大力提倡有密切關聯。

我們把郭店簡仁義禮聯用的情況加以比較。《尊德義》説:"仁爲可新(親)也,義爲可尊也,忠爲可信也。"《六德》説:"仁,内也。義,外也。禮樂,

---

[1]　《曾子制言中》:"不得志,不安貴位,不博厚禄,負粗而行道,凍餓而守仁,則君子之義也。"

共也。"《語叢一》説:"厚於仁,薄於義,親而不尊。厚於義,薄於仁,尊而不親。"郭店簡雖有仁、禮聯用,但更多的是仁與義搭配,而與禮成爲組合的是樂。仁内義外是郭店簡的思想特色,"門内之治仁掩義,門外之治義斬仁",處理家族内的事務用仁,處理家族外的事務靠義。郭店簡借助家族内外之别,把仁義更加固定化。正是《曾子》十篇與郭店簡對仁義搭配的固定,開啓了孟子仁義並稱的先聲。

二、郭店簡與《曾子》十篇對義的不同闡發

仁義並稱是《曾子》十篇與郭店儒簡相同之處,但郭店簡增加了對仁内義外的區分。《六德》:"仁,内也。義,外也。禮樂,共也。内立父、子、夫也,外立君、臣、婦也。"内位是父、子、夫,外位是君、臣、婦,説明這裹的内外是指家族内外。《六德》又説:"門内之治仁掩義,門外之治義斬仁。"處理家族内部事務的原則是仁,處理家族外部事務的原則是義。《語叢一》説:"仁生於人,義生於道,或生於内,或生於外。"仁生於内,義生於外。仁生於人性,自然是我之内。義生於道,自然是我之外。郭店簡的"義外",不僅可指家族之外,而且延伸爲人之外。《性自命出》説:"厲性者,義也。"義可以磨礪人性,肯定不是人性内産生的内容,因此郭店簡"義外",也可解釋爲人性之外。郭店簡這種對義適用涵蓋範圍的劃定,在《曾子》十篇是不曾有過的。

《曾子制言中》説:"君子進則能益上之譽,而損下之憂;不得志,不安貴位,不博厚禄,負耜而行道,凍餓而守仁,則君子之義也。"君子得志則增加國君的聲譽,減少臣屬的憂慮;不得志,則不安於高位,不享受厚禄。即使凍餓而死,也要秉持仁道,這才是君子之"義"。《曾子制言下》:"國有道則突若入焉,國無道則突若出焉,如此之謂義。"曾子出仕、歸隱皆以義爲標準,《曾子》十篇的"義",可以概括爲君子修身處事的行爲法則。

而郭店簡中"義"的解釋則較爲複雜。《五行》:"聞而知之,聖也。聖人知天道也。知而行之,義也。"《五行》把仁義禮智聖規定爲天道,義爲天道的内容。知道天道而篤行之爲義,此説不見於《曾子》十篇。《唐虞之道》説:"愛親忘賢,仁而未義也。"《五行》:"貴貴,其等尊賢,義也。"《唐虞之道》、《五行》把"義"具體解釋爲尊賢。《唐虞之道》説:"孝,仁之冕也。禪,義之至也。"郭店簡把義和禪讓結合起來,認爲義就是尊賢,尊賢的極致是國君之位可以不傳子,而傳給賢能的人,而君位禪讓則是義的充分展現。郭店簡把義解釋爲尊賢,禪讓是義在政治層面的落實。這些都和《曾子》十篇對

義的理解明顯不同。

《曾子制言上》説：“夫禮，貴者敬焉，老者孝焉，幼者慈焉，少者友焉，賤者惠焉。此禮也，行之則行也，立之則義也。”禮的要求是尊敬有地位的人，孝敬年老的人，友愛年少的人，恩惠低賤的人。行之爲禮，立之爲義。曾子所説的義，即是禮義，僅指外在的社會規範與道德標準。而郭店簡對“義”的理論構建比《曾子》十篇要複雜得多。仁生於人性，生於内；義生於道，生於外。《五行》篇説：“義形於内謂之德之行，不形於内謂之行。”子思把義分爲行與德之行。行是指外在的道德行爲，德之行是指内在的道德品質。所謂“行於内”，是指堅持、篤行外在的道德行爲，自然可以内心生德，義自外而入，轉化爲内在之德。郭店簡中仁内義外適用範圍的區別，而且義有德之行與行的不同。通過自己的努力，外在的行可以轉化爲德之行，實現人道與人性的貫通。而這些都標誌着孔孟之間“義”理論形態的演進。

三、由仁禮到仁義：孔孟之間仁學範式的轉進

《論語·陽貨》説：“君子義以爲上。”在孔子那裏，義是非常重要的德目。孔子説：“君子之於天下也，無適也，無莫也，義之與比。”（《論語·里仁》）君子對於天下的事情，没有一定贊成的，也没有絶對反對的。贊成與反對取決於是否符合道義。孔子雖然很重視義，但《論語》中真正和仁並稱的德目是禮。《論語·顔淵》：“顔淵問仁。子曰：‘克己復禮爲仁。一日克己復禮，天下歸仁焉！爲仁由己，而由人乎哉？’”顔回問孔子，如何才能實現仁。孔子回答説克制自己的欲望，使自己的視聽言行皆符合禮的標準，就是仁。孔子以禮釋仁，仁、禮是不可分割的整體，仁的實現必須依靠禮的支撑才能落實。嚴格地講，孔子是仁禮並用的思想體系。

孔子仁禮並用，而曾子則明顯不同。禮是現實生活中遵守社會規範的行爲，而義則是禮制中蘊含着的道德精神。在春秋戰國時代，禮崩樂壞，鑒於禮不斷喪失其真實意義而日趨形式化、工具化，曾子轉而更加重視義，重視禮樂本身蘊含着的道德價值。《曾子制言上》：“士執仁與義而明行之，未篤故也，胡爲其莫之聞也。”在道德實踐中，仁義是君子行爲的標準。在《曾子》十篇中，與仁並稱的是義，而不再是禮。《曾子》十篇仁義並稱有6次，仁禮並稱有2次。《曾子大孝》説：“夫仁者，仁此者也；義者，宜此者也；忠者，中此者也；信者，信此者也；禮者，體此者也。”在仁義忠信禮並稱時，義緊接着仁，先於禮。至曾子，仁禮並提明顯減少，而仁義搭配明顯增多。

《曾子制言下》："凡行不義，則吾不事；不仁，則吾不長。奉相仁義，則吾與之聚群嚮爾；寇盗，則吾與慮。"國君不仁義，曾子不會到他那裏做官。國君施行仁義，曾子則會與之謀劃，共禦强敵。"不得志，不安貴位，不博厚禄，負耜而行道，凍餓而守仁，則君子之義也"，曾子絶不會因爲謀求富貴而放棄自己踐守的道義，他追求的不是爵禄富貴，而是義。在曾子那裏，出仕與入仕，顯達與歸隱，君子一切行爲的標準都是義。曾子對義的重視體現在兩點：一是仁義並稱，義的地位先於禮。二是義取代禮，成爲指導君子道德實踐的行爲原則。這都標誌着義在曾子理論構建中地位的上升。

《六德》："何謂六德？聖、智也，仁、義也，忠、信也。"郭店簡沿襲曾子的理路，與仁搭配的德目是義，而不是禮。《五行》説："仁義，禮所由生也。"禮樂生於仁義，仁義爲禮樂的本源，則義的重要性要先於禮。孔子仁禮並稱，仁主内，禮主外。《六德》説："門内之治仁掩義，門外之治義斬仁。"家族之内，治理的原則是仁；家族之外，治理的原則是義，一切皆以義爲裁斷的根據。郭店簡對孔子仁禮學説明顯的改變，是變禮爲義，仁義搭配固定化。仁内義外是郭店簡的思想特色，義上升爲與仁同等重要的位置，成爲處理外部事務的主要原則。郭店簡對義地位的凸顯，奠定了孟子時代仁義並稱的理論基石。

同樣是仁義並稱，但對於義的來源，儒家内部存在激烈的爭論。《孟子·告子上》記載：

> 告子曰："食色，性也。仁，内也，非外也；義，外也，非内也。"孟子曰："何以謂仁内義外也？"曰："彼長而我長之，非有長於我也。猶彼白而我白之，從其白於外也，故謂之外也。"曰："異於白馬之白也，無以異於白人之白也。不識長馬之長也，無以異於長人之長與？且謂長者義乎？長之者義乎？"曰："吾弟則愛之，秦人之弟則不愛也，是以我爲悦者也，故謂之内。長楚人之長，亦長吾之長，是以長爲悦者也，故謂之外也。"曰："耆秦人之炙，無以異於耆吾炙，夫物則亦有然者也，然則耆炙亦有外歟？"

不管是楚國的長者，還是自己家族之内的長者，只要年長於己，就要尊敬。告子認爲，就像看到白色物體，承認它爲白色一樣，尊敬長者，是一種外在於己的存在，因此義在外而不在内。孟子説"長者義乎？長之者義乎？"尊敬長者源於自我敬長之心，在我，而不在長者。尊敬長者必須經過自己内心體認之後，才能發揮作用。如果内心没有尊敬之情，何來尊敬長者的外在行爲？

告子與孟子皆贊成仁生於內，他們爭論的焦點是"義"的根據在內，還是在外。

　　《曾子制言上》："夫禮，貴者敬焉，老者孝焉，幼者慈焉，少者友焉，賤者惠焉。此禮也，行之則行也，立之則義也。"禮是外在的道德標準與行爲規範，曾子將義從禮中抽繹出來，其依據自然是外在的。曾子從禮中提煉出義，以仁義並稱，以延續孔子仁禮一體的仁學體系。在《曾子》十篇中，尚未對"義"之內外，明確提出自己的看法。

　　至郭店簡，"義"源於內還是源於外，已經出現了明顯矛盾的説法。《語叢一》："仁生於人，義生於道。或生於內，或生於外。"仁由內生，義自外起。所謂的"道"，即指禮，義生於外，也即義生於禮。此處的義源於禮，有其外在的客觀性。《五行》説："義形於內謂之德之行。"義只有內化於心，才是真正的德行。《六德》説"義，君德也"，義爲國君之德，完全淪爲內在之物，不可能再生於外。也就是説，在孟子與告子辯論之前，郭店簡本身包含着"仁義內在"與"仁內義外"兩種理路，"義"源於內還是源於外，彼此矛盾的現象已經存在。而告子、孟子只是以激烈爭辯的形式，把郭店簡理路構建中的隱性矛盾，展現在世人的面前。

　　告子主張"仁內義外"，仁愛源於人性，而"義外"，義肯定不在人性之內。告子説"長楚人之長，亦長吾之長"，尊敬楚國的長者，也尊敬自己的長者。只要年長於己，就要尊敬，這是禮的規定。內心尊敬伯兄，卻先給鄉人敬酒，也符合禮的要求。告子雖然未明確指出義源於外的"外"是指禮，但從告子的論證中，我們可以推測，告子所説的"義外"，和《語叢一》相同，都是指義源於禮。《性自命出》説："屬性者，義也。"正是因爲義在人性之外，源於禮，有其合法性，所以才能磨礪人性，使之向善。在告子看來，先天的人性如杞柳，後天的成德是杯棬，而禮義的修正，正是連接先天人性通達後天成德的必要路徑。

　　《五行》説："義形於內謂之德之行，不形於內謂之行。"義既是外在之行，又可內化爲德之行（內在的德性）。在子思那裏，義內外的界限已經變得模糊不清。孟子受教於子思之門人，其學問上承子思而來。孟子對子思思想明顯的改動就是"仁義俱內"，仁義不是後天行於內，而是先天爲我所固有。孟子認爲尊敬長者，除了長者年長事實因素之外，內心必須還有尊敬之情。没有內心真情支撐的道德行爲，只不過是虛假的形式。道德行爲是外在的，但道德行爲的根源卻是內在的。先有內心的仁義禮智，然後才有外在的道德行爲。這也是孟子反復强調的"由仁義行",而不是"行仁義"。

告子説"食色,性也",生之謂性,人性中有善有惡,主張以外在是義(禮義)剔除人性中惡欲。道德原則必須在人認識之後才能發揮作用,孟子主張仁義俱内,禮義對人的外在客觀制約受到明顯削弱,但人恭行仁義的道德自覺性明顯提升。孟子把"義"歸入人心,以仁義禮智規定人性(人心),性善成爲人之所以爲人的本質屬性。天德降落於人性,呈現爲仁義。内心仁義,展現於外,便是對道德行爲的自覺踐履。孟子以"仁義俱内"的理論闡述,實現了天道與人性、内在德性與外在道德行爲的貫通爲一,構建了上下、内外立體的形而上道德體系。

孔子仁禮並用,曾子從禮中抽繹出義,以仁義並稱取代仁禮並稱。郭店簡將仁義並稱固定化,《六德》説義爲君德,屬於内無疑。《語叢一》説義源於道,源於外,《性自命出》義可以磨礪人性,自然在人性之外。在郭店時代,義之内外已經出現了彼此矛盾的説法。告子説義源於禮,屬於外。孟子否定其説,强調義是人心善端,屬於内。義與仁的本質趨同,而泯滅了内外之别。從孔子仁禮並稱到孟子仁義俱内,展示的是早期儒學不斷内轉的趨勢。

告子即生言性,從實然的角度闡發自己對人性的理解,認爲人性中有善有惡,需要外在的義磨礪人性中的惡欲。孟子從應然的角度,以仁義規定人性,人性中只有善而無惡。"羞惡之心,義之端也",人無需外在的道德約束,只須不斷澄明内心的德性,即可成爲仁德君子。孟子、告子的論辯各有合理之處,誰也没有説服誰。我們認爲,他們爭辯的勝負並不重要,重要的是他們的論辯反映的是早期儒學由郭店時代向孟子時代的演進,標誌着孔孟之間由實然之性到應然之性哲學飛躍的完成。

第三節　忠信含義的變遷

忠信是早期儒家學説重要的概念範疇。《大戴禮記·衛將軍文子》孔子曰:"孝,德之始也;弟,德之序也;信,德之厚也;忠,德之正也。參也,中夫四德者矣哉。"孔子對曾子的思想面貌很了解,他以忠信、孝悌概括曾子學説的主要内容。郭店簡多次談及忠信,《忠信之道》專門闡發對忠信的理解,因此我們將兩者的異同比較如下。

　　忠信適用範圍的變化。《曾子大孝》説："事君不忠,非孝也。"在《曾子》十篇,忠主要是指臣德。《曾子立孝》説："君子之孝也,忠愛以敬。"忠也可看作孝子的德行。總起來説,《曾子》十篇忠的適用範圍比較固定,主要限制在臣或卑下者的一方。《六德》説："忠,臣德也。"《唐虞之道》説："及其(舜)爲堯臣也,甚忠。"這裏的忠是指舜爲人臣很忠誠。在郭店簡,忠不僅是臣德,而且可以指國君的德行。《忠信之道》説："忠積則可親也,信積則可信也。忠信積而民弗親信者,未之有也。"只有國君忠信,百姓才能親附,可見忠也是國君的品行之一。這樣郭店簡"忠"的使用範圍,就比《曾子》十篇有了明顯擴大。《曾子立事》説："君子不先人以惡,不疑人以不信。"君子要信任他人,不要懷疑自己的朋友。在曾子那裏,"朋友有信",信是朋友交往之德。《六德》説："夫死有主,終身不變,謂之婦,以信從人多也。信也者,婦德也。"郭店簡把從一而終、終生不變稱爲信。信爲妻子專有,這在《曾子》十篇是不曾有過的。

　　忠信與治國。《曾子制言中》説："君子雖言不受必忠,曰道;雖行不受必忠,曰仁;雖諫不受必忠,曰智。"《尊德義》："尊仁、親忠、敬莊、歸禮,行矣而無違,養心於子諒,忠信日益而不自知也。"郭店簡和《曾子》十篇忠信皆可指君子的道德修養,這兩處的忠都是指君子可貴的品質,但《曾子》十篇的忠信局限於君子的道德修養,而郭店簡則將忠信擴充爲治國的原則。《六德》説："聚人民,任土地,足此民爾,生死之用,非忠信者莫之能也。"聚集民衆,使用土地,保證百姓供養,只有奉行忠信、取信於民才能實現。忠不僅是臣之德,而且上升爲國君的道德修養,成爲國君籠絡民心、治理國家的重要手段①。

　　忠信與仁義的連接。《曾子大孝》説："夫仁者,仁此者也;義者,宜此者也;忠者,中此者也;信者,信此者也;禮者,體此者也;行者,行此者也;彊者,彊此者也。"在《曾子》十篇中,忠信與仁義是並列的德目,兩者之間並無内容關聯。郭店簡中,有些篇目和《曾子》十篇同,忠信與仁義並列。如《尊德義》説："仁爲可親也,義爲可尊也,忠爲可信也,學爲可益也,教爲可類也。"《尊德義》主張親仁、尊義、信忠,忠與仁義並列,《六德》把聖智仁義忠信並稱爲六德,實際是繼續沿襲了孔子、曾子的理路。《忠信之道》説："忠,仁之

---

① 《忠信之道》類似的説法有:"忠積則可親也,信積則可信也。忠信積而民弗親信者,未之有也。……忠之爲道也,百工不楛,而人養皆足。信之爲道也,群物皆成,而百善皆立。"

實也。信,義之期也。"仁歸根結底是忠,義的基本要求是信。在這裏,忠信已成爲仁義的落實與表現,忠信與仁義表裏相依,密不可分。郭店簡把忠信與仁義連接起來,使忠信的意蘊更爲廣闊、深遠。

忠信的來源。在《曾子》十篇中,中是極爲中重要的德目。《曾子本孝》曾子曰:"忠者,其孝之本與。"曾子認爲忠爲孝之本,但《曾子》十篇始終並未揭示忠的來源。《性自命出》:"忠,信之方也。信,情之方也。情出於性。"忠爲信之方,信爲情之方,郭店簡明確指出人性爲忠信的來源。《語叢一》:"愛生於性,親生於愛,忠生於親。"忠是在親、愛基礎上次第生成的情感,其本源在於人性。

忠信作爲道體樣態的形成。《曾子立孝》:"君子之孝也,忠愛以敬,反是亂也。盡力而有禮,莊敬而安之,微諫不倦,聽從而不怠,懽欣忠信,咎故不生,可謂孝矣。"曾子認爲,忠與敬是孝順父母的必備內容。《曾子大孝》:"事君不忠,非孝也。"對國君不忠,就是不孝。《曾子》十篇孝爲道,屬於形而上的層面,而忠信是孝道的內容,居於道德倫理的層面。

《忠信之道》説:"至忠如土,化物而不伐;至信如時,畢至而不結。"忠如厚土,化育萬物而不誇耀其功;信如四時,按時到達而不凝聚在一起。《忠信之道》又説:"忠之爲道也,百工不楛,而人養皆足。信之爲道也,群物皆成,而百善皆立。"百工不製作粗劣之物,人們生活富足,萬事萬物皆能成功,各種善皆能確立。《忠信之道》以忠信包容人間秩序和宇宙萬物,此時的忠信不僅是道德修養,更重要的是一種道體,是社會秩序治理的根本大法,呈現出宇宙總法則的哲理樣態。

孔子對弟子説"主忠信,毋友不如已者"(《論語·子罕》),忠信是孔子教授弟子的重要內容①。在《論語》中孔子多次強調忠信的重要性。《論語·衛靈公》説:"言忠信,行篤敬,雖蠻貊之邦行矣。言不忠信,行不篤敬,雖州里行乎哉?"孔子認爲,即使身處蠻夷之邦,言語忠信,行爲恭敬,仍是君子立身行道的基本要求。《曾子制言中》説:"君子雖言不受必忠,曰道;雖行不受必忠,曰仁;雖諫不受必忠,曰智。"曾子對忠極爲重視,把忠作爲君子言語、行政的基本準則。在《論語》、《曾子》十篇,忠信只是臣子之德,是儒學由己及人的外推方法,並未表現出形而上的哲學內涵。

---

① 忠信一語《論語》多見,如《論語·述而》説:"子以四教:文、行、忠、信。"《論語·顔淵》:"主忠信,徙義,崇德也。"

　　郭店簡認爲忠如天時,信如地利,忠信是天道的自然展現。忠信不僅是臣之德,更是國君治理萬民的手段。郭店簡把忠信由一般德目提升爲包容萬物的道,賦予忠信以永恒、普遍的意義和形而上的哲學特徵。孔子的思想核心是仁,忠信不過是内在於仁的德目。《忠信之道》表面上對仁義仍然很尊崇,但它把忠信規定爲仁義的實質與最高目標,以忠信爲道的實體,實際上忠信已佔據了儒家理論建構的核心位置,取代了孔子之仁的核心地位。在孔子、曾子時代,忠信只是較爲重要的德目,主要是指人們日常生活中需具備的道德素養與行爲要求。而郭店儒簡指出忠信的來源、特點、功用,把忠信當作構建未來理想社會的依據與總的法則。貫通天地,繫聯萬物,《忠信之道》從宇宙論的高度闡發對忠信的理解,標誌着以忠信爲核心的理論體系,在郭店簡時代已經初步形成。

第四節　對孝道的不同理論建構

　　孝是儒家思想的重要内容,《論語》把孝定位仁之本。郭店簡與《曾子》十篇對孝皆有所闡發,把孝定位爲教化的起點,但在構建孝道理論體系時,卻有同有異。我們試作比較如下。

一、郭店儒簡與《曾子》十篇孝道的相同之處

　　孝是郭店簡與《曾子》十篇都非常重視的君子道德修養。《六德》説:"男女不別,父子不親。父子不親,君臣無義。是故先王之教民也,始於孝弟。……孝,本也。下修其本,可以斷讒。"父子相親,是君臣有義的基礎,因此孝是推行政治教化的根本。君子自覺踐行孝道,人與人之間的讒言、紛爭,自然會消亡。《尊德義》:"尊德義,明乎民倫,可以爲君。"人倫道德是國君治國必備的道德品質,明了人倫之道才可以爲君。"先王之教民也,始於孝弟",郭店簡指出國君教化民衆,應從孝悌之道起始。《曾子大孝》説:"民之本教曰孝,其行之曰養。"《曾子》十篇與郭店簡一樣,強調孝爲教化民衆的起點,君子人格的培養,應從敬養父母做起。

　　郭店簡與《曾子》十篇皆強調孝源於父母之愛的自然流露,是一種内心情感的真實存在。郭店簡《語叢一》説:"爲孝,此非孝也;爲弟,此非弟也。不可爲也,而不可不爲也。爲之,此非也。弗爲,此非也。"孝悌不可不做,也

不可假意去做。勉强爲孝,不是孝;勉强爲悌,不算悌。《語叢三》説:"父孝子愛,非有爲也。"孝父愛子,出於天性,不是勉强得來,孝的行爲必須以内心真情爲依據。《曾子事父母》説:"單居離問於曾子曰:'事父母有道乎?'曾子曰:'有。愛而敬。'"曾子認爲,孝源於父母之愛,表現爲敬①。不管是郭店簡還是《曾子》十篇,父母之愛皆是孝的内在之源。

　　《六德》説:"内立父、子、夫也,外立君、臣、婦也。疏斬布経杖,爲父也,爲君亦然。疏衰齊牡麻経,爲昆弟也,爲妻亦然。袒免,爲宗族也,爲朋友亦然。爲父絶君,不爲君絶父。爲昆弟絶妻,不爲妻絶昆弟。爲宗族殺朋友,不爲朋友殺宗族。"父、子、夫爲内三位,君、臣、婦爲外三位,内位與外位的區别,在於有無血緣親情的關係。《六德》説"疏斬布経杖,爲父也,爲君亦然",子爲父喪服斬衰,爲君亦如此,可知爲君與爲父的喪服標準是一樣的。"資於事父以事君而敬同",對父、對君的敬重相同,但爲君喪服是由爲父喪服外推而來。《六德》"爲父繼君"②,不是强調父恩與君義誰輕誰重,而是强調父喪是君喪的基礎,由爲父服喪外推至爲君服喪。《六德》説"爲宗族殺朋友,不爲朋友殺宗族","殺"指的是喪禮服飾的减殺。爲宗族减殺朋友喪服,不爲朋友减殺宗族喪服。喪禮上尊尊比照親親,由血緣關係到非血緣關係,族内到族外依次外推。郭店簡對血緣親情的重視集中表現在喪禮的差異,《曾子》十篇主張移孝作忠,也是由血緣關係向非血緣關係外推,但《曾子》十篇未有對父喪、君喪服飾的比較③。

　　爲何爲父服喪先於君喪? 郭店簡明確分析了父與君的差異。《語叢一》:"天生倫,人生卯。"父子人倫爲上天所生,是每個人生而即有的。《語叢一》又説:"□□父,有親有尊,長弟,親道也。友、君臣,無親也。"父子有尊有親,兄弟之間只有親情,朋友、君臣無親情血緣關係。《語叢三》説:"友,君臣之道也。"郭店簡把君臣關係定位爲"朋友"。"君臣、朋友,其擇者

① 上博簡《内禮》説:"君子之立孝,愛是用,禮是貴。"曾子之孝内始於愛,外合於禮。曾子之孝源於愛,亦可從上博簡《内禮》處獲得證明。
② 《六德》説"爲父絶君,不爲君絶父",魏啓鵬先生認爲"絶"字應改釋爲"繼",是指父喪與君喪並見時,應當使爲君所着喪服次於爲父所着喪服,以父喪重於君喪,體現父子之恩重於君義之義。《五行》説"愛父其繼愛人",繼字釋讀没有疑義。以《五行》爲參照,因此魏先生的説法是有道理的。參魏啓鵬《釋〈六德〉"爲父繼君"——兼答彭林先生》,《中國哲學史》2001 年第 2 期,103~106 頁。
③ 《禮記·曾子問》有曾子向孔子問君喪、父喪衝突的内容。《曾子問》説:"曾子問曰:'大夫士有私喪,可以除之矣。而有君服焉,其除之也如之何?'孔子曰:'有君喪服於身,不敢私服,又何除焉?'"《曾子問》主要是孔子對喪服禮的解釋,學者把它當作曾子的思想,是不準確的。

也”,君臣、朋友關係是可以選擇的,父子人倫是不可選擇、無可替代的。

《語叢三》説:“父無惡。君猶父也,其弗惡也,猶三軍之旌也,正也。所以異於父,君臣不相戴也,則可已;不悦,可去也;不義而加諸己,弗受也。”對於兒子而言,父親不可厭惡。對於臣下而言,國君亦是如此。君臣之間相處不融洽,臣可以離君而去。君的命令與道義不符,臣可以不接受。《曾子制言下》説:“凡行不義,則吾不事;不仁,則吾不長。奉相仁義,則吾與之聚群嚮爾;寇盜,則吾與慮。國有道則突若入焉,國無道則突若出焉,如此之謂義。”國君不行仁義,曾子則不爲其臣。《曾子》十篇認爲君臣關係也是可以選擇的,選擇的標準是國君行仁義。

《曾子》十篇與郭店簡對孝道某些細節的認識相同。《性自命出》説:“獨處則習父兄之所樂。苟無大害,少枉入之可也,已則勿復言也。”只要没有大的危害,父兄對自己的訓責稍微有些出入也不要緊,事情過去就不要再説了。《曾子事父母》説:“孝子無私樂,父母所憂憂之,父母所樂樂之。”孝子無私樂,以父母之樂爲樂,與《性自命出》“獨處則習父兄之所樂”同。《曾子事父母》又説:“孝子之諫,達善而不敢爭辨,爭辨者作,亂之所由興也。”曾子主張子女不應與父母爭辨,甘受委屈,自己不同意父母的意見也要執行,即《性自命出》所説的“已則勿復言也”。

《六德》説:“逸其志,求養親之志,害無不已也。”“逸”指隱匿①,隱匿自己的志向,以父母之志爲自己的心志,則禍患無不停息。《禮記·内則》曾子曰:“孝子之養老也,樂其心,不違其志。”孝子要使父母内心喜悦,不要違背他們的意志。《曾子事父母》説:“孝子唯巧變,故父母安之。”曾子所説的“巧變”,就是隱藏自己的志向,順從父母的心志。《曾子立孝》説:“禮以將其力,敬以入其忠,飲食移味,居處温愉,著心於此,濟其志也。”曾子是善於孝養父母心志的典型②,他認爲孝子必須把自己的全部心志,集中於父母的日常飲食起居,以對父母的悉心照料,實現自己的孝敬之心。孝敬之心的實現,就是自己提升個人道德修養的完成。

《唐虞之道》説:“故其爲瞽盲子也,甚孝;及其爲堯臣也,甚忠;堯禪天

---

① “逸”字的釋讀,參劉國勝《郭店竹簡釋字八則》,《武漢大學學報(哲學社會科學版)》1999 年第 5 期,42～44 頁。
② 《孟子·離婁上》記載:“曾子養曾皙,必有酒肉。將徹,必請所與。問有餘,必曰:‘有。’曾皙死,曾元養曾子,必有酒肉。將徹,不請所與。問有餘,曰:‘亡矣。’將以復進也。此所謂養口體者也。若曾子,則可謂養志也。事親若曾子者,可也。”

下而授之,南面而王天下,而甚君。"舜爲瞽盲子,孝順有加,所以他作堯之臣,能很忠心。《曾子立孝》説:"是故未有君而忠臣可知者,孝子之謂也;未有長而順下可知者,弟弟之謂也;未有治而能仕可知者,先修之謂也。故孝子善事君,弟弟善事長。君子一孝一弟,可謂知終矣。"事父與事國君同,事兄與事上級同,對待父、兄的孝悌即是對待國君、上級的忠誠。曾子主張移孝作忠,父母的孝子自然會成爲國君的忠臣。郭店簡與《曾子》十篇皆認爲家族之孝可以外推爲治國的政治原則。

二、郭店儒簡與《曾子》十篇孝道的不同之處

郭店簡孝道與《曾子》十篇培養的目標不同。郭店簡孝道闡發是以國君爲中心,而《曾子》十篇是把孝子培養爲忠臣作爲目標。《唐虞之道》説:"古者堯之與舜也;聞舜孝,知其能養天下之老也;聞舜弟,知其能事天下之長也;聞舜慈乎弟□□□,[知其能]爲民主也。"舜敬孝父母,以此推知他可以養天下的老年人。舜慈愛幼孝,以此推知他可以爲百姓之主。郭店簡對君子孝德的培養,是爲將來擔當國君的重任做準備。《曾子立孝》説:"是故未有君而忠臣可知者,孝子之謂也;未有長而順下可知者,弟弟之謂也。"《曾子》十篇對家族内的孝子,培養的方向是做國君的忠臣。

郭店簡以孝作爲治理國家、教化百姓的方略,而《曾子》十篇以孝作爲臣下的道德要求。《唐虞之道》説:"(聖人)親事祖廟,教民孝也;太學之中,天子親齒,教民弟也。"祖廟、太學之中,天子是推行孝悌的表率。《曾子立孝》説:"爲人臣而不能事其君者,不敢言人君不能使其臣者也。"相對於國君而言,《曾子》十篇中更多地强調孝爲臣德。《唐虞之道》説:"孝之殺,愛天下之民。"孝是國君爲政之德,由孝德外推是愛天下百姓,孝道是治理天下國家的重要原則。《曾子大孝》説:"事君不忠,非孝也;莅官不敬,非孝也;朋友不信,非孝也;戰陳無勇,非孝也。"事君、莅官、戰陣皆臣子所爲,孝、敬、勇是爲臣之德。《曾子》十篇孝可以解讀爲事君忠、莅官敬、戰陣勇,都是對士人臣下的要求,而郭店簡要求國君由孝外推至兼愛百姓,兩者的道德要求是明顯不同的。

郭店簡與《曾子》十篇對社會成員的分組不同。《曾子立孝》説:"與父言,言畜子;與子言,言孝父;與兄言,言順弟;與弟言,言承兄;與君言,言使臣;與臣言,言事君。"父、兄、君爲一組,子、弟、臣爲另一組。《六德》説:"内立父、子、夫也,外立君、臣、婦也。"《六德》内位是父、子、夫,外位是君、臣、

婦。《曾子立孝》分組標準是地位的高下、尊卑,《六德》分組原則是家族的内外、血緣的有無。和《曾子》十篇相比,《六德》缺兄弟而多了夫婦組合。

《曾子》十篇與郭店簡都存在不同德目和社會身份對應的理論建構,但具體内容不同。《曾子本孝》説:"君子之孝也,以正致諫;士之孝也,以德從命;庶人之孝也,以力惡食。任善不敢臣三德。"曾子把社會分爲國君、士、庶人幾個不同的層次,把孝與不同社會身份的人連接在一起。曾子把孝的範圍擴展至社會所有成員,"大孝尊親,其次不辱,其下能養"(《曾子大孝》),他對社會成員每個階層,孝的要求、標準各有不同,地位高的人,孝的標準越高。郭店簡《六德》把社會中的人分爲夫、婦、父、子、君、臣六職,聖仁智信義忠分別與父子夫婦君臣對應。聖生仁,智率信,義使忠,六種德目兩兩對應,主次相隨。

《曾子》十篇以孝爲思想體系的核心,涵蓋莊、敬、忠、信、勇等多種德目。孝高於仁義忠信等德目,成爲具有普遍意義的道德準則。《六德》説:"子也者,會敦長材以事上,謂之義。上共下之義,以奉社稷,謂之孝,故人則爲[人也,謂之]仁。仁者,子德也。"《六德》聖智仁義忠信並舉,孝從屬於仁德,爲次級德目。在郭店簡德目與社會身份對應的建構中,没有孝。《六德》聖智仁義忠信六個德目並舉,孝僅爲仁的從屬德目,説明孝在郭店儒簡理論體系中,並未佔據重要的位置。和《曾子》十篇相比,郭店簡孝德的重要性及理論建構意義明顯減弱。

孔子説仁者愛人,仁處理的社會層面人與人之間的關係。《論語·爲政》篇説:"孟武伯問孝,子曰:'父母唯其疾之憂。'子游問孝,子曰:'今之孝者,是謂能養。至於犬馬,皆能有養,不敬,何以別乎?'"《論語》孝指的是子女對父母的敬養之心,處理的是家族内的父子倫理。可以説,在孔子那裏,仁、孝的界限是非常清晰的。《曾子大孝》説:"居處不莊,非孝也;事君不忠,非孝也;莅官不敬,非孝也;朋友不信,非孝也;戰陳無勇,非孝也。"忠、敬、信、勇等,皆是由孝提升出來的内涵。在《曾子》十篇中,孝涵蓋所有德目,跨越家族内外,成爲一切道德的根本,仁的地位完全被孝取代。《五行》説:"愛父,其繼愛人,仁也。"愛父爲孝,兼愛百姓爲仁,《五行》對仁的界域作了準確定位。與《曾子》十篇相對而言,郭店簡《五行》聖智仁義禮並舉,孔子仁的地位在一定程度上得到恢復。

在郭店簡中,《曾子》十篇以孝代仁的趨勢遭到遏制,甚至一度出現了仁"佔領"孝疆界的情況。《六德》説:"親父子,和大臣,寢四鄰之抵牾,非仁義者莫之能也。”大臣和睦，息止鄰國的禍患，屬於仁義的範疇，但使父子相親，仁已進入家族的內部，統轄了孝的範疇。《六德》説：“仁者，子德也。”《大學》説“爲人子止於孝”，人子以孝爲德。而在《六德》中，人子之德規定爲仁，仁由社會層面延伸至父子人倫，“侵佔”了本該屬於孝的範疇。《五行》對仁、孝的範疇規定的較爲明晰，而《曾子》十篇、《六德》仁、孝的界限存在不同程度的模糊，《六德》流露出以仁代孝的迹象。

　　審視《曾子》十篇孝的根源，曾子之孝源於父母之愛，和上天之德並無關聯。與《曾子》十篇相比，郭店簡明顯的不同之處是孝德形而上道德依據的構建。《成之聞之》説：“天降大常，以理人倫，制爲君臣之義，著爲父子之親，分爲夫婦之辨。是故小人亂天常以逆大道，君子治人倫以順天德。”君臣有義，父子相親，夫婦有別，是人倫不變的定律。父子相親等人間倫理是上天賦予，順應人倫就是順應上天之德，天德遂成爲包括孝道在内的一切社會倫理規範的來源與依據。

　　綜上所述，郭店簡與《曾子》十篇同爲早期儒家文獻，對孝道的理解頗有相通之處。郭店簡與《曾子》十篇都認爲孝源於父母之愛，是内心真情的自然流露。孝子平時要順從父兄所樂，不與父母爭辨。孝道作爲家庭内倫理，可以擴展爲治國的政治原則。但郭店簡孝道與《曾子》十篇差異明顯多於相同。《曾子》十篇以孝爲思想核心，依據社會成員地位的高低，分大孝、中孝、小孝三個層次，對孝道作了淋漓盡致的理論闡述。曾子以孝道爲天地之常經，包融仁、義、忠、信諸德，是對孔子以仁統攝其他德目的取代與偏離。《六德》仁爲子德的規定，使孝成爲從屬於仁的次級德目。郭店簡或仁、義、禮、智、聖並舉，或聖、智、仁、義、忠、信聯言，如果以《六德》比照，孝低於仁、義、忠、信。與《曾子》十篇相比，郭店簡孝的地位明顯偏低，孔子仁孝關係在一定程度上被重新恢復與確認。

　　《曾子》十篇論孝主要是以士人爲中心，孝子的人生目標與指向是國君的忠臣。培養自己德行的路徑，拘束在對父母起居的悉心照料之中。郭店簡孝是國君需具備的重要品質，孝德擴展開來，是兼愛天下百姓。孝是曾子關注的重點，《曾子》十篇孝道理論遠比郭店簡複雜、深刻。和外在的功業相比，曾子更多地關注個人内在品格的修養完善。曾子晚年以孝養父母爲旨歸，爲了敬養父母自覺泯滅自己的個性，戰戰兢兢，小心翼翼，人生境界、修養規模稍微顯得局促狹隘。敬養父母爲孝，兼愛百姓爲仁，郭店簡更多地把社會秩序重建與百姓教化納入自己的理論視野，表現出一種天下國家的濟世情懷。

第五節　郭店簡與《曾子》十篇教學内容比較

　　孔子以《詩》、《書》、《禮》、樂教授弟子,在《論語》中有綫索可循。《論語·泰伯》:"子曰:"興於《詩》,立於禮,成於樂。"可以肯定地説,《詩》、《書》、《禮》、樂是孔子培養弟子的教材①。《論語·述而》孔子説:"加我數年,五十以學《易》,可以無大過矣。"由於"易"魯讀爲"亦",《論語》對孔子傳《春秋》不曾記載,導致有學者懷疑孔子不曾傳授《易》、《春秋》。孔子是否以《易》、《春秋》教學生,竟成了學界長期爭議不休的公案。

　　郭店儒簡出土,證明學者的懷疑是不成立的。《語叢一》:"《易》,所以會天道人道也。《詩》,所以會古今之詩也者。《春秋》,所以會古今之事也。《禮》,交之行述也。樂,或生或教者也。[《書》,□□□□]者也。"《六德》説:"觀諸《詩》、《書》則亦在矣,觀諸《禮》、樂則亦在矣,觀諸《易》、《春秋》則亦在矣。"六經聯用,不見於《曾子》十篇。六經並稱兩見於郭店簡,這就證明孔子確實曾以六經教授弟子。《語叢一》對六經内容的解釋非常到位,没有熟讀六經,很難有如此精到的體會。六經作爲儒家公認的教材,其重要性在郭店簡時代再次得到孔門後學的確認。

　　孔子雖以六經教授弟子,但弟子對六經不是全盤接受,而是有所選擇的。《曾子立事》説:"其少不諷誦,其壯不論議,其老不教誨,亦可謂無業之人矣。"曾子雖勸弟子年輕時及時誦讀,但《曾子》十篇中對學生誦讀的内容並無明確的規定。怎樣才能獲知曾子教授弟子的内容呢? 對某一經典熟練掌握後,在闡述自己學派觀點時,會自覺、不自覺地加以稱引,因此引文可以爲我們提供古人重視何種經典的綫索。《曾子》十篇只稱引《詩經》,不稱引《尚書》。它稱引《詩經》4 次,分別見於《曾子立孝》、《曾子大孝》、《曾子制言中》。《論語·泰伯》記載:"曾子有疾,召門弟子曰:'啓予足! 啓予手!《詩》云:戰戰兢兢,如臨深淵,如履薄冰。而今而後,吾知免夫! 小子!'"《論語·泰伯》曾子只稱引《詩經》,這種情形與《曾子》十篇同,説明曾子學派對《詩經》很重視。《禮記·曾子問》記載曾子向孔子問父喪、君喪等禮學内容,《禮記·檀弓》有曾子與子游對禮的爭論。因此,從目前的材料看,曾

---

① 　關於孔子以《書》爲教,《論語·述而》説:"子所雅言,《詩》、《書》、執禮,皆雅言也。"

子精於《詩》教、禮學是可信的①。

　　曾子雖強調弟子要博學,但他並没有强調六經的重要。和《曾子》十篇相比,郭店簡最明顯的就是對六經的凸顯。《性自命出》説:"《詩》、《書》、《禮》、樂,其始出皆生於人。《詩》,有爲爲之也;《書》,有爲言之也;《禮》、樂,有爲舉之也。聖人比其類而論會之,觀其先後而逆順之,體其義而節文之,理其情而出入之,然後復以教。教,所以生德於中者也。"《詩》、《書》、《禮》、樂皆因人有爲而生,是聖人選擇編纂而成。《性自命出》爲儒家文獻,結合孔子傳授《詩》、《書》、《禮》、樂的文獻記載,《性自命出》所記的聖人實際指的就是孔子。

　　《詩》、《書》作爲聖王治國政治原則的載體,在郭店簡中得到突出的運用。《唐虞之道》引用《虞詩》"大明不出,萬物皆暗",不見於今本《詩經》。《曾子》十篇引《詩》皆見於今本《詩經》②,由此可知,郭店簡與《曾子》十篇雖同爲孔孟之間的儒家文獻,但郭店簡對《詩》徵引更爲廣泛。郭店簡稱引《詩》、《書》,最典型的是《緇衣》。《緇衣》説:"子曰:長民者教之以德,齊之以禮,則民有勸心;教之以政,齊之以刑,則民有免心。故慈以愛之,則民有親;信以結之,則民不倍;恭以莅之,則民有遜心。《詩》云:'吾大夫恭且儉,靡人不斂。'《吕刑》云:'非用靈,制以刑,惟作五虐之刑曰法。'"郭店簡《緇衣》每章起首稱引孔子之語,然後證之以《詩》、《書》,以"《詩》云"、"《書》云"與"子曰"的相互發明,構成了其理論闡發的特有模式。《緇衣》作者如此頻繁地稱引《詩》、《書》,一方面是以《詩》、《書》爲據,證明自己學派的觀點;另一方面反映了作者對《詩》、《書》熟稔與重視程度。可見在子思學派内部,是以《詩》、《書》作爲弟子學習的主要教材。

　　《曾子立孝》説:"子曰:'可入也,吾任其過;不可入也,吾辭其罪。'《詩》云:'有子七人,莫慰母心。'"③《曾子立孝》引用孔子的話,後面只是以《詩經》補證,不引《尚書》。如果按照郭店簡《緇衣》的行文樣式,《詩經》後肯定續之以《尚書》。除郭店簡《緇衣》同時稱引《詩》、《書》外,郭店簡對《詩》、《書》的引用還有兩種情況:《五行》7 次引用《詩》,不引用《書》,與《曾子》十篇同。《成之聞之》4 次稱引《書》,不引用《詩》。因此從引文看,郭店簡

---

① 《大學》引用《尚書》中的《康誥》、《太甲》,所以説曾子學派通《尚書》之學可以成立。但由於《大學》是否是曾子所作尚存在爭議,所以我們並未强立其説。

② 分别見於《詩經》中的《凱風》、《小宛》、《小弁》、《文王有聲》篇。

③ 入原作人,據王聘珍注改。

引用《詩》、《書》的樣式更多樣。和《曾子》十篇相比,郭店簡更强調對《尚書》的運用。

郭店簡和《曾子》十篇都很重視《禮》。《曾子制言上》説:"夫行也者,行禮之謂也。夫禮,貴者敬焉,老者孝焉,幼者慈焉,少者友焉,賤者惠焉。"曾子從禮的作用入手,指出禮的實質是踐德,使老幼貧賤皆得其宜。《曾子事父母》説:"夫禮,大之由也,不與小之自也。飲食以齒,力事不讓,辱事不齒,執觴觚杯豆而不醉,和歌而不哀。"飲食依據年齡長幼,勞力之事勇於承擔,飲酒不醉,和歌不哀,曾子對禮的細節作了詳細規定。曾子重視禮,在不僅《曾子》十篇,在《論語·泰伯》、《禮記·曾子問》都有記載。

《唐虞之道》説"[明]禮、畏守、樂遜,民教也",《尊德義》説"君民者治民復禮,民除害智",郭店簡反復説明禮對於教民的重要性,孔子對顏回"克己復禮"的要求,在郭店簡中得到了繼承。《尊德義》説:"德者,且莫大乎禮樂。"郭店簡認爲體現德最佳的方式,莫過於禮樂。《六德》説:"仁,内也。義,外也。禮樂,共也。……疏斬布絰杖,爲父也,爲君亦然。疏衰齊牡麻絰,爲昆弟也,爲妻亦然。袒免,爲宗族也,爲朋友亦然。"禮樂是連接家族内外的橋梁。《六德》對父、君、妻、昆弟、宗族、朋友的喪服作了規定,確立了父喪先於君喪、血緣重於朋友的喪禮原則。曾子做官所得俸禄,是爲了孝養父母。父母不在了,所得俸禄再多也無益。從《曾子》十篇和郭店簡看,早期儒家是父母宗族重於君臣朋友的。君臣重於父母,很可能是後世儒者的演繹。

《曾子》十篇不重視樂教,而樂教是郭店簡强調的重要内容。《性自命出》:"凡聲,其出於情也信,然後其入撥人之心也厚。"音樂之所以打動人心,是因爲它出於真情。《性自命出》又説:"聞笑聲,則鮮如也斯喜。聞歌謠,則陶如也斯奮。聽琴瑟之聲,則悸如也斯嘆。"聽到笑聲,心中喜悦。聞琴瑟之聲,則心動嘆息。《性自命出》對樂教的教學效果作了充分肯定,它説"觀《賚》、《武》,則齊如也斯作。觀《韶》、《夏》,則勉如也斯斂",觀看《賚》、《武》,莊重恭敬之心就會奮然而作,觀看《韶》、《夏》,不敬違禮之心就會有所收斂。樂教對於人性情培養的作用得到凸顯。《尊德義》説:"有知禮而不知樂者,無知樂而不知禮者。"音樂是教育人最好的方法,《尊德義》甚至把樂抬升到比禮更高的層次。

郭店簡注意到教授内容和民衆品格之間的聯繫。《尊德義》説:"教以禮,則民果以勁。教以樂,則民弗德爭將。教以辯説,則民褻陵長貴以忘。教以藝,則民野以爭。教以技,則民少以吝。教以言,則民訏以寡信。教以事,則民力嗇以洒利。教以權謀,則民淫昏,違禮無親仁。先之以德,則民進善焉。"《尊德義》詳細比較教授禮樂、辯説、藝技、權謀等内容對民衆性格的影響,肯定禮樂、德義爲教化的首選。《六德》説:"作禮樂,制刑法,教此民爾,使之有向也。"國君以禮樂、刑法教民,使民不違背舉止行爲的準則。

總之,《曾子》十篇與郭店簡在思想闡發中,都熟練地運用《詩經》,證明他們受孔子影響,精於對《詩經》的誦讀。郭店簡教學的内容不僅凸顯以六經爲主體,還涉及辯説、藝技、權謀、刑法等諸多内容,因此郭店簡的教學内容要比《曾子》十篇廣泛得多。孔子以《詩》、《書》、《禮》、樂教,《曾子》十篇重視《詩》教、禮學,但對樂教、《書》教不夠重視。而這一缺憾在郭店簡中得到補足,《性自命出》、《成之聞之》等篇對樂教、《書》教在陶冶心性中的作用,作了精彩的闡述。郭店簡糾正《曾子》十篇樂教缺失的同時,認爲"無知樂而不知禮者",把樂提升至比禮更高深的層面,又與孔子禮樂並重的思想模式,表現出了明顯的不同。

孔子之後,孔門後學對經典的運用大致可分爲兩派:一是引經注己。曾子强調學,但對於學的具體内容並没有明確强調。從《曾子》十篇的引文及《禮記·曾子問》看,曾子擅長禮學與《詩》學。曾子説的比較多的,是學習的方法。子思尊德性與道問學並重,從《緇衣》引文看,子思學派長於《詩》學、《書》學。孟子通五經,對《春秋》强調較多。我們對孔子傳《春秋》的認識,很多是從孟子那裏獲得的。從《荀子》中可知,子思、孟子隆《詩》、《書》卻殺禮儀。荀子對五經都很重視,最突出的是重視禮,對《周易》不是很熱衷。作爲富有創造力的思想家,他們都是引用經典證明自己的觀點。

二是章句之學。《禮記·經解》有對六經的整體論述,郭店簡《語叢》、上博簡《詩論》、《禮記·樂論》、《禮論》等的出現,表明孔門後學中解經之學的興起。孔子雖以六經教授弟子,但弟子出於自己的興趣、愛好,對六經的選擇各不相同。而孔門後學對經典運用形式的複雜多變,正體現早期儒家對教學理念與方法的理解差異。

第四章
郭店儒簡與《曾子》十篇德治思想比較

第一節　君臣之道

早期儒家欲推行自己的學說,必須借助國君的信任、提携,因此如何處理君臣關係,是早期儒家學說中的非常重要的問題。孔子説君使臣以禮,臣事君以忠(《論語·八佾》),他對君臣的雙向道德規定,奠定了早期儒家君臣關係的基調。郭店簡與《曾子》十篇在孔子學説基礎上,對君臣關係作了新的闡釋。就其内容而言,它們對君臣關係的理解異多於同。

一、郭店簡與《曾子》十篇君臣理論的相同點

郭店簡與《曾子》十篇繼續延續了孔子的理路,對國君、大臣是雙向的道德要求。郭店簡《六德》説:"父聖子仁,夫智婦信,君義臣忠。"《六德》對國君的道德要求是使臣以義,對臣的要求是忠誠國君。《曾子立孝》説:"爲人臣而不能事其君者,不敢言人君不能使其臣者也。故與父言,言畜子;與子言,言孝父;與兄言,言順弟;與弟言,言承兄;與君言,言使臣;與臣言,言事君。"如果爲人臣不能很好地事君,就不要抱怨國君不能盡臣之能。如果國君不能重用大臣,就不要抱怨大臣不能事君①。和國君言談,要講如何使臣。和大臣言説,講如何事君。在曾子看來,君臣之間是一種相對待的關係。

郭店簡與《曾子》十篇皆認爲君臣關係可以選擇。《語叢三》説:"友,君臣之道也。"郭店簡認爲君臣之間是一種朋友關係。《六德》云:"義者,君德也。"郭店簡對國君的道德定位是義。《語叢三》説:"君臣不相戴也,則可已;不悦,可去也;不義而加諸己,弗受也。"君臣之間如果不能互相信任,君

① 此處文意據上博簡《内禮》補足。

臣關係就可以終止。國君提出不義的要求，自己可以完全不接受。《曾子制言下》説：“凡行不義，則吾不事；不仁，則吾不長。奉相仁義，則吾與之聚群鬻爾；寇盜，則吾與慮。”如果國君行不義之事，那麼我就不以他爲君。如果上司不仁，我就不以他爲上司。曾子認爲，國君爲君、上司爲長的原則在於有義，這與《語叢三》“不義而加諸己，弗受也”，對君臣關係的理解是完全一致的。

在君臣關係與父子關係的比較中，郭店簡認爲，君臣關係是在父子關係基礎上外推形成的，父子關係先於或重於君臣關係。《六德》説：“父子不親，君臣無義。”君臣有義的前提，是父子相親。《六德》説：“内立父、子、夫也，外立君、臣、婦也。疏斬布絰杖，爲父也，爲君亦然。”父子屬於内位，君臣屬於外位。内外的重要分别，是有無血緣關係。在喪禮中，爲君服的喪服，依據的是爲父親服喪的標準。

《曾子立事》説：“事父可以事君，事兄可以事師長；使子猶使臣也，使弟猶使承嗣也。……是故爲善必自内始也。内人怨之，雖外人亦不能立也。”曾子認爲，事父如同事君，事兄如同尊事上司。在君臣與父子關係的比較中，曾子認爲“爲善必自内始”，家庭父子是外推至君臣的前提與基礎。《曾子立孝》：“是故未有君而忠臣可知者，孝子之謂也；未有長而順下可知者，弟弟之謂也。”作忠臣需要自孝子始，父母的孝子才可以成爲國君的忠臣。郭店簡與《曾子》十篇都認爲，家國之間是可以貫通的，父子相親可以延伸爲君臣相敬。

“移孝作忠”是曾子學派的重要思想特點，《曾子立孝》説：“是故未有君而忠臣可知者，孝子之謂也。”父母的孝子，在朝廷便是國君的忠臣。在郭店簡中，“移孝作忠”也有明顯的思想體現。《唐虞之道》説：“古者虞舜篤事瞽叟，乃戴其孝；忠事帝堯，乃戴其臣。……故其爲瞽盲子也，甚孝；及其爲堯臣也，甚忠。”帝堯知道舜在家中孝敬父母，便知其在朝廷上可以盡忠於君。郭店簡與《曾子》十篇都認爲，孝道可以打通家族内外君臣、父子關係，盡忠於國君是盡孝於父母的自然延續。

重義輕禄，是郭店簡與《曾子》十篇對忠臣共同的道義要求。《魯穆公問子思》記載魯穆公問子思，何爲忠臣？子思回答説：“恒稱其君之惡者，可謂忠臣矣。”對此，魯穆公感到非常不解。他又問成孫弋。成孫弋解釋説：“夫爲其君之故殺其身者，嘗有之矣。恒稱其君之惡，未之有也。夫爲其君之故殺其身者，效禄爵者也。恒[稱其君]之惡者，[遠]禄爵者也。[爲]義而遠禄爵,非子思,吾惡聞之矣。"在成孫弋看來,爲國君殺身者,不過是爲了爵位、俸禄。而經常説國君缺點的人,爲伸張正義而遠離爵禄,這才是真正地忠臣。

在成孫弋眼中,只有子思才能做到直言犯諫,正義凛然。實際上在《曾子》十篇中也有類似表述。《曾子制言中》説:"君子直言直行,不宛言而取富,不屈行而取位。畏之見逐,智之見殺,固不難;詘身而爲不仁,宛言而爲不智,則君子弗爲也。君子雖言不受必忠,曰道;雖行不受必忠,曰仁;雖諫不受必忠,曰智。天下無道,循道而行,衡塗而債,手足不掩,四支不被。"曾子認爲,君子要仗義執言,不能爲了爵位、富貴而奴顔婢膝、諂媚營私。君子即使進諫不被接受,也必須忠誠。君子所行不被認可,也要忠誠不欺。這樣做才算是君子之道。天下無道,也要循道而行,即使凍死在路邊也在所不惜。曾子"雖諫不受必忠",可謂先得子思之心。《曾子制言中》又説:"君子進則能益上之譽,而損下之憂;不得志,不安貴位,不博厚禄,負耜而行道,凍餓而守仁,則君子之義也。"高官厚禄不是最重要的,作爲臣子,最需要的是要推行自己的道——政治主張。即使飢寒交迫,顛沛流離,也要踐守仁道,始終恪守自己的君子人格①。此時的曾子與郭店簡中的子思個性完全一致:當道義與富貴、權勢發生衝突的時候,他們毫不例外地選擇的都是道義。

二、郭店簡與《曾子》十篇對君臣關係的不同理解

郭店簡明確指出君臣與父子關係的不同,而《曾子》十篇未闡述父子、君臣之間的不同,這就導致了它們對喪禮的不同理解。郭店簡《語叢一》説:"□□父,有親有尊。長悌,親道也。友、君臣,無親也。"父親有尊有親,而國君有尊無親,父子關係是不可以選擇的,而君臣關係是可以選擇的。《六德》:"内立父、子、夫也,外立君、臣、婦也。"父子屬於内位,君臣屬於外位。君臣與父子有内外之别。這種區别就是指有無血緣關係。《六德》説:"爲父絕(繼)君,不爲君絕父。爲昆弟絕妻,不爲妻絕昆弟。爲宗族疾朋友,不爲朋友疾宗族。"郭店簡認爲,爲有血緣關係的父親服喪可以外推至爲國君服喪,但不能由爲國君服喪内推至父親服喪。《六德》説"爲父絕(繼)君,不

---

① 《孟子·公孫丑下》引用曾子的話説:"晋楚之富,不可及也。彼以其富,我以吾仁;彼以其爵,我以吾義,吾何慊乎哉?"曾子認爲,仁義與富貴、權勢相比,内心的仁義遠重於富貴、權勢。

爲君絶父",彰顯的就是君臣與父子之别。

《曾子立孝》説"事父可以事君,事兄可以事師長",事父可以事君,事兄可以事長,曾子强調尊君與尊父的可貫通性,但並未强調父親與國君的血緣之别,以致有些曾子學派文獻出現了君重父輕的思想傾向。《禮記·曾子問》説:"曾子問曰:'大夫士有私喪,可以除之矣,而有君服焉,其除之也如之何?'孔子曰:'有君喪服於身,不敢私服,又何除焉?'"陳澔説:"君重親輕,以義斷恩也。若君服在身,忽遭親喪,則不敢爲親制服。"(《禮記大全》卷七)曾子問孔子:大夫、士爲父母服喪,到除服之時,恰逢君喪,是否要舉行除服之禮嗎?孔子説否。《曾子問》所記君重親輕的原則,就與《六德》存在明顯不同①。

郭店簡君臣建構理論比《曾子》十篇更爲複雜。《曾子立孝》説:"與父言,言畜子;與子言,言孝父;與兄言,言順弟;與弟言,言承兄;與君言,言使臣;與臣言,言事君。"父子、兄弟、君臣,曾子對社會成員的簡單劃分,並没有提出六位的概念。《六德》説:"内立父、子、夫也,外立君、臣、婦也。"《六德》明確提出六位的概念,而且有内三位、外三位之分②。在《曾子》十篇,父子倫直接外推至君臣關係,爲單層理論結構。《六德》:"男女不别,父子不親。父子不親,君臣無義。"君臣的基礎是父子有親,父子有親的基礎是男女有别,《六德》把君臣關係建構於父子、男女之上,其理論體系已包涵複雜的社會多層組合。《六德》把社會成員劃分爲夫婦、父子、君臣六位,以使人、事人劃分君臣的職分,以義、忠定位君臣的道德修養,對君臣關係有了更深入的闡發。

不僅如此,郭店簡還致力於君臣關係與天道的鏈接。《成之聞之》:"天降大常,以理人倫,制爲君臣之義,著爲父子之親,分爲夫婦之辨。是故小人亂天常以逆大道,君子治人倫以順天德。"《曾子》十篇只是以父子之愛爲臣忠事其君的基礎,郭店簡認爲君臣關係本於天道,違背君臣倫常就是違背天意、天命,它從形而上的角度論證君臣關係的合理性,也是《曾子》十篇中没有過的。

同樣是對君臣雙向的道德規定,郭店簡與《曾子》十篇各有側重。《曾

---

① 必須説明的是,從上博簡《内禮》看,戰國時代曾子君臣觀近似郭店簡,而《禮記·曾子問》爲孔子所言,因此《曾子》十篇與《曾子問》並不等同。

② 郭店簡與《曾子》十篇對六位劃分不同,郭店簡是夫婦、父子、君臣,《曾子》十篇是父子、兄弟、君臣。兩者的差别在兄弟與夫婦。

子》十篇以臣爲中心,重點强調爲臣之德。《曾子立事》:"居上位而不淫,臨事而栗者,鮮不濟矣。"居國君之位而不放縱,處理事情心存戒懼,很少没有不成功的。《曾子制言下》説:"凡行不義,則吾不事;不仁,則吾不長。"曾子主張,國君要奉行仁義,否則自己不會做他們的臣屬。《曾子》十篇雖有對國君的道德要求,但内容較少。《曾子》十篇更多的是士人爲學、修德、敬師長等内容,孝敬父母是爲君子出仕作準備,《曾子》十篇側重的是對臣德的培養。

郭店簡是以國君爲中心,强調的是國君的道德修養。《尊德義》説:"尊德義,明乎人倫,可以爲君。去忿戾,改惎勝,爲人上者之務也。"尊崇德義,明悉人倫,是國君當政的首要條件。《尊德義》又説:"爲古率民向方者,唯德可。"郭店簡强調治理國家、率領民衆,最重要的是道德修養。對於臣屬的道德,《六德》説:"忠者,臣德也。"郭店簡涉及對臣下的道德要求,但立論的主體是國君,始終把國君的道德修養放在首位。

郭店簡與《曾子》十篇君臣關係存在不同的發展趨勢。《曾子制言下》:"諸侯不聽,則不干其土;聽而不賢,則不踐其朝。"在青年時代,曾子以仁義爲尊,諸侯不聽從自己的學説,則不踏入其國土半步。而到了曾子晚年,對君臣關係的處理出現了明顯的轉折。《曾子事父母》:"父母之行,若中道則從,若不中道則諫,諫而不用,行之如由己。從而不諫,非孝也;諫而不從,亦非孝也。"勸諫父母,父母不聽,則唯父母之命是從。曾子説事君若事父母,試想如果國君處於父母的位置,他絶不敢再像從前那樣,犯言直諫。《曾子》十篇推崇孝的結果,是國君的地位不斷得到尊崇。在君臣關係格局中,臣的地位由强轉弱,君的地位則相應地由弱轉强。"恒稱其君之惡"的事情可以發生在曾子早年,而在曾子晚年則是不可能。

郭店簡始終站在"王者師"的角度,對國君提出一系列的道德規定。《成之聞之》説:"古之用民者,求之於己爲恒。行不信則命不從,信不著則言不樂。民不從上之命,不信其言,而能念德者,未之有也。故君子之蒞民也,身服善以先之,敬慎以守之,其所在者入矣。"對於國君而言,要反己修身,以身作則。爲了讓民衆歸附,必須行善在先,敬慎導民。郭店簡《緇衣》説:"大臣之不親也,則忠敬不足,而富貴已過也。"臣可以"恒稱其君之惡",指摘國君的得失,而郭店簡對國君的要求是要尊賢,要親近大臣。《唐虞之道》説:"堯舜之行,愛親尊賢。愛親故孝,尊賢故禪。"孝子敬愛父母,所以要孝順。國君尊重賢人,所以要禪讓。君尊臣卑是最常見的君臣關係格局,郭店簡更多地强調國君的責任，提升臣的地位及尊嚴，高揚以德抗位的君子人格。這種"君卑臣尊"的倡導發展到極致，竟出現了君臣可以易位的理論建構。

《孔叢子·居衛》篇記載："曾子謂子思曰：'昔者吾從夫子游於諸侯，夫子未嘗失人臣之禮，而猶聖道不行。今吾觀子有傲世主之心，無乃不容乎？'子思曰：'時移世異，各有宜也。當吾先君，周制雖毁，君臣固位，上下相持，若一體然。夫欲行其道，不執禮以求之，則不能入也。今天下諸侯，方欲力爭，競招英雄以自輔翼，此乃得士則昌、失士則亡之秋也。伋於此時不自高，人將下吾；不自貴，人將賤吾。舜禹揖讓，湯武用師，非故相詭，乃各時也。'"曾子勸誡子思説，孔子不失人臣之禮，其學説尚不能得到國君施行。現在你有傲主之心，天下怎麽能容得下呢？子思則反駁説，現在諸侯競爭很厲害，得士則昌，失士則亡，所以我要自高自貴，以免國君輕視於我。郭店簡與《曾子》十篇對君臣關係的不同理解，在《孔叢子》曾子與子思對話中得到了很好的體現。

總之，郭店簡與《曾子》十篇都認爲君臣關係是可以選擇的，父子關係重於君臣關係，父子之愛是君臣關係建立的基礎。它們的不同之處在於，《曾子》十篇本身對君臣關係存在不同的理解，從曾子早年至晚年，以德抗位逐漸向以孝事君轉變。郭店簡以朋友定位君臣關係，用一系列道德原則規範國君的行爲，不斷張揚大臣的個性、尊嚴，導致君臣理論出現了兩個明顯的變化：一是君臣關係存在由友到師的轉變。子思以魯穆公師定義自己的身份，而對魯穆公朋友的身份並不認可。二是郭店簡倡導賢人政治，君臣在必要時可以禪讓、易位。這些變化是時代使然，也是郭店簡不同於《曾子》十篇君臣理論的思想特色。

三、孔孟之間君臣關係的演變

孔子與孟子同是儒家，但他們對君臣關係的理解卻存在很大差異。孔子尊崇周禮，這就意味着贊成君主世襲。而孟子認爲世襲制不是君位繼承的必然選擇，君位的更迭取決於天意、民心。尊君是孔子君臣理論的基調，他爲避國君諱，不惜委曲求全①。國君問政，孔子言辭委婉，始終恪守臣子

---

① 《史記·仲尼弟子列傳》記載："陳司敗問孔子曰：'魯昭公知禮乎？'孔子曰：'知禮。'"魯昭公違禮，孔子説"昭公知禮"，明顯是出於爲尊者諱。

之禮，絕不擅權妄爲。孟子主張反復勸諫不聽，君臣可以易位①。"君之視臣如土芥，則臣視君如寇仇"，國君殘暴無道，大臣可以弑君。

國君召見孔子，孔子不候駕而行。孔子對國君恭恭敬敬，不敢有絲毫怠慢之心。孟子以"王者師"自居，認爲國君要虛心接受有德之臣（孟子）的教誨。孟子高揚君子人格，"説大人，則藐之"。齊宣王稱病，孟子也稱病，他認爲天子有不召之臣，臣可以拒絕君的召見（見《孟子·梁惠王上》）。我們不禁會問，究竟是何種原因，造成孔孟對君臣關係理解的諸多差異？孔孟之間君臣理論演變的綫索是什麼？

曾子是孔子第一代弟子，在曾子那裏，對君臣關係存在不同理解。一是從道不從君。《曾子制言下》説："諸侯不聽，則不干其土；聽而不賢，則不踐其朝。"諸侯不聽從自己的主張，則不在其朝廷內做官，這實際是孔子"以道事君，不可則止"的延續。《論語·顏淵》孔子説："政者，正也。子帥以正，孰敢不正？"孔子主張國君要身先示範，以身作則。《曾子制言下》説："凡行不義，則吾不事；不仁，則吾不長。奉相仁義，則吾與之聚群。"曾子對國君的道德很重視，他對國君的道德要求是仁義，這也與孔子爲政以德的倡導密切相關。

二是事父以事君。有人問孔子爲何不爲政，孔子説"孝乎惟孝，友於兄弟，施於有政"（《論語·爲政》），孔子認爲家國是一體的，家族治理可以影響到國家政治，但孔子從來没有説過對待國君，像對待自己的父親一樣。《史記·孔子世家》記載魯君接受齊國饋贈女樂之後，怠於政事。孔子勸諫，魯君不聽，然後孔子就離開魯國。可見如果君主任意妄爲，孔子是不妥協的②。《曾子事父母》説："從而不諫，非孝也；諫而不從，亦非孝也。"曾子事父母，戰戰兢兢，唯父母之命是從。以這樣的態度對待國君，難免就與孔子的君臣觀有些衝突。曾子對父子關係的定位，直接影響到他對君臣關係的定位。曾子事父以事君的作法，偏離了孔子的君臣觀。

在孔子時代，德與位已開始出現分離，但孔子以德輔政，並未將自身之德凌駕於國君之上。自曾子始，以德抗位逐漸成爲早期儒家的思想特色。

---

① 《孟子·萬章下》："王曰：'請問貴戚之卿。'曰：'君有大過則諫，反復之而不聽，則易位。'"
② 類似的作法，見於《荀子》。《子道》篇記載孔子曰："昔萬乘之國，有爭臣四人，則封疆不削；千乘之國，有爭臣三人，則社稷不危；百乘之家，有爭臣二人，則宗廟不毁。父有爭子，不行無禮；士有爭友，不爲不義。故子從父，奚子孝？臣從君，奚臣貞？審其所以從之之謂孝、之謂貞也。"孔子主張臣子靜諫，曲意順從君主的作法，爲聖人所不取。

《曾子制言中》説："君子雖言不受必忠,曰道;雖行不受必忠,曰仁;雖諫不受必忠,曰智。天下無道,循道而行,衡塗而債,手足不揜,四支不被。"君子直言直行,即使不被接受,也要忠誠不貳。天下無道,也要奮力行道,即使在路邊凍餓而死,也在所不惜。

曾子這種大義凜然的氣概感染了子思。《魯穆公問子思》曰："恒稱其君之惡者,可謂忠臣矣。"子思認爲,經常指出國君缺點、短處的人,才是真正的忠臣。但《論語》中孔子的説法並非如此。《論語·子張》孔子説："信而後諫;未信,則以爲謗己也。"孔子認爲諫君的條件是取得國君的信任。如果國君不信任你,多次諫君,必定會遭受侮辱,"事君數,斯辱矣"(《論語·里仁》)。子思"恒稱其君之惡",不管君主信任與否,以指責君主過失爲常事的做法,與孔子"信而後諫"的做法明顯不同。

《孟子·公孫丑下》:"將大有爲之君,必有所不召之臣,欲有謀焉,則就之。"有些大臣,國君是召不來的。國君欲謀政事,必須親自前往求教。孟子説:"朝廷莫如爵,鄉党莫如齒,輔世長民莫如德。"(《孟子·公孫丑下》)在朝廷以爵位爲尊,在鄉黨以年齡爲序,而輔佐朝政、治理萬民,則爵位、年齡都不如道德。孟子對道德地位、尊嚴的高揚,實際就是以德抗位的生動體現。

《曾子》十篇是從"爲人臣"的角度,以臣爲中心,來闡發君臣理論的。至郭店簡,對君臣觀的闡釋改爲以國君爲中心。郭店簡要求國君反己修身,以身作則,用道德、技藝、辯説等多種内容教化萬民。和《曾子》十篇相比,郭店簡闡發者的立場有了明顯的改變:站在"王者師"的角度,對國君進行諄諄教誨。孟子態度高傲,"説大人,則藐之,勿視其巍巍然"(《孟子·盡心下》),他與孔子"畢恭畢敬、恪守爲臣之禮"的不同,實際就根源於郭店簡"王者師"的立場。

孔子、曾子都不主張君臣易位,郭店簡和孔、曾明顯的不同就是鼓吹君主禪讓。《唐虞之道》説:"上德則天下有君而世明,授賢則民興效而化乎道。不禪而能化民者,自生民未之有也。"《唐虞之道》倡導尚賢,只有禪讓、授賢,才能教化萬民。孟子説國君反復勸諫不聽,君主可以易位。鑒於燕王儈讓位於子之的失敗,孟子是不主張禪讓的。在孟子那裏,天子不能把天下讓於別人,只有天才能決定誰能當天子。天的意志體現於民,最終決定君位繼承的是民心。孟子君主觀的形成,實際是受到了郭店簡及燕王儈禪讓事件的雙重影響。

綜上,我們對孔孟之間君臣關係演變的歸納,是以郭店簡與《曾子》十篇的比較爲主綫的。孔子君臣觀最突出的特點是以禮事君。《曾子》十篇君臣觀與孔子已有不同,其事父以事君的作法明顯偏離了孔子思想的路徑。郭店簡延續《曾子》十篇直言進諫的理路,君臣關係由友向師轉變。子思"恒稱其君之惡"的作法,明顯有別於孔子,但卻在曾子思想中能找到痕跡。孟子君臣易位、藐視大人的説法,與郭店簡鼓吹禪讓、以王者師自居的立場密切相關。在孟子身上,疊加着曾子、郭店簡的雙重影響。孟子與孔子君臣觀的差異,不是"基因突變",而是漸進式出現的。

第二節　教化與治國

儒家教化如果細分的話,一是在位者對臣民的教,這是通常所説的教化。二是老師對弟子的教,包括知識的傳授、道德的修養。郭店簡養民、教民、重民,民是郭店簡德治論中極爲重要的角色,而《曾子》十篇通篇没有涉及教民的問題①,因此同樣是"教",郭店簡與《曾子》十篇表現出明顯的差異。

一、郭店簡與《曾子》十篇對教化的不同理解

要提升道德修養,教化是非常重要的途徑。和學習的内容相比,曾子更重視教學的方法,《曾子》十篇對教學的方法、過程作了詳細的闡釋。《曾子立事》説:"君子愛日以學,及時以行,難者弗辟,易者弗從。"曾子特別注意學習的緊迫性,要珍惜時間,努力學習。《曾子制言上》:"不能則學,疑則問。"曾子認爲不懂就問。問學要講究方法,《曾子立事》又説:"君子學必由其業,問必以其序。"曾子認爲,問學需要從易到難,循序漸進。

《曾子立事》説:"君子既學之,患其不博也;既博之,患其不習也;既習之,患其無知也;既知之,患其不能行也;既能行之,貴其能讓也。君子之學,致此五者而已矣。"君子學習知識不僅要廣博,而且"多知而擇焉,博學而

---

① 《論語·子張》曾子説:"上失其道,民散久矣。如得其情,則哀矜而勿喜。"魯國孟氏想讓曾子弟子陽膚擔任士師之職,借機向曾子請教。曾子回答説當今在位者治民不以其道,導致百姓離心離德,不願歸附。如果能審查出百姓的實情,應同情他們,千萬不要矜然自得。曾子重視體察民情,《曾子》十篇缺少教民的内容,或許與弟子根據自己興趣,對曾子語録進行摘録有關。

算”，對所學知識有所篩選，學會後要及時實踐。博、習、知、行、讓，是君子學習的過程和最終要達到的學習境界。

《論語·爲政》：“吾十有五而志於學，三十而立，四十而不惑，五十而知天命，六十而耳順，七十而從心所欲，不逾矩。”孔子總結自己一生學習的經歷，把自己一生的學習過程分爲六個階段。《曾子立事》說：“三十四十之間而無藝，則無藝矣；五十而不以善聞，則無聞矣；七十而無德，雖有微過，亦可以勉矣。”三十、四十要有道藝，五十要博聞，七十要有德。曾子繼承孔子的說法，對人生教學的歷程作了新的劃分。《曾子立事》說：“其少不諷誦，其壯不論議，其老不教誨，亦可謂無業之人矣。”年輕時要勤奮誦讀詩書，年老時則教誨弟子，一生才算没有懈怠。

曾子反對學習急功近利，急於求成，他說“行無求數有名，事無求數有成”（《曾子立事》）。《曾子制言中》：“不如我者，吾不與處，損我者也；與吾等，吾不與處，無益我者也；吾所與處者，必賢於我。”曾子注重交友的選擇。選擇賢能的人作朋友，不斷提高自己的素養。曾子對於學習環境非常重視，他說“蓬生麻中，不扶自直；白沙在泥，與之皆黑”（《曾子制言上》），身處好的環境，如同“入蘭芷之室”（《曾子疾病》），日日遷善而不自知，而惡的環境則反之。

郭店簡與《曾子》十篇對教學有不少共識。《語叢一》說：“其知博，然後知命。”郭店簡和《曾子》十篇都很重視博學。《尊德義》：“夫生而有職事者也，非教所及也。教其政，不教其人，政弗行矣。”只教其爲政之道，不教其爲人之德，執政恐怕也會遇到困難。人才培養是從政的基礎，郭店簡與《曾子》十篇皆強調教育、培養人才的重要性。《五行》說：“見賢人，明也。見而知之，智也。知而安之，仁也。”《五行》強調要向賢人學習。欲行比賢，向比自己賢能的人學習，是郭店簡與《曾子》十篇的共同點。自省反己是曾子的思想特色，而郭店簡對於反己之學也非常重視。《性自命出》說：“聞道反己，修身者也。”《成之聞之》曰：“古之用民者，求之於己爲恒。”反己修身在郭店簡中不斷得到強調、凸顯。

但郭店簡與《曾子》十篇對於教學存在明顯不同的理解。老師與學生所屬身份不同。《曾子制言上》：“弟子問於曾子曰：‘夫士何如則可以爲達矣？’曾子曰：‘不能則學，疑則問，欲行則比賢。’”在《曾子》十篇裏，施教者是曾子，受教者是曾子的弟子。郭店簡《緇衣》說：“長民者，衣服不改，從容有常，則民德一。”國君服飾不改，容貌禮儀符合規定，則庶民自然能遵從教化。在郭店簡看來,施教者是君,接受教化的是庶民。

《六德》説:"既生畜之,又從而教誨之。"《六德》規定父親不僅是子女的生育者,而且肩負教育子女的責任。《唐虞之道》:"夫聖人上事天,教民有尊也;下事地,教民有親也;時事山川,教民有敬也;親事祖廟,教民孝也;太學之中,天子親齒,教民弟也。"在郭店簡中,施教者還包括天子、聖人及父親,受教者是百姓、子女。施教者的地位高於受教者,他們之間是統治與被統治的關係,與《曾子》十篇的師生關係不同。

教化的實質不同。《曾子事父母》:"單居離問於曾子曰:'事父母有道乎?'曾子曰:'有。愛而敬。'"《曾子》十篇所説的學,是對知識的學習與個人品德的修養。學發生在從政之前,是爲弟子出仕做官作準備。《曾子》十篇是先教而後從政,修身是作國君忠臣的基礎。曾子把學限定在士人範疇,走的是學而優則仕的路徑。

郭店簡《緇衣》説:"長民者教之以德,齊之以禮,則民有勸心;教之以政,齊之以刑,則民有免心。故慈以愛之,則民有親;信以結之,則民不倍;恭以莅之,則民有遜心。"國君以守德、明禮教導百姓,則百姓就欣然向善。國君以政刑對待百姓,則百姓有逃逸之心。和《曾子》十篇以教爲學相比,郭店簡的教育是以政爲學,始終以教導國君爲中心。郭店簡中爲教就是爲政,教化是國君行政的重要内容。教化本質上是國君對臣民的管理,是國君治理國家的一種手段。

教化提升德行的路徑不同。《曾子本孝》説:"孝子不登高,不履危,庫亦弗憑,不苟笑,不苟訾,隱不命,臨不指。"爲了父母,孝子不登高,不去危險的地方,不隨便言笑,不非議別人。《曾子本孝》又説:"孝子之於親也,生則有義以輔之,死則哀以莅焉,祭祀則莅之以敬。"父母活着的時候,要盡心孝養。父母去世後,要按時以禮祭祀。曾子主張在日常生活的點滴中,在爲父母盡孝中,成就自己的德行。

郭店簡《緇衣》説:"上好仁,則下之爲仁也爭先。故長民者,章志以昭百姓,則民致行己以悦上。"國君好仁,則百姓爭相爲仁。國君要彰明自己對仁的喜好,則百姓自然會踐行仁,以取悦於國君。《成之聞之》説:"上苟身服之,民必有甚焉者。君袀冕而立於阼,一宫之人不勝其敬。君衰絰而處位,一宫之人不勝其[哀。君冠胄帶甲而立於軍],一軍之人不勝其勇。上苟倡之,則民鮮不從矣。"國君冠冕站立在阼階,人們自然會肅然起敬。國君衰絰居喪,人們自然會哀戚悲傷。國君以身作則,率先行善,百姓沒有不跟從的。在郭店簡中,庶民道德修養的提升,是以國君發揮模範帶頭作用實現的。國君擴充自己的仁心,慈愛百姓,以禮樂教化促使人心向善,成就百姓的德性。《曾子》十篇是在爲父母盡孝中提升自己的德行,而郭店簡是在國君仁政外推中,實現百姓道德素質的提高,社會風氣的純化。它們道德提升的途徑是不同的。

教化關注點與指向不同。《曾子立事》説:"是故君子爲小由爲大也,居由仕也,備則未爲備也。"雖然曾子説爲小即是爲大,居家與出仕的原則可以貫通,但他過多糾纏於日常生活中的瑣碎小事,過於關注孝子對家庭倫理的踐守,以致忽視了對治國平天下等外王事功的建設。綜觀《曾子》十篇,曾子主要論説的是弟子如何提升自身的道德素養,而幾乎没有關乎治國大政方針的論述。内聖外王是儒家特有的治國理論設計,而曾子的教與學僅停留在内聖階段。由於缺少對時代主題的必要回應,曾子理論中外王事功建設相對乏力,曾子恢弘崇高的仁道理想,湮没在生活瑣事的操持之中。葉適批評曾子"於大道多遺略","堯舜以來内外交相成之道廢矣"(《習學記言》卷十四),蓋源於此。

《唐虞之道》説:"正其身,然後正世,聖道備矣。"郭店簡緊扣爲君之道,勸誡"君民者"、"長民者"修身立德,通過上行下效、上率下從的教化,實現國家的治理、社會的和諧。郭店簡《緇衣》説:"民以君爲心,君以民爲體。"在國君與百姓雙向對待關係中,國君居於首要、核心的地位。《尊德義》説:"民可使,道之;而不可使,知之。民可道也,而不可强也。"百姓順從國君的命令,統治者就可按照自己意願引導他們;當百姓不服從時,就要先對他們進行教化。百姓可以引導,卻不能强迫他們。國君爲主導,百姓爲從屬,郭店簡始終圍繞治國這一主題,把國君教化百姓作爲國家治理的重要内容。國君修德是内聖,施教是外王,郭店簡以國君身先示範的教化之學,貫通了孔子内聖外王的理路。和《曾子》十篇相比,儒家内聖外王的思想特色,在郭店簡教與學上得到更多的體現。

總之,在早期儒家那裏,教化有兩種含義,一是老師對學生的教,二是國君或其他在位者對百姓的教化。《曾子》十篇側重教的第一重含義,而郭店簡側重教的第二重含義。從《曾子》十篇看,曾子施教的對象主要是自己的弟子。曾子對六經强調不足,而對具體的學習方法關注尤多。曾子更多地關注弟子爲政前的道德素養與知識儲備,教化内容主要限制在倫理道德的範疇,而對爲政後的政治舉措鮮有論及。曾子主張反己修身,從生活中的點滴做起,在爲父母盡孝中提升自己的德行。父母是曾子一切行爲的核心,曾子也主張出仕做官,但出仕的目的仍是揚父母之名,賺取俸禄以孝養父母。

郭店簡對教化很重視,其反身、修己頗類似於曾子。郭店簡雖涉及對弟子的教,但始終不是其討論的重心。郭店簡以國君爲中心,以臣民爲對象,其教學本質上是一種政治教化,是國君治理國家的手段。因此,在施教對象、關注點及道德提升路徑上,郭店簡與《曾子》十篇表現出了明顯的差異。郭店簡的教是國君率先垂范,學是庶民對君子之德的服膺與仿效。國君慎其好惡、謹其言行,從各方面把自己塑造成庶民學習的典範。"君子之德風,小人之德草",郭店簡的學是道德從位高者向位低者、德高者向德低者的順勢"流動"。庶民在國君之德的沐浴中,在《詩》、《書》、《禮》、樂的踐習中,外教内化,生德於心。因此郭店的教與學,可以看作是孔子"爲政以德"思想的深化與發展。

二、郭店簡對孔子教化論的汲取與創新

郭店簡的教化論,既承自孔子,又與孔子存在差異。《論語·子路》説:"子適衛,冉有僕。子曰:'庶矣哉!'冉有曰:'既庶矣,又何加焉?'曰:'富之。'曰:'既富矣,又何加焉?'曰:'教之。'"孔子主張先富後教,百姓人數衆多且富裕之後,要對百姓施之教化。郭店簡《尊德義》説:"善者民必富,富未必和,不和不安,不安不樂。善者民必衆,衆未必治,不治不順,不順不平。是以爲政者教導之取先。"國君有善德,會使百姓富足,但富足未必安樂。國君有善德,百姓依附的自然就多,但依附人數多並不等於治理,所以爲政者要以教化百姓爲先導。教化是構建社會秩序的首要因素,郭店簡對教化的重視及富而後教的理路,與孔子思想一脉相承。

《論語·顏淵》説:"季康子問政於孔子。孔子對曰:'政者,正也。子帥以正,孰敢不正?'"季康子向孔子問政,孔子説爲政首先你要端正自己。《論語·子路》説:"不能正其身,如正人何?"孔子强調爲政以德,社會治理關鍵在於當政者的率先垂範,以身作則。《唐虞之道》説:"必正其身,然後正世,聖道備矣。"《成之聞之》:"故君子之莅民也,身服善以先之,敬慎以守之,其所存者入矣,民孰弗從?"①國君是百姓效法的表率,國君率先服善,百姓自然會爭先恐後地仿效。郭店簡對當政者道德示範作用的重視源於孔子。

---

① 簡序編連參見劉釗《郭店楚簡校釋》,137 頁。

《文史通義·史釋》説："東周以還,君師政教不合於一。"孔子弟子三千,身通六藝者七十二人,以私學著稱於當世。與孔子交往的國君、官吏有不少人,孔子弟子中不乏貴族子弟,但孔子的教主要是對自己弟子、學生的教。《論語·顔淵》記載："齊景公問政於孔子。孔子對曰:'君君、臣臣、父父、子子。'"孔子對於齊景公的提問,是以臣的身份回答,是有德者對在位者治國方法的傳授。《曾子》十篇中没有曾子與國君的問對,向曾子問學的只有單居離、樂正子春等人。曾子一生未做過尊官,他施教的對象主要限制在自己弟子的範圍内。《曾子》十篇主張孝子作忠臣,是從臣的角度出發闡發自己的治國理念。孔子、曾子有其德而無其位,在孔子、曾子那裏,施教者與有位者雖有密切的聯繫,但仍處於兩分的狀態。

《尊德義》説："善者民必富,富未必和,不和不安,不安不樂。善者民必衆,衆未必治,不治不順,不順不平。是以爲政者教導之取先。教以禮,則民果以勁。教以樂,則民弗德爭將。……教以技,則民少以吝。教以言,則民訏以寡信。"需要特別注意的是,《尊德義》説"爲政者教導之取先",則下文教民禮、樂、辯説等内容的人是國君,即長民者。禮樂、技藝本來是師生之間傳授的内容,在郭店簡裏,卻成爲國君教化百姓的内容。郭店簡教化論突出的特色是教政結合,君民同構,師者身份與國君地位合二爲一。在郭店簡理論構建中,重新出現了施教者與在位者合流的趨勢。孔子以詩書禮樂教授弟子,而郭店簡卻將教授内容擴展至辯説、藝技等内容,注意到不同教授内容與百姓品質的關係,並確立了德義優先的原則,是對孔子教化論的豐富與拓展。

《論語·陽貨》説："性相近也,習相遠也。"孔子認爲,人生下來時性情接近,没有多大差別。人之所以有後來的差距,主要源於所習内容的不同。郭店簡《性自命出》説："四海之内,其性一也。其用心各異,教使然也。"《性自命出》説"四海之内,其性一也",同於孔子的"性相近",但《性自命出》與孔子的不同之處,在於把人用心差異的原因定爲"教",而有別於孔子的"習"。習爲自己所學,而教爲國君、聖人所教。郭店簡認爲,人與人之間的差異源於教,這樣就肯定了庶民接受國君教化的必要性與合理性。

郭店簡《緇衣》説："下之事上也,不從其所以命,而從其所行。上好此物也,下必有甚焉者矣。故上之好惡,不可不慎也,民之表也。"臣下侍奉國君,不遵從國君的命令,而是跟從國君的行爲。國君喜好某物,百姓對它的喜愛必然超過國君。國君作爲百姓的表率,對自己的愛好要非常慎重。《成之聞之》説:"君袀冕而立於阼,一宮之人不勝其敬。君衰絰而處位,一宮之人不勝其[哀。君冠胄帶甲而立於軍],一軍之人不勝其勇。上苟倡之,則民鮮不從矣。"在郭店簡中,早期儒家教化論構建的中心,由培養弟子轉移至國君教化庶民。庶民道德的提升依靠國君,國君之德成爲一國風氣扭轉的關鍵,所以國君要反己修身,不斷提升自己的德行。

孔子説修己以敬,修己以安人,修己以安天下百姓。孔子構建了教化天下的規模,但他並未説明以教化安定天下百姓的具體理路。郭店簡在孔子理論基礎上,通過自己的理論創新,形成了自己系統的教化論:1. 教化的必要性。庶民出生之時,人性相同,後來的差異源於"教"的差異。2. 施教者。由於國君地位和德行方面的優勢,所以庶民必須接受國君的教化。3. 教化内容及原則。"教以禮,則民果以勁。教以樂,則民弗德爭將",不同的教學内容,在庶民身上會産生不同的效果。《尊德義》説"先人以德,則民進善焉",確立了教學内容中德義優先的原則。4. 對施教者的素養要求。郭店簡《緇衣》説:"上好仁,則下之爲仁也爭先。故長民者,章志以昭百姓,則民致行己以悦上。"國君喜愛仁,則百姓爭先恐後地爲仁,因此國君要章明自己的喜好,反本修身,不斷提升自己的德行。

孔子以前的六藝教育爲貴族教育,"並不是一般人所能受。不但當時之平民未必有機會受此等完全教育,即當時貴族亦未必盡人皆有受此等完全教育之機會","故以六藝教人,或不始於孔子;但以六藝教一般人,使六藝民衆化,實始於孔子"①。天子失官,學在四夷。孔子開創私學的意義,就是宫廷師儒成了社會民間的師儒,使儒家的教化扎根於社會民間,並在此一陣地上培植人之理性,從而影響社會政治②。《論語·泰伯》孔子説:"興於《詩》,立於禮,成於樂。"《詩》、《書》、《禮》、樂是孔子的教學内容。孔子有教無類,雖然將貴族教育擴展至民間,但孔子施教對象的範圍,主要局限在自己招收的弟子範圍内。《史記·孔子世家》説孔子以《詩》、《書》、《禮》、樂教,弟子三千,身通六藝者七十有二人。孔子弟子數和當時全國的百姓總量相比,仍是一個非常小的數字。

郭店簡與孔子明顯的不同之處,是以國君施教的形式,把禮、樂、德、藝等内容教授給全體百姓。以道德教化爲治國之本的理念,得以真正鋪開。

---

① 馮友蘭《中國哲學史》,45 頁。
② 劉文勇《爲天下而教化:儒家教化説之精神再檢討》,《西南大學學報(社會科學版)》2007 年第 4 期,137~143 頁。

在孔子之前,司徒、樂官等官員承擔着教化貴族子弟的職責,而郭店簡賦予國君教化的責任,使教化重新具備官學的性質,充盈着道德理想主義色彩。《尊德義》説:"聖人之治民也,民之道也。禹之行水,水之道也。造父之御馬,馬之道也。后稷之藝地,地之道也。莫不有道焉,人道爲近。是以君子,人道之取先。"道四種,有水道,有馬道,有地道,但人道最爲重要。郭店簡中,教化内容雖也包括道德品質的培養,但更多地轉向民之道、人之道,轉向以教化萬民實現國家的治理。

在《曾子》十篇中,親師友、習禮儀及敬養父母等,是曾子教授弟子的常見内容。曾子重視個人修身,而忽於外王建設。郭店簡的教化論,更多地涉及政治領域,蘊含着強烈的治世傾向。其中原因值得我們深思。《史記·儒林列傳》記載:"自孔子卒後,七十子之徒散游諸侯,大者爲師傅卿相,小者友教士大夫,或隱而不見。故子路居衛,子張居陳,澹臺子羽居楚,子夏居西河,子貢終於齊。如田子方、段干木、吴起、禽滑釐之屬,皆受業於子夏之倫,爲王者師。"孔子去世後,弟子游説諸侯,有些成爲諸侯的卿相,有些成爲士大夫的師傅。田子方、段干木等人成爲王者師。《孟子·萬章下》説:

> 繆公亟見於子思,曰:"古千乘之國以友士,何如?"子思不悦,曰:"古之人有言曰:事之云乎?豈曰友之云乎?"子思之不悦也,豈不曰:"以位,則子君也,我臣也,何敢與君友也?以德,則子事我者也,奚可以與我友?"

魯穆公欲以千乘國君的地位,與子思以朋友關係相對待。但子思認爲,友與師有明顯的區別,他並不承認自己爲魯穆公之友,特別強調對王者之"師"的身份認同。既然是王者師,面對國君的詢問,首先面對的是君主如何治理國家的問題。教育是儒家的強項,於是孔門後學更多地強調以教化解決國家治理、安定百姓的問題,更多地把精力轉移至國君對民衆教化内容、手段的探討上,因此教化治國成爲郭店簡的核心話題之一。在《曾子》十篇,教學的重點是培育自己的弟子。而郭店簡凸顯的是國君如何教化民衆,早期儒家積極入世的特色,在郭店簡那裏得到更多的彰顯。我們認爲,郭店簡教化論闡發的中心,由教授弟子向國君的轉變,可能與當時儒者身份地位的轉變有關。

對比《論語》與郭店簡《緇衣》,還有一些細微的差別。《論語·爲政》孔子説:"道之以德,齊之以禮,有恥且格。"郭店簡《緇衣》同是引用孔子的話,卻説:"長民者教之以德,齊之以禮,則民有勸心。"道同"導","道之以德"意思是以德導之。教是教授,"教之以德"是以德教之。兩句主要意思並無太多差異,但細細品味,郭店簡《緇衣》以"教"代替《論語》"道"字,國君教化的意味更趨濃重。《論語·陽貨》記載:"子之武城,聞弦歌之聲。夫子莞爾而笑,曰:'割雞焉用牛刀?'子游對曰:'昔者偃也聞諸夫子曰:"君子學道則愛人,小人學道則易使也。"'子曰:'二三子!偃之言是也。前言戲之耳。'"孔子説"偃之言是也。前言戲之耳",證明孔子贊成子游以弦歌教化百姓的做法,但前文孔子説"割雞焉用牛刀",以弦歌教化百姓是"大器小用",證明孔子起初並未想到要以音樂直接教化百姓。而作爲武成宰,真正以音樂教化百姓、落實爲政治實踐的是子游。

　　孔子對禮樂教化百姓持贊成的態度,他創辦私學,僅以六藝教授自己招收的弟子,但並未推廣至全體百姓。《尊德義》説:"教以禮,則民果以勁。教以樂,則民弗德爭將。教以辯説,則民褻陵長貴以忘。教以藝,則民野以爭。教以技,則民少以吝。教以言,則民訐以寡信。教以事,則民力嗇以湎利。教以權謀,則民淫昏,違禮無親仁。先之以德,則民進善焉。"國君治理國家,郭店簡將其規定爲教,把教化的對象擴展至全體國民。郭店簡突破了孔子以六藝爲教化内容的規定,要求國君用德義、禮樂、刑法、技藝等多項内容教授百姓①,在理論上已經重新具備了官學的性質。郭店簡注意到教化内容對百姓品質的不同效果,突出了德義優先的原則。這些理念没有一定的實踐爲基礎,是構想不出來的。

　　道之以德,齊之以禮,是孔子提出的教化治國理想。但孔子只是以私學教授弟子,並未在實踐上推廣至普通百姓層面。郭店簡帶有實踐性的教化論,與孔子爲政以德的政治構想之間存在着斷層。子游作爲武城宰,是真正在政治實踐中,以弦歌教化百姓的操作者。子游是孔門第一代弟子,據郭店簡的時代很近,荀子在《非十二子》中就暗示子思受到子游的影響。郭店簡《尊德義》中以禮樂等内容直接教化百姓,或許借鑒了子游在武城的樂教實踐。如果是這樣,在郭店簡教化論與孔子思想鏈接中,還有子游重要的一環。

　　綜上所述,郭店簡在孔子理論的基礎上,對教化的對象、内容及實施原則都作了詳細的理論闡述,形成了自己系統的教化論。和政刑相比,教化已

―――――――

① 《六德》説:"作禮樂,制刑法,教此民尔,使之有向也。"

成爲郭店簡治國理念的首選手段。在子思時代,很多儒者友教諸侯、士大夫,早期儒家的社會地位由私塾先生變爲王者師。郭店簡教化論從私學更多轉向政治領域,或許與孔門後學這一身份地位的轉變有關。孔子開創私學,以六藝教授自己弟子,但並未真正以禮樂、技藝等内容,施及天下百姓。郭店簡主張教化是以國君爲中心,施教的對象是全體百姓,在理論上已經重新具備官師合一、政教合一的官學性質。在孔子弟子中,子游較早地把以教爲政的理論付諸實踐,因此我們懷疑,郭店簡教化論或許吸收、借鑒了子游武城樂教實踐的某些思想元素。

第三節　尊賢與早期儒家社會理想的構建

《論語·子路》記載:"仲弓爲季氏宰,問政。子曰:'先有司,赦小過,舉賢才。'"自孔子始,尊賢、尚賢就成爲早期儒家的重要主張。《曾子》十篇與郭店簡都主張尊賢,但與尊賢相關的理論闡發卻差異多於相同。

一、郭店簡與《曾子》十篇對賢人的重視

郭店簡與《曾子》十篇都主張向賢人學習。《五行》:"見賢人,明也。見而知之,智也。知而安之,仁也。"主動見賢人爲聰明,見了就知道是賢人,爲智慧。見了賢人向賢人學習,爲仁德。《五行》又説:"未嘗聞君子道,謂之不聰。未嘗見賢人,謂之不明。"《五行》又從反面講,如果未曾見賢人,不曾聽聞君子之道,就是不聰不明。庶民的聰明與否,取決於是否向賢人學習。

《曾子制言上》曰:"不能則學,疑則問,欲行則比賢,雖有險道,循行達矣。今之弟子,病下人,不知事賢,恥不知而又不問,欲作則其知不足,是以惑暗,惑暗終其世而已矣,是謂窮民也。"敬奉賢人,就是向賢人學習。曾子認爲,沒有知識的人要學習,有疑問要請教,想要行德則要效法賢人。弟子以無知爲恥,卻不知道事賢,最後只能落得暗惑一生的結果。《曾子立事》:"慕善人而不與焉,辱也。"見到賢人而不向賢人學習,這是恥辱。《曾子立事》此處向賢人學習的倡導,與《五行》完全一致。

郭店簡與《曾子》十篇都强調親近賢人的效果。《五行》説:"智之思也長,長則得,得則不忘,不忘則明,明則見賢人,見賢人則玉色,玉色則形,形

則智。"《五行》用玉色、形、智三個階段的體驗,描述見到賢人後道德不斷提升的面貌。《曾子疾病》説:"與君子游,苾乎如入蘭芷之室,久而不聞,則與之化矣;與小人游,貸乎如入鮑魚之次,久而不聞,則與之化矣。是故君子慎其所去就。"與賢人相處,道德水平在不知不覺中就會得到提升。與小人在一起,道德水平會每況愈下。曾子以賢人與小人的對比,突出了親近賢人、接受教誨的重要性,並把賢於自己作爲擇友的標準①。

郭店簡與《曾子》十篇都主張國君要舉用賢人。郭店簡《緇衣》説:"大人不親其所賢,而信其所賤,教此以失,民此以煩。"在位者要親近賢能之人,貶斥不賢之人,否則民風會因此受到影響。《曾子制言下》説:"諸侯不聽,則不干其土;聽而不賢,則不踐其朝。"諸侯聽到自己的主張,而不以爲賢能,則不在其朝廷上做官。可見曾子希望國君重用賢人,希望自己得到重用。《五行》説:"君子知而舉之,謂之尊賢;知而事之,謂之尊賢者也。[前,王公之尊賢者也;]後,士之尊賢者也。"《五行》把尊賢分爲兩類:國君要重用賢人,士大夫則要向賢人學習。《曾子》十篇對此亦持贊成態度。

二、郭店儒簡與《曾子》十篇尊賢理論的不同建構

郭店簡愛親與尊賢密切聯繫爲一體,而《曾子》十篇尊賢與愛親没有任何理論關聯。《唐虞之道》説:"愛親忘賢,仁而未義也;尊賢遺親,義而未仁也。"愛親爲仁,尊賢爲義。只愛親而不尊賢,符合仁卻不符合義。只尊賢而不愛親,符合義卻不符合仁。在《唐虞之道》看來,愛親與尊賢是國君必須同時具備的品質,二者構成了一個統一的理論整體。

《曾子制言上》:"弟子問於曾子曰:'夫士何如則可以爲達矣?'曾子曰:'不能則學,疑則問,欲行則比賢。'"弟子問曾子,如何才能賢達,曾子説要向賢人學習。《曾子事父母》説:"單居離問於曾子曰:'事父母有道乎?'曾子曰:'有。愛而敬。'"單居離問曾子孝敬父母的方法,曾子回答是愛父母,態度恭敬。愛親與尊賢都是曾子倡導的内容,但愛親是愛親,尊賢是尊賢,在《曾子》十篇中,二者之間没有任何理論聯繫。

尊賢歸屬不同。《曾子大孝》説:"居處不莊,非孝也;事君不忠,非孝

---

① 《曾子制言中》:"吾不仁其人,雖獨也,吾弗親也。"盧注引周公之語解釋説:"不如我者,吾不與處,損我者也;與吾等,吾不與處,無益我者也。吾所與處者,必賢於我。"

也;莅官不敬,非孝也;朋友不信,非孝也;戰陳無勇,非孝也。"在《曾子》十篇中,孝統領忠、敬、信、勇等諸多德目,以此類推,尊賢也應屬於天子之孝的範疇。《唐虞之道》説:"堯舜之行,愛親尊賢。愛親故孝,尊賢故禪。孝之殺,愛天下之民。禪之傳,世亡隱德。孝,仁之冕也。禪,義之至也。"堯尊賢、禪讓爲義,舜愛親、孝敬父母爲仁。在《唐虞之道》中,孝屬於仁的範疇,而尊賢屬於義的範疇。愛親、尊賢與仁義的連接,也不見於《曾子》十篇。郭店簡對於愛親爲仁、尊賢爲義的定位,與《曾子》十篇明顯不同。

《曾子》十篇教育弟子向賢人學習,交友以賢人爲標準,但曾子提倡尊賢,只是一種人倫道德。而郭店簡則將尊賢由人倫道德發展爲一種社會倫理、政治原則。《唐虞之道》説:"堯舜之行,愛親尊賢。愛親故孝,尊賢故禪。……禪也者,上(尚)德授賢之謂也。上(尚)德則天下有君而世明,授賢則民興效(教)而化乎道。不禪而能化民者,自生民未之有也。"禪讓就是尚德受賢,在君位繼承上以德行而不是以血緣爲標準。只有尚德授賢,國君才能保證世世代代皆是賢君,百姓才會效仿而接受教化。《唐虞之道》:"禪之傳,世無隱德。"只有施行禪讓,世間的賢人才不會被埋没。《唐虞之道》借助古史傳説,推崇禪讓傳位,實質上宣揚的是一種賢人治國的社會理想。同樣是尊賢,郭店簡卻由尊賢推導出賢人治世的社會理想,而《曾子》十篇幾乎没有涉及對未來社會理想的建構。

三、禪讓政治理想的興起與轉型

《論語·八佾》孔子説:"周監於二代,郁郁乎文哉! 吾從周。"《論語·陽貨》曰:"夫召我者,而豈徒哉? 如有用我者,吾其爲東周乎!"孔子思慕周公,以恢復周禮爲其社會理想,禪讓制與周禮嫡長子繼承制明顯衝突,因此從這個角度看,孔子是不主張禪讓的。《論語·堯曰》:"堯曰:'咨! 爾舜!天之歷數在爾躬,允執其中。四海困窮,天禄永終。'舜亦以命禹。"《論語》中孔子提及堯舜禹之間的禪讓,也未明確表示反對。我們認爲,孔子對於上古時期施行禪讓制度並不反對,只是在現實生活中,孔子認爲應當實行禪讓制。

戰國初期,諸侯國面臨着嚴重的生存危機。"夫尚賢者,政之本也"(《墨子·兼愛上》),得一賢士則國家興盛,失一賢士則國家敗亡,因此國君對賢人的需求日益迫切。而這種對賢士的渴求,成爲戰國禪讓學説興起的社會土壤。面對國家與賢士之間"供求關係"的轉變,曾子與子思對此的認識並不相同。《孔叢子·居衛》記載：

> 曾子謂子思曰："昔者吾從夫子游於諸侯，夫子未嘗失人臣之禮，而猶聖道不行。今吾觀子有傲世主之心，無乃不容乎？"子思曰："時移世異，各有宜也。當吾先君，周制雖毀，君臣固位，上下相持，若一體然。夫欲行其道，不執禮以求之，則不能入也。今天下諸侯，方欲力爭，競招英雄以自輔翼，此乃得士則昌、失士則亡之秋也。伋於此時不自高，人將下吾；不自貴，人將賤吾。舜禹揖讓，湯武用師，非故相詭，乃各時也。"

《曾子》十篇没有對禪讓、世襲制的討論，但從曾子對子思守人臣之禮的規勸看，曾子是不主張禪讓的。戰國初期，統治者有位無德，士人有德無位。子思主張的"自高"、"自貴"，具體來説就是以德抗位。《魯穆公問子思》記載魯穆公問子思怎樣做才能稱得上是忠臣，子思回答説："恒稱其君之惡者，可謂忠臣矣。"子思所謂忠臣，就是經常稱述國君之惡、以德抗位的人。

君臣相處，善則歸君，過則歸己。子思以德抗位的做法，明顯違背於君尊臣卑之道，所以魯穆公對子思的回答，感到無法接受。而《唐虞之道》的做法比子思更爲激進。《唐虞之道》："堯舜之行，愛親尊賢。愛親故孝，尊賢故禪。孝之殺，愛天下之民。禪之傳，世亡隱德。"國君不賢能，就要效法堯舜禪讓。只有禪讓，才能保證國君德與位的合一，世間賢能之人不被埋没。"不禪而能化民者，自生民未之有也"，爲鼓吹賢與賢之間傳位的禪讓，《唐虞之道》借助儒家仁、義、聖、智爲理論光環，把禪讓稱爲"自生民以來"，唯一能够教化民衆的舉措。嚴格地講，《唐虞之道》排斥以血緣關係爲主導的世襲制，宣導以德行爲選君標準的禪讓，實質是以"和平奪權"的方式，實現賢人當政的目的。

《唐虞之道》倡導賢人政治，切合當時士人自身利益及渴望興起的主觀意願，所以得到了當時學者的積極響應。《墨子·尚賢上》："古者堯舉舜於服澤之陽，授之政，天下平。禹舉益於陰方之中，授之政，九州平。"上博簡《子羔》説："昔者而弗世也，善與善相授也，故能治天下，平萬邦。"《唐虞之道》主張禪讓，《墨子》主張禪讓，而且新出土文獻，如《子羔》、《容成氏》等皆主張禪讓，可見禪讓並非爲某個學派專有[1]，而是一股思潮，是戰國早期尚

---

[1]　裘錫圭《中國出土古文獻十講》，284 頁。

賢學説走向極致的産物。

公元前316至前314年,燕王儈讓位於子之,標誌着禪讓説由理論走向實踐,是當時禪讓與世襲制的一次公開對決。結果燕王禪讓,引起國内動亂,齊人乘機入侵,燕國兵敗地削。這出政治鬧劇的失敗意味着禪讓説由興盛漸趨衰弱①。和郭店簡鼓吹禪讓相比,孟子對禪讓的態度明顯不同。《孟子·萬章上》説:

> 萬章曰:"堯以天下與舜,有諸?"孟子曰:"否!天子不能以天下與人。""然則舜有天下,孰與之?"曰:"天與之。"……(孟子)曰:"天子能薦人於天,不能使天與之天下;諸侯能薦人於天子,不能使天子與之諸侯;大夫能薦人於諸侯,不能使諸侯與之大夫。昔者堯薦舜於天,而天受之;暴之於民,而民受之。故曰:天不言,以行與事示之而已矣。"

萬章問孟子,堯把天下讓於舜,有没有這回事?孟子回答説没有。孟子認爲,不管禪讓也好,世襲也好,哪種傳位方式並不重要,重要的是天意是否接受,民意是否接受。禪讓是以賢傳賢,世襲是以親傳親,兩種傳位方式本身互相矛盾,明顯衝突。但這種矛盾衝突,在孟子那裏根本不存在。孟子倡導仁政,以民爲執政之本,世襲、禪讓只不過是君位繼承的形式,並不是爲政的關鍵。爲政的關鍵,是看百姓生活是否富足,教化是否敦行。孟子没有支持禪讓反對世襲,也没有支持世襲反對禪讓,孟子以民爲本位仁政理論的建構,消解了禪讓與世襲在君位繼承原則上的紛爭。

綜上所述,孔子滿懷政治衝動,積極參與社會秩序的重建。曾子沉溺於孝道,對父母百般孝敬恭順,只想在孝順父母中安頓自己的生命。他認爲與其治國、平天下,不如作父母的孝子。從《曾子》十篇,我們看不出曾子對於未來社會面貌的構想。而郭店簡以"尚德授賢"作爲社會治理的根本舉措,力主賢人政治,在禪讓學説的鼓吹之中,孕育着自己對未來國家及社會秩序重建的政治理想,表現出積極而强烈的國家視野。

孟子主張不管是禪讓也好,世襲也好,最重要的是民意是否贊成。禪讓説突出的是賢人政治,以賢與賢之間的禪讓傳位,解決現實政治中國君位與德的脱節。而孟子認爲,既要推薦賢人,更要切合民意,以民意是否接受,化

---

① 《荀子·正論》:"夫曰'堯舜擅讓',是虚言也,是淺者之傳,陋者之説也。不知逆順之理,小大、至不至之變者也,未可與及天下之大理者也。"荀子公開批評禪讓,可見戰國末期禪讓説仍在流行。但燕王儈禪讓王位之後,戰國絶少再發生禪讓之事,可證禪讓説漸趨衰亡。燕王讓位是禪讓説的轉折點,而不是終點。

解儒家禪讓與世襲之間的理論之爭。由郭店簡到《孟子》,早期儒家根據時代變化,對自己的政治理想適當作出調整,完成了由賢人治國論向以民爲本仁政理論的過渡,即以賢人爲重心向以民爲重心的政治理論轉型。

第五章

郭店簡與《曾子》十篇天人觀比較

　　孔子、孟子是先秦儒學的奠基者，孔孟之道一直爲後世所艷稱，但孔孟對天人之際的表述卻存在諸多差異。孔子重人事，很少言及性與天道。而孟子由性善而仁政，天命人性的連接，已成爲孟子理論構建必備的邏輯起點。孔子説"天生德於予"，但是否人人内心皆有天降的德性，孔子對此未曾明言。在孟子那裏，不分君子、小人，仁義禮智爲人人内心所固有。孔子把知天命看作君子的重要標準，但對於感知天命具體路徑，卻未曾闡述。《孟子·離婁上》説："誠者，天之道也；思誠者，人之道也。"孟子明確把誠規定爲天道，把思誠定爲感知天道的手段。孔子未曾明確建立天命與性善之間的理論連接，而孟子説"盡其心者，知其性也。知其性，則知天矣"（《孟子·盡心上》），上天通過命賦予人美好的德性，人通過盡心可以知性，知性則可上達天道。在孟子那裏，天命與性善已成爲渾然不可分割的整體。

　　從孔子到孟子，期間一百多年，孔孟天人觀的突兀之處是如何形成的，一直是早期儒學史上非常重要的學術問題。我們知道，從孔子到孟子，儒家的傳承譜系是孔子—曾子—子思—（子上）—孟子，孟子爲孔子第四代弟子。上博簡《内禮》的出土，證明《曾子》十篇並非僞書。《曾子》十篇反映的是第一代孔子弟子的思想面貌，郭店儒簡反映的是第二、三代孔子弟子的思想世界，它們都有對天人觀内容的闡發，因此將《曾子》十篇與郭店儒簡異同之處同時比較，就能從學術譜系上，實現孔孟天人觀之間的理論對接。

第一節　郭店儒簡與《曾子》十篇
天人觀的相同之處

一、上天創生萬物，人的價值最爲可貴

《曾子天圓》説："陰陽之氣各静其所，則静矣。偏則風，俱則雷，交則電，亂則霧，和則雨。……毛蟲毛而後生，羽蟲羽而後生，毛羽之蟲，陽氣之所生也。介蟲介而後生，鱗蟲鱗而後生，介鱗之蟲，陰氣之所生也。唯人爲倮匈而後生也，陰陽之精也。"天地有陰陽二氣，陰陽二氣偏則爲風，相聚爲雷，交合爲閃電。毛羽之蟲，爲陽氣所生。介鱗之蟲，陰氣所生。《曾子大孝》説："天之所生，地之所養，人爲大矣。"曾子強調，在天生地養的萬物之中，人的價值最大。至於人可貴的原因，據《曾子天圓》，是因爲人是陰陽之氣的精華。

郭店簡與《曾子》十篇皆認爲萬物爲天所創生，人的價值最爲可貴。郭店簡《語叢一》："有天有命，有地有形，有物有容，有家有名。"《語叢一》又説："有天有命，有物有名。天生倫，人生卯。"雖然個別詞語不好解釋，但大意是清楚的：有天而後有命，有命而後有地，有地而後萬物化生。《語叢一》説："天生百物，人爲貴。"不僅萬物生於上天，人也爲上天所生。在芸芸衆生之中，人最爲可貴。簡言之，《曾子》十篇與郭店簡皆主張天地爲萬物的本源，具備創生的功能。此時的天爲自然之天，創生的次序爲天—地—萬物—人，大體近似。

二、天道爲人間道德倫理的依據與來源

《曾子天圓》説："陽之精氣曰神，陰之精氣曰靈。神靈者，品物之本也，而禮樂仁義之祖也，而善否治亂所興作也。"神靈爲萬物之本、仁義禮樂之祖，是社會治亂興衰的關鍵。對於神靈，曾子解釋爲陰陽之精氣，實際也就肯定了仁義禮樂、治亂興衰的根源在上天。上天創生世間萬物、人間秩序及社會道德，在《曾子》十篇中，曾子已經自覺或不自覺地把天當作宇宙萬物、社會秩序及倫理道德總的來源與依據。

對於人間道德倫理的來源，《語叢一》説："有天有命，有地有形，有物有容，有家有名。……有美有善。有仁有智，有義有禮，有聖有善。"上天創生人間萬物的同時，又賦予人世間聖、善、美、智諸德。《成之聞之》説："天降

大常,以理人倫。制爲君臣之義,著爲父子之新(親),分爲夫婦之辨。是故小人亂天常以逆大道,君子治人倫以順天德。"大(太)常降自上天,規範、治理人間的倫理秩序。違背了君臣、父子、夫婦之間的道德倫理,就違背了天道與天德,這樣郭店簡就爲人間社會秩序及道德倫理,奠定了形而上的理論依據與來源。天道與人倫密不可分,天道是人間秩序的形而上依據,是《曾子》十篇與郭店簡對天人關係的共同認識。

三、聖人爲天道與人道貫通的重要環節

在早期儒家看來,聖人是天人交通不可或缺的中間環節。《曾子天圓》説:"聖人爲天地主,爲山川主,爲鬼神主,爲宗廟主。聖人慎守日月之數,以察星辰之行,以序四時之順逆,謂之厤;截十二管,以宗八音之上下清濁,謂之律也。律居陰而治陽,厤居陽而治陰,律厤迭相治也,其閒不容髮。聖人立五禮以爲民望,制五衰以別親疏,和五聲之樂以導民氣,合五味之調以察民情,正五色之位,成五穀之名。"聖人按照日月星辰運行的規律,安排四時變化的順次,制定曆法。裁截竹管,校正八音的高低、清濁,稱爲音律。聖人制定五種喪服禮以分別親疏遠近,會和五音之律以疏導民氣,調和五味,區分五色之位,爲五穀定名。一切人間秩序皆爲聖人所制定,聖人成爲天道的化身,所以聖人是天地、鬼神、宗廟的主人。

在郭店儒簡中,天道與人道貫通爲一體,而聖人則是天人交通不可或缺的環節。《五行》説:"聞君子道,聰也。聞而知之,聖也。聖人知天道也。"天道玄冥在上,庶民無法知曉。聖人睿智,以耳聰聞知天道。《五行》又説:"聖知,禮樂之所由生也。"禮樂生於聖智,原因在於聖人能體察天道。《性自命出》説:"《詩》、《書》、《禮》、樂,其始出皆生於人。《詩》,有爲爲之也;《書》,有爲言之也;《禮》、樂,有爲舉之也。聖人比其類而論會之,觀其先後而逆訓之,體其義而節文之,理其情而出入之,然後復以教。"天道是無形的,庶民難以感知。聖人體察理義,分類編纂,編訂《詩》、《書》、《禮》、樂,使無形的天道化爲有形,使庶民獲得了感知天道的可能。

在《曾子》十篇與郭店簡看來,聖人深諳天道,而人間禮樂秩序皆是聖人制作、創造,這樣聖人就成了天道、人道貫通的橋梁與紐帶。聖人"察天道以化民氣",效法天道治理世間萬物,建立人倫秩序。《曾子》十篇與郭店簡稱頌聖人,以聖人爲天地立法,在社會秩序漸趨解體、道德價值日益蛻化的時代,爲庶民重新樹立了效法的榜樣與楷模。

第二節　郭店簡與《曾子》十篇天人觀的不同之處

一、天人關係分合不同

中國古代天論,既有天人合一,又講天人相分。《曾子天圓》以氣作爲宇宙構成的統一元素,陰陽二氣相互作用,不僅凝聚爲自然界的風雨雷電、霧露霜雪,而且化生了人類。《曾子天圓》説:"陽之精氣曰神,陰之精氣曰靈。神靈者,品物之本也,而禮樂仁義之祖也,而善否治亂所興作也。"陰陽精氣既是萬物的根本,又是仁義禮樂的來源、社會秩序治亂興衰的關鍵。這樣《曾子天圓》就以氣的形式,把人與自然、人間秩序與天地之道合二爲一,構成了一個有機的整體。

《性自命出》説:"性自命出,命自天降。道始於情,情生於性。"道發於人情,人情産生於性,人性出於天命,天命降自上天。《性自命出》以天、命、性、情、道的鏈環,構建了天人合一的理論體系。《成之聞之》説:"天降大常,以理人倫,制爲君臣之義,著爲父子之親,分爲夫婦之辨。"人間的社會倫理來自太常,太常降自天。《成之聞之》以太常—人倫的關聯,實現了人間秩序與宇宙法則的合一。《五行》説:"德之行五和謂之德,四行和謂之善。善,人道也。德,天道也。"五行是仁義禮智聖,是天道;四行是仁義禮智,是人道。五行包含四行,天道統攝人道,《五行》以德目組合構建的差異,實現了天道對人道的兼容。

《性自命出》、《成之聞之》、《五行》講的都是天人合一,而郭店簡《語叢一》、《窮達以時》則倡導天人相分。《語叢一》説:"知天所爲,知人所爲,然後知道,知道然後知命。"知道哪些是天的管轄範圍,哪些是人的能力所及,然後就能明白天道的内涵。《窮達以時》説:"有天有人,天人有分。察天人之分,而知所行矣。"學者已指出,《窮達以時》這裏的分,是指職分。天有天的職責,人有人的職責,明白了天人職分的不同,就知道該如何修身了。《語叢一》、《窮達以時》以天人職分的不同,建立了天人相分的理論模式。《窮達以時》:"有其人,無其世,雖賢弗行矣。苟有其世,何難之有哉?"即使自己賢能,但遇不到明主,恐怕也很難推行自己的學説。《窮達以時》對時、遇、世重要性的強調,也是《曾子》十篇中没有的。

郭店簡《性自命出》等篇講天人合一,是從宇宙生成的角度講天人一體,世間萬物、人間秩序皆本於天。而《窮達以時》講天人相分,是從個人修身踐德的層面,講人的德行與命運的關係,聲名遠揚不是終生行德的必然結果。兩種天人觀不同的進路,反映的是子思時代儒者對人生深切的體會,對天道理解的高度。在《曾子》十篇,只講天人合一。而郭店簡既講天人合一,又講天人相分,兩種天人觀互爲補充,相得益彰,標誌着早期儒家天人觀的演進日趨複雜。

二、萬物生成的媒介不同

《曾子》十篇講萬物的生成,主要借助的是"氣"。《曾子天圓》說:"天道曰圓,地道曰方,方曰幽而圓曰明。明者,吐氣者也,是故外景;幽者,含氣者也,是故內景。……陰陽之氣各從其所,則靜矣。偏則風,俱則雷,交則電,亂則霧,和則雨。陽氣勝則散爲雨露,陰氣勝則凝爲霜雪。陽之專氣爲雹,陰之專氣爲霰;霰、雹者,一氣之化也。"天道爲明,由陽氣吐顯而成;地道爲幽,由陰氣含化而成。陰陽二氣平衡則靜止,不平衡凝聚匯合,就成爲雷電風雨。毛蟲、羽蟲由陽氣化生,介蟲、鱗蟲由陰氣化生,人是稟賦陰陽精氣化生的。陰陽之氣相摩激蕩,動靜交感,萬物得以孕育而生。曾子據此認爲,氣是萬物生成最重要的媒介。

郭店簡"氣"的概念有多重含義。《性自命出》說:"喜怒哀悲之氣,性也。"氣是人性存在、展現的形式。《六德》說:"非我血氣之親,畜我如其子弟。"此處的氣是血緣。《語叢一》:"氣,容司也。"氣指由容貌煥發出的精神氣質。但這些氣都不是天地創生萬物的媒介。在郭店簡中,命才是上天創生萬物及人性的主要載體。《語叢一》:"有天有命,有地有形。有物有容,有家有名。有物有容,有盡有厚,有美有善。"天有命,而後地有形,萬物有容。我們發現在郭店簡中,萬物創生都離不開天命。《性自命出》說:"性自命出,命自天降。"人性也是由天命轉化而來。講萬物生成,《曾子》十篇用氣,郭店簡用命,造成了它們理論體系中宇宙生成具體環節的諸多差異。

三、陰陽色彩的過濾與道德色彩的彰顯

孔子所說的天含義比較複雜,包括自然之天、命運之天、主宰之天等,但孔子所說的天,毫無陰陽色彩。《曾子天圓》說:"陽之精氣曰神,陰之精氣曰靈。神靈者,品物之本也,而禮樂仁義之祖也,而善否治亂所興作也。"陽的精氣稱爲神,陰的精氣稱爲靈。陰陽精氣,此消彼長,相互激蕩,整個宇

宙,包括社會秩序在内,皆由它們化生而成。可以說,陰陽精氣是世間萬物、人倫道德構成最基本的元素。在《曾子天圓》中,曾子將宇宙生成的本原歸之爲氣,把氣的發用與陰陽學說結合起來,認爲自然現象、禮樂秩序的產生,皆與陰陽相互作用有關。《曾子天圓》天爲自然之天,但陰陽色彩非常濃重。這在《論語》中是不曾有過的。

在郭店簡中,天的陰陽色彩完全被遮蔽與過濾了。郭店簡的天,主要有三種內涵:一是命運之天。《窮達以時》說:"遇不遇,天也。"能不能遇見明主,取决於天,因此《窮達以時》的天,是一種命運天。二是自然之天。《語叢一》說:"有天有命,有地有形,有物有容,有家有名。"宇宙生成的順序是先天後地、後物,此處的天是自然之天。同是講自然之天,郭店簡中的天毫無陰陽色彩。莊子說"易以道陰陽",陰陽消長是《周易》最核心的理念。《語叢一》說:"《易》,所以會天道、人道也。"郭店簡在歸納《周易》主旨時,只說易是天人交通的橋梁,而對陰陽毫不相涉,這從側面說明郭店簡對天道陰陽色彩的屏蔽與捨棄。

三是道德之天。《成之聞之》說:"小人亂天常以逆大道,君子治人倫以順天德。"《成之聞之》提出"天德"的概念,明確宣揚上天有德。《五行》說:"善,人道也。德,天道也。"《五行》把天道規定爲仁義禮智聖,在子思眼中,天爲道德之天。與《曾子天圓》明顯不同的是,郭店簡講天德,以仁義禮智聖規定天的德性,天的陰陽色彩被過濾,而道德色彩得到彰顯。

《曾子天圓》依次講風雨雷電產生、講介蟲、羽蟲化生,講人得陰陽精氣而生,天道和宇宙萬物只是一種生成與被生成關係。《五行》說:"善,人道也。德,天道也。"仁義禮智爲善,仁義禮智聖爲德,天道與人道之間不簡單是一種生成關係,更是一種德性的包容與統攝。《曾子》十篇講陰陽,實質是以自然天道觀論證儒家禮樂秩序的合理性,而郭店簡卻將天的陰陽因素全部屏蔽,天的道德色彩明顯凸顯,天不僅是宇宙萬物生命的賦予者,更是人類美好德性的價值本源。

四、人道的挺立

天道是郭店簡與《曾子》十篇都使用的概念。《曾子天圓》說:"天道曰圓,地道曰方,方曰幽而圓曰明。"《曾子》十篇只講天圓地方之道,人與萬物是不講道的。曾子"道"概念僅限天地,使用範圍比較狹窄。郭店簡多次出現天道,而且把"道"的使用範圍擴展至萬物。《尊德義》說:"聖人之治民,民之道也。禹之行水,水之道也。造父之御馬,馬之道也。后稷之藝地,地之道也。莫不有道焉。"《尊德義》列舉了四種道:人道、水道、馬道及地道,而且説"莫不有道焉",認爲萬事萬物皆有道。《性自命出》説:"道者,群物之道。"所謂的道,是會合萬物的法則。《尊德義》、《性自命出》説萬物都有其道,道是薈萃萬物法則,這樣就把《曾子天圓》僅限於天地的道,擴展至人及宇宙萬物。郭店簡拓展了道體的包容與統攝範圍,肯定了道體是天地間一種普遍性的存在。

《曾子天圓》説:"唯人爲倮匃而後生也,陰陽之精也。"曾子認爲,人是由陰陽精氣組合而成,在上天降生的萬物之中,人最爲寶貴。《曾子》十篇雖肯定人的價值可貴,但講道卻只講天地之道,不講人之道。《曾子》十篇不存在人道這一概念。而《五行》説:"善,人道也;德,天道也。唯有德者,然後能金聲而玉振之。"郭店簡既講天道,又講人道。

《曾子天圓》以氣作爲宇宙構成的基本元素,描繪了一幅整齊劃一的宇宙生成圖景:天地吸氣含氣,陰陽相互激蕩,生成風雨雷電等衆多自然現象。聖人制定曆法、音律,設定祭祀天地、祖先之禮。曾子對萬物生成的具體過程描述得極爲細緻,而郭店簡對這一過程,則描述得就相對簡略。《語叢一》説:"有天有命,有地有形。有物有容,有家有名。"有天就有了命,有了地就有地貌,然後就有了物、有了家。天地是由什麼元素構成的,天命化生萬物的具體方式是什麼,在郭店簡看來並不重要。

《尊德義》説:"莫不有道焉,人道爲近。是以君子人道之取先。"郭店簡雖然天道、人道並舉,但君子爲政要以人道爲先。人道和天道相比,郭店儒簡更加强調人道的重要。《性自命出》説:"凡人雖有性,心無定志,待物而後作,待悦而後行,待習而後定。……性自命出,命自天降。道始於情,情生於性。"對於上天降生人性的過程,《性自命出》只用了"性自命出,命自天降"八個字,可謂惜墨如金。而對於影響人性的因素,《性自命出》説人性受外物刺激而生,受心的控制,悦而後行,習而後定,教而後生德。《性自命出》集中大量篇幅,闡述性、情、禮、教之間的關係,體現了《尊德義》倡導的"人道取先"原則。

《曾子》十篇講萬物生成,天道化生爲人間倫理,道體的使用範圍僅限於天地。郭店簡講天道、講人道,萬物莫不有道,是對曾子道體使用範圍的明顯突破。曾子講世間萬物如何產生,是以天爲中心,重點描述天道如何流布。《性自命出》説:"道四術,唯人道爲可道也。其三術者,道之而已。"郭店簡把人道與天道結合起來,凸顯人道,表明郭店簡的理論重心已由天道如何流布,轉向人道如何展開。天道的確立只是爲自己的學説尋找形而上的依據,其最終着眼點仍在人類社會的治理。郭店簡簡略天道,詳説人道,以這種天人不對稱的道體形式,使人道得以真正挺立、彰顯。從《曾子》十篇到郭店儒簡,在天人關係上展現的是道體自天向人的思想挺近。

五、由天道單向度下行向知天、效天的轉進

曾子對宇宙生成的過程描述得極爲詳盡,《曾子天圓》説:“天道曰圓,地道曰方,方曰幽而圓曰明。明者,吐氣者也,是故外景;幽者,含氣者也,是故内景。……陰陽之氣各静其所,則静矣。偏則風,俱則雷,交則電,亂則霧,和則雨。……毛蟲毛而後生,羽蟲羽而後生,毛羽之蟲,陽氣之所生也。介蟲介而後生,鱗蟲鱗而後生,介鱗之蟲,陰氣之所生也。……聖人慎守日月之數,以察星辰之行,以序四時之順逆,謂之麻;截十二管,以宗八音之上下清濁,謂之律也。”《曾子天圓》講宇宙生成,可以分爲四個層次:一是天地;二是風雨雷電、霧露霜雪等自然現象;三是毛蟲、羽蟲、介蟲、鱗蟲和人;四是聖人制定曆法、音律、禮儀等社會規範。總起來説,其順序是由上到下,由遠及近,由自然現象推及人類社會。

《性自命出》説:“性自命出,命自天降。道始於情,情生於性。”天發命,命出性,性生情,情爲道的基始。天、命、性、情、道,是天道自上而下的依次隕落、展現。《成之聞之》説:“天降大常,以理人倫,制爲君臣之義,著爲父子之親,分爲夫婦之辨。”天降太常,太常自然延伸爲人世間的父子、君臣、夫婦之禮。《語叢一》説:“有天有命,有地有形,有物有容,有家有名。”《語叢一》宇宙生成的順序是天—地—物—家。在郭店簡,講宇宙生成、天道流布,皆是以天爲中心,其順序是自上而下,由天地自然到人類社會,這和《曾子天圓》一樣。不同的是《曾子》十篇只有單向度的天道下行,曾子揭示的只是宇宙生成圖式,没有天人之際的溝通。而郭店簡天道與人道是雙向貫通,講完天道下行之後,還要以人爲中心,講如何知天命、察天道。

《尊德義》:“有知己而不知命者,無知命而不知己者。”在《尊德義》看來,知天命是比知己更高的道德境界。《窮達以時》説:“有天有人,天人有分。察天人之分,而知所行矣。”對於知天的目的,《窮達以時》説得很清楚。“察天人之分”,明了天人不同的職分,就能更好地指導自己如何修身進德。《語叢一》説:“察天道以化民氣。”察天道的目的在於效法天道,教化萬民。

《語叢一》:"知天所爲,知人所爲,然後知道,知道然後知命。"知道天的職責範圍,知道人的職責範圍,這樣就能感知天道,感知天道後就能明白天命。機遇在天,這是人所不能把握的,而人能掌握的,只是如何提升自己的德行。面對命運、機遇的不確定性,《窮達以時》强調要專注於自己的德行,反己修德才是自己的職分所在。這都標誌着郭店儒簡對天人認識的升華。

郭店簡不僅明確提出要知天,而且構建了知天的理論體系。《尊德義》說:"知己所以知人,知人所以知命,知命而後知道。"對於知天的路徑,《尊德義》認爲,知己而後知人,知人而後知天命,知天命繼而感知天道。在郭店簡中,知天理論環節構建最複雜的是《五行》。《五行》說:"聞而知之,聖也。聖人知天道也。"善爲人道,德爲天道。庶民不能感知天道,只能通過聖人的教化,才能領悟天道。聖人"聞而知之",通過耳朵可以感知天道。關於聖人知天道的具體環節,《五行》說:"聖之思也輕,輕則形,形則不忘,不忘則聰,聰則聞君子道,聞君子道則玉音,玉音則形,形則聖。"聖人經過輕、形、不忘、聰、聞五個階段複雜的道德體驗,才能體察到天道。

綜上所述,曾子推天道以明人事,以天圓地方之道爲起點,講自然現象、人及社會倫理的生成,但他只注重天道下行,尚未主張人要知天道、天命。在《曾子》十篇,天爲自然之天,曾子只是揭示宇宙萬物、社會禮樂秩序的起源,其天人觀尚停留在宇宙生成論的層面。郭店簡既講天之道,又講人之道,突破了曾子對道體僅限天地的範圍界定,人成爲天人關係的重心。郭店簡由人事以察天道,明確提出要知天、效天,把知天的内容細分爲知己、知人、知天道、知天命等不同層次,構建了具體可感的知天理論路徑,天道由單向下行變爲天人雙向貫通。在郭店簡中,天的陰陽色彩被屏蔽,德性色彩得到彰顯,天德成爲人類内心善性的本源。天人之間不僅是一種自然生成,更重要的是一種德性的賦予與統攝。

第三節　孔孟之間的天人理論銜接

陸九淵説:"夫子以仁發明斯道,其言渾無罅縫。孟子十字打開,更無隱遁。蓋時不同也。"(《象山集·象山語録》卷一)早期儒家思想在孔子那裏渾無罅縫,至孟子十字打開。由於所處時代的不同,孔孟在天人觀方面變現出諸多不同。那麽孔孟天人觀突兀之處是如何銜接的呢?

由天人合一走向天人有分有合。孔子講天道,也講天命,但在孔子、曾子那裏,天人是合一的。至郭店儒簡,出現了天人合一與天人相分兩種理論趨勢。《性自命出》説:"性自命出,命自天降。"命出自天,性出自命,《性自命出》性命合一的理論建構,爲孟子性善説奠定了形而上的來源與依據。《語叢一》:"知天所爲,知人所爲,然後知道,知道然後知命。"天有天的職分,人有人的職分。知道天人職分的不同,是知天命、知天道的基礎。孟子認爲仁義禮智是性,而感官的欲望是命,而不是人性。美味、美色、爵位的獲得取決於客觀條件,得之在"命",不在己。自己能做到的是"求放心",保持自己的德性不失。

孟子所説的"命",相當於《語叢一》的"天所爲";孟子所説的"性",相當於《語叢一》"人所爲"。孟子天人合一,人性與天命的連接,取自《性自命出》、《五行》;孟子天人相分,對天命、人性的不同規定,取自《語叢一》、《窮達以時》。孟子對性善的規定,明顯不同於當時流行的"生之謂性"的人性論。孟子頗具特色的理論創新,可能是對郭店簡天人合一與相分理論兼容並蓄的結果。

天道德性色彩的彰顯。在孔子那裏,天道大致有五種內涵,分別是自然之天、主宰之天、命運之天、物質之天及道德之天①。無論哪種理解,天都沒有陰陽色彩。《曾子天圓》中,曾子爲論證禮樂秩序的合理性,援陰陽學説入儒,認爲天地形成、萬物化生都是陰陽交感的結果。曾子的自然之天,籠罩着濃重的陰陽色彩。

至郭店簡,曾子之天的陰陽色彩完全被遮蔽。雖然郭店簡也講自然之天、命運之天,但總起來説,天的德性色彩不斷得到凸顯。《成之聞之》説:"小人亂天常以逆大道,君子治人倫以順天德。"《五行》説:"德,天道也。"相對於《論語》、《曾子》十篇而言,郭店簡首次提出天德的概念。《成之聞之》肯定上天有德,《五行》把仁義禮智聖規定爲天德,這都意味着上天具備德性,道德本原的地位得到確立。德性之天只是孔子對天諸多理解中的一種,而在郭店儒簡那裏,德行之天從儒家衆多對天的理解中凸顯出來,成爲儒家對天道理解的首要內涵。不是説儒家不再講主宰之天、自然之天,而是説德性之天在儒家理論構建中所佔比重明顯增強,爲孟子性善説的出場奠定了理論基調。

———————

① 參馮友蘭《中國哲學史》,35 頁。

　　生成媒介的轉换。孔子説天地不言而萬物生成,但他並未明言天地生成萬物的媒介。曾子以氣作爲萬物生成的媒介,陰陽之氣依次生成風雨雷電、介蟲羽蟲等事物,本質上講,《曾子天圓》天地和宇宙萬物只是一種生成與被生成關係。郭店簡以命取代氣,作爲天地降生萬物的媒介。氣側重的是一種自然而然的形式,而"天命"具有正義性,更多的體現了天的意志、天的德性。《五行》説:"善,人道也。德,天道也。"善爲仁義禮智,德爲仁義禮智聖,天道與人道之間不簡單是一種生成關係,更是一種德性的包容與統攝。天不僅是宇宙萬物的主宰,更是人類美好德性的本源。有氣到命生成媒介的改變,體現的是天人之間由自然生成向德性生成範式的轉换。

　　孟子説:"夫志,氣之帥也,氣,體之充也。"(《孟子·公孫丑上》)在孟子看來,氣並非一種客觀物質的存在,而是指血氣、情氣。氣作爲萬物生成的媒介,在孟子那裏根本不存在。孟子選擇天命作爲人性的源頭,天人之間既然是一種德性生成,那麽人性必然爲善。孟子性善論的提出,實際是在《五行》、《性自命出》等基礎上的邏輯推演。

　　心性論與天人觀的融合。孔子談過人性,也講過天道,但他沒有明確建立天道與人性之間的理論關聯。孔子之後,曾子注重内省,出現了内轉的理論趨勢,但《曾子》十篇、《大學》始終没有使用人性這一概念。而人性論建樹較多的是漆雕開、世碩等人,他們認爲人性有善有惡,注重人性的培養,實現人道德的提升,但在他們那裏,人性並未與天道融合。

　　在郭店儒簡中,人性論與天人觀已經合流。在早期儒家那裏,天人交通的媒介有易、太常、聖人、氣等多種,但由於《性自命出》、《中庸》等文獻的倡導,人性成爲天人交通環節中的主流。人性以天命爲依據,天命借人性得以展開,人性與天道的連接,在孟子之前已成爲理論"事實"。孟子説仁、義、禮、智爲我固有,但仁、義、禮、智必須通過天命才能獲得。孟子説人可以知天,但知天必須是以人性爲通途。《性自命出》、《中庸》等對天命、人性的理論連接,已經成爲孟子不能離開的思想資源。孔孟思想差異的原因有多種,如時代差異、性格因素等等,但重要的一條就是孔子前三代弟子的理論創新,爲孟子提供了與孔子不同的思想借鑒資源。

　　綜上所述,孔子講人性,也講天道,但他未以人性貫通天道與人道。孔子説"五十知天命",但對天命的内涵諱莫如深。孔子講人的德性來自天,但天如何降德於人的具體理路,他並未明言。《五行》、《成之聞之》以仁義禮智聖等德性内容規定天道,確立了孟子道德形而上學的終極根據。《性自命出》以人性貫通天道、人道，人性中有善端存在，爲孟子性善論的出場做好了準備。《窮達以時》、《語叢一》對天人職分的區別，奠定了孟子性命之分的理論基調。孔孟之間，正是郭店簡等文獻的理論創新，才使孔子下學上達的理路由模糊走向清晰。孔孟天人觀之間存在着思想溝壑，而孟子與郭店簡天人觀之間，卻存在着無法扭斷的理論銜接。可以説，孟子天人觀的源頭在孔子，但直接把孟子託舉至早期儒家天人合一思想體系巔峰的，卻是以郭店簡爲代表的子思時代的儒家文獻。

第六章
孔孟之間儒學發展的基本特徵

漢代章句之學，宋明心性理學，如果追根溯源，其最初源頭皆在孔孟之間。在這種意義上説，孔孟之間是兩千多年儒家文化的奠基期。李學勤先生指出，由於郭店簡和上博簡的問世，揭示和探討這些書籍代表的孔孟之間儒家的傳流演變，是學術史研究中的一件大事①。早期儒學史的研究主要有兩種層面，一是對儒學史的事實描述，力求準確反映儒學面貌的發展變遷；二是對儒學史內部發展綫索的探尋，目的在於揭示早期儒學發展的特點及規律。我們分人性論、德治論及天人觀等方面，比較《曾子》十篇與郭店儒簡，屬於對儒學史的事實描述。而接下來的工作，我們將集中於對早期儒學發展特徵與規律的探討。

《曾子》十篇與郭店儒簡是前後相承的學術樞紐，但孔孟之間並非只有《曾子》十篇與郭店儒簡，還有《禮記》及上博簡等文獻。孔孟之間儒學嬗變複雜多樣，單靠郭店簡與《曾子》十篇比較來反映孔門之間的理論變遷，證據稍顯單薄，因此我們以《曾子》十篇與郭店儒簡比較爲主綫，同時結合其他出土、傳世文獻，以期更爲全面地展現孔孟之間早期儒學變遷的規律與特徵。

第一節　連續性

孔孟之間的思想差異，有些在前孟子時代已經出現，並非孟子所首創。所謂連續性，是指其間嬗變演進不是一蹴而就的，有一個循序漸進的積累過

---

① 李學勤《重寫學術史》，河北教育出版社，2002 年，359、428～431 頁。

程。從孔子到曾子,從郭店儒簡到孟子,早期儒學理論鏈環緊密銜接,我們分別從仁學、天人觀、人性論三個方面進行解說(見下表)。

下編　表 2　早期儒學理論的演進

時間 ＼ 内容	仁　學	心性論	天人觀
孔子	内仁外禮。	仁與人性兩分。	仁與天道未曾連接。
以曾子爲代表的第一代弟子	仁義並稱,但德目組合不固定。	漆雕開等言人性有善有惡。	天道單向下行。
以郭店簡爲代表的第二、三代弟子	《五行》中仁、義、禮、智聖固定化,五行爲天道,四行爲人道。	性善的概念出現,仁出於人性。人性與天道連接。	天道雙向貫通,天人合一與相分並存。
孟子(第四代)	五行變"四行"。仁政學説。	性善論。	天人合一,盡心知性,盡性知天。

　　孔子以仁、禮作爲自己思想的兩個支點,《論語》中和仁並用的是禮,而不是義。《曾子制言上》説:"士執仁與義而明行之,未篤故也,胡爲其莫之聞也。"曾子以義取代禮,仁義聯用,開啓了孟子仁義並稱的先聲①。在子思之前,以仁爲基礎德目組合有聖智仁義忠信、仁義忠學教、仁智義禮聖善等多種建構,彼此搭配並不固定。子思於衆多德目組合中,選取了仁義禮智聖,並將其固定爲一組。仁義禮智聖爲天道,仁義禮智爲人道。孟子繼子思之緒,從人道出發,以仁義禮智作爲性善的基本内涵。孟子"四心"説的提出,標誌着由孔子仁禮並用,向孟子仁義禮智並舉過渡的真正實現。

　　孔子重視義,但未明言義的來源。在郭店簡以前,包括《六德》、《語叢一》等篇,義源於禮,源於外,是當時儒者的普遍看法。而《五行》説:"義形於内謂之德之行,不形於内謂之行。"子思強調義在外,只是道德行爲,只有經過内心體認,才是真正的道德品質。子思打破了義的内外界限,開啓了"形於内"重於"形於外"的趨勢。《孟子·告子上》:"仁、義、禮、智,非由外鑠我也,我固有之也。"孟子強調義源於内而非源於外,以義根於心的形式,完成了義由生於外到生於内的最終定型。

　　孔子講過仁,也講過人性,但在孔子那裏,没有揭示仁的來源,仁與人性處於兩分的理論狀態。《論語·學而》篇有子説:"孝弟也者,其爲仁之本

---

① 《墨子》也仁義並稱,但從生卒年代看,墨子晚於曾子。

與!"有子認爲,孝悌爲仁産生的本源。但孝爲仁之本,孝爲内在天然的情感,由孝自然可以轉化爲仁,那怎麽會有不仁之人? 後天的禮樂教育還有没有存在的必要? 世碩、漆雕開等弟子認爲,人性有善有惡,養之以善則善長,養之以惡則惡生①。人性論强調的是養,注重君子成德與後天教育的關係,這樣儒家重視禮樂教化的優勢便得到凸顯,所以人性論逐漸代替"孝爲仁本"之説,成爲早期儒家學説的主流。至郭店簡《性自命出》、《禮記·樂記》,認爲人性中有仁、有德,性善的概念逐漸萌生,人性才成爲仁的來源。孟子强調人禽之别,以善規定人性的本質,孔子"性近習遠"之説,遂逐漸被孟子的性善論所取代。

孔子説"天生德於予"(《論語·述而》),但人之德生成的具體路徑,孔子未嘗明言。至於性與天道,子貢以下皆未曾聽聞②。曾子認爲萬物皆陰陽二氣生成,社會秩序源於天道,在曾子時代,天道只是單向下行。《性自命出》説:"性自命出,命自天降。"《性自命出》認爲天道下行,人性源於天命。《語叢一》説"察天道以化民氣",又説"知天所爲,知人所爲,然後知道,知道然後知命"。郭店簡不僅主張天道下行,而且説要察天、知命,天人雙向貫通的趨勢已經出現。郭店簡的知天,並不需要以人性爲媒介,而孟子主張盡心知性,盡性知天,人性已經成爲天人交感的唯一途徑。在孟子那裏,仁與人性、天道,三者合一,天道人道雙向貫通,意味着天人之間的鏈環真正建立。

總起來看,孔子仁禮並重,曾子以義代禮,仁義並稱。子思以仁、義、禮、智、聖爲天道,仁、義、禮、智爲人道,以德目組合的不同,構建了天道與人道之間的德性差異,但子思"五行"尚未與人性有明顯的理論關聯。孟子認爲聖人不是君子成德的必備環節,他把仁義禮智納入人性,並作爲性善的全部内涵,則是子思思路的順勢延展。在孔子、曾子時代,義源於外是當時儒者的普遍認識。至子思,打通義的内外分界,以爲義只有内化於心,才是真正的道德品質。孟子認爲義只生於内,而不生於外,實際是對子思"五行説"有所損益。孔門第一代弟子時,人性論、天人之學興起。第二、三代弟子爲仁

① 王充《論衡·本性》記載:"周人世碩,以爲人性有善有惡,舉人之善性,養而致之則善長,惡性養而致之則惡長。……宓子賤、漆雕開、公孫尼子之徒,亦論情性,與世子相出入,皆言性有善有惡。"
② 《論語·公冶長》子貢曰:"夫子之文章,可得而聞也。夫子之言性與天道,不可得而聞也。"注疏皆以爲子貢才識低下,所以夫子不予言性與天道。易道精微,孔子都曾傳授子貢(見馬王堆帛書易傳《要》篇),性與天道有何不可言? 筆者認爲,孔子講過人性,也講過天道,但没有探討人性與天道之間的理論連接。

找到人性源頭,實現仁與人性、天道之間的初步連接。孟子將天道性命相貫通,融人性、天道、仁學三位爲一體。在不同代弟子之間,早期儒學發展鏈環次第銜接,環環相扣,展現的是漸次生成的階梯面貌。

值得注意的是,我們所説的連續性,只是一種潮流,一種趨勢。由於早期儒者的個人愛好與理解不同,因此對孔子思想的繼承,又難免"旁逸斜出"。孔子説自己的德性來自天,又説"五十知天命",在孔子那裏,天人是雙向貫通的。但到《曾子》十篇,曾子只講天道下行,不講知天、察天。孔子從未講過陰陽之天,而曾子援陰陽入儒,天道陰陽色彩濃重。聯繫郭店簡、《孟子》對天陰陽色彩的屏蔽,天道自上而下與人道自下而上兩種進路同時展現,因此曾子陰陽之天與天道單向流布,可謂"理論歧出"。而郭店簡、《孟子》對《曾子》十篇天道觀的糾正,我們稱之爲"理論扭轉"。正是這種學術理路上"歧出"與"扭轉"的並存,才使得早期儒學理論鏈環緊密銜接成爲可能。

第二節　創 新 性

春秋戰國時代,王綱解紐,權力下移,維護禮樂制度的外在強制力已經消失。當時諸侯爭霸,弱肉強食。如何富國強兵,才是諸侯國君最感興趣的話題。面對外在依靠的消失,面對諸侯國君的冷遇(社會的不需要),早期儒家要捍衛西周以來的禮樂傳統,要強調自己學説繼續存在的必要性,不得不由外轉向內,強調遵守禮樂秩序,不是源於外力所迫,而是人人本心固有的內在道德需求。孔子以前,《周禮》、《儀禮》等文獻告訴人們如何行禮,踐行禮儀的標準是什麼,而孔孟之間探討的是人爲何要守禮,禮樂的內在根源是什麼。正是這種對踐行禮樂內在動力源的尋找,正是這種"由是什麼到爲什麼"核心話題的轉換,使早期儒家理論不斷推陳出新,呈現出新的學術樣態。

以德目組合建構爲例,《論語·雍也》:"子貢曰:'如有博施於民而能濟眾,何如? 可謂仁乎?'子曰:'何事於仁,必也聖乎! 堯舜其猶病諸!'"仁是孔子的思想核心,但聖的地位尊顯於仁。在孔子看來,聖的至高境界,堯、舜都難以企及。《成之聞之》説:"聖人之性與中人之性,其生而未有非志。"《成之聞之》把聖人之性與庶民之性等同,拉近了聖人與庶民最初材質之間的距離。郭店簡《六德》將聖與仁、義、禮、智、善並列,《五行》把聖與仁、義、禮、智並列,都意味着聖的地位明顯降低。

《孟子·告子下》:"曹交問曰:'人皆可以爲堯舜,有諸?'孟子曰:'然。'"在孟子看來,人人都可成爲堯舜,《孟子》中"聖"明顯平民化了。在《論語》中,堯、舜是聖人,伯夷、叔齊不過是仁者。而孟子把堯、舜、伯夷、叔齊、柳下惠都稱爲聖人,聖人範圍的擴大化,同樣意味着聖地位的下降。

孔孟之間,整體呈現下降的德目是聖、仁,整體呈現上升趨勢的是德、義。而有些德目忽上忽下,在不同思想體系中,地位不同。例如孝在《曾子》十篇居於道體的地位,而在郭店簡中,卻降爲一般的德目。《忠信之道》中,忠信爲宇宙萬物的最高原理,而在《五行》德目選取中,根本没有入選。禮、樂的升降變化,與孝、忠信類似。相對而言,它們升降的幅度較爲明顯。

孔孟之間,儒家德目組合呈現由不固定走向固定的趨勢。德目組合的固定化,則意味着不同德目的地位隨之固定。《論語》中並用的德目有仁智、仁禮,有恭寬信敏惠、忠信義等。《曾子》十篇中聯用的德目有仁義、仁智、仁義忠信禮及敬孝慈友等。孔子、曾子雖有明確的思想核心,但倡導的德目衆多,德目組合多樣,形式並不固定。至郭店簡,總體上看德目組合仍不固定,但具體到每篇,如《忠信之道》強調忠信,《六德》凸顯仁義禮智聖善,《五行》圍繞仁義禮智聖,德目組合呈現出固定化的趨勢。

最值得稱道的是《五行》,子思把仁義禮智從衆多德目中抽繹出來,加以固定化,把它規定爲人道的本質,自此仁義禮智成爲儒家德目組合的首要代表與主干。《五行》仁、義、禮、智聯用,而《中庸》仁、智、勇聯用,在子思思想體系中,德目組合的固定化並不徹底。孟子由五行創造出四心説,仁、義、禮、智不再與其他德目聯用,成爲穩固的德目組合。仁、義、禮、智作爲理論主綫,貫穿了《孟子》七篇的始終,標誌着儒家首要德目組合固定化的最終完成。自此,仁、義、禮、智從衆多他德目中凸顯出來,成爲後世儒家構建儒學體系四個必備的支點。因此,筆者主張把孔孟之間稱爲儒學德目組合的"定型期"。

我們過去認爲,仁義並稱是孟子首創,性善論是孟子的個人發明。現在我們知道,仁義並稱在曾子時代已經出現,在《性自命出》、《禮記·樂記》中已有性善論的萌芽。公孫尼子養氣説,開孟子"養吾浩然之氣"的先聲(見《春秋繁露·循天之道》)。孟子儒家哲學的高峰之巔,其實包含着衆多孔門後學的理論構建。孟子只不過順應了當時儒家理論合流的趨勢,加以斟酌損益,精心構建,最終成爲"三論"合一的集大成者。從這種意義上説,孟子思想體系的最終建立,實際是孔孟之間歷代孔門後學集體智慧的結晶。

孔、曾、思、孟的道統傳授,一直爲宋儒所艶稱。從早期儒家哲學的形成過程看,曾子、子思、孟子確實發揮了骨幹作用。他們以其傑出的理論創造才能,成爲構建早期儒家哲學體系的中堅。但在一些重要環節的連接,如仁出於人性,性善概念的提出,卻是《性自命出》、《禮記·樂記》等的理論貢獻。唐宋之際,儒者所宣揚的道統之間的單綫傳承,體現的是一種哲學意義上的歸納總結,並非完全是對歷史真相的如實描述。我們過去過於重視孔、曾、思、孟之間的師承,糾結於子思、孟子到底受教於何人。實際上,師徒傳授固然很重要,但辯論對手、學術氛圍同樣不能忽視。提出問題遠比解決問題更爲重要,世碩、漆雕開等圍繞人性善惡的討論,告子、郭店簡《語叢》、《六德》緊扣仁義内外的爭鳴,搭建了思孟學説展開必要的理論預設與良好的學術氛圍。他們不同乃至否定性的理論建構,客觀上啓迪了子思、孟子創造性的學術思維。

從這種意義上説,我們應當反思宋儒的“道統説”:一是孔、曾、思、孟定位的解讀。孔孟之間,性善論並不是儒家的學術主流,只有在思孟學派與衆多人性論不同理解者激烈爭辯中,我們才能理解思孟學派對“五行”、“四心”的倡導,在當時是一項里程碑式的理論飛躍。早期儒家或言天道不及心性,或强於外王而忽於内聖,只有在儒學複雜多元的理論架構中,我們才能理解孔、曾、思、孟理論所展現的向内求索的理論建構,對於整個早期儒學思想體系定型的決定性作用。

二是其他孔門後學的輔助作用。宋儒褒獎曾、思、孟,貶低其他孔門後學。早期儒家哲學體系的形成,其中有一些理論關鍵點並非出於孔、曾、思、孟,如率先構建人性與教化關係的是世碩,援五行入儒的是《禮運》,説仁出於人性的是《性自命出》。也就是説,道統的形成不單純是孔、曾、思、孟的學術貢獻,其中包含着其他孔門後學的理論建構。這是宋儒所不願也不能承認的。

三是對早期儒家内部持不同意見者的認識。我們過去對告子等人評價過低,認爲他們否定孟子的思想主張,觀點偏頗,强言爭辯。這實際是因循前人之説,站在道統的立場上立論。我們不能站在宋儒道統的立場上論英雄,而應在學術層面做客觀公正的考量。告子等人不僅啓發了思孟學派創新性的思維,而且他們與孟子同樣的認真,同樣的熱忱,積極參與了當時學術的討論。其理論富有創造性,其論辯富有邏輯性,他們身上應同樣佩戴

"理論貢獻者"的勛章。

　　總起來説,《曾子天圓》討論的只是天道與萬物的生成,郭店簡《性自命出》實現了天道與心性的連接,思孟學派又將仁學與心性對接,所謂孔孟之間的"哲學突破",並非孟子一人之力,而是幾代孔門弟子連續不斷理論"突破"的結果。孔子仁學最初只是一種政治倫理,經過子思等三代孔門後學的努力,孔孟之間心性與天道對接,仁學與心性兼容,仁學形而上的來源與路徑漸次展開,儒學體系構建漸趨精微,最終由政治倫理上升爲道德哲學。從孔子到孟子,期間一百多年,曾子提倡孝,子思首創五行,孟子言性善,幾乎每一代孔門弟子都能推陳出新,使早期儒學展現出瑰麗多彩的複雜樣態。因此,孔孟之間可謂是早期儒學理論建構的黃金時代①。

　　早期儒家理論突破是連續不斷、長時間的突破,體系創新是衆多孔門後學集體的創新。必須指出的是,曾子説"聞諸夫子",子思説"子曰",他們既有聽聞夫子的内容,同時又附加了自己的領悟與學術心得,是一種既"述"且"創作"。西方的學術創新,多强調二元對立,注重的是新體系對原有理論體系的"顛覆與摧毀"。而孔門後學建構新的理論體系,皆大致遵循孔子所確定的學術方向,因此孔孟之間的創新,是一種"繼承性"創新,是一種"温和性"的理論延展。

第三節　差　異　性

　　孔子歿後,早期儒家呈現出分化的態勢。《韓非子·顯學》篇云:"自孔子之死也,有子張之儒,有子思之儒,有顔氏之儒,有孟氏之儒,有漆雕氏之儒,有仲良氏之儒,有孫氏之儒,有樂正氏之儒。……故孔、墨之後,儒分爲八,墨離爲三,取捨相反不同,而皆自謂真孔、墨。孔、墨不可復生,將誰使定世之學乎?"韓非所記"儒分爲八",是現存儒家内部分化最早、最完整的文獻依據,因此對韓非之説的準確解讀,直接影響到我們對原始儒學發展面貌的整體估價。韓非話語雖然不多,但卻疑點重重:孔子之後,儒家是否真有

---

① 我們説孔孟之間爲儒學發展的黃金時代,主要證據有四:一是時間長。從孔子至孟子,爲期一百多年。二是參與孔門後學衆多。子夏、子張、子游、曾子、子思、世碩、漆雕開等皆是著名的儒者,儒家八派就有五派在孔孟之間。三是著述成果豐富。《曾子》十篇、《子思子》、郭店簡及上博簡等,證明當時是著述極爲豐富的時代。四是理論創新突出。見正文,不再贅述。

八派之多？八派取捨相反不同，爲何還都是儒家？曾子、子游、子夏是孔子重要門徒，爲何皆不在八派之內？韓非是法家人物，他對儒家八派劃分是否可信？"儒分爲八"遂成爲早期儒學史上千百年來難以解開的謎團。

一、"儒分爲八"研究的困難

雖不斷有學者質疑"儒分爲八"不可信①，但《莊子・天下》篇説："相里勤之弟子五侯之徒，南方之墨者若獲、已齒、鄧陵子之屬，俱誦《墨經》，而倍譎不同，相謂別墨。"《天下》篇所記相里、鄧陵兩派之名與《顯學》篇同，倍譎不同的思想分裂，與韓非之説契合。今傳《墨子》中《尚同》、《尚賢》、《兼愛》等十篇，皆分爲上、中、下三篇，字句小異，大旨無殊，即是相里、相夫、鄧陵三派相傳之本不同，後人合以成書②，可證墨家的確曾分爲三派。與"儒分爲八"不同，學界普遍認爲"墨離爲三"真實可信③。韓非生活在戰國末期，師出荀子，對儒家較爲了解④。"儒分爲八，墨離爲三"同爲韓非所説，既然墨子之後，"墨離爲三"與墨學實際發展情形合符若節，那麼"儒分爲八"也應當是確指。

但依據韓非之説，研究早期儒家分化的難點在於：一是八派人物難以確指。顏回早亡，孔門弟子顏姓多人：顏無繇、顏幸、顏高、顏祖、顏之僕、顏噲、顏何。史影迷茫，很難確定顏氏之儒究竟是誰⑤。八派中目前確定無疑的僅有兩家：子張氏爲顓孫師，漆雕氏爲漆雕開。其他六家則歧義紛紜，難成定讞。

二是八派文獻缺乏，相關研究難以展開。和八派相關的先秦儒家文獻，多已亡佚，傳流至今的只有《孟子》、《荀子》、《中庸》等少數文獻。即使定子思之儒爲孔伋，孟氏之儒爲孟子，孫氏之儒爲荀子，八派之中仍有五派無書。缺少學派研究的文獻，就無法對八派各自思想特質、彼此矛盾等問題展開研

---

① 參李耀仙《辟韓非"儒分爲八"説》，《四川師範學院學報（哲學社會科學版）》1992 年第 1 期，1～6 頁；梁濤《孔子思想中的矛盾與孔門後學的分化》，《西北大學學報（哲學社會科學版）》1999 年第 2 期，11～16 頁。

② 孫詒讓《墨子閒詁》，中華書局，2001 年，俞序 1 頁。

③ 參方授楚《墨學源流》，中華書局，1937 年，41 頁。

④ 以漆雕開爲例，《論語・公冶長》篇："子使漆雕開仕。對曰：'吾斯之未能信。'子説。"《史記》、《孔子家語》皆不超出如此。而《韓非子・顯學》篇："漆雕之議，不色撓，不目逃，行曲則違於臧獲，行直則怒於諸侯，世主以爲廉而禮之。"韓非對漆雕開的記載，明顯詳於《論語》、《史記》等書，可證他對儒家內部情況是很了解的。

⑤ 李零先生提出新説，顏氏之儒可能爲言游。李説僅有字形依據，但無文獻記載作言游入選八派的支撐，證據稍顯單薄。參李零《重見"七十子"》，《讀書》2002 年第 4 期，37～42 頁。

究。郭店簡、上博簡涉及曾子、子貢、子羔、仲弓、子路等多位孔門弟子,可惜大部分都在八派之外。古書多不題撰者,出土文獻能明確斷定具體作者畢竟只是少數。到目前爲止,出土材料僅使子思學派的文獻得到擴充,而其他七家文獻並没有明顯增添,資料嚴重匱乏的瓶頸依然存在。

二、對儒家共同特徵的不同理解

由於文獻缺乏,"儒分爲八"已成爲儒學史上千百年來理不清的學術公案。既然與八派對應的學者、文獻,如此難以梳理,那我們應從何種角度入手,對韓非之説展開深層次的探究?《漢書·藝文志》説:"儒家者流,蓋出於司徒之官,助人君順陰陽明教化者也。游文於六經之中,留意於仁義之際,祖述堯舜,憲章文武,宗師仲尼,以重其言,於道最爲高。"倡導仁義,誦讀六經,效法堯舜、文武之道,以孔子爲宗師,是早期儒者的共同特徵,爲儒學精髓。新出土的儒家文獻,其具體作者雖不得而知,但大都不是某一學派的專有文獻,而是不同儒者的文獻彙編①。我們從這些文獻對儒家共同特徵的不同理解入手,以期爲韓非儒家八派研究提供新的視角。

(一)對仁義的矛盾闡釋

如果用一個詞語概括儒家的思想特質,那就是仁義。仁義是儒家的綱領,孔子後學對仁義皆持贊成態度,但他們對仁義的理解卻明顯有別。孔子發明仁,以仁作爲自己構建思想體系的核心。子張問仁,孔子回答説"能行五者於天下,爲仁矣"(《論語·陽貨》)。"五者"指的是恭、寬、信、敏、惠。在孔子那裏,仁統率恭、寬、信等諸德,是一切道德的總綱。《曾子大孝》説:"夫孝者,天下之大經也。夫孝,置之而塞於天地,衡之而衡於四海,施諸後世,而無朝夕。"曾子建立以孝道爲核心的一元哲學,仁下降爲孝道範疇的一個德目。郭店簡《五行》智、聖、仁、義、禮並列,聖、智的地位尊顯於仁。《六德》把德目與社會身份挂鈎,父德爲聖,子德爲仁,子不如父,仁不如聖。在《六德》中,統率仁義禮智忠信的是德,而不是仁,仁對其他德目的統攝作用不復存在。

---

① 李學勤先生曾提出郭店儒簡大部分篇章爲子思一派所作,但遭到程元敏、李存山等學者的反對,目前並未被學界普遍認可。參李學勤《先秦儒家著作的重大發現》,《中國哲學》第二十輯,13～15 頁;程元敏《〈禮記·中庸、坊記、緇衣〉非出於〈子思子〉考》,《張以仁先生七秩壽慶論文集》,1～47 頁;李存山《"郭店竹簡與思孟學派"復議》,郭齊勇主編《儒家文化研究》第一輯,70 頁。

　　我們知道,在孔子那裏,忠信遠不如仁重要。《忠信之道》説:"忠,仁之實也,信,義之期也。"表面上看對仁義很看重,但《忠信之道》以忠信爲仁義的實質,對忠信的推崇,似有超過對仁義的趨勢。《曾子》十篇、郭店簡與孔子的理論分歧,在於仁不再是諸德的總綱,其核心地位已經消解。

　　同樣都是儒家,但對仁的理解千差萬别。孔子説仁者愛人,把仁的含義規定爲愛人。郭店簡《忠信之道》説"忠,仁之實也",把仁的本質規定爲忠誠、忠實。《性自命出》説"愛類七,唯性愛爲近仁",把仁解釋爲出自人性之愛。《六德》説:"子也者,會敦長材以事上,謂之義;上共下之義,以奉社稷,謂之孝,故人則爲[人也,謂之]仁。仁者,子德也。"在孔子那裏,仁本來是人人可以具有的德行,而《六德》規定只有孝子才具備。《語叢一》説"愛善之謂仁",追求善是仁。如果以孔子對仁的解釋爲標準,郭店簡中只有《五行》"愛父,其繼愛人",和《論語》較爲接近,而其他篇對仁的解釋,和孔子皆存在明顯距離。對仁理解的差異,不僅體現在孔子與郭店簡之間。實際上,如果把上述郭店簡各篇對仁的解釋放在一起,就會發現它們之間對仁的理解,也是不同的①。

　　孔子單稱仁,從未將仁義聯用。《論語·顔淵》説:"顔淵問仁。子曰:'克己復禮爲仁。'"孔子以禮釋仁,仁在現實層面的落實需要禮的支撐。在孔子看來,真正與仁同等重要的德目是禮,而不是義。《曾子制言中》:"君子思仁義,晝則忘食,夜則忘寐。"《論語》中孔子仁禮組合,到《曾子》十篇中變爲仁義搭配。《六德》的德目組合是聖、智、仁、義、忠、信,《五行》是智、聖、仁、義、禮,《尊德義》是仁、義、忠、學、教,《語叢一》是仁、智、義、禮、聖、善。不同儒者,選擇的德目組合不同,而不同的德目組合,背後反映的是不同理論體系建構。儒者以仁爲基礎,構建德目組合,但這些德目組合的差異,反映的是他們對整個儒學理論體系理解的不同。

　　對於義,早期儒者的分歧集中於兩點:一是義的來源。《語叢一》説:"仁生於人,義生於道。或生於内,或生於外。"《語叢一》認爲義生於外,生於道。這裏的道指的是禮,義出於禮制的規定。《性自命出》:"屬性者,義也。"磨礪、提升人性是義,義自然在人性之外。《六德》説:"義,君德也。"義作爲國君之德,自然在内不在外。《孟子·告子上》説"仁義禮智,非由外鑠我也,我固有之也。"義爲先天内在於我的善端,在人性之内。

---

① 《孟子》把惻隱之心規定爲仁,與郭店簡各篇也不一致。

孔子並未指明義的來源，孔孟之間義生於内，還是生於外，存在兩種彼此矛盾的進路。

二是義的内涵。《唐虞之道》："禪，義之至也。"《唐虞之道》把義的内涵規定爲禪讓，推行義的至高境界是讓位於賢人。《性自命出》："屬性者，義也。"磨礪、提升人性的爲義，但磨礪人性，與國君禪讓含義明顯不同。《忠信之道》說："忠，仁之時也。信，義之期也。"與仁内涵接近的是忠，與義接近的是信。而《性自命出》說："智類五，唯義道爲近忠。"强調義和忠最爲接近。到底與義内涵接近的是忠還是信，兩篇存在明顯對立。

在孔子那裏，仁是對所有仁人君子的共同道德要求，不曾根據社會角色的不同，設計不同的道德要求。曾子以孝代替仁，把孝規定爲所有人追求的道德目標。孝分爲大、中、小三個層次，分別與天子、士大夫及庶民對應，不同層次的人，有不同的道德要求。郭店簡《六德》說君義、臣忠、父聖、子仁、夫智、妻信，而《禮記·大學》說君仁、臣敬、父慈、子孝，與國人交往要信。同樣是對君臣父子的道德要求，《六德》和《大學》無一相同。《大學》仁爲君德，而《六德》以義爲君德，仁降爲子德，仁義與君臣父子搭配的差異，使得早期儒家對仁義的闡釋更爲紛繁歧出。

（二）六經並稱與後學選擇各異

傳統的說法認爲，先秦時期六經已經並稱，秦代焚書，《樂經》亡佚，到漢代只有五經傳世。孔子是否刪定六經，並用六經教授弟子，在疑古思潮盛行時，曾一度受到學者懷疑。《莊子·天運》篇說："孔子謂老聃曰：'丘治《詩》、《書》、《禮》、樂、《易》、《春秋》六經，自以爲久矣。'"《莊子》多寓言類故事，《天運》爲《莊子》外篇，更有晚出嫌疑。《六德》說："夫夫、婦婦、父父、子子、君君、臣臣，六者各行其職，而讒諂無由作也。觀諸《詩》、《書》則亦在矣，觀諸《禮》、樂則亦在矣，觀諸《易》、《春秋》則亦在矣。"郭店簡《六德》六經並稱，且次序與《莊子·天運》篇完全一致，說明六經至遲在戰國中期已經定型。《天運》篇說孔子整理六經，以六經教授弟子，應爲可信的事實。

孔子以六經作爲教材，使六經得到廣泛傳播。但由於弟子興趣、愛好的不同，對六經選擇並不相同。孔子之後，對六經的發展可分爲兩派：一是解經派，以注釋、詮釋經書爲主。對六經的詮釋又分爲兩類，一類是對六經的整體詮釋、論說。如郭店簡《語叢一》說："《易》，所以會天道人道也。《詩》，所以會古今之詩也者。《春秋》，所以會古今之事也。《禮》，交之行述也。

樂，或生或教者也。[《書》，□□□□]者也。"①《語叢一》文字簡約，但對六經主旨體會深刻，概括精當。另外一些儒者只注釋、闡發一經，成爲一經之學。如上博簡《詩論》、《禮記·樂記》、馬王堆帛書《易傳》等。

　　二是引經派。引用六經證明自己的觀點，但不注解經文。郭店簡《五行》："'［鳲鳩在桑，其子七兮］。淑人君子，其儀一兮。'能爲一，然後能爲君子，慎其獨也。""淑人君子，其儀一兮"出自《詩經·鳲鳩》，意指賢人君子言行始終如一。而言行如一，來自他内心信念堅定。上博簡《詩論》孔子説"吾信之"，即此意。而《五行》同樣引用這句詩，旨在説明五德内化於心，合而爲一，已與《詩論》意旨有所差異。

　　諸子著書，引用某經，可以證明自己要闡發的觀點，同時也表明作者對某經的熟悉與重視程度。孟子受業於子思之門人，《表記》、《坊記》、《緇衣》三篇都曾稱引《周易》，而《孟子》從不稱引《周易》。儒家推崇六經之教，六經在孔子之時就已定型。趙岐《孟子題辭》："（孟子）通五經，尤長於《詩》、《書》。"孟子以孔子的追隨者自居，但在孟子的思想世界裏，只有五經系統，孔子傳承的六經系統並沒有被孟子接受②。《曾子》十篇只引用《詩經》，郭店簡《緇衣》每章皆稱引《詩經》、《尚書》，《成之聞之》只引用《尚書》，《性自命出》重視的是《詩》、《書》、《禮》、樂。可以説，孔子雖然以六經教授弟子，但弟子並非全盤接受，從其著作的引文看，他們對六經無疑是有所選擇的。

　　儒者對六經的分歧，不在於有些人贊成六經之教，有些反對六經之教。他們皆贊成六經，矛盾之處在於對六經選擇不一。思孟學派重視《詩經》、《尚書》，輕視《禮》學。荀子以《禮》、樂爲本，所以强烈抨擊思孟"不知隆禮義而殺《詩》、《書》"。郭店簡《六德》排定的六經順序是《詩》、《書》、《禮》、樂、《易》、《春秋》，而荀子編排的五經順序是《禮》、樂、《詩》、《書》、《春秋》。

①　類似的説法，見於《禮記·經解》，孔子曰："入其國，其教可知也。其爲人也，温柔敦厚，《詩》教也；疏通知遠，《書》教也；廣博易良，樂教也；絜静精微，《易》教也；恭儉莊敬，《禮》教也；屬辭比事，《春秋》教也。"《語叢一》注重六經内容的解説，《禮記·經解》側重六經教化的效果，從内容到教化意義，經學的作用已經初步展現。

②　少數學者，如胡自逢、徐芹庭等，主張孟子精於易學。其證據有三：一是孟子言性善，言仁、義、禮、智，本於《周易》。孟子精於易學，直接的反證《孟子》一書從不稱引"易曰"，《孟子》文中找不到與《周易》明顯對應的語句。單純根據句義相似，推測其出於《周易》，這種可信度到底有多大？實際上，《孟子》與《中庸》、郭店簡《五行》、《性自命出》之間的理論連接，要比《周易》密切得多。二是引用《孟子外書·文説》篇爲證。但《孟子外書》爲僞書，已是學界公認的結論。三是子思精通易學，子思、孟子同爲思孟學派，孟子因此必然精通易學。師承不是孟子精通易學的充分條件，試問孔子爲博學之儒，爲何弟子僅得其一端？參胡自逢《先秦諸子易説通考》，臺北文史哲出版社，1974年，42頁；徐芹庭《易經源流》，中國書店，2008年，189～190頁。

六經編排順序的差異,體現的是他們對經書重視程度的差異。早期儒者皆誦讀六經,但對經書的偏愛不一,因此建構理論體系時,對經書倚重程度各不相同,學派間的分歧由此而生。

從以上幾點看,孔門弟子雖皆誦讀六經,但對六部經典偏愛各有不同。孔子以六經教授後學,但後學對六經並非全盤接受。不管解經派也好,引經派也好,他們對六經採取的方式是選擇性吸收。孔門後學對六經借鑒與吸收各有側重,這樣就使早期儒家經學呈現出複雜多變的面貌:或六經並稱,或突出一經;或採擷文字注釋一經,或引經以證己。六經系統的定型,並不妨礙四經或五經系統的並行。對六經選擇形式的不同,背後反映的是儒者對經學的不同解讀。後世學者根據文獻引文,懷疑孔子並未以六經教授弟子,先秦時期六經尚未定型,其原因在於不了解孔門後學對六經選擇的差異。

(三)政治理想的不同:世襲與禪讓

"祖述堯舜,憲章文武",指遵循堯舜之道,效法文王、武王制定的典章制度。孔門後學皆以效法堯舜、文武爲標的,但對王位繼承制的設想卻不相同。孔子對堯舜、文武等聖王皆持贊賞的態度,但實際政治操作中,孔子主張效法西周。《論語·八佾》孔子曰:"周監於二代,郁郁乎文哉!吾從周。"西周人文鼎盛,禮制繁榮。孔子主張效法西周,而西周施行嫡長子繼承制。孔子說:"如有用我者,吾其爲東周乎!"(《論語·陽貨》)孔子欲以西周爲範本,再造東周,自然要施行世襲制。《論語·泰伯》記載:"大哉堯之爲君也,巍巍乎!唯天爲大,唯堯則之。蕩蕩乎民無能名焉,巍巍乎其有成功也,焕乎其有文章!"堯舜施行禪讓制,文王、武王施行世襲制。孔子多次稱贊堯舜之德,但並不是說要在現實政治中推行禪讓制。

《唐虞之道》:"堯舜之行,愛親尊賢。愛親故孝,尊賢故禪。……不禪而能化民者,自生民未之有也。"不施行禪讓而能教化萬民,自人類產生以來,就沒有成功過。《唐虞之道》把堯舜禪讓與文武世襲對立起來,認爲只有推行禪讓,施行賢人政治,才能挽救當時的社會危機,實現社會秩序的重建。"禪而不傳,聖之盛也",《唐虞之道》對堯舜禪讓無限度推崇,明確肯定王位禪讓勝於傳子,與孔子效法西周世襲制明顯抵觸。

孟子道性善,言必稱堯舜,但公元前314年,燕王儈讓位子之政治鬧劇失敗後,孟子對於禪讓的態度,變得模棱兩可起來。《孟子·萬章上》:

　　萬章曰："堯以天下與舜,有諸?"孟子曰:"否! 天子不能以天下與人。""然則舜有天下也,孰與之?"曰:"天與之。"……(孟子)曰:"天子能薦人於天,不能使天與之天下;諸侯能薦人於天子,不能使天子與之諸侯;大夫能薦人於諸侯,不能使諸侯與之大夫。昔者堯薦舜於天,而天受之;暴之於民,而民受之。故曰:天不言,以行與事示之而已矣。"

萬章問孟子,堯禪讓天下於舜,有沒有這回事? 孟子說沒有。那舜是如何得到天下的呢? 孟子說天把天下讓於舜。天是不能說話的,怎麼知道天把天下讓給了舜? 孟子說如果百姓接受舜爲帝王,就證明天把天下讓於舜。孟子接着說"唐虞禪,夏後殷周繼,其義一也",不管是禪讓,還是世襲,關鍵看民意是否接受。實際上,這就有意回避了禪讓與世襲之爭。同樣是效法堯舜,儒家對禪讓的態度明顯不同。孔子恢復周禮爲己任,主張"從周",採用世襲制。《唐虞之道》强調只能禪讓,排斥世襲。孟子認爲禪讓也好,世襲也罷,不過是形式,民意接受才最重要。

　　堯舜是一個時代,文武是另一個時代,兩者分處於不同的歷史階段。孔子對堯舜與文武皆持稱頌的態度,無意强分孰優孰劣。孔門後學鼓吹禪讓,在戰國中期形成了一股思潮。《禮記・表記》說:

　　　　夏道尊命,事鬼敬神而遠之,近人而忠焉,先祿而後威,先賞而後罰,親而不尊。其民之敝,蠢而愚,喬而野,朴而不文。殷人尊神,率民以事神,先鬼而後禮,先罰而後賞,尊而不親。其民之敝,蕩而不靜,勝而無恥。周人尊禮尚施,事鬼敬神而遠之,近人而忠焉,其賞罰用爵列,親而不尊。其民之敝,利而巧,文而不慙,賊而蔽。……後世雖有作者,虞帝弗可及也已矣。君天下,生無私,死不厚其子;子民如父母,有憯怛之愛,有忠利之教;親而尊,安而敬,威而愛,富而有禮。

子思認爲三代都有流弊:夏代親親而無尊,百姓愚蠢粗野;商代尚尊尊而無親,百姓放蕩而無羞恥觀念;周代推崇禮法,親親而無尊,百姓貪利取巧,互相侵害。舜帝不厚待其子,而愛天下之民,沒有私心,三代家天下根本不能和虞舜君天下相比。上博簡《容成氏》說堯舜之時,疾病不生,百姓和樂,而三代時期征戰橫行,百姓生活困苦。《禮記・禮運》認爲堯舜時代"天下爲公",路不拾遺,夜不閉戶,而三代時期不傳賢而傳子,致使"大道"隱退,是社會的倒退,道德的墮落。《表記》等文獻稱頌禪讓,高揚堯舜而貶抑文武,其潛在的傾向是要超越文武,而直接取法堯舜。

對於子思等超越文武而取法堯舜的意見,荀子批評他們"略法先王而不知其統"(《荀子·非十二子》),不知效法堯舜之道,要從周制入手。堯舜時期政治典章多已亡佚不存,而西周禮制燦然可見,效法堯舜之道,應以文武之制爲突破口。在荀子看來,直接選擇堯舜禪讓而抛棄周制,嚴重違背了孔子對堯舜之道的體認。

孔子以禮學著稱於世,在實際生活中主張效法周禮,並未區分堯舜與文武的優劣。《表記》、上博簡《容成氏》等文獻高揚堯舜之世而貶抑三代,認爲傳子取代傳賢,是德衰的表現,主張捨棄文武而直接取法堯舜。而荀子認爲先王、後王道體一貫,效法堯舜需從學習周制入手。同樣是效法堯舜,他們打通堯舜之道的門徑並不一致。

總之,孔子遵從周禮,主張在現實生活中施行世襲制。《唐虞之道》主張效法堯舜禪讓,排斥王位世襲制。孟子持禪讓、世襲兩可的態度,以百姓的接受爲最終目的。《表記》等文獻認爲不傳賢而傳子,是德衰的表現,主張超越三代而直接效法堯舜。荀子則主張堯舜時代的政令典章亡佚無存,效法堯舜應從學習周制入手。祖述堯舜,憲章文武,爲儒家學派的共同特徵,但在實際操作層面,卻存在禪讓與世襲的嚴重對立。

(四)宗師仲尼與儒學理論建構的差異

孔子是儒家學派的宗師,早期儒者皆以孔子爲效法的楷模。稱頌師説是孔門後學推崇孔子的重要方式。孔門後學稱引孔子有兩種明顯不同的方式:一是以子曰爲旗幟,借孔子以自重。《曾子》十篇稱引孔子皆用"參嘗聞之於夫子",《孟子》稱孔子或仲尼曰,郭店簡《緇衣》更是每章皆用"子曰"。曾子、子思、孟子都大張旗鼓地稱引孔子,給人的印象是他們親聞於夫子,爲孔子的正宗嫡傳。

二是稱引孔子之語卻不引孔子之名。上博簡《從政》:"聞之曰:可言而不可行,君子不言;可行而不可言,君子不行。"《從政》相同的内容見於郭店簡《緇衣》,可知聞之於孔子,爲孔子語録,但卻不引孔子之名。郭店簡《尊德義》説"德之流,速乎置郵而傳命",此句已經完全融爲《尊德義》的理論闡發,化孔子語録爲己説,連"聞之曰"都不標明。如果不借助《孟子·公孫丑上》的引文,我們甚至不知它爲孔子之語①。

稱引師説的差異只是形式,更重要的是繼承孔子思想的差異。孔子内

---

① 類似的例證,《尊德義》説"民可使,道之。而不可使,知之",亦見於《論語·泰伯》。

外兼修,自律與他律並重,其思想體系博大精深。孔門後學往往根據自己的興趣、愛好,選取孔子思想的一端,得聖人之一體。《曾子》十篇重孝,《忠信之道》重視忠信,《禮記·樂記》重視樂教,《孟子》言性善。孔門後學雖都取法於孔子,但只抓住孔子思想的一端而不及其餘。他們只是選取和發展了孔子學說的某些方面,並沒有全面繼承孔子的思想。這種繼承孔子思想的"窄化",是誘發孔門分化的重要原因。

其次是思想核心的轉換。《曾子大孝》説:"居處不莊,非孝也;事君不忠,非孝也;莅官不敬,非孝也;朋友不信,非孝也;戰陳無勇,非孝也。"在孔子那裏,仁統率恭、寬、信、敏、惠諸德,是思想的總綱。而在曾子理論建構中,統率忠、敬、信諸德的是孝,已經不再是仁。孔子主張仁重於生命,關鍵時刻要捨身以成仁。《曾子大孝》樂正子春説:"父母全而生之,子全而歸之,可謂孝矣;不虧其體,可謂全矣。"父母生下我們時四肢健全,我們要盡孝,必然要"全而歸之",肌膚、毛髮不能絲毫損傷。孝爲宇宙第一要義,孝重於仁,這樣在樂正子春那裏,能否做到殺身成仁,則存在明顯的疑問①。

《論語·學而》説:"孝弟也者,其爲仁之本與!"《論語》以仁爲本,孝悌則爲仁之本。《曾子》十篇對孝極爲重視,並不違背孔子的思想。但曾子、樂正子春一派由此生發去,説"孝者,天下之大經",把孝提升爲天下之至道,顛覆了仁的綱領地位。孝爲全德,仁、義、忠、信等皆爲子德②,由仁包含孝轉變爲孝統攝仁,這就意味着新的思想範式的誕生。子思倡導五行,孟子言性善,荀子重禮學,孔門後學根據自己的興趣愛好,選取自己對孔子儒學感觸最多、理解最深的部分作爲自己的理論核心,不斷强化、凸顯,構建起各自的理論體系,學派間的分歧由此而產生。

在孔子理論建構中,仁學與人性處於兩分的狀態,天人交通的具體理路並未明確建立。孔孟之間,心性論、天人之學相繼興起。孔門後學紛紛汲取心性與天道的內容,構建自己的道德形而上學,但他們建構的路徑卻極爲複

---

① 周予同先生説:"曾子一派,主張'仁孝一致論',即擴充'孝'的範圍以與'仁'相合,結果使'仁''孝'爲同實而異名的德目。"周先生已注意到了曾子孝道範圍的擴大,但尚未注意到重仁與重孝之間理論建構的差異。參周予同《"孝"與"生殖器崇拜"》,《周予同經學史論著選集》,上海人民出版社,1983年,88頁。

② 《曾子大孝》:"民之本教曰孝,其行之曰養。……夫仁者,仁此者也;義者,宜此者也;忠者,中此者也;信者,信此者也;禮者,體此者也;行者,行此者也;彊者,彊此者也。……夫孝者,天下之大經也。"王聘珍注:"此者,竝謂孝也。"孝道作爲教化民衆之本,仁、義、忠、信等皆蘊含在爲父母盡孝之中。

雜多樣。《成之聞之》説“天降太常，以理人倫”，以太常連接天道與人間秩序。《性自命出》説“性自命出，命自天降”，以人性作爲天人交通的主要媒介，構建天—命—性—情—道的理論鏈環。《五行》以仁義禮智聖爲天道，以仁義禮智爲人道，直接用五行實現天人相接。依託天道，天人之間雙向撐開，是孔孟之間儒學建構的共同趨勢，但天人連接的媒介有人性、易、太常、聖智、太一、誠等多種。這些媒介和仁義、禮樂及社會秩序等不同内容連接，造就了早期儒學理論形態的異彩紛呈，同時也拉遠了他們與孔子對儒學的理解。

　　春秋戰國時代，社會動蕩，戰亂頻仍。孔子周游列國，奔波一生，並未找到社會秩序重建的真正路徑，他把難題留給了他的後學。面對社會分崩的局勢，孔門弟子出身於不同的社會階層，不同的人生經歷，對社會現象關注點不一，造成他們社會秩序重建策略的不同設計。《曾子》十篇倡導孝道，主張由家族内部父慈子孝，實現天下國家的和睦安寧。《六德》將六種德目與不同社會身份的人對應，不同社會身份的人篤守自己的德行，社會自然趨於治理。《成之聞之》強調王道教化，以國君之德帶動庶民敦化向善。《唐虞之道》倡導禪讓，依靠賢人政治，實現社會秩序的長治久安。孔門後學面對的社會難題雖然相同，但設計的解決方案卻因人而異，因此分化是他們不同理論建構的必然結果。

　　宋立林先生説儒家八派雖取捨不同，但尚不至於相反，否則便不能歸之於儒家團體了①。儒家奉行仁義，但義生於内與生於外便是相反。儒家以人性建構形而上學，性善與性惡便是相反。儒家效法堯舜，法先王與法後王、世襲與禪讓便是相反。仁、孝是儒家尊崇的德目，以仁統攝孝與以孝統攝仁便是相反。倡導仁義，誦讀六經，效法堯舜，宗師孔子，是儒家的共同特徵，但孔門後學對共同特徵的理解卻千差萬别。孔門後學雖最初的理論建構皆取法於孔子，但此後理論的走向卻漸行漸遠，逐漸與孔子所理解的儒學拉開了距離。早期儒家是和而不同的君子群體，思想歧異是孔門内部的普遍存在。

三、“儒分爲八”的深層解讀

　　對於儒家分化的原因，蒙文通先生説：“《韓非子》言……儒之分爲八

①　宋立林《“儒家八派”的再“批判”》，曲阜師範大學博士論文，2011 年，66 頁。

者,正以儒與九流百家之學相蕩相激,左右採獲,或取之道,或取之法,或取之墨,故分裂而爲八耳。"①蒙先生認爲八派取法於道家、法家、墨家的不同,以致儒分爲八。今由《墨子》書看,墨家分爲三派,實與儒家影響無關。爲何儒家八派分化,卻緣於受到了墨家的影響? 蒙先生之説,在文獻資料中並無有力的證據。基於上文的分析,我們認爲,韓非説八派"取捨相反不同",是指孔門後學對儒學基本問題的看法不同,如人性善惡,世襲還是禪讓,仁義内外等等,爭論的焦點應主要集中在儒學本身,而不應向外訴諸道家、法家而强求。

吳龍輝先生主張八派是爲爭正統涌現出來的八大强家,把利益、干禄之爭,作爲儒家分化的首因②。《孟子·滕文公上》説:"他日,子夏、子張、子游以有若似聖人,欲以所事孔子事之,强曾子。"爭正統最明顯的是有若,强烈反對的是曾子,但儒家八派中卻没有有若、曾子。"謀道不謀食"是孔門後學的一貫精神追求,孔門内部,顔回、子思、曾子、原憲等皆是安貧樂道的典型,他們不可能因個人私利而爭鬥不休。

《論語·子張》記載曾子曰"堂堂乎張也,難與並爲仁",子游説"吾友張也,爲難能也,然而未仁",在曾子、子游看來,子張舉止雖難能可貴,卻未達到仁的要求。曾子、子游雖批評子張,但在實際生活中,他們之間的私人關係極爲友善。子張去世,恰逢曾子有母之喪,但他毅然前去哭喪(見《禮記·檀弓下》)。子游稱子張爲"友",説明他們關係親密,而非水火不容。如果存在你死我活的利益衝突,他們會如此和諧相處嗎? 這都説明儒家分化的首因不是爭正統,不是利益、干禄之爭,更多的是對孔子儒學本身理解的分歧。

戰國時期,儒家是否真有八派之多? 龐樸先生説:"韓非此言多有誇張,我們不必過於認真,真的以爲孔子以後,儒學便八瓣開荷花了;其實並没有那麼多,邏輯地説來,也不可能有那麼多。"③《論衡·本性》篇:"周人世碩,以爲人性有善有惡,舉人之善性,養而致之則善長;惡性,養而致之則惡長。如此,則情性各有陰陽,善惡在所養焉。故世子作《養性書》一篇。宓子賤、漆雕開、公孫尼子之徒,亦論情性,與世子相出入,皆言性有善有惡。"漆雕開在八派之中,主張性有善有不善,與孟子人性善不同。世碩、宓子賤、公孫尼

①　蒙文通《經學抉原》,上海人民出版社,2006 年,210 頁。
②　吳龍輝《"儒分爲八"别解》,《文獻》1994 年第 3 期,121～132 頁。
③　龐樸《孔孟之間——郭店楚簡的思想史地位》,《中國社會科學》1998 年第 5 期。

子、告子與孟子的人性論也皆不同，爲何在韓非所分八派之中，没有世碩、宓子賤、公孫尼子等儒者呢？《禮記·禮運》、上博簡《子羔》是主張禪讓的，它們和孟子、荀子的政治觀皆不同，孟子、荀子在八派之中，爲何八派中没有子游、子羔？這就説明韓非八派的劃分，並没有囊括孔子之後儒家分化的所有派別。

馬勇先生説八派的區分，只是韓非個人的主觀感受，並没有嚴格的學術界定①。漆雕開、宓子賤、公孫尼子都與孟子性善論不同，八派爲何只選漆雕開呢？《韓非子·顯學》篇：“漆雕之議，不色撓，不目逃，行曲則違於臧獲，行直則怒於諸侯，世主以爲廉而禮之。”和宓子賤、公孫尼子相比，漆雕開不僅人性論與孟子不同，更重要的一是所作所爲非常人所能。漆雕開自己做得不對，即使面對奴僕也要退讓；如果自己做得正確，即使面對國君也要斥責。二是漆雕開在當時影響很大，“世主以爲廉而禮之”，受到諸侯國君的厚遇。

是不是有特立獨行之舉，就能入選八派呢？《荀子·解蔽》篇説：“空石之中有人焉，其名曰觙。其爲人也，善射以好思。耳目之欲接則敗其思，蚊蝱之聲聞則挫其精。是以闢耳目之欲而遠蚊蝱之聲，閑居靜思則通。思仁若是，可謂微乎！孟子惡敗而出妻，可謂能自彊矣；有子惡臥而焠掌，可謂能自忍矣。”已有學者指出，這裏的“觙”實爲子思。子思爲思求仁義，能避開視覺、聽覺的欲望，遠離蚊蟲叫聲。孟子懼妻子敗壞自己的德操，竟要休妻。有子擔心自己看書時瞌睡，就用火燒烤自己的掌心。子思、孟子和有子所作所爲，皆非常人所能及，爲何八派中選子思、孟子，不選有子呢？《孟子·滕文公上》説：“他日，子夏、子張、子游以有若似聖人，欲以所事孔子事之，强曾子。”有子行爲雖有非常之舉，但在子夏、子游等人看來，他思想、言行和孔子酷似。有子未像子思倡導五行、孟子言人性善一樣，與孔子表現出强烈的思想歧異，所以未能入選八派。曾子、子夏等雖影響巨大，但未入選韓非所説的八派，原因皆是如此②。

韓非的八派劃分，有明確的學術依據：一是八派雖自稱是“真孔學”，卻與孔子之學存在明顯的距離；二是不同派別之間“取捨相反不同”，彼此思想體系存在嚴重對立；三是爲常人所不能，有非常之舉，在當時影響巨大。孔

---

① 馬勇《孔子之後的儒學分化》，龐朴主編《中國儒學》第一輯，東方出版中心，1997 年，64 頁。
② 以此類推，像顔回等“四科十哲”，親受孔子之教，與孔子思想没有明顯差異，所以皆不在八派之中。

子之後,早期儒家圍繞人性善惡,仁義内外,世襲還是禪讓,都有矛盾理解,思想歧異是當時孔門内部的普遍現象。韓非没必要,也不可能一一窮盡當時孔門内部的所有分化。韓非只是枚舉式選取了較爲典型的八家,以説明早期儒家分化的嚴重,因此先秦時期,"儒分爲八是概稱,不是全稱"①。

荀子把子游、子夏、子張列爲賤儒,而韓非八派只列子張一家,這就説明韓非與荀子劃分的標準並不一致。在宋儒看來,孔、曾、思、孟爲儒家道統一脉相傳,而在韓非眼中,子思、孟子卻是儒家的"異端"。這裏有必要對韓非所持立場進行檢討。荀子斥責子夏等人爲賤儒,是出於衛道,即捍衛儒學的精義。而韓非論説儒家的目的,在於打壓儒家。韓非説孔子之後儒分爲八,是對早期儒學分化面貌的真實描繪,但韓非出於排斥儒家的需要,片面强調儒家分化的差異,而有意遮掩了儒家倡導仁義、宗師仲尼等一以貫之的共性。確切地説,韓非對儒學發展真相的揭示是"部分的",而非全面的呈現。思想的繼承與變異,是先秦諸子思想發展的普遍規律,非獨儒家爲然。具體到法家而言,商鞅重法,申不害重術,慎到重勢,三人同爲法家,而理念皆不相同。我們能否也以法家内部分化、歧異,定法家爲蠹蟲?對此,韓非肯定是閉口不言了。

荀子非十二子,抨擊衆多學者、流派,這種批判精神在韓非那裏得到徹底的繼承。韓非對儒家是了解的,但韓非没有從荀子那裏學到早期儒學的思想精髓。韓非出儒入法,站在法家的立場上,批判儒家内部分化、理論歧出。韓非的批評,確實在一定程度上反映了早期儒家發展的真實面貌。但思想發展、學派分化,是先秦諸子百家普遍存在的現象,並非儒家所獨有。韓非的問題在於只强調早期儒家分化的差異,蓄意回避儒家發展的共性;只凸顯儒家内部分化,閉口不談法家内部思想主張也歧異百出。韓非志在詆毀和攻擊儒家,法家立場的偏頗,使其不能全面評述儒、墨流變的真相,不能像《莊子·天下》篇那樣,具備統攝全局的視野與客觀公正的學術立場。

對於早期儒學的總體評價,宋儒的講法最爲典型。程頤説:"自性而行,皆善也。聖人因其善也,則爲仁、義、禮、智、信以名之,以其施之不同也,故爲五者以別之。合而言之皆道,別而言之亦皆道也。"(《二程遺書》卷二十五)仁義禮智信(聖)雖形式各異,但皆從性善而發。《論語》、《大學》、《中庸》、《孟子》理論形式雖然各異,但道體不二,體用一如。宋儒對儒學道體

① 　參顔炳罡《"儒分爲八"的再審視》,龐朴主編《儒林》第一輯,山東大學出版社,2005 年,137 頁。

的哲學確認,體現的是對孔、曾、思、孟理論構建差異的絕對排斥與漠視。阮元説:"百世學者皆取法孔子矣,然去孔子漸遠者,其言亦漸異。"①孔子之人性,在郭店儒簡、孟子那裏,已有所差異;孔子之禮,在孟子、荀子處明顯不同。學術分歧與繼承相伴相生,才是思想發展的真實。曾子雖不屬韓非所謂儒家八派,但曾子弟子子思、樂正子春已入選八派。儒家八派的分化不是一次形成的,而是長時間思想差異不斷疊加的必然結果。

第四節　複　雜　性

孔子因材施教,善於根據學生的興趣、愛好隨時點撥,這是非常好的教學方法。但另一個方面,孔子没有給學生提供什麽是仁學的標準答案。《漢書·藝文志》記載:"昔仲尼没而微言絶,七十子喪而大義乖。"孔子去世,意味着儒學權威的逝去。弟子們失去了學術折中的最終標準,於是只能根據自己的理解,對儒學加以闡發,以致理論建構複雜多變。主要表現在以下幾點:

對仁的複雜定義與解説。僅從《曾子》十篇和郭店簡看,當時儒者對仁的解説就有七種之多。曾子對仁的界定有兩處,一是《曾子制言中》:"雖行不受必忠,曰仁。"仁是指自己的行爲、主張不被國君接受,也要忠誠勉行。二是《論語·里仁》,曾子説:"夫子之道,忠恕而已矣。"曾子以忠恕之道概括孔子仁的内涵。

而郭店簡對仁的規定,大致可以分爲五類:一是愛;二是孝;三是善;四是忠;五是人性之愛(詳見下編第三章)。如果説"愛"與"愛父"勉强可以看作一致的話,則以忠、善釋仁的説法,與"愛"絶不相同。孔子重仁,但《論語》對仁的解説前後不一,且孔子又不限制弟子對仁的理解,以致郭店簡諸篇對仁的解釋衆説紛紜。郭店簡各篇對仁的解説,都是從孔子處發源。但如果愛是仁,則忠就不是仁;如果善是仁,則喪便不是仁。到底哪個是仁的正解? 郭店簡每篇講的都有其合理之處,但又不盡相同,對仁的解釋莫衷一是,没有一個標準的答案。如同看萬花筒,讓人眼花繚亂,無所適從。

各類德目隨意組合。德目組合,是考察不同儒學體系建構的重要標尺。

---

① 阮元《揅經室集·〈曾子〉十篇注釋序》卷二,39頁。

當時仁存在一個由單稱到多個德目聯用的趨勢,有三點需要注意:一是德目組合數量不固定,少者爲兩個,多者可達五個、六個。二是仁與哪些德目聯用不確定。《曾子》十篇仁、義、忠、信、禮聯用,《六德》聖、智、仁、義、忠、信聯言,《尊德義》仁、義、忠、學、教聯用,都各不相同。《曾子》十篇五組德目,郭店簡九組德目,相同的只有仁義一組。早期儒家仁學體系建構時,選用哪些德目,不選用哪些德目,帶有較大隨意性,看不出明顯的規律。郭店簡《五行》、《六德》、《忠信之道》及《尊德義》等儒家文獻,其理論闡發依據的德目組合皆有所不同,可以説,在子思之前,早期儒家德目組合處於無序的狀態。《五行》仁、義、禮、智、聖聯稱,而《中庸》聯用的智、仁、勇,嚴格地講,子思學派對德目組合的固定化也並不徹底。只有到孟子,才以仁、義、禮、智的德目組合,貫穿了整個理論體系的始終。

　　三是對同一德目的重視程度不同。忠信在《忠信之道》居於道體的位置,與仁義等量齊觀,而在子思《五行》篇中竟毫無涉及,居於無足輕重的地位。哪些德目地位重要,哪些德目不重要,哪些德目地位上升,哪些德目地位下降,沒有一定之規,主要由孔門後學根據自己的理解、體會來確定。早期儒家仁學體系的建立,需要具體德目組合的支撐,而不同的德目組合,意味着理論體系塑構的差異。孔孟之間德目搭配數量與類型的不固定,使得儒家仁學體系建構更加紛繁複雜。

　　天人交通模式類型繁多。早期儒家天人關係建構複雜表現在兩方面:一是天人交通媒介的選擇。《孟子·盡心上》説:"盡其心者,知其性也。知其性,則知天矣。"過去我們習慣地認爲,人性是早期儒家天人交通的必由路徑。郭店簡《成之聞之》説:"天降大(太)常,以理人倫。"《成之聞之》以太常,而不是以人性作爲天人溝通的橋梁。類似的例證,《曾子》十篇以"氣",《禮記·樂記》以"樂",《易傳》以"易",《五行》以"聖智",《禮記·禮運》以"太一",早期儒家天人交通的媒介多達七種以上。除此之外,天人交通還有不需媒介的類型。如《語叢一》説"察天道以化民氣",又説"知天所爲,知人所爲,然後知道,知道然後知命",天命與人心直接交感,不需要任何紐帶與橋梁的連接①。

　　二是天人關係的處理。子思《五行》天道是仁、義、禮、智、聖,人道是仁、義、禮、智,人道包括於天道之中。《窮達以時》説:"有天有人,天人有分。

---

① 《論語·述而》孔子曰:"天生德於予,桓魋其如予何。"孔子有時也是天人直接交感,無需媒介。

察天人之分,而知所行矣。"天有天的職分,人有人的職分,《窮達以時》主張天人相分,明確與《五行》是兩種類型。孟子説"盡心知性,盡性知天",主張天道、人心雙向打通,而《性自命出》説"性自命出,命自天降",天道只是單向下行,《語叢》等提倡知天、察天,只是天道上行。僅僅天人交通,就存在三種不同的類型。推天道以明人事,是儒家思想的重要特色。早期儒家既講天人合一,又講天人相分,天人交通的路徑衆多,而這些路徑或結合仁義,或結合人倫,或結合社會秩序,所形成的理論建構更是多種多樣、豐富多彩。

思想鏈環在曲折中銜接。孔、曾、思、孟道統一脉相傳,向來爲後儒所稱道,但他們之間思想並非直綫式演進,有時會有曲折,會有思想歧出。性善論體系建立,是孔孟之間早期儒家最重要的理論建構。我們以性善論爲例,加以説明。《曾子天圓》説:"天道曰圓,地道曰方,方曰幽而圓曰明。明者,吐氣者也,是故外景;幽者,含氣者也,是故内景。吐氣者施,而含氣者化,是以陽施而陰化也。陽之精氣曰神,陰之精氣曰靈。……偏則風,俱則雷,交則電,亂則霧,和則雨。陽氣勝則散爲雨露,陰氣勝則凝爲霜雪。陽之專氣爲雹,陰之專氣爲霰;霰、雹者,一氣之化也。"天道爲圓,地道爲方,陽的精氣爲神,陰的精氣爲靈。天地間萬事萬物,皆是陰陽之氣化生的結果。天爲性善的本源,性善論的前提,是天必須爲德性之天,但曾子之天卻是自然之天。也就是説,天作爲人間至善的本源,在曾子那裏並不存在。

塑構性善論,天人交通最重要的媒介是人性。《曾子立事》説:"目者,心之浮也;言者,行之指也;作於中則播於外也。"眼睛是心靈的浮現,言語是行動的主旨,内心存在的感情,必然會顯露於外。曾子由注重修身到注重修心,是孔子之後儒學内轉的踐行者。但不管從《曾子》十篇,還是從《大學》看,曾子只是講心,不講性,不講心對人性的制約作用。孔子説"性相近,習相遠",子思説"天命之謂性",孟子説"盡性知天",曾子以氣,而不是以人性作爲貫通天人的橋梁,在曾子的理路建構中,缺失了人性這一至關重要的概念。

《曾子天圓》説:"陽氣勝則散爲雨露,陰氣勝則凝爲霜雪。陽之專氣爲雹,陰之專氣爲霰;霰、雹者,一氣之化也。毛蟲毛而後生,羽蟲羽而後生,毛羽之蟲,陽氣之所生也。介蟲介而後生,鱗蟲鱗而後生,介鱗之蟲,陰氣之所生也。唯人爲倮匈而後生也,陰陽之精也。"天地化生陰陽之氣,陰陽之氣化生雨露、霜雪,化生羽蟲、介蟲,在曾子那裏,天道只有單向下行。孔子説"天生德於予,桓魋其如予何"(《論語·述而》),又説"五十知天命",天降德於我,我感知天命,在孔子那裏,天人是雙向貫通的。子思、孟子皆是如此。而在曾子理論中,只有天道單向下行,没有知天、效天,人道上達天道的理論鏈環並未建立。

孔子去世後,曾子獨得其宗,在宋儒建立的道統中,曾子與子思、孟子居於同等重要的地位。目前學界普遍强調曾子到思孟理論建構的順向生成,但從《曾子》十篇看來,曾子心性論與子思、孟子相比,存在明顯的"理論偏轉":孔子已提出德性之天的理論建構,而曾子援陰陽學説入儒,天爲自然之天,性善論的前提被人爲忽視了。曾子自然天人觀的理論構建,無法實現人心與天命的契合,客觀上不利於儒學内在超越的實現。孔子已指出性與習的關聯,而曾子只論心,不涉及人性,天人交通的媒介是氣而不是人性,人爲陰陽之氣化生,無法建構起類似《性自命出》天—命—性—情—道的學術鏈環。曾子説"三省吾身",强調反觀内省,順應了孔子之後儒學内轉的趨勢。但由於曾子對孔子思想的"選擇性"繼承,他在性善論構建的關鍵點上,存在明顯的理論缺憾。子思、孟子欲建立性善論,有時必須要繞開曾子的理論建構,才能實現與孔子思想的對接。

孔子思想是一條没有岔路口的大道,但孔孟之間的理論建構卻步步是歧途。孟子講仁義内在,告子卻講仁内義外。《中庸》講天人合一,郭店簡《窮達以時》卻講天人相分。孟子講人性善,而郭店簡《性自命出》卻講人性可以善,也可以惡。孔門後學對仁有不同理解,對性之善惡有不同定義,天人交通的媒介選擇不一,天人合一還是相分,存在矛盾衝突。可以説,在性善論形成的每一個學術鏈環上,早期儒家都存在不同甚至是彼此矛盾的規定與闡發。孔、曾、思、孟是性善論建構的主綫,但他們之間理論建構也並非全是直綫式推進,其中既有順向的理論生成,也有思想的"旁逸斜出"。孔子去世後,後學分居雜處,共同切磋學術的機會日益減少。各派弟子對孔子學術繼承的選擇性,心得體會的主觀性、隨意性,注定了早期儒家理論體系的塑構,必然是一個複雜而曲折的過程。

第五節　融　合　性

戰國時期,百家爭鳴,不僅儒家與墨家、道家等爭鳴,在儒家内部,同樣

也存在激烈的學術爭鳴。孔孟之間,儒學至少經歷了三次大規模的學術爭鳴。一是對人性善惡的爭論。《孟子·告子上》公都子説:

> 告子曰:"性無善無不善也。"或曰:"性可以爲善,可以爲不善。是故文、武興則民好善,幽、厲興則民好暴。"或曰:"有性善,有性不善。是故以堯爲君而有象,以瞽瞍爲父而有舜;以紂爲兄之子,且以爲君,而有微子啓、王子比干。"今曰性善,然則彼皆非歟?

從公都子的話看,孟子之時人性論觀點至少有四種: 性無善無不善;性可以爲善,可以爲不善;有的人性善,有的人性惡;性善。孔門後學世碩、漆雕開、公孫尼子、宓子賤主張性有善有惡,告子認爲性無善無不善,子思、孟子持性善説,可以説當時對人性善惡的不同認識,幾乎都出自儒家。而隨之涌現的《語叢》、《性自命出》、《禮記·大學》、《中庸》、《樂論》、上博簡《詩論》等一系列涉及心性、禮情的學術著作,則反映了當時儒家參與心性辯論的廣度與深度。孔子發其源,孟子收其尾,心性善惡的爭辯,遂成爲貫穿孔孟之間的核心命題。

二是義之内外的紛爭。對於義的來源,儒家内部存在激烈的爭論。《孟子·告子上》記載:

> 告子曰:"食色,性也。仁,内也,非外也;義,外也,非内也。"孟子曰: "何以謂仁内義外也?"曰:"彼長而我長之,非有長於我也。猶彼白而我白之,從其白於外也,故謂之外也。"曰:"異於白馬之白也,無以異於白人之白也。不識長馬之長也,無以異於長人之長歟? 且謂長者義乎? 長之者義乎?"曰:"吾弟則愛之,秦人之弟則不愛也,是以我爲悦者也,故謂之内。長楚人之長,亦長吾之長,是以長爲悦者也,故謂之外也。"曰:"耆秦人之炙,無以異於耆吾炙,夫物則亦有然者也,然則耆炙亦有外歟?"

告子説"仁,内也,非外也",仁源於内,告子與孟子皆贊成此説。兩人的矛盾之處在義源於外,還是内。"義,外也,非内也",告子認爲,尊敬長者,就像白色物體爲白色一樣,是一種外在於己的客觀存在。而孟子説"長者義乎? 長之者義乎?"是長者"義",還是尊敬長者爲"義"? 義的行爲不在長者那裏,而在尊敬長者的人那裏,尊敬長者必須經過内心體認。如果内心没有尊敬之意,何來尊敬長者的外在行爲?

郭店簡《六德》説:"仁,内也。義,外也。禮樂,共也。内立父、子、夫也,外立君、臣、婦也。"《語叢一》、《六德》認爲仁内義外,《五行》説仁義可内可外,重在"形於内",而《孟子》主張仁義俱内。孔門内部對義的來源存在不同理解。孟子師徒以白馬、炙肉等爲喻,與告子、孟季子展開激烈的辯論,結果雙方誰也没有説服誰。

三是禪讓與否的紛爭。《唐虞之道》説:"堯舜之行,愛親尊賢。愛親故孝,尊賢故禪。孝之殺,愛天下之民。禪之傳,世亡隱德。"堯舜愛親,所以孝順;堯舜尊賢,所以禪讓。禪讓與孝一樣,是國君必備的美德。只有禪讓,世間的賢能之人才不會被埋没。"不禪而能化民者,自生民未之有也",在《唐虞之道》看來,禪讓是"自生民以來",唯一能够教化萬民的舉措。《唐虞之道》排斥世襲制,鼓吹禪讓,目的是賢人當政,以糾正戰國時代無德者居君位的時弊。

和郭店簡鼓吹禪讓相比,孟子對禪讓的態度明顯不同。《孟子·萬章上》説:

> 萬章曰:"堯以天下與舜,有諸?"孟子曰:"否!天子不能以天下與人。""然則舜有天下,孰與之?"曰:"天與之。"……(孟子)曰:"天子能薦人於天,不能使天與之天下;諸侯能薦人於天子,不能使天子與之諸侯;大夫能薦人於諸侯,不能使諸侯與之大夫。昔者堯薦舜於天,而天受之;暴之於民,而民受之。故曰:天不言,以行與事示之而已矣。"

萬章向孟子請教,堯把天下禪讓於舜,有没有這回事? 孟子回答説没有。孟子不承認堯舜禪讓之事的存在。在他看來,禪讓與世襲哪種傳位方式並不重要,重要的是看百姓生活是否富足,教化是否敦行。民意是天意的代表,民爲貴,君爲輕,孟子以民爲本位的仁政理論,回避了早期儒家禪讓與世襲的紛爭。

《禮記·表記》、《禮運》主張堯舜之世盛於三代,《唐虞之道》公開宣揚要以禪讓制取代世襲制。孟子鑒於燕國禪讓失敗的政治教訓,對禪讓並不認可,主張禪讓還是世襲,取決於民心向背。自孔子時代始,國君德位分離。儒家對禪讓學説的鼓吹,實質是倡導賢人政治,實現德與位的合一。重用賢人,是當時諸子的共同主張。因此對禪讓的鼓吹,席捲儒門内外,吸引了墨家等諸多學派的廣泛參與。

孔孟之間,儒學理論綫索繁多,頭緒複雜,不同儒者之間思想激烈交鋒。但在複雜多變的發展之中,早期儒學呈現的整體趨勢是什麽呢? 我們認爲,"三論"合一,是孔孟之間儒學發展的基本趨勢。所謂"三論",就是指仁學、心性論、天人之學。孔子之後，仁學、心性論、天人之學漸次興起。仁是孔子理論建構的核心，但他並未點明仁的來源，因此爲仁尋找安頓處，成爲孔孟之間早期儒者重要的思想命題。

仁學不是靜態地等待心性、天道與之連接。孔子之後，仁學也經歷由單稱仁到五行，再到仁政的理論發展樣態。《曾子天圓》論天道無關心性、仁學，世碩論心性無關天道，三種理論樣態最初交集不多，只是在理論建構較爲成熟後，才在發展中彼此走向融合。《性自命出》、《中庸》心性論與天道結合較好，《五行》仁學與心性結合較好。儒者探討三論合一，是在試探中、漸進中進行的，慢慢由理論不自覺走向自覺。

心性論雖是早期儒家的理論基石，但在孔孟之間，它一開始並不是儒學理論建構的主干，而是經歷了由小到大、由淺至深的發展歷程。《曾子》十篇以孝道統攝諸德，《六德》把聖、智、仁、義、忠、信直接與人的社會身份、職責對應，《禮記·禮運》直接用禮打通天人之際，在它們的理論建構中，心性皆不是理論建構的主要元素。心性論最初只是早期儒學衆多理論中的一種，確切地説，只是一種理論萌芽，影響甚爲微弱。但《禮運》只強調禮的功效，《樂記》只凸顯樂的作用，容納不了《詩》、《書》、《易》、《春秋》。《六德》能打通身心內外，卻不能實現天人交通。

孔孟之間，人文思潮勃興，早期儒家以人爲中心，而不是以神爲中心，構建自己的理論體系，是心性論興起極爲重要的思想背景。心性論的特色在於包容性，它融匯仁學，貫通身心內外，實現天道、人道立體多層面的展開，彰顯儒家重視家庭倫理、擅長教化的特色，所以能彙聚孔門後學的不同學説，成爲早期儒學理論建構的主流。而最初的這種人文理念的升騰，這種學術包容，這種博採衆長、兼容並蓄的理論品格，鑄就了儒學後世兩千多年，屢遭排擠，幾近花果飄零，而能重新振興的生命能量。

孔孟之間，尋找人爲何能自覺踐守禮樂的內在動力源——仁的終極依據，是早期儒家學術爭鳴的最終旨歸。孔子説“天生德於予”，天人可以合一，也可以相分，但天人相分不利於孔子“人德天生”的理論建構，所以多數儒者選擇天人合一。人性是天命生於人的全部，孔子説“我欲仁，斯仁至矣”，既然仁內存於我，因此人性中有仁，人性論與仁學結合，也是儒學建構的必然之義。人生而有欲，是性惡論構建的前提；人性中有仁，是性善論的基石，因此性惡論、性善論皆有合理之處。但孟子倡導人禽之辨，高揚人不同於禽獸之處在於性善。天生萬物人爲貴，人爲萬物之靈，自然不能等同禽獸,於是性善論最終成爲儒學的主流。荀子晚出,批孟之聲甚於驚雷,但最終無濟於事。孔孟之間,儒學理論建構多有歧出,幾乎是處處皆歧途,但百川到東海,衆人之説融匯、歸並於孟子,是早期儒學理論建構的必然選擇。

　　"三論"融合有兩點需要注意:一是在發展中走向合一。仁學由單稱仁到仁、義、禮、智並稱,心性論從心、性兩分到心性合一,天人之學經歷了天道單向下行到天人雙向貫通,三種理論是在動態發展中,趨於合流。也就是説,在合流之外,三種理論本身各有一個生長過程,是動態中的合一。二是融合在當時已經成爲一種趨勢。曾子講天道是仁義禮樂之源,但天道的内涵是什麼,曾子不曾明確表述。至子思,德爲天道,善爲人道,仁義禮智聖從儒家衆多對天道的理解中凸顯出來,成爲儒家天道觀的首要内涵。曾子只是以氣爲媒介,講天道下布,講宇宙生成,並無人性與天命之間的理論連接。《性自命出》説"性自命出。命自天降",以人性爲媒介溝通天人之際,此後逐漸佔據了早期儒家學説的主流。我們所説的融合趨勢,不是指曾子或子思理論建構一兩個孤立的點,而是從第一代弟子到二、三、四代弟子之間的理論建構,是一種縱向的、全面鋪開的理論體系的生成。

　　綜上所述,由孔子至孟子,仁學與心性論、天人之學"三論合一",奠定了儒家哲學此後兩千多年的基本框架與走向。從儒家思想的整體發展進程看,此時期可謂是中國儒學理論建構的"軸心時代"。孔孟之間,儒家學派衆多,思想活躍,早期儒學呈現出創新紛呈、多元並生的學術面貌。當時儒學的發展歷程可以用一個趨勢、三次思潮、五個特徵來概括。孔孟之間,仁學、人性論及天人之學次第興起,在爭鳴中走向合流,成爲當時儒學發展的整體趨勢。早期儒家圍繞人性善惡、仁義内外、禪讓還是世襲,展開了規模巨大的三次學術討論,最終爲孔子仁學找到了價值來源與形而上的存在依據。學術鏈環銜接緊密(連續性),思想創新精彩紛呈(創新性),不同學派分化嚴重(差異性),理論建構複雜多樣(複雜性),在爭鳴中趨於合流(融合性),共同構成了早期儒學理論建構的基本特徵。

　　韓非説"儒分爲八",只是舉例式選取了當時思想歧異明顯、影響較大的八個派別,沒有也不可能廓清孔子之後所有的儒家分化。和韓非一樣,我們只是從仁學、心性論及天人之學等方面總結了早期儒學的特徵,同樣也沒有囊括當時儒學所有的理論嬗變。孔孟之間,早期儒學存在一個思想體系不斷建構的潮流。曾子提倡孝,子思首創"五行",孟子言性善,幾乎每一代孔門弟子都能推陳出新,使早期儒學展現出瑰麗多彩的複雜樣態。孔孟之際,儒學的發展猶如江河奔騰而下,既有互相歧異、彼此撞擊的理論碎片,又共同彙聚成清晰可辨的思想流向。孔孟之間,思想歧異、多元爭鳴是一種普遍存在,但我們不能因爲孔門後學彼此思想歧出、矛盾,而否認當時儒家理論主綫的存在。從細處看,多元雜糅並存,頭緒複雜歧異;從整體看,鏈環銜接緊密,總體趨勢明顯。這或許是當時儒學發展的真實場景。

結　論

孔子、孟子是早期儒學的兩大高峰，其思想卻存在諸多差異。長期以來，由於資料匱乏，孔孟之間的學術連接，一直是學界難以跂及的領域。上博簡《内禮》出土，證明《曾子》十篇並非僞書。《曾子》十篇與郭店儒簡前後相繼，構成了孔孟之間學術連接的重要鏈環。我們上編以《曾子》十篇爲中心，搜集出土、傳世文獻資料對其校釋，展開相關文獻、思想研究。下編以郭店儒簡爲中心，通過《曾子》十篇與郭店儒簡的比較，從儒學發展譜系的角度，探討孔孟之間儒學轉進的基本特徵。現據上、下編的内容結構，對我們的研究成果總結如下。

黃懷信《大戴禮記彙校集注》、方向東《大戴禮記匯校集解》彙集王聘珍《大戴禮記解詁》、阮元《曾子注釋》、孔廣森《大戴禮記補注》、汪照《大戴禮注補》、汪中《大戴禮記正誤》、俞樾《大戴禮記平議》、王樹枏《校正孔氏大戴禮記補注》、孫詒讓《大戴禮記校補》、戴禮《大戴禮記集注》等衆多研究成果，是新近出版的集釋《曾子》十篇的重要著作。上博簡《内禮》與《曾子立孝》、《曾子事父母》明顯有着密切的關聯，是校勘《曾子》十篇的絶好版本，郭店儒簡、馬王堆帛書等也有一些與《曾子》十篇相似的語句，但兩書並未吸收這些出土文獻資料及研究成果，這是我們撰寫論文上編的主要目的。

前人校勘《曾子》十篇的文獻依據，主要是《禮記・祭義》、《群書治要・曾子》及《論語》、《孟子》等傳世文獻中的曾子語録。我們將上博簡《内禮》、郭店儒簡、馬王堆帛書等出土材料與《曾子》十篇相同或相似的内容找出來（個別完全不同的語句也包括在内），使校勘《曾子》十篇的文本依據進一步拓寬。《大戴禮記彙校集注》、《大戴禮記匯校集解》兩書主要收集的清人校勘《曾子》十篇的成果，我們在其基礎上，增補了朱熹、魏源、祁玉章、廖名春等學者的説法。把《曾子》十篇與出土文獻相同或相似的語句逐條校釋，得

《曾子立孝》10 條,《曾子事父母》11 條,《曾子本孝》7 條,《曾子大孝》9 條,《曾子立事》29 條,《曾子制言上》5 條,《曾子制言中》2 條,《曾子制言下》4 條。除《曾子疾病》、《曾子天圓》兩篇,與上博簡、郭店簡差異較大未校釋外,合計 8 篇 77 條,使黄先生、方先生著作中缺少新出土文獻研究成果的學術空白得以彌補。

用郭店簡、上博簡校釋《曾子》十篇,許多疑難可迎刃而解。《曾子立孝》:"君子立孝,其忠之用,禮之貴。"《曾子立孝》"忠"字,上博簡《内禮》作"愛"字。阮元説:"忠則無僞,故能愛;禮以行愛,故能敬。"阮元認爲忠先於愛。今天的學者用同義换讀來解釋,認爲當以上博簡《内禮》愛字更近本真。或認爲,忠與愛還是有一定區別。傳世訓詁典籍中有忠、愛互訓的例證,因此對於忠和愛的區別與聯繫,是很難搞清的。郭店簡《語叢一》:"愛生於性,親生於愛,忠生於親。"它們之間的生成順序是愛—親—忠,忠是在愛基礎上生成的次級道德情感,因此阮元認爲《曾子立孝》忠先於愛的説法,是不正確的。

《曾子事父母》:"可入也,吾任其過;不可入也,吾辭其罪。"魏源説兩"入"字,他本作"人",誤。汪照、汪中、阮元等皆從其説。俞樾則堅持人字不誤,他認爲人與仁通,親之過小,吾則任其過,親之過大,吾則辭其罪。上博簡《内禮》説:"善則從之,不善則止之。止之而不可,惡(隱)而任之,如從己起。""善則從之"即《曾子立孝》中的"可入也",勸諫被父母接受。"不善則止之"即"不可入也","不入"意爲勸諫没有被父母接受。《禮記·内則》:"父母有過,下氣怡色,柔聲以諫。諫若不入,起敬起孝,説則復諫;不説,與其得罪於鄉黨州閭,寧孰諫。"父母有過錯,要柔聲勸諫,"諫若不入"明確證明"可入也"不能讀爲"可人也",所以俞樾之説不可信。

但問題並不是這麽簡單,出土文獻有些内容與《曾子》十篇並不一致,誰是誰非也是不好定論的。對於這種情況,我們借助古書之間的互證加以解決。上博簡《内禮》説:"爲人君者,言人之君之不能使其臣者,不與言人之臣之不能事其君者。故爲人臣者,言人之臣之不能事其君者,不與言人之君之不能使其臣者。故爲人父者,言人之父之不能畜子者,不與言人之子之不孝者。故爲人子者,言人之子之不孝者,不與言人之父之不能畜子者。故爲人兄者,言人之兄之不能慈弟者,不與言人之弟之不能承兄者。故爲人弟者,言人之弟之不能承兄(者,不與言人之兄之不能慈弟者)。"《曾子立孝》和《内禮》相比,少"爲人君"、"爲人父者"、"爲人兄者"三句。學者們認爲三句被删除的原因與儒家君臣父子關係被絕對化有關,把改編的時間定位在秦漢以後。

《吕氏春秋》兩引《孝經》,可知《孝經》成書在《吕氏春秋》之前。《孝經·廣至德章》説:"子曰:君子之教以孝也,非家至而日見之也。教以孝,所以敬天下之爲人父者也;教以悌,所以敬天下之爲人兄者也;教以臣。所以敬天下之爲人君者也。"《孝經》談到了人子、人弟、人臣的要求,但也没有對人君、人父、人兄的要求,可證《曾子立事》這三句殘缺的時間,不會晚至秦漢之後。

上編第二章主要是討論《曾子》十篇的成書問題。學界以孝道作爲曾子思想的核心,統率諸德,構建曾子的思想體系,卻忽視了《曾子》十篇不同篇章之間内在的思想歧異。周予同先生曾提出曾子"仁孝一致論",在今天看來,是有問題的。我們從思想核心、對待生死的態度、人生境界、道德修養内容與目標等方面,分析了《曾子》十篇内在的思想矛盾,主張《曾子》十篇應劃分爲甲、乙、丙三組。《曾子立事》、《曾子制言》(包括上中下三篇)、《曾子疾病》五篇爲甲組,《曾子本孝》、《曾子立孝》、《曾子大孝》、《曾子事父母》四篇爲乙組,《曾子天圓》爲丙組。乙組記有樂正子春與門弟子的對話,因此乙組的年代應略晚於甲組。甲組重仁,乙組重孝,我們認爲曾子思想發展大致分爲重仁、重孝前後兩個階段。曾子一生,存在一個由重仁向重孝轉進的學術歷程。不管重仁也好,重禮也好,孔子思想前後都了然無礙,而曾子重仁與重孝有時不能兼容。

結合上博簡、郭店簡有關材料,我們從文字、語句、篇卷等不同方面,對《曾子》十篇的成書問題進行了重新審視。我們發現,今本《曾子》十篇的定型是個長期的過程,不是一蹴而就的。在《曾子》十篇在流傳過程中,篇章分合並不固定,不同文本的分章有着不同的面貌。造成《曾子》十篇思想前後"有出入"的原因,可歸結爲兩點:一是曾子思想前後有變化;二是《曾子》十篇編輯、成書於不同的弟子之手。

2002 年 4 月,山東新泰市第一中學校園内發現一批戰國中晚期齊國"立事"陶文。結合戰國金文中的"立事"材料,我們認爲王聘珍、阮元將"立事"篇名理解爲"立身行道"、"以事實立訓"可能是錯誤的。《曾子立事》所説的博學篤行、慎言遠患、善義忠信、事君父、敬師長、交朋友、教子弟等,實際講的是如何培養人才。曾子要求弟子通過道德行爲的踐履,具備一名合格官吏的素質,爲將來莅事行政作準備。這或許是"立事"篇名的真實內涵。

上編第三章《曾子》十篇思想研究。《曾子》十篇與郭店儒簡同處孔孟之間,是先秦儒家前後相承的兩個重要學術樞紐。我們把《曾子》十篇定位在《論語》與郭店儒簡之間,以郭店儒簡爲參照,分德治論、孝道觀、天人觀三個方面,梳理《曾子》十篇的思想特色。與以前學者的不同,我們把《曾子》十篇分爲甲、乙、丙三組來處理。由言行一致、慎言慎行到重視人的内在情感,由反求諸己、直指人的本心到心統性情理路的萌芽,《曾子》甲組的内省之學,雖然比郭店儒簡的心性論原始得多,粗糙得多,但其由修身到修心的内省趨向,卻是郭店儒簡心性論產生的必要理論鋪墊。

郭店簡以國君爲中心,強調孝道的目的是爲治理天下張本。而《曾子》乙組以父母爲中心,治理國家居於次要的位置,孝敬父母才是最終目標。郭店簡主張的孝道,是一種雙向的禮制約束。《曾子》乙組只注重對孝子、忠臣的約束,而很少涉及對居於主導地位的君、父的約束。《曾子》乙組將孝分爲大孝、中孝、小孝三個層面,又細分爲孝親、養親、敬親、諫親等具體層面,強調在向父母盡孝中提升自己的道德修養,其孝道理論要比郭店儒簡系統、複雜。由《論語》至《曾子》乙組、郭店儒簡,早期儒家孝道觀已呈現出了不同的學術趨向。

孔子講天道,也講人性,但很少涉及宇宙生成的具體情形。而《曾子》丙組(《曾子天圓》)不囿於孔子的理論束縛,由對蓋天説的懷疑展開對天人關係的討論,用陰陽二氣講天地之道的流布、宇宙的生成,從本源上確認人的崇高地位。曾子基於聖人觀念來解釋人類社會禮樂秩序的形成,是對《論語》天人理論的重要突破和發展。他所闡發的天道下行、人與禮樂秩序皆本源於天的理論,則是郭店儒簡效天、知天理論的前提和基礎。

上編第四章《曾子》十篇與早期儒學史研究。曾子和子思是否有師承關係,學界存在兩種截然相反的觀點:宋儒認爲曾子和子思有師承關係,而葉適、康有爲、章太炎、錢穆等學者堅決予以否認。將《曾子》十篇與郭店簡《五行》等子思學派著作比較後,我們認爲子思和曾子存在學術傳承,子思受到曾子思想的強烈影響。但曾子晚年由重仁轉變爲重孝,曾子對子思的影響逐漸減弱。子思爲孔子嫡孫,身份較爲特殊。曾子、子夏等人爲孔子弟子,他們雖教授過子思,卻不敢以子思之師自居,因此曾子與子思之間,最準確的評價是有師之實而無師之名。

《大學》原爲《禮記》中的一篇,是儒家闡述治國政治理想最全面、最系統的篇章。我們將《曾子》十篇、郭店儒簡與《大學》比較後發現，《大學》内外貫通的治國理路、正心誠意的修身路徑、忠恕内省推仁方法等，在孟子之前都已出現。《大學》晚出的説法不能成立，《大學》的成書年代和郭店儒簡相當。漢唐諸儒不知《大學》爲何人所作，程顥認爲《大學》出於孔子，朱熹説《大學》爲曾子及其弟子追述而成，劉宗周等進一步將《大學》鎖定爲曾子弟子子思所作。《大學》作者存在曾子弟子與非曾子弟子兩種可能，在没有堅實文獻證據的情況下，學者對《大學》的作者定位越具體，可能離歷史真實越遠。

朱熹認爲《曾子》十篇與《大學》風格相去甚遠，他爲自己道統説立論考慮，懷疑《曾子》十篇非曾子所作。但由於没有有力的文獻證據，他與黄震等學者不同，没有大膽斷言《曾子》十篇是僞書，將《曾子》十篇逐出儒門，只是採取非常謹慎的懷疑態度。朱熹對《大學》和《曾子》十篇均持懷疑的態度：他懷疑《大學》，是擔心《大學》文本與自己學説扞格不通之處並未完全解決；他懷疑《曾子》十篇，是疑其不僞，影響自己對《大學》聖經賢傳的論定。

關於郭店儒簡的學派屬性，最初有兩派意見：一是李學勤先生認爲大部分篇章爲子思學派所作，二是陳來、郭齊勇等學者主張是七十子後學部分言論與論文的彙編、集合。但相信郭店儒簡出於子思學派的學者，一度佔據了多數。周鳳五、李天虹、葉國良等學者，皆贊成李學勤先生的説法。真正動搖郭店儒簡大部分或全部爲子思所作的，是程元敏和李存山兩位先生的意見。程元敏從《意林》、《文選注》等文獻引文入手，指出《緇衣》爲公孫尼子所作，而與子思無關。李存山先生則從思想體系出發，認爲郭店儒簡不僅與思孟學派（以及曾子學派）相出入，而且它們内部之間也相出入。時至今日，多數學者已否定郭店儒簡多數篇章爲子思所作的説法。

郭店儒簡的研究已近二十年，學界對郭店儒簡學派屬性探討的結果，似乎又重新回到了原點。這就使我們不得不反思：先秦時期儒家内部一個學派的真實面貌是怎樣的？"思想有出入"能否作爲推翻一個學派成立的標準？《曾子》十篇無疑屬於曾子學派，但《曾子》十篇對思想核心、生死態度及人生境界等方面，明顯存在思想歧異，因此單純以"思想相出入"或矛盾，來否定郭店儒簡與子思一系的聯繫，從方法論上來講，是不能成立的。同時，由於先秦重文現象的大量存在，僅靠某書同時引用《五行》和《六德》，就斷定郭店儒簡全部或大部分爲子思學派所作，也是一種尚待證明的假説。

有鑒於此，一些學者提出不要把這些儒簡看作是某一學派的資料，而是把它們看作是孔子及其後學的思想資料。這樣不但能在學者中達成共識，而且據此得出的結論也會更可靠。我們主張更精確一點，把郭店儒簡除《語叢》外的其他篇章，定位在子思及其弟子生活的時代。具體來説，郭店儒簡反映的是孔子以後，儒家第二、三代弟子的思想世界，代表了當時儒家心性之學所達到的水平與高度。

　　孔子、孟子是先秦儒學的奠基者，但兩人思想卻存在諸多不同。孔子單講仁，孟子仁義禮智並舉。人性與天道之間如何具體連接，孔子尚未明言。孟子説盡性知天，人性已經成爲溝通天道與人道的關鍵。孔子與孟子學術突兀之處如何銜接，是學術史上十分重要的問題。《曾子》十篇爲孔子第一代弟子的思想資料，郭店儒簡填補了孔子第二、三代弟子的學術鏈環，孟子爲孔子的第四代弟子，因此把《曾子》十篇與郭店儒簡相同與差異之處同時比較，從早期儒學發展譜系的角度，實現了孟學與孔學的真正對接。

　　下編第二章圍繞郭店儒簡與《曾子》十篇人性論比較展開。《曾子》十篇重仁，但不涉及人性，思想核心孝道的建立不依據人心，實際是孔子仁與人性兩分傳統的延續。至郭店儒簡，以性自命出、心術等概念的提出爲標誌，體會出一系列礪性、修心的原則與方法。人性成爲孔子仁學的内在本源，心術上升爲儒家仁義之道的大體。心性論逐漸從早期儒家思想的幕後走到前臺，成爲孔子仁學理論建構的必備環節與重心所在，實現了由理論配角到主角的角色轉換。

　　《大學》、《中庸》是儒家的經典篇目，宋儒所作注釋，目的在於把它們納入理學的理論框架，而不是對其真義的苦心探求。以《性自命出》爲據，我們認爲《大學》“物格”是外物出現，“知至”是心（人性）感知外物，“誠意”是德生於心，“心正”是摒除内心的私欲。《五行》説“仁形之於内謂之德之行，不行之於内謂之行”，踐守外在的道德實踐，才能實現内心之仁，可知仁並非我先天即有。《五行》與《中庸》同爲子思學派的作品，以此出發，我們認爲《中庸》爲先天性善論的説法並不能成立。

　　下編第三章郭店儒簡與《曾子》十篇比較的重點，是修身内容與方法的差異，從仁義、忠信、孝道、教學四個方面展開。孔子仁禮並稱，曾子從禮中抽繹出義，以仁義並稱取代仁禮並稱。郭店簡將仁義並稱固定化，開啓了孟子仁義並稱的先聲。在《曾子》十篇，仁與人性、天道處於兩分狀態，而郭店儒簡認爲仁出於人性，天道成爲仁的終極依據，天人之際的鏈環已經貫通。郭店簡仁學構建的多樣形態，多元組合的道德實踐，形而上哲學意義的賦予,無不展現出子思時代孔門後學對孔子仁學的理論拓展。

在《曾子》十篇,忠信只是臣子之德,是儒學外推的基礎,並未表現出形而上的哲學内涵。郭店簡認爲忠如天時,信如地利,忠信是天道的自然展現。忠信不僅是臣之德,更是國君治理萬民的手段。《曾子》十篇論孝主要是以士人爲中心,孝子的指向是國君的忠臣。培養自己德行的路徑,蘊含在對父母起居的悉心照料之中。孔子外王之學,在《曾子》十篇一度缺失。敬養父母爲孝,兼愛百姓爲仁,郭店簡更多地把社會秩序重建與百姓教化,納入自己的理論視野,表現出一種天下國家的濟世情懷。

下編第四章講儒家的政治理想,以禪讓學説的提出與轉型爲主綫。曾子沉溺於孝道,對父母百般孝敬恭順,只想在孝順父母中安頓自己的生命。他認爲與其治國、平天下,不如作父母的孝子。從《曾子》十篇,我們看不出曾子對於未來社會面貌的任何構想。而郭店簡倡導禪讓,以德行作爲選君的標準,力主賢人政治,孕育着自己對未來國家及社會秩序重建的政治理想,表現出積極而强烈的入世情懷。禪讓説突出的是賢人政治,以賢與賢之間的禪讓傳位,解決現實政治中國君位與德的脱節。

燕王噲禪讓政治鬧劇的失敗,對孟子學説構建產生了重要影響。孟子認爲,禪讓既要推薦賢人,更要切合民意。他試圖以天命、民意是否接受,化解禪讓與世襲在君主繼承問題上的紛爭。由郭店簡到《孟子》,早期儒家根據時代變化,對自己的政治理想適當作出調整,完成了由賢人治國論向以民爲本仁政理論的過渡,標誌着以賢人爲重心,向以民爲重心的政治理論轉型。

下編第五章以郭店儒簡與《曾子》十篇天人觀比較爲核心内容。《曾子》十篇的天爲自然之天,揭示的只是宇宙萬物、社會禮樂秩序的起源,其天人觀尚停留在宇宙生成論的層面。曾子以天圓地方之道爲起點,講自然現象、人及社會倫理的生成。他只注重天道下行,尚未主張人要知天道、天命。郭店簡不僅講天道下行、宇宙生成,而且以人爲中心,明確提出要知天、效天。郭店簡把知天的内容細分爲知己、知人、知天道、知天命等不同層次,構建了具體可感的知天理論路徑,標誌着天道下行與人道上達的雙向撐開。與《曾子》十篇相比,郭店簡的天人觀取得了明顯的飛躍與提升。

仁學與心性論結合,心性與天道貫通、禪讓學説的提出與轉型,爲孔孟之間早期儒學轉進的三項理論巨變。在郭店儒簡那裏,心論與性論趨於合流,心性之學與仁學緊密連接。從以曾子爲代表的孔門一代弟子時代,到郭店簡所處的子思時代，早期儒家明顯的理論飛躍就是孔子仁學與心性論的結合，天道與心性的連接。天道成爲仁學的終極本源，天人之際理論鏈環的打通，這些都標誌着孔孟之間"哲學突破"時代的到來。

孔孟之間，是儒學理論建構的黄金時代。早期儒學的發展面貌可以用一個趨勢、三次爭鳴、五個特徵來概括。一個趨勢：仁學、人性論及天人觀次第興起，在爭鳴中走向合流，成爲早期儒學發展的整體趨勢。"三次學術爭鳴"：一是仁義内外的爭論；二是人性善惡的爭論；三是世襲與禪讓之爭。五個特徵分别是：學術鏈環銜接緊密，思想創新豐富多彩，不同學派分化嚴重，理論建構複雜多樣，在爭鳴中趨於融合。在孔孟之間，存在一個思想體系建構、學術創新的潮流。從曾子到郭店簡，再到孟子，幾乎每一代孔門弟子都推陳出新，使早期儒學展現出瑰麗多彩的複雜樣態。理論建構多元並生，辯論激烈自由，學派繁榮興盛，思想體系漸趨精微，恐怕是孔孟之間儒學發展的生動寫照。

孔子博學多識，弟子各得孔子之一端，謂之窄化。孔子之後，弟子或根據自己的興趣、愛好，對某一問題展開深入研討，各成體系，謂之深化。後學皆受學於孔子，不同的弟子所受不同，彼此思想差異，别立宗派，謂之分化。同源異流，思想激烈爭鳴，相互借鑒吸收，謂之融合。有孟子起，吸納諸家學説之長，精心建構，高峰重起，謂之升華。孔孟之間，是儒家學術系統建構的關鍵期。窄化、深化、分化、融合、升華，是孔子去世之後，後學思想轉進的普遍現象與共同特徵。高峰之後，必有波谷；波谷激蕩，高峰再起。孔子之後而有孟子，老子之後而有莊子，達摩之後而有慧能，期間思想面貌雖有諸多不同，但演進脉絡皆有如此者。

學術大師是思想史的主角，以往的研究對他們往往情有獨鍾，而我們則更關注學術大師逝世之後的思想場景。大師去世之後，門下弟子往往離散分處，或恪守師説以盡弟子之責，或修正師説以適應時代的發展，期間思想演進脉絡斑駁複雜，往往難以梳理。我們希望對孔孟之間的研究，能夠爲思想史上諸多大師逝去之後，門下弟子"源遠而末益分"的學術場景，提供可資借鑒的研究模式與範例。

附録一

《曾子》十篇與上博簡、郭店簡内容對照表

<table>
<tr><td rowspan="15">《曾子立事》</td><td rowspan="2">君子攻其惡，求其過，彊其所不能，去私欲，從事於義，可謂學矣。</td><td>《尊德義》</td><td>治民非還生而已也，不以嗜欲害其義。</td></tr>
<tr><td>《性自命出》</td><td>凡動性者，物也；逆性者，悦也；交性者，故也；厲性者，義也。</td></tr>
<tr><td rowspan="3">日旦就業，夕而自省，思以殁其身，亦可謂守業矣。</td><td>《成之聞之》</td><td>是故君子之求諸己也深，不求諸其本而攻諸其末，弗得矣。
是[故]君子之於言也，非從末流者之貴，窮源反本者之貴。
古之用民者，求之於己爲恒。</td></tr>
<tr><td>《性自命出》</td><td>聞道反己，修身者也。</td></tr>
<tr><td>《窮達以時》</td><td>故君子敦於反己。</td></tr>
<tr><td rowspan="2">君子既學之，患其不博也。
君子博學而孱守之，微言而篤行之。</td><td>《弟子問》</td><td>寡聞則孤，寡見則肆。</td></tr>
<tr><td>《緇衣》</td><td>故君子多聞，質而守之；多志，質而親之；精知，略而行之。</td></tr>
<tr><td>行必先人，言必後人，君子終身守此惽惽。</td><td>《緇衣》</td><td>言從行之，則行不可匿。故君子顧言而行，以成其信。</td></tr>
<tr><td>君子慮勝氣，思而後動。</td><td>《五行》</td><td>耳目鼻口手足六者，心之役也。心曰唯，莫敢不唯；[心曰]諾，莫敢不諾。</td></tr>
<tr><td>行必思言之，言之必思復之，思復之必思無悔言，亦可謂慎矣。</td><td>《緇衣》</td><td>可言也，不可行，君子弗言；可行不可言，君子弗行，則民言不危行，[行]不危言。</td></tr>
<tr><td rowspan="2">人信其言，從之以行；人信其行，從之以復。</td><td>《弟子問》</td><td>求爲之言，有夫言也，求爲之行，言行相近，然後君子。</td></tr>
<tr><td>《緇衣》</td><td>君子道人以言，而恒以行。故言則慮其所終，行則稽其所敝，則民慎於言而謹於行。</td></tr>
</table>

續　表

《曾子立事》	人信其言,從之以行;人信其行,從之以復。	《緇衣》	言從行之,則行不可匿。故君子顧言而行,以成其信,則民不得大其美而小其惡。
	君子不先人以惡,不疑人以不信。	《緇衣》	君不疑其臣,臣不惑於君。
	存往者,在來者,朝有過夕改則與之;夕有過朝改則與之。	《成之聞之》	君子曰:從允釋過,則先者除,來者信。
	君子義則有常,善則有鄰。	《緇衣》	長民者,衣服不改,從容有常,則民德一。
	不服華色之服,不稱懼惕之言。	《緇衣》	《詩》云:"淑慎爾止,不諐于儀。"
	君子不唱流言,不折辭。	《緇衣》	故大人不倡流。
		《從政》	君子不以流言傷人。
	不陳人以其所能。	《緇衣》	臣事君,言其所不能,不辭其所能。
	言必有主,行必有法。	《成之聞之》	是[故]君子之於言也,非從末流者之貴,窮源反本者之貴。
	親人必有方。	《緇衣》	大人不親其所賢,而信其所賤,教此以失,民此以煩。 唯君子能好其匹,小人豈能好其匹。故君子之友也有向,其惡有方。
	博學而無方,好多而無定者,君子弗與也。君子多知而擇焉,博學而算焉。	《緇衣》	故君子多聞,質而守之;多志,質而親之;精知,略而行之。
	多言而慎焉。	《緇衣》	引《詩》:"慎爾出話,敬爾威儀。" 故言則慮其所終,行則稽其所敝,則民慎於言而謹於行。
	巧言令色,能小行而篤,難於仁矣。	《弟子問》	巧言令色,未可謂仁也。
		《性自命出》	人之巧言利辭者,不有夫詘詘之心則流。
	臨事而不敬,居喪而不哀,祭祀而不畏,朝廷而不恭,則吾無由知之矣。	《性自命出》	祭祀之禮必有夫齊齊之敬,居喪必有夫戀戀之哀。君子身以爲主心。

續　表

《曾子立事》	慕善人而不與焉，辱也。	《從政》	君子聞善言，以改其言；見善行，納其身安（焉），可謂學矣。
		《五行》	見賢人，明也。見而知之，智也。知而安之，仁也。
	喜怒異慮，惑也。	《五行》	心曰唯，莫敢不唯；[心曰]諾，莫敢不諾。
		《性自命出》	凡人雖有性，心無定志，待物而後作，待悅而後行。
	不能行而言之，誣也。	《緇衣》	可言不可行，君子弗言；可行不可言，君子弗行。
	故目者，心之浮也；言者，行之指也；作於中則播於外也。	《成之聞之》	形於中，發於色，其誠也固矣，民孰弗信？
	以其見者，占其隱者。故曰：聽其言也，可以知其所好矣。觀說之流，可以知其術也。	《緇衣》	苟有車，必見其轍；苟有衣，必見其敝；人苟有言，必聞其聲；苟有行，必見其成。
		《性自命出》	[不]過十舉，其心必在焉，察其見者，情安失哉？
	君子之於不善也，身勿爲可能也，色勿爲不可能也；色也勿爲可能也，心思勿爲不可能也。	《性自命出》	凡學者求其心爲難。
	是故爲善必自內始也。內人怨之，雖外人亦不能立也。	《五行》	愛父，其繼愛人，仁也。
《曾子本孝》	庶人之孝也，以力惡食。	《內禮》	君子曰："孝子事父母，以食惡美，下之。"
	曾子曰：忠者，其孝之本與！	《內禮》	君子之立孝，愛是用，禮是貴。
	孝子惡言死焉，流言止焉。	《從政》	君子不以流言傷人。
	以敬如此，而成於孝子也。	《內禮》	豈必有益，君子以成其孝。

《曾子立孝》	故爲人子而不能孝其父者,不敢言人父不能畜其子者;爲人弟而不能承其兄者,不敢言人兄不能順其弟者;爲人臣而不能事其君者,不敢言人君不能使其臣者也。	《内禮》	故爲人君者,言人君之不能使其臣者,不與言人之臣之不能事其君者。故爲人臣者,言人之臣之不能事其君者,不與言人之君之不能使其臣者。故爲人父者,言人之父之不能畜子者,不與言人之子之不孝者。故爲人子者,言人之子之不孝者,不與言人之父之不能畜子者。故爲人兄者,言人之兄之不能慈弟者,不與言人之弟之不能承兄者。故爲人弟者,言人之弟之不能承兄……
	君子立孝,其忠之用,禮之貴。	《内禮》	君子之立孝,愛是用,禮是貴。
	故與父言,言畜子;與子言,言孝父;與兄言,言順弟;與弟言,言承兄;與君言,言使臣;與臣言,言事君。	《内禮》	與君言,言使臣;與臣言,言事君;與父言,言畜子;與子言,言孝父;與兄言,言慈弟;與弟言,言承兄。
	子曰:"可入也,吾任其過;不可入也,吾辭其罪"。	《内禮》	善則從之,不善則止之。止之而不可,愍(隱)而任之,如從己起。
《曾子大孝》	民之本教曰孝,其行之曰養。	《六德》	孝,本也。下修其本,可以斷讒。先王之教民也,始於孝悌。
	孝有三:大孝尊親,其次不辱,其下能養。	《内禮》	君子曰:"孝子事父母,以食惡美,下之。"
	父母有過,諫而不逆。	《性自命出》	苟無大害,少枉入之可也,已則勿復言也。
	天之所生,地之所養,人爲大矣。	《語叢一》	天生百物,人爲貴。
	夫孝者,天下之大經也。	《内禮》	悌,民之經也。
《曾子事父母》	單居離問於曾子曰:"事父母有道乎?"曾子曰:"有。愛而敬。"	《内禮》	君子之立孝,愛是用,禮是貴。
	孝子無私樂,父母所憂憂之,父母所樂樂之。	《内禮》	君子事父母,亡私樂,亡私憂。父母所樂樂之,父母所憂憂之。
		《性自命出》	獨處則習父兄之所樂。

續　表

《曾子事父母》	父母之行,若中道則從,若不中道則諫,諫而不用,行之如由己。孝子之諫,達善而不敢爭辨;爭辨者作,亂之所由興也。……孝子唯巧變,故父母安之。	《内禮》	善則從之,不善則止之。止之而不可,恧(隱)而任之,如從己起。孝子不匱(負),若(匿)在腹中,巧變,故父母安。
	從而不諫,非孝也;諫而不從,亦非孝也。	《内禮》	孝而不諫,不成……孝。
	爭辨者作,亂之所由興也。由己爲無咎則寧;由己爲賢人則亂。	《内禮》	悌,民之經也。在小不爭,在大不亂,故爲少必聽長之命,爲賤必聽貴之命。從人勸,然則免於戾。
《曾子制言上》	此禮也,行之則行也,立之則義也。	《五行》	禮形於内謂之德之行,不形於内謂之[行]。
	故士執仁與義而明行之,未篤故也,胡爲其莫之聞也?	《唐虞之道》	愛親忘賢,仁而未義也,尊賢遺親,義而未仁也。
		《語叢一》	仁義爲之臬。
	欲行則比賢,雖有險道,循行達矣。	《五行》	見賢人,明也。見而知之,智也。知而安之,仁也。
《曾子制言中》	是故君子思仁義,晝則忘食,夜則忘寐,日旦就業,夕而自省,以役(歿)其身,亦可謂守業矣。	《五行》	仁之思也清,清則察,察則安。
《曾子制言下》	天下有道,則君子訴然以交同。	《性自命出》	同方而交,以道者也。不同方而[交,以故者也]。同悅而交,以德者也。
	諸侯不聽,則不干其土;聽而不賢,則不踐其朝。	《語叢三》	君臣不相戴也,則可已;不悦,可去也;不義而加諸己,弗受也。
《曾子天圓》	神靈者,品物之本也,而禮樂仁義之祖也,而善否治亂所由興作也(由字據王念孫增)。	《成之聞之》	天降大常,以理人倫,制爲君臣之義,著爲父子之親,分爲夫婦之辨。

| 《曾子天圓》 | 是故聖人爲天地主，爲山川主，爲鬼神主，爲宗廟主。聖人慎守日月之數，以察星辰之行，以序四時之順逆，謂之厤；截十二管，以宗八音之上下清濁，謂之律也。律居陰而治陽，厤居陽而治陰。律厤迭相治也，其閒不容髮。 | 《性自命出》 | 聖人比其類而論會之，觀其先後而逆訓之，體其義而節文之，理其情而出入之，然後復以教。教，所以生德於中者也。 |
| | | 《唐虞之道》 | 夫聖人上事天，教民有尊也；下事地，教民有親也；時事山川，教民有敬也；親事祖廟，教民孝也。 |

附錄二
先秦典籍徵引《曾子》十篇表①

《禮記·中庸》	博學之,審問之,慎思之,明辨之,篤行之。有弗學,學之弗能弗措也。有弗問,問之弗知弗措也。有弗思,思之弗得弗措也。有弗辨,辨之弗明弗措也。有弗行,行之弗篤弗措也。	《曾子立事》	君子既學之,患其不博也;既博之,患其不習也,既習之,患其無知也;既知之,患其不能行也;既能行之,貴其能讓也。君子之學,致此五者而已矣。
	君子居易以俟命,小人行險以徼幸。	《曾子本孝》	故孝子之事親也,居易以俟命,不興險行以徼幸。
《禮記·緇衣》	君子道人以言,而禁人以行。故言必慮其所終,而行必稽其所敝,則民謹於言而慎於行。	《曾子立事》	人信其言,從之以行,人信其行,從之以復;復宜其類,類宜其年,亦可謂外内合矣。
	王言如絲,其出如綸;王言如綸,其出如綍。故大人不倡游言。	《曾子立事》	君子患難除之,財色遠之,流言滅之。……君子不唱流言。
《孟子·萬章上》	萬章曰:"'父母愛之,喜而不忘。父母惡之,勞而不怨。'然則舜怨乎?"	《曾子大孝》	父母愛之,喜而不忘;父母惡之,懼而無怨;父母有過,諫而不逆。
	孝子之至,莫大乎尊親。尊親之至,莫大乎以天下養。	《曾子大孝》	曾子曰:"孝有三:大孝尊親,其次不辱,其下能養。"

---

① 梁濤、劉紅霞先生對先秦文獻引用《曾子》有所統計,我們在他們的基礎上,重新檢索文獻,增加了部分內容。參梁濤《郭店竹簡與思孟學派》,474~477 頁;劉紅霞《曾子及其學派研究》,山東大學博士論文,2008 年,149~151 頁。

續　表

《荀子·勸學》	蓬生麻中,不扶而直。	《曾子制言上》	蓬生麻中,不扶自直;白沙在泥,與之皆黑。
《荀子·君道》	故君子恭而不難,敬而不鞏,貧窮而不約,富貴而不驕,並遇變應而不窮,審之禮也。	《曾子立事》	君子恭而不難,安而不舒,遜而不諂,寬而不縱,惠而不儉,直而不徑,亦可謂知矣。
《荀子·大略》	夫行也者,行禮之謂也。禮也者,貴者敬焉,老者孝焉,長者弟焉,幼者慈焉,賤者惠焉。	《曾子制言上》	夫行也者,行禮之謂也。夫禮,貴者敬焉,老者孝焉,幼者慈焉,少者友焉,賤者惠焉。此禮也。
	君子疑則不言,未問則不立,道遠日益矣。多知而無親,博學而無方,好多而無定者,君子不與。少不諷,壯不論議,雖可,未成也。	《曾子立事》	君子疑則不言,未問則不言,兩問則不行其難者。……多知而無親,博學而無方,好多而無定者,君子弗與也。君子多知而擇焉,博學而算焉,多言而慎焉。……其少不諷誦,其壯不論議,其老不教誨,亦可謂無業之人矣。
	流言滅之,貨色遠之。禍之所由生也,生自纖纖也,是故君子蚤絕之。	《曾子立事》	財色遠之,流言滅之。禍之所由生也,自孃孃也,是故君子夙絕之。
	無益而厚受之,竊也。學者非必爲仕,而仕者必如學。	《曾子立事》	無益而食厚禄,竊也;好道煩言,亂也;殺人而不戚焉,賊也。
	賜予其宮室,猶用慶賞於國家也;忿怒其臣妾,猶用刑罰於萬民也。君子之於子,愛之而勿面,使之而勿貌,道之以道而勿彊。	《曾子立事》	賜與其宮室,亦猶慶賞於國也;忿怒其臣妾,亦猶用刑罰於萬民也。……君子之於子也,愛而勿面也,使而勿貌也,道之以道而勿强也。
	是非疑則度之以遠事,驗之以近物,參之以平心,流言止焉,惡言死焉。	《曾子本孝》	孝子惡言死焉,流言止焉,美言興焉,故惡言不出於口,煩言不及於己。

續　表

《荀子·大略》	君子進則能益上之譽,而損下之憂。不能而居之,誣也;無益而厚受之,竊也。學者非必爲仕,而仕者必如學。	《曾子制言中》	曾子曰:君子進則能達,退則能靜。……故君子進則能益上之譽,而損下之憂;不得志,不安貴位,不博厚禄,負耜而行道,凍餓而守仁,則君子之義也。
	禹見耕者耦立而式,過十室之邑必下。	《曾子制言下》	是故昔者禹見耕者五耦而式,過十室之邑則下,爲秉德之士存焉。
《荀子·法行》	曾子病,曾元持足,曾子曰:"元,志之! 吾語汝。夫魚鱉黿鼉猶以淵爲淺而堀其中,鷹鳶猶以山爲卑而增巢其上,及其得也必以餌。故君子苟能無以利害義,則恥辱亦無由至矣。"	《曾子疾病》	曾子疾病,曾元抑首,曾華抱足。曾子曰:"微乎! 吾無夫顔氏之言,吾何以語汝哉! 然而君子之務,盡有之矣。夫華繁而實寡者,天也;言多而行寡者,人也。鷹鶉以山爲卑,而曾巢其上,魚鱉黿鼉以淵爲淺,而壓穴其中,卒其所以得之者,餌也。是故君子苟無以利害義,則辱何由至哉?"
《荀子·解蔽》	故濁明外景,清明内景。聖人縱其欲,兼其情,而制焉者理矣。	《曾子天圓》	曾子曰:"參嘗聞之夫子曰:天道曰圓,地道曰方,方曰幽而圓曰明。明者,吐氣者也,是故外景;幽者,含氣者也,是故内景。故火日外景,而金水内景。"
《吕氏春秋·孝行》	曾子曰:"身者,父母之遺體也。行父母之遺體,敢不敬乎? 居處不莊,非孝也;事君不忠,非孝也;蒞官不敬,非孝也;朋友不篤,非孝也;戰陳無勇,非孝也。五行不遂,災及乎親,敢不敬乎?"	《曾子大孝》	身者,親之遺體也。行親之遺體,敢不敬乎! 故居處不莊,非孝也;事君不忠,非孝也;蒞官不敬,非孝也;朋友不信,非孝也;戰陳無勇,非孝也。五者不遂,災及乎身,敢不敬乎!
	曾子曰:"父母生之,子弗敢殺;父母置之,子弗敢廢;父母全之,子弗敢闕。"	《曾子大孝》	父母全而生之,子全而歸之,可謂孝矣;不虧其體,可謂全矣。
	故舟而不游,道而不徑,能全支體,以守宗廟,可謂孝矣。	《曾子大孝》	故道而不徑,舟而不游,不敢以先父母之遺體行殆也。

《吕氏春秋·孝行》	樂正子春下堂而傷足，瘳而數月不出，猶有憂色。門人問之曰："夫子下堂而傷足，瘳而數月不出，猶有憂色，敢問其故？"樂正子春曰："善乎而問之！吾聞之曾子，曾子聞之仲尼：父母全而生之，子全而歸之，不虧其身，不損其形，可謂孝矣。君子無行咫步而忘之。余忘孝道，是以憂。"	《曾子大孝》	樂正子春下堂而傷其足，傷瘳，數月不出，猶有憂色。門弟子問曰："夫子傷足瘳矣，數月不出，猶有憂色，何也？"樂正子春曰："善如爾之問也。吾聞之曾子，曾子聞諸夫子曰：'天之所生，地之所養，人爲大矣。父母全而生之，子全而歸之，可謂孝矣；不虧其體，可謂全矣。'故君子頃步之不敢忘也。今予忘夫孝之道矣，予是以有憂色。"
	民之本教曰孝，其行孝曰養。養可能也，敬爲難；敬可能也，安爲難；安可能也，卒爲難。父母既没，敬行其身，無遺父母惡名，可謂能終矣。仁者，仁此者也；禮者，履此者也；義者，宜此者也；信者，信此者也；彊者，彊此者也。樂自順此生也，刑自逆此作也。	《曾子大孝》	民之本教曰孝，其行之曰養。養可能也，敬爲難；敬可能也，安爲難；安可能也，久爲難；久可能也，卒爲難。父母既歿，慎行其身，不遺父母惡名，可謂能終也。夫仁者，仁此者也；義者，宜此者也；忠者，中此者也；信者，信此者也；禮者，體此者也；行者，行此者也；彊者，彊此者也。樂自順此生，刑自反此作。

參 考 文 獻

基本典籍

班固:《漢書》,北京:中華書局,1962 年版。

陳奇猷:《呂氏春秋校釋》,上海:學林出版社,1984 年版。

陳奇猷:《韓非子新校注》,上海:上海古籍出版社,2000 年版。

陳士珂:《孔子家語疏證》,上海:上海書店,1987 年版。

程榮:《漢魏叢書》,長春:吉林大學出版社,1992 年影印本。

程顥、程頤:《二程集》,北京:中華書局,1981 年版。

程樹德:《論語集釋》,北京:中華書局,1990 年版。

崔述:《崔東壁遺書》,上海:上海古籍出版社,1983 年版。

戴德撰,盧辯注:《大戴禮記》,長沙:商務印書館,1937 年版。

戴震:《戴震全集》,北京:清華大學出版社,1991 年版。

丁宗洛:《大戴禮管箋》,道光十六年刊本。

杜預:《春秋左傳集解》,上海:上海人民出版社,1977 年版。

段玉裁:《説文解字注》,杭州:浙江古籍出版社,1998 年影印本。

方向東:《大戴禮記匯校集解》,北京:中華書局,2008 年版。

何建章:《戰國策注釋》,北京:中華書局,1990 年版。

何寧:《淮南子集釋》,北京:中華書局,1998 年版。

黃懷信等撰:《大戴禮記彙校集注》,西安:三秦出版社,2005 年版。

黃以周輯:《子思子》,臺北:廣文書局有限公司,1975 年版。

簡朝亮:《禮記子思子言鄭注補正》,清光緒—民國間刻本。

焦循:《孟子正義》,北京:中華書局,1987 年版。

黎靖德編:《朱子語類》,北京:中華書局,1986 年版。

黎翔鳳:《管子校注》,北京:中華書局,2004 年版。

劉寶楠:《論語正義》,北京:中華書局,1990 年版。

劉向:《戰國策》,上海:上海古籍出版社,1988 年版。

盧辯注,孔廣森補:《大戴禮記補注》,長沙:商務印書館,1939 年版。

毛奇齡:《〈曾子問〉講録》,民國九年渭南嚴氏孝義家塾刊刻本。

阮元:《十三經注疏(附校勘記)》,北京:中華書局,1980 年影印本。

阮元注釋:《曾子十篇》,長沙:商務印書館,1939 年版。

阮元:《揅經室集》,長沙:商務印書館,1937 年版。

司馬遷:《史記》,北京:中華書局,1959 年版。

孫希旦:《禮記集解》,北京:中華書局,1989 年版。

孫詒讓:《大戴禮記斠補》,濟南:齊魯書社,1988 年版。

王利器:《新語校注》,北京:中華書局,1986 年版。

王念孫:《讀書雜志》,南京:江蘇古籍出版社,2000 年影印本。

王聘珍:《大戴禮記解詁》,北京:中華書局,1983 年版。

王先謙:《荀子集解》,北京:中華書局,1988 年版。

王引之:《經義述聞》,南京:江蘇古籍出版社,2000 年影印本。

向宗魯、屈守元:《説苑校證》,北京:中華書局,1987 年版。

徐元誥:《國語集解》,北京:中華書局,2002 年版。

閻振益、鍾夏:《新書校注》,北京:中華書局,2000 年版。

朱彬:《禮記訓纂》,中華書局,1996 年版。

朱駿聲:《説文通訓定聲》,北京:中華書局,1984 年版。

朱熹:《四書章句集注》,北京:中華書局,1983 年版。

朱熹:《朱子全書》,上海:上海古籍出版社,合肥:安徽教育出版社,2002 年版。

王定安:《曾子家語》,清光緒十六年金陵刻本。

王定安:《宗聖志》,清光緒十六年金陵刻本。

王樹枏:《校正孔氏大戴禮記補注》,長沙:商務印書館,1939 年版。

王應麟:《漢書藝文志考證》,清光緒間刻本。

汪晫:《曾思二子全書》,明隆慶四年刻本。

汪中:《大戴禮記正誤》,《皇清經解》本。

汪照:《大戴禮記注補》,《皇清經解》本。

嚴式海:《重輯曾子遺書》,民國九年渭南嚴式孝義家塾刊刻本。

姚東升:《大戴禮記佚文》,清嘉慶道光間《佚書拾存》本。

俞樾:《大戴禮記平議》,清光緒二十八年本。

其他文獻

陳鼓應:《道家文化研究》第十七輯,北京:三聯書店,1999 年版。

陳來:《古代宗教與倫理——儒家思想的根源》,北京:三聯書店,1996 年版。

陳來:《竹帛〈五行〉與簡帛研究》,北京:三聯書店,2009 年版。

陳榮捷：《初期儒家》，《史語所集刊》第 47 本第 4 分，1976 年版。

陳偉：《郭店竹書別釋》，武漢：湖北教育出版社，2003 年版。

程發軔等著：《儒家思想研究論集》，臺北：黎明文化事業公司，1983 年版。

董治安：《論曾子——關於歷史上的曾子和曾子的歷史評價》，《文史哲》1993 年第 1 期。

杜維明主編：《思想·文獻·歷史——思孟學派新探》，北京：北京大學出版社，2008 年版。

馮友蘭：《中國哲學史》，上海：華東師範大學出版社，2000 年版。

高亨纂著，董治安整理：《古字通假會典》，濟南：齊魯書社，1989 年版。

葛兆光：《七世紀前中國的知識、思想與信仰世界》，上海：復旦大學出版社，1998 年版。

顧頡剛等編著：《古史辨》，上海：上海古籍出版社，1982 年版。

郭沫若：《郭沫若全集·歷史編》（第 1、2 卷），北京：人民出版社，1982 年版。

郭沫若：《十批判書》，北京：東方出版社，1996 年版。

郭齊勇：《儒家文化研究》第一輯，北京：三聯書店，2007 年版。

郭齊勇：《儒學與儒學史新論》，臺北：學生書局，2002 年版。

郭沂：《郭店竹簡與先秦學術思想》，上海：上海教育出版社，2001 年版。

何琳儀：《戰國文字通論（訂補）》，南京：江蘇教育出版社，2003 年版。

何元國：《〈曾子〉泛化孝再評價》，《湖北大學學報（哲學社會科學版）》2006 年第 1 期。

侯外廬等撰：《中國思想通史》，北京：人民出版社，1957 年版。

胡適：《中國哲學史》，姜義華主編：《胡適學術文集》，北京：中華書局，1991 年版。

黃開國：《論儒家的孝道學派——兼論儒家孝道派與孝治派的區別》，《哲學研究》2003 年第 3 期。

江俠庵編譯：《先秦經籍考》，上海：商務印書館，1933 年版。

姜廣輝：《中國經學思想史》第一卷，北京：中國社會科學出版社，2003 年版。

姜廣輝主編：《中國哲學》第二十輯，瀋陽：遼寧教育出版社，1999 年、2002 年版。

蔣伯潛：《諸子通考》，上海：正中書局，1948 年版。

金德建：《〈曾子天圓〉的述作考》，《中國哲學史研究》1986 年第 3 期。

荊門市博物館編：《郭店楚墓竹簡》，北京：文物出版社，1998 年版。

李景林：《教養的本原——哲學突破期的儒家心性論》，瀋陽：遼寧人民出版社，1998 年版。

李居平：《〈曾子〉文獻流傳略考》，《湛江師範學院學報》2001 年第 2 期。

李零：《郭店楚簡校讀記（增訂本）》，北京：中國人民大學出版社，2007 年版。

李零：《簡帛古書與學術源流》，北京：三聯書店，2004 年版。

李啟謙：《孔子弟子研究》，濟南：齊魯書社，1987 年版。

李啟謙、王式倫編：《孔子文化大全》，濟南：山東友誼書社，1989 年版。

李天虹：《郭店竹簡〈性自命出〉研究》，武漢：湖北教育出版社，2003 年版。

李學勤：《當代學者自選文庫：李學勤卷》，合肥：安徽教育出版社，1999 年版。

李學勤：《古文獻叢論》，上海：上海遠東出版社，1996 年版。

李學勤：《簡帛佚籍與學術史》，南昌：江西教育出版社，2001 年版。

李學勤：《文物中的古文明》，北京：商務印書館，2008 年版。

李學勤：《重寫學術史》，石家莊：河北教育出版社，2002 年版。

李學勤：《周易溯源》，成都：巴蜀書社，2006 年版。

李學勤：《走出疑古時代》，瀋陽：遼寧大學出版社，1997 年版。

李學勤、林慶彰等：《新出土文獻與先秦思想重構》，臺北：萬卷樓圖書股份有限公司，
　　2007 年版。

李學勤、謝桂華主編：《簡帛研究二〇〇一》，桂林：廣西師范大學出版社，2001 年版。

李雲光：《曾子學案》，《師大國文研究所集刊》1960 年第 4 期。

梁啓超：《飲冰室全集》，上海：上海會文堂書局，1928 年版。

梁啓雄：《韓子淺解》，北京：中華書局，1960 年版。

梁濤：《郭店竹簡與思孟學派》，北京：中國人民大學出版社，2008 年版。

廖名春：《帛書〈易傳〉初探》，臺北：文史哲出版社，1998 年版。

廖名春：《荀子新探》，臺北：文津出版社，1994 年版。

廖名春：《〈周易〉經傳與易學史新論》，濟南：齊魯書社，2001 年版。

劉紅霞：《〈曾子〉傳本考》，《管子學刊》2007 年第 4 期。

劉家和：《史學、經學與思想：在世界史背景下對於中國古代歷史文化的思考》，北京：
　　北京師範大學出版社，2005 年版。

羅新慧：《郭店楚簡與〈曾子〉》，《管子學刊》1999 年第 3 期。

羅新慧：《論儒家思想的發展與〈易傳〉的關係》，《河北學刊》2000 年第 2 期。

羅新慧：《上博楚簡〈内禮〉與〈曾子〉十篇》，《齊魯學刊》2009 年第 4 期。

羅新慧：《試論曾子對於儒家倫理思想的發展及其意義》，《陝西師範大學學報（哲學社
　　會科學版）》1999 年第 3 期。

羅新慧：《曾子思想與陰陽學》，《管子學刊》1996 年第 3 期。

馬承源主編：《上海博物館藏戰國楚竹書（一）~（七）》，上海：上海古籍出版社，2001—
　　2008 年版。

馬王堆漢墓帛書整理小組編：《馬王堆漢墓帛書》，北京：文物出版社，1983 年版。

馬王堆漢墓帛書整理小組編：《馬王堆漢墓帛書經法》，北京：文物出版社，1976 年版。

蒙培元：《中國心性論》，臺北：學生書局，1990 年版。

蒙文通：《中國哲學思想探原》，臺北：臺灣古籍出版有限公司，1997 年版。

牟宗三：《心體與性體》，上海：上海古籍出版社，1999 年版。

牟宗三：《中國哲學的特質》，上海：上海古籍出版社，1997 年版。

龐樸：《帛書五行篇研究》，濟南：齊魯書社，1980 年版。

龐樸:《郭店楚簡與早期儒學》,臺北:臺灣古籍出版有限公司,2002 年版。

龐樸主編:《儒林》,濟南:山東大學出版社,2005 年起。

祁玉章:《曾子集斠》,《孔孟學報》第 45、46 期,1983 年 4 月、9 月。

錢穆:《先秦諸子繫年》,北京:商務印書館,2001 年版。

《慶祝錢存訓教授九五華誕學術論文集》編輯委員會編:《南山論學集》,北京:北京圖
　　書館出版社,2006 年版。

裘錫圭:《古代文史研究新探》,南京:江蘇古籍出版社,1992 年版。

裘錫圭:《古文字論集》,北京:中華書局,1992 年版。

裘錫圭:《文史叢稿:上古思想、民俗與古文字學史》,上海:上海遠東出版社,1996
　　年版。

裘錫圭:《中國出土古文獻十講》,上海:復旦大學出版社,2004 年版。

童書業:《春秋史》,北京:中華書局,2006 年版。

童書業:《春秋左傳研究》,北京:中華書局,2006 年版。

王博:《簡帛思想文獻論集》,臺北:臺灣古籍出版有限公司,2001 年版。

王國維:《觀堂集林(附別集)》,北京:中華書局,1984 年版。

王鐵:《〈曾子〉著作時代考》,《中國哲學史研究》1987 年第 1 期。

魏啓鵬:《簡帛文獻〈五行〉箋證》,北京:中華書局,2005 年版。

武漢大學簡帛研究中心主辦:《簡帛》,上海:上海古籍出版社,2006 年起。

武漢大學中國文化研究院編:《郭店楚簡國際學術研討會論文集》,武漢:湖北人民出版
　　社,2000 年版。

謝維揚、朱淵清主編:《新出土文獻與古代文明研究》,上海:上海大學出版社,2004
　　年版。

熊公哲等著:《國學研究論集》,臺北:黎明文化事業公司,1983 年版。

徐復觀:《中國人性論史》,上海:華東師範大學出版社,2005 年版。

楊伯峻:《春秋左傳注》,北京:中華書局,1990 年版。

楊朝明:《出土文獻與儒家學術研究》,臺北:臺灣古籍出版有限公司,2007 年版。

楊朝明:《儒家文獻與早期儒學研究》,濟南:齊魯書社,2002 年版。

楊朝明、宋立林等:《新出簡帛文獻注釋論說》,臺北:臺灣書房,2008 年版。

楊寬:《戰國史》,上海:上海人民出版社,2003 年版。

楊樹達:《積微居讀書記》,北京:中華書局,1962 年版。

葉國良:《郭店儒家著作的學術譜系問題》,《臺大中文學報》第 13 期,2000 年。

葉國良等編:《出土文獻研究方法論文集初集》,臺北:臺大出版中心,2005 年版。

余嘉錫:《余嘉錫說文獻學》,上海:上海古籍出版社,2001 年版。

余英時:《士與中國文化》,上海:上海人民出版社,1987 年版。

曾憲禢:《曾子行孝以傳道》,《孔孟月刊》第 16 卷第 1 期,1977 年 9 月。

章太炎:《章太炎全集》,上海:上海人民出版社,1982 年版。

張岱年:《中國哲學大綱》,北京:中國社會科學出版社,1982 年版。

張磊:《上海博物館竹書〈内豐〉與〈大戴禮記〉"曾子十篇"》,《管子學刊》2007 年第 1 期。

張心澂編著:《偽書通考》,北京:商務印書館,1939 年版。

鄭良樹:《諸子著作年代考》,北京:北京圖書館出版社,2001 年版。

鄭良樹編著:《續偽書通考》,臺北:學生書局,1984 年版。

鍾肇鵬:《求是齋叢稿》,成都:巴蜀書社,2001 年版。

[美] 艾蘭、汪濤、范毓周主編:《中國古代思維模式與陰陽五行説探源》,南京:江蘇古 籍出版社,1998 年版。

[美] 本杰明·史華慈著,程鋼譯,劉東校:《古代中國的思想世界》,南京:江蘇人民出 版社,2004 年版。

[美] 郝大維、安樂哲著,蔣戈爲、李志林譯:《孔子哲學思微》,江蘇人民出版社,1996 年版。

[日] 池田知久:《郭店楚簡儒教研究》,東京:汲古書院,2003 年版。

[日] 池田知久著,于啓發譯:《馬王堆漢墓帛書五行研究》,北京:綫裝書局、中國社會 科學出版社,2005 年版。

[日] 池澤優:《"孝"思想の宗教學的研究》,東京:東京大學出版會,2002 年版。

[日] 加地伸行著,于時化譯:《論儒教》,濟南:齊魯書社,1993 年版。

[日] 津田左右吉:《論語と孔子の思想》,東京:岩波書店,1946 年版。

[日] 淺野裕一:《戰國楚簡研究》,臺北:萬卷樓圖書股份有限公司,2004 年版。

[英] 葛瑞漢著,張海晏譯:《論道者:中國古代哲學論辯》,北京:中國社會科學出版 社,2003 年版。

後　記

　　本書是在我博士論文的基礎上修改而成的。清華大學讀博期間,我在導師李學勤先生的指導下,先後學習甲骨文、金文等課程,使自己的學術視野得以極大拓寬,爲博士論文的撰寫打下了堅實的基礎。我資質愚鈍,基礎薄弱,學有疑難,李先生不管工作多忙,總是耐心解答,從不苛責於我。步入中國最高的學府,親受李先生教誨,是我今生最大的榮光! 我取得成績,師母比我還高興;我工作没着落,師母比我還着急。其慈祥善良之心,關懷備至之意,令人難以忘懷。

　　從論文開題到文本完成,廖名春、趙平安、梁濤、侯旭東等老師都提了很多寶貴的意見。2011年,本課題獲得國家社科基金青年項目(11CZS006)立項,劉洪濤、張磊參與了相關研究。邢文老師、雷晋豪師弟幫我查找資料,龐玉厚同學多次協助梳理文章綫索,宋立林、李鋭師兄提出了諸多修改建議。本書的撰作,實際是多方智慧的結晶。在相關章節發表過程中,曾得到諸多匿名審稿專家和編輯老師的指正。他們是無名的英雄,其貢獻讓我永懷感激!

　　非常感謝清華大學歷史系、出土文獻研究與保護中心的所有老師,清華讀博三年,我有幸聆聽趙平安、廖名春、彭林等名師的課程,獲益匪淺。楊朝明、李守奎、劉國忠、李均明、宫長爲等老師平日對我照顧良多,同門陳穎飛、蘇輝、孫飛燕、任會斌、張德良、閆平凡,同學劉成群、王鵬程等朝夕相處,親如兄弟姐妹。父母兩鬢漸蒼,妻子主動承擔了全部家務,女兒乖巧懂事。我求學期間,他們所受的風雨,更不是一句"辛苦"就能了得! 到古籍所工作以後,戴建國、張劍光、程郁、湯勤福等老師對我照顧備至,多方提携,更使我備感家庭般的温暖。錦上添花易,雪中送炭難。上海房價巨高,學校提供的住房補貼僅是杯水車薪。在我剛到上海,經濟百般拮据之際,蘇智良老師伸出關愛之手,資助我買房,其關愛慈惠之舉,讓人終生難以釋懷。本書撰寫歷時七年,中間多次修改,在出版過程中,又得到了趙平安、李守奎等老師的悉心指導與關懷。

　　爲何我的眼中飽含泪水?因爲言語無法説盡我心中的感謝!我願我的生命化爲一座石碑,刻上諸位親人、師友的名字。我願以一生虔誠站立的姿勢,向他們表達我心中永遠的感激!

劉光勝修訂於上海師大教師公寓

2015 年 6 月 25 日

圖書在版編目(CIP)數據

出土文獻與《曾子》十篇比較研究／劉光勝著.—
上海：上海古籍出版社，2016.6
　（出土文獻與中國古代文明研究叢書）
　ISBN 978-7-5325-8107-8

　Ⅰ.①出… Ⅱ.①劉… Ⅲ.①儒學—研究 Ⅳ.
①B222.05

中國版本圖書館CIP數據核字(2016)第103758號

出土文獻與中國古代文明研究叢書

出土文獻與《曾子》十篇比較研究

劉光勝　著

上海世紀出版股份有限公司
上海古籍出版社　出版
（上海瑞金二路272號　郵政編碼200020）

　　（1）網址：www.guji.com.cn
　　（2）E-mail：guji1@guji.com.cn
　　（3）易文網網址：www.ewen.co

上海世紀出版股份有限公司發行中心發行經銷
上海商務聯西印刷有限公司印刷
開本787×1092　1/16　印張23.75　插頁3　字數389,000
2016年6月第1版　2016年6月第1次印刷
ISBN 978-7-5325-8107-8
B·949　定價：76.00元

如有質量問題,請與承印公司聯繫